異系統土器の出会い

今村啓爾 編

まえがき

　日本考古学において土器の研究は特別な発達を遂げている。海外の土器研究を十分知らずに言うのはまずいのであるが、たぶん世界でもっとも進んでいるであろう。といっても進んでいることの内容は、物としての属性の詳細な把握とそこに基礎をおく編年であり、その精密さと確実性において並ぶものがない。日本列島のすみずみにわたり先史時代・歴史時代の土器（埴輪・瓦・陶磁器などの土製品を含む）の解明が進み、詳細な考古学研究の時間的枠組みが土器によって与えられ、加えて土器の地域差の認識が、交易や人と情報の動きを含む地域間関係の解明につながってきた。そのような研究は、縄文土器の場合、縄文人が残した文様の豊かさに負うところが大きいが、文様のない土師器・須恵器などについても、器形やハケ目・ヘラ削り・タタキなど実物の観察に基づく技術の解明が研究の基盤になっている。忘れてならないのは、そのような研究を可能にしている、行政調査を含む膨大な発掘による資料の獲得と、詳細無比な報告書の遺構・遺物の記載であり、一地域における綿密な情報の蓄積という点で世界に抜きんでている。

　ただし土器の胎土と製作地、製作技術、土器と自然環境・生業・社会との関係など、土器にかかわるより高次の問題については、日本が研究の先陣を切ってきたわけではないし、いまでも世界最高などと公言するわけにはいかないであろう。

　欧米の考古学研究では、問題意識の変革、パラダイムの革新を意識的に標榜したものが少なくないが、その代表がプロセス考古学（ニューアーキオロジー）と呼ばれるものである。人類誕生から現代に至るまでの文化と歴史を把握できる学問は、考古学以外にはない。それを、人類史全体を包括する大きな発展過程の解明のために行おう、たとえば、未開民族の活動の分析を主たる方法として、食料獲得戦略の根本的な違いを認識し、人類活動の一般的法則性を抽出し、過去の残した考古学的痕跡にあてはめようと企図された。ところが問題意識の強い研究は、その問題にかかわる事柄だけを調査し記述する傾向を生み出す。遺跡の遺構・遺物全体にわたる詳細な記述など面倒であるし、単なる記述は次元の低い活動として見下される。

　日本考古学では反対に、資料整備を研究の基盤と考え、徹底的に記録し、その資料を、古文書群を読み解く歴史学のように具体的に解明していく。そこに得られる歴史的事実の組み立てによって、より次元の高い歴史像を復元できるという期待があり、ときに楽天的な学問発展観をいだかせ、当面従事している作業に没頭し、高次の問題を先送りする傾向を生み出してきたことは否めない。しかし整備された資料に密着し、担当分野を区切った共同作業としての考古学は、確かで着実な前進をもたらし、積み上げられた研究が新たな展望台を提供してきた。

　このようにプロセス考古学と日本考古学は問題意識と資料整備の関係において対照的であるが、日本考古学もプロセス考古学の問題意識から多くを学んだことは事実であり、同時に日本考古学が研究課題の上昇の結果、プロセス考古学と同じような問題意識を自ら生み出してきたことも認識し

なければならない。

　プロセス考古学が想定する人類社会全体にあてはまる法則性の追求自体を批判し、問題を個別的にそれぞれの視点で追求するのがポスト・プロセス考古学と総称されるものである。ポスト・プロセス考古学は、さまざまな考古学の方法論の集まりであり、統一原理構築のために結集したプロセス考古学と対置できるようなものではないし、プロセス考古学に批判的な方法論だから日本考古学に近いのだろうと思うのも大きな誤解である。ポスト・プロセス考古学が個別具体的な問題把握を重視するとしても、それが、人間の観念に基づく行動を重視し、新しいものの見方の提示に特別な価値を見出し、哲学的抽象的議論を好むことにおいて、これまた日本考古学とは対照的なものといってよい。

　以上、世界の考古学を極端に単純化して3つの方向性を取り出し、「異系統土器の出会い」とは関係がないような記述をしてきたが、これは世界の考古学における、本書の方法論の位置づけを照らし出すためであった。本書の中心的課題は、土器の系統的変化の解明によって人間集団の動きを把握し、その動きの背景にあるものの追求と、遭遇した集団どうしが展開する関係性から社会の根本的な変化をとらえようとするもので、その点でプロセス考古学の問題意識に通じるものがある。しかし本書に原稿を寄せられた研究者のうちでプロセス考古学を意識してその研究を行った人は少ないであろう。土器の具体的な研究の中で、人間の活動の解明を目指して進められてきたものであるが、その成果を文化発展の時系列として置き直してみると、あたかもプロセス考古学の問題意識のもとに進められてきたかのごとく見えるのである。重要なことは、問題意識が天下りで、理論のあてはめの方向で推進されてきたプロセス考古学とは違い、本書に収録した研究は、過去が残した土器資料の地道な観察や比較から生まれてきたものばかりであり、過去そのものの復元の実証性・確実性において前者とは各段の差がある。

　プロセス考古学は当初標榜したような成果になかなか結びつかず、ポスト・プロセス考古学の批判もあって、考古学界に一定の影響を残しながらも下火になった。そしてプロセス考古学に対し無関心・批判的であった日本考古学のほうが、ふと気がつくと極めて確実かつ実証的にプロセス考古学の提起した問題意識に応えつつある。もちろんそれはまだ不十分な段階ではあるが、本書に収録した、土器分析に基づく人間移動のありかたという一つの視点からだけでも、人間社会の大きな発展過程の理解に役立ちつつある。本書は土器がテーマであるために先土器時代の研究は含まれていないが、その分野で近年進展が著しい集団の遊動・巡回・集結の解明の成果を連結して見せるなら、生業戦略の大きな転換を人類社会の変化の基軸としてとらえるプロセス考古学の問題意識そのものになっていると言ってもよい。

　本書の諸研究のように実物資料に密着した実証的研究は、分野の異なる人には理解しにくい。読解に必要なこまごまとした基礎知識に不足するからである。本書では分野の異なる人にも読みこなせるやさしい記述を旨とするよう各筆者にお願いしたが、それでもやはり難しい部分が残る。本書の方法論をすべての分野の研究者が共有しやすくなるようにと思い、各論文のエッセンスを私なりに解釈した、蛇足のような文章を第1章に載せた。

　世界にあっても独自性を確保し、高度な問題意識に実証的な解決の与えられる日本考古学の方法

論を海外に紹介することは、きわめて必要なことであると思う。しかし遺物に密着した実証的研究を海外に紹介することは、日本人を相手にするのより格段に難しいし、英語で書いても何人が忍耐強く読んでくれるかという懸念もある。しかしプロセス考古学やポスト・プロセス考古学の輸入をもって日本考古学の国際化だなどと思っている人が少なくない昨今、本当の国際化は、もっとも日本的な考古学の方法の真髄とその可能性を世界に示すことだと思う。

本書はこのような日本考古学の方法の意義を、とりあえず国内で示し、その発展に寄与しようという試みであり、いまだ進行中の課題である。

本書は2003～2006年度に交付された科学研究費補助金（基盤B）課題番号15320106「異系統土器の出会いに見る集団の移動・居住・相互関係、背景にある社会の形態」（代表者　東京大学大学院人文社会系研究科教授　今村啓爾）による成果の一部である。

しかしこの研究費によって新たになされた研究部分は小さく、本当のところは、共同研究者がすでに完成されていた研究を持ち寄り、相互に比較し討論を重ねたのだと言わなければならない。本書に原稿をお寄せ下さった河西学、熊木俊朗、後藤直、小林謙一、佐々木憲一、鈴木徳雄、比田井克仁、山崎真治、研究課題に参加されたが本書に論文の収録はない石川日出志、宇田川洋、大貫静夫、越塚登、佐藤宏之、鮫島和大、辻誠一郎、西秋良宏、共同研究者ではないが研究会において講演をくださった久住猛雄、坂田邦彦、澤井玄、福沢仁之、福田正宏の諸氏、そして本書出版に大きなご理解をくださるとともに、原稿の完成を辛抱強く待って下さった同成社社長山脇洋亮氏に心から御礼申し上げたい。

　　2011年10月

今村　啓爾

目　次

まえがき

第1章　異系統土器の出会い……………………………………今村　啓爾……　1
　　　　―土器研究の可能性を求めて―

第2章　朝鮮半島無文土器と弥生土器の出会い………………後藤　　直……　27

第3章　称名寺式における異系統土器の共存…………………鈴木　徳雄……　49
　　　　―異系統土器の移入と変容の過程―

第4章　縄文後期の広域圏と異系統土器の動態………………山崎　真治……　73
　　　　―縁帯文土器の場合―

第5章　土器の折衷………………………………………………小林　謙一……111
　　　　―勝坂式と阿玉台式―

第6章　弥生・古墳時代の土器の移動類型……………………比田井克仁……137

第7章　古墳出現前後の北部九州における
　　　　畿内型甕形土器と在地型長胴甕形土器との出会い……佐々木憲一……151

第8章　オホーツク土器と擦文土器の出会い…………………熊木　俊朗……175

第9章　異系統土器が共存する遺跡……………………………河西　　学……197
　　　　―土器胎土分析で製作地が区別できるか―

異系統土器の出会い

第1章　異系統土器の出会い
―土器研究の可能性を求めて―

今村　啓爾

1．土器研究の目的と学史的展望

(1)　編年学の成立

　土器が考古学にとって重要な資料の一つであることはいうまでもない。粘土という可塑性のある材料で作られるため、作り手の意図が忠実に反映され、製作物の外見と製作集団の関連がとらえやすいことが、考古学資料としての土器の価値を高める。土器は大量に作られ、壊れやすく、壊れると捨てられ、その後土中で分解して無くなるようなこともほとんどない。考古学では、数の少ない珍しい遺物に価値を認める傾向もあるが、学問の体系全体にとっては、どこにでもあるありふれた資料こそ重要だともいえる。

　日本の土器研究の学史を振り返ってみると、土器の違いを、製作した民族の違いとして認識しようとした時期もあったが[1]、松本彦七郎[2]や山内清男[3]らによる編年研究の推進によって、それが考古学に基本的骨組みを与えるもので、最初にとりくむべき課題として重視されるようになった。もちろん編年研究ばかりでなく、土器の用途を推定し生活形態の反映を読み取ろうとする研究[4]や、文様の意味の考察[5]、交易の一端を示す資料として土器をとりあげる研究も行われ、最近では土器に社会形態の反映を読み取る試み[6]も行われている。

(2)　型式細分と系統的変遷の把握

　上記の編年を第一の目的とする土器研究から、次第に現れてきた方向性は、一地域の土器を連続的・系統的に変化するものとしてとらえる方向である。これは土器型式の細分研究ともつながりがある。山内清男が早くに指摘したように[7]、歴史の具体的な変化や出来事の推移を明確にするためには、土器編年をできるだけ細分化する必要がある。そのためには、包含層の重なりを手掛かりにする変遷の認識だけでは十分でないことも多い。むしろ変化の大体の方向性が解明された状況の中で、多くの遺跡の資料によって土器変化の過程を想定し、各段階について遺跡ごと、遺構ごと、層ごとの単純出土例の有無を調べ、想定された最小単位の確認が適当かどうかを判断する方法が一般的になってきた[8]。

　このようないわば細分型式の認定を先行させ、その分期の妥当性を他の方法で検証する研究は、先史時代から歴史時代まで日本の土器研究全体の主流になり、土器は連続的系統的に変化するという認識が共有されることになった。

　しかし現在知られている土器がすべてこのような連続的な変化のなかで理解できるわけではな

い。どうしても直前に位置するはずの先行形態が見つからない型式がある。しかしそれが突然現れたという見方は、これまでの研究経過に照らして、とりあえず保留され、未発見の先行型式の発見が追求される。ところが近年、それを追求する過程で、その先行型式が意外に遠くにあったという事例が縄文、弥生、古墳の各時期について相次いで指摘されてきた。このような事例は一般に、行った先でも型式として認定されるだけの量の土器があるため、個々の土器の運搬によって説明することはできず、土器作りの伝播または作り手の移住にかかわるものであると認識されることになった。

2．土器の移動の3様態

本書の目的は、このように近年、時代を超えて多くの事例が認定されてきた、土器のまとまりとしての移動現象を手掛かりにして、今後どのような土器研究が可能であるか、その背景にある人間の行動や社会をどこまで復元できるか、各時代の土器研究者の協力を得て、将来にわたって見通すことにある。

（1）　土器移動の基本的原因

土器の移動は、その様態（ありかた）から大きく、(1)製品の運搬、(2)製作者の移動、(3)製作方法の伝播の3者に分けられよう。①の製品の運搬を、近距離の(1a)と、遠距離の(1b)に分けよう。あいまいな区分であるが、(1a)は普通、型式の分布範囲としてとらえられているような、同じ形態的特徴をもつ土器の分布範囲内での移動で、型式的外見のみではどこからどこに運ばれたかを知ることが困難な地理的範囲内での移動と了解されたい。これに対し(1b)はその普通の分布の外側にまで運ばれたもので、発見地本来の土器でないことが外見でわかるものである。(2)の製作者の移動による土器作りの移動も2つに分ける。婚姻などにともなう個人的かつ恒常的に繰り返された移動で、普通は比較的近距離であったと考えられるもの(2a)と、限られた時期のみに比較的大きな規模で起こった（家族単位での移動は、比較的小規模でも集団の移動としてこちらに含める。）移動(2b)である。後者は人間集団の移動に関連するとみられる。これは土器系統の大きな動きを伴うことがあり、前者はそのようなことはないが、土器系統の、恒常的で大きく変化しないな分布状態を保持する要素の一つであったろう。(2)の2分に合わせて議論するために、(3)も便宜的に、短距離伝達の(3a)と、長距離伝達の(3b)に分けておく。

限られた時期に比較的大きな規模で起こった人間集団の移動(上の2b)は、本書がもっとも重視するできごとであるが、もちろん製品の移動(上の1a、1b)や恒常的な人間の移動に基づく土器系統の移動(上の2a)、作り方の情報の伝播(3a、3b)等が除外されるわけではない。それどころかそれらの分別が研究開始の第一の課題になるとともに、今後も本書で扱うような研究につきまとう問題であり続けるであろう。

この3様態の移動のうちでは、(1)の製品の移動が概念としても現象としてもほかの2者と区別しやすい。しかし運ばれる原因は人の移動である(2a)、(2b)と不可分の関係にあろう。(1b)で遠く

運ばれた土器は、離れた地域の伝統に属する少量の土器が、発見地の土着の土器に混じって存在し、形態的特徴だけでなく色調や焼成が土着の土器と異なることが多い。使用された粘土や混和材が出土地の近隣のものと異なるため、胎土分析によって判別できることも多い。ただし本書河西学氏論文が解説するように、「胎土分析」が対象にする物質要素や分析方法はさまざまであり、胎土分析をひとつの方法のようにみなすべきではないし、いくつかの条件が整わなければ、胎土分析を行っても期待されるような結果が得られないことも多い。このように胎土分析が有効でない場合、型式学的区別による(1b)と(2b)の判別は相当困難になる。どこで作られたかという違いはあっても、作り手が同じであるため製品も細部まで同じ形態と製作痕を与えられるからである。このような場合、(1)の製品の運搬によるものか(2)の作り手の移動によるものであるかは、行った先の土着土器との間に影響関係があるかどうかが一つの手がかりになる。行った先の土器作りの影響が認められるなら明らかに人の移動があったのであり、行った先でそこの土器に影響を与えている場合もそうである。動いた系統の土器がたとえば特定の集落や遺構にまとまって存在するかどうかといった状況証拠も人の移動の判断材料になる。

　このようにして行われる運ばれた製品の認定も、その運搬距離が短くなるにつれて、つまり(1a)になるほど困難になる、というよりもそうであるからこそ(1a)を(1b)から分けたのである。少人数が短期間しか住まなかったような小遺跡で土器が作られていた可能性はあまりないので、そこで出土する土器は比較的近くの製作集落からの運ばれてきたと考えなければならない。それで、異系統土器を除いた土着型式の分布は、とりあえず製作集落とその近傍の搬出先として理解される。製作集落のまわりに土器が頻繁に運ばれる地域があってそれが型式分布に関与したことは疑えない。また、二つの系統の土器の分布が接する地域では、それら2つの系統の土器が拮抗する量で出ることがある。これは二つの地域からの搬出(1a)の結果なのであろうか？それとも中間地域には(2a)や(3a)の結果として二つの系統を併せ持つ集団がいたのであろうか？　この問いに対するもっとも有効な方法もまた胎土分析に期待されることになるが、対象地域が狭くなるほど、その地域内での地質の違いを見つけることが難しくなり、製品移動の認定は困難になる。この小地域内移動の課題に挑戦し、成功を収めたのが第9章の河西論文である。縄文中期の場合、同一型式（この場合は曾利式）とされる地域内にも多くの製作地があり、製作地からの運搬は近距離が普通で、せいぜい地質的区分における隣接地域のものが運び込まれる程度であったという結論である。もちろん縄文早期や前期など異なる時代には別の製作地と出土地の関係があることが指摘されている。

　(1b)の、製品が遠くに運ばれた場合にも、搬出というよりも集団の季節的移動にともなって自分たちで用いるために運ぶことがあったという説が沼津市平沼吹上遺跡などにおいて池谷信之氏によって提唱されている[9]。これは胎土分析と当時の環境問題をからめた総合的考察で、論理の重なりからも説得力を持つ。この説に従うと、土器の搬出がきわめて遠方に及び、その量も行き先の集落で出土する土器の半分を占めるほどになることがあったという。ここで運ばれたことを認定した一番の根拠は、状況証拠ではなく、胎土分析なのである。ただしこの遠方に大量の土器が運ばれた例は、アカホヤ火山灰降灰直後の特殊な環境下で起こった現象とされ、縄文時代にいつでもどこでも起こったこととは思えない。たとえば、関東地方で諸磯式に伴う少量の北白川下層式土器が運ばれ

た理由についてまで同じ理解を拡大させるわけにはいかないであろう。

上記三様態のうち本書がとくに重視するのが、(2b)の製作者を含む集団の遠方への移動による土器作りの移動である。

ここまで(3)を取り上げなかったが、ここで(2b)の製作者の遠方移動と(3b)の遠距離に及ぶ土器作り情報の伝播はどこが違うのかを考えておかなければならない。製作者の移住（移動を含む）による土器作りの移動においても、作り手が土器の作り方の情報を運ぶわけであるから、土器作りの情報の伝播の一種であることに変わりはない。だから製作者の移動と区別して「土器作り情報の伝播」という場合には、人は大きく動かずに作り方だけが伝わる状況を想定していることになる。それはつきつめるところ、個々人の動く距離は最小限で、リレー式に土器のつくりかたが伝播していく事態ということになる。したがって、(2b)つまり人間の長距離移住によって土器情報が運ばれた場合は、(3b)の情報の長距離伝達に含めないことにしなければならない。

一般に、作り手が移動する場合には正確な土器作りが移動し、人はあまり動かずに土器作りの情報が運ばれる場合、伝わった土器作りはあまり正確ではないであろうと想定されている。見よう見まねで可能な外見の類似ではなく、粘土帯の積み重ねのような製作当事者しか知らないような特徴は、(2)で伝わるが、(3)では伝わりにくいと想定されてきた[10]。このように(2)と(3)の判別は土器の外見的な微細な特徴に依存し、(1)と(2)の判別に有効であった胎土分析はまったく役にたたない。土器作りの材料が(2)も(3)も、行った先の同じ粘土だからである。そしてまた(2)と(3)の判別においても土器の出方という状況証拠に頼らざる部分が大きいことは第3節「明快な実例から」で扱う諸例が物語る。以上の関係を整理すると下表のようになる。

表1　土器移動の類型・移動距離と土器作りの系統性・使用粘土の対応関係

	(a)短距離		(b)長距離	
(1)製品移動	在地系統の土器つくり	非在地粘土	非在地系統の土器つくり	非在地粘土
(2)製作者移動		在地粘土		在地粘土
(3)情報移動				

(2)の製作者の移住による土器作りの伝播は、小集団が長距離移動し(2b)、行った先で土着の集団の土器の分布の中に一定規模で入り込むような場合に見ることができるもので、移動距離が大きいほど移動先の土着土器と移動進入した土器の外見的違いが大きいことが普通である。移動した土器が特定の集落や特定の住居に集中して出る場合に製作者の移動が一層明瞭である。その代表例として本書後藤直氏論文の北九州の弥生時代板付Ⅱ式期に現れる朝鮮系無文土器があり、逆に韓国南岸に現れる日本の弥生土器もある。鈴木徳雄氏論文が取り上げる、称名寺式の誕生に西日本の中津式集団の移動が関与した事実は、横浜市稲ヶ原遺跡・松風台遺跡など住居址単位での出土例が物語る。比田井克仁氏論文がとりあげる多くの事例のうち、たとえば弥生後期に愛知県の山中式が移動して土着土器の分布の中に綾瀬市神崎遺跡の新集落を拓いた例なども集団の移動が明瞭である。古墳時代初期に群馬県に現れる「石田川式」などは、土着土器の中に現れるというよりも、土着土器を消滅させながら進入するところに特徴がありその背景にただならぬ出来事があったことを暗示す

る。比田井氏はほかの系統移動について、住居址単位での移動例も列挙する。

　このように製作者集団が移動する場合、移動第一世代の土器は移動元の土器とほとんど違いがないから、移動に際して持参された(1b)ものなのか、移動先で作った(2b)ものなのかは、胎土分析で判別されなければ区別が困難である。ただ移動した集団の土器の作り方は、時間がたつとともに、また土着土器との接触とともに変化することが普通なので、そのようにして少し変化した土器は、間違いなく行った先で生産されたものであることになる。

　(3b)の、人はあまり動かずに土器情報だけが遠方に伝播する状況は、次の事例に認められる。縄文後期最初頭、中津式の長距離移動の後、しだいに地域色を強めながらも中津式―称名寺Ⅰ式が連動して変化する事態が続く。しかし両者の地域差はさらに増大していき、次の福田K2式―称名寺Ⅱ式期には西日本と関東地方に相当に外見の異なる土器が分布することになる。にもかかわらず、両者の間では土器情報の基本的部分だけが共有され、共通した方向に連動して変化する。これは、本書には収録していないが、山崎真治氏論文[11]が解明したことである。あるいは縄文前期末に、鍋屋町系が北陸→中部高地→関東→東北へと広がるが、まもなく土器の一様性は失われ、各地域で違ったものに分かれていく。しかし口縁部文様など土器の一部の要素においては共通性が維持される。注意すべきは、それ以前に獲得された共通性の一部が弱まりながら残存するのではなく、共通性を維持しながら同じ方向で変化し続けることで、情報伝達が機能し続けているのである。これらはどちらも、人の動きによって広域の共通性が形成されたあと、小さな地域性に分かれていく状況の中でも、一部の共通性が同調的に維持され続ける現象である。

(2)　恒常的な人の移動、特に婚姻による土器系統の移動と土器情報の移動

　すでに述べたように、土器情報の動き(3)の分類には、人が長距離移住して情報を運ぶ(2b)にかかわるものを含めず、リレー式に運ばれるものだけをこの分類に入れるとした。といっても何回も受け継がれるとは限らず、1回だけ比較的近距離に運ばれる(3a)にあたるものも(3)に含めなければならない。この場合情報の運び手が情報だけ伝えてもとの集落に戻ったのか（人が運ぶが、その人の居住地は変わらない）、行き先の集落に居ついてしまった(2a)のかが問題になるが、この両者を区別することの難しさが問題認識の曖昧さの原因になる。狭い地域に一定の系統が分布し続けることの原因をすべて(2a)に帰することは非現実的である。かといってたとえば婚姻に伴う人の移住がなかったというのも同様に非現実的であるから、常識的に両方があったと判断せざるをえない。

　たとえば東日本の縄文中期のような、定住的な集落が立ち並ぶ人口の多い状況の中で、人々は生活のためにその周囲を必要な距離だけ動きまわったであろう。その動きが土器作り情報を周囲に伝え、また入手してくる機会になったはずである。運ばれた土器を見て文様の真似をすることもあったであろう。製品の集落外搬出も安定した生活を反映し盛んに行われたが、運搬距離が早期や前期に比較すると短いことは河西氏の分析が示すところである。

　婚姻による土器作りの伝播は、人間の移住による土器の移動の一部としてしばしば取り上げられてきた問題の一つである。かつて佐藤達夫氏は縄文中期初頭の異系統土器の共存や1個体土器面における異系統文様の共存をとりあげ、土器の作り手とみなされる女性の婚姻による移動をそのもっ

とも大きな原因に想定した[12]。本書で小林謙一氏も、本来的な分布圏を外れた地域で異系統文様の借用や併用が起きる原因の一つを婚姻に求める。小林論文でこの問題が大きく取り上げられているのは、縄文中期という人の動きの小さい社会では、他の時期よりも婚姻によるとみられる個別的な土器作り情報の動きが可能性の高いものとして浮上してくるからであろう。

この問題が(2b)の集団移動による土器の動きと異なるのは、移動の規模が個人単位であり、移動の距離も普通はそれほど大きくない（小林論文では2a内と2aを少し超える程度）と想定され、動きが普通双方向と理解されていることである。そして、一定土器型式の分布範囲を婚姻圏に重ねる想定もあるように、土器の移動というより、変化しない型式分布と結び付けて考えられる傾向もある。

近距離移動の原因が婚姻なのか、生業や交易活動にともなう移動なのか確認することは現状では難しい。婚姻と土器を結び付けるこれまでの研究も、可能性の指摘にとどまっているのではないだろうか。遠くに移動した人々が行った先で婚姻関係を取り結ぶことも大いにありうる。ひとことだけ原則論を付け加えるなら、結婚後新夫婦がどこに居住するかという問題である。土器の作り手が女で、女から女に系統が受け継がれることを原則とし、結婚後母方に居住するのが原則とされる社会があれば、嫁の生地からの移動距離は小さくなって、土器型式は広い分布を維持しにくくなり、小地域差が増大していくことが想定される。逆に新夫婦が父方に居住するのが原則とする社会があれば、嫁の移動距離は相対的に大きくなり、婚入先で夫方の母や姉妹と接する可能性も高くなるので、土器型式の分布が広くなりやすく、異系統土器の共存という現象が起こりやすくなると予想される。人口が稠密な社会では配偶者を近隣に見つけやすいから移動距離が小さくなる傾向があり、人口が希薄になると逆に移動距離は大きくなると想定される。しかし人口希薄な時期は生活が困難な状況があったとみられるので、遠方に動く原因はそれだけではないであろう。

本書が、生業活動や婚姻によって人が動き、それによって土器作り情報が近隣に運ばれる事例を積極的にとりあげない理由のひとつは、それらの現象の区別が容易でなく、扱いにくいからである。人が移住したのか、人の往復や接触で土器作り情報が近隣に伝えられたのか、人の動きは生業活動によるのか、婚姻によるのか、その他の理由によって起こったのかを区別しようとすることは、人間集団の遠方への移動にともなって土器作りが移動する非日常的な現象にかかわる証拠の明確さに比べると、ずっとあいまいで扱いにくい。それはまた土器の移動というよりも、土器が一定の分布圏を維持し、その外側に隣接型式との重複地域を形成する日常的恒常的な分布のあり方と関連する。本書の構成をコンパクトにするため、本書ではこの方面の議論を小林論文にまかせ、本書全体としては深入りしない方針をとりたい。

3．明快な実例から

土器移動の背景をさぐり当時の社会のありかたとの関係を考える場合、移動の形を分類整理し、類型化することは、現象と背景との関係をとらえるうえで役に立つ。しかし具体的状況を捨象したような形で抽象的な類型化を急ぐことは、必ずしも理解を助けるわけではない。むしろさまざまな動き方を類型化しようと努力する過程で背景にある人の行動に洞察が加えられていくことになろ

う。

　はじめに本書収録の論文を中心に、それ以外の重要問題もとりいれながら具体例を見たあとで、類型化を行い、それと並行してそれぞれの社会的背景を考えるという順序で進めていきたい。

　まず当時の社会について土器だけで明らかにできることは少ないことを認めておかなければならない。これまでの考古学研究の歴史の中で解明され、確立した社会相の理解、つまり農耕を経済基盤とする社会であるとか、政治的統合が進みつつある社会であるといった認識の上に、土器でなければ言えないことを付け加えるという方針で臨む必要がある。

　以下に各論文の内容を紹介する。その一つの理由は、本書編集にあたって各筆者にできるだけ門外者にもわかりやすくという注文をつけたにも拘わらず、研究者としてのこだわりから、詳細に過ぎ、理解に努力を要する論文があることである。各著者の憤慨を恐れつつも、第三者が大胆な簡便化を図ることは、本書全体で示そうとする土器研究の可能性と面白さを短時間で理解させ、そのつもりで各章を熟読する動機づけにもなるであろう。そのようなわけで、以下の要約は論文解題の羅列を意図するものではない。土器移動の比較から人間の生態や社会にどこまで切り込めそうであるか、その新しい方法の確認のために、各論文の意味内容を汲み取り、土器を超えてその先に見えてくるものを引き出し、比較しようとするのである。しかし意味内容の抽出に熱心なあまり、原論文の誤解や曲解があるかもしれない。やはり原論文を読みこなしていただきたいのであるが、私の行う本書全体の道案内が、各論文の、日本考古学における、また土器研究における位置を理解するのに手助けになることを望むものである。

(1) （弥生前期―中期）北九州に現れる朝鮮系無文土器と韓半島南岸に現れる弥生土器

　後藤直氏によって寄稿された朝鮮系無文土器と弥生土器の遭遇は、異系統土器の出会いのもっとも典型的な事例といってよい。弥生前期の終りに朝鮮系無文土器が北九州に侵入し、少し遅れて弥生中期初頭に北九州の弥生土器が韓半島南岸に出現する。遺跡における存在の仕方にはいろいろなケースがあるが、どちらの場合にも地元の土器を凌駕するような量がまとまって出る遺跡があり、人間集団の移動があったことを明示する。上記2つの土器移動はほぼ対称の関係に見えるが、完全に対称ではない。韓半島南岸に入った弥生土器はいくつかの遺跡で地元の土器をあまり伴わずに存在し、それらの遺跡は沿岸部に限られ、内陸に入っていない。つまり日本列島から弥生土器を伴って上陸した集団は、地元の人々と強く日常的な交流を持たずに存在したように見えるのである。

　一方、無文土器を伴って福岡平野に上陸した朝鮮半島からの集団は、当初、集団としての独自性をもって存在し、弥生人との交渉があったにも関わらず土器の変形はほとんど見られなかった。しかしやがて弥生人の集落の中にまとまって入りこむようになり、福岡から離れた佐賀や熊本では無文土器が変形したものが増えはじめ、弥生土器の影響を受けたものや逆に無文土器が影響を与えた弥生土器も見られる。日本に上陸した無文土器が、時間的に遅れ、地理的に上陸地から離れていくのにつれて、本来のものから変化するのであり、韓国に上陸した弥生土器のありかたとは異なる。無文土器人の進入力と九州における弥生人との交流の深さを示すわけである。この背景には双方向にクロスして移動・移住した2集団の間に渡海の目的の違いがあったからだと後藤氏は論じる。朝

鮮のものと区別できない進入当初の無文土器を後藤氏は、「搬入品または忠実な製品すなわち無文土器直系土器」と表現し、個々に搬入品か日本内で作られたかの判断を避けるが、弥生中期から韓国南岸のいくつかの遺跡でまとまって出現する弥生土器については、その製作の特徴から多くを現地製と考えている。

　無文土器の時間差・地域差などは原論文で詳しく読み解いていただきたいが、このような異なる系統の土器をもつ集団の交渉とその結果としての土器変化の過程が明瞭に読み取れるのは、それまで遠く離れた地域で別々に形成された異系統の土器が遭遇したことが基本的背景をなすことはいうまでもない。日本からの移住者が海岸近くにだけ居住する状況や、非対称な影響関係は、後述する縄文前期末の北陸と東北北部の間についてもある種の類似が指摘できる。

(2)　（縄文後期）中津式集団の移動による称名寺式の形成

　人間集団の移動がはっきり認められる別の事例として、鈴木徳雄氏による中津式の移動と称名寺式の成立の問題を取り上げる。称名寺式段階にも先行して存在した加曾利E式系統の土器（加曾利EV式）が関東に広く残り、独自の変化を示しつつ、中津系＝称名寺式との交流も強める経過をたどるが、称名寺式の主体をなす装飾的な土器の成立を加曾利E式からの変化で説明することはできない。称名寺式の変遷をつぶさに解明し、その最古の「初期称名寺式」を求める過程で現れてくるのが西日本の中津式である。最古の称名寺式と中津式の類似は、器面調整、沈線の引き方など、道具や手の動きに関連する部分にまで及び、見よう見まねの模倣ではありえない。しかもその中津式にごく近似する関東の称名寺式最初期の土器が、横浜市松風台遺跡、稲ヶ原遺跡などで特定の住居址の主体をなすものとして存在する。これらは中津式を携えてきた第一世代の住居と考えざるを得ないが、住居の形は関東の伝統にある柄鏡形であること、この段階ですでに一定量の加曾利E式土器を取り入れていることは、侵入集団と土着集団の共存融和の関係を示している。上節の佐賀や熊本における朝鮮系無文土器と弥生土器のような関係が、侵入第一世代に起きているのである。

　中津式の作り方を携えた人々が神奈川県を中心とする地域に移住してきたことは確実である。その故地は近畿地方の可能性が高く、また海岸沿いに一気に入ってきた可能性が高いことを鈴木氏は指摘する。しかし間もなく関東で変化した称名寺式の少し新しい部分の影響が、逆方向に西日本に現れることも指摘されており、西日本と関東の関係のありかたは単純でない。

(3)　（縄文後期）福田K2式―称名寺Ⅱ式間の遠距離土器情報伝達

　続く関東での称名寺Ⅱ式、西日本での福田K2式の段階になると、関東と西日本の土器の違いはさらに大きくなる。本書には収録されていないが、山崎真治氏の「福田K2式をめぐる諸問題―称名寺・堀之内1式との関係を中心として―」がこの時期の興味深い展開を描写し、本書収録の山崎論文は、堀之内1式・2式並行期の西日本と東日本の長距離に及ぶ関係とそれにかかわる後期土器の特質を解明する。

　これは私の見解であるが、土器系統（普通は型式と呼ばれる時間と地域によって画される土器編年の単位）が、一定地域で共通の形を保持するのは、その中で情報の交換が十分に行われ、一定の

規範に従った土器作りが保持された結果である。いわば型式の伝導性のようなものがある。中津式が関東に流入するとき、移動集団はもとの地域の土器つくりと切れてしまうのではなく、この情報伝達網が長く伸びるのである。その結果、称名寺Ⅰa式からⅠb、Ⅰc式への変化と中津Ⅰ式からⅡ式への変化は異なるにもかかわらず、一定の同調関係を保つのである。次の称名寺Ⅱ式と福田K2式はさらに違った土器になり、相互の土器の搬出も少ない。それにも拘わらず、器形や文様帯の配置のようなもっとも基本的な属性については共通性が維持されるのである。同じような事態の展開は、北陸から中部高地、関東、東北地方へと広がった鍋屋町系の土器にも見られる。

(4)（縄文後期）堀之内1式期における一方向的で繰り返す土器作り情報の動き

山崎氏の「縄文後期の広域圏と異系統土器の動態」では、再び関東と近畿地方のつながりが強まる堀之内1式―北白川上層式（など）が取り上げられる。このときは称名寺式期とは正反対に、関東から近畿地方に対する影響が強まり、まがうことのない堀之内1式がかなりの量で近畿土着の土器に伴うようになる。しかしそれは使用された粘土からみて関東からの移入品ではなく、近畿地方で作られたものがほとんどであるらしい。この土器作りの伝播には作り手の移動を想定しなければならない。とりあえず称名寺Ⅱ式期まで維持された土器情報網をたどるような形で関東側から土器情報を携えた人の動きが起こったことになる。移住があったことは三重県下川原遺跡の柄鏡形住居とその遺物が明示するところである。

ところが山崎氏が指摘するように、この現象をよく吟味すると、中津式の東への広がり、すなわち称名寺式の成立とはかなり異なった面がある。中津式の移動の場合には、本格的な移動は短期間に集中的に、1回と言ってもよい形で起こり、あとは情報の伝達が主になるが、堀之内1式の移動は、繰り返し波状に起こっており、しかも出発点は近畿に近い南西関東とは限らず、北関東の綱取式の系統など出発地域が変化するらしい。さらに関東の系統ごとに行き先を選んでいる様子もある。また西日本の縁帯文土器の影響が関東には現れず、この移動によって情報網が再生され、それを通じて双方向の伝達があった様子は認められない。移動した土器作りは西日本で実施され、西日本の土器との間に折衷土器が作られることもあったが、それを除くと系統の全面的な融合にまで進むことはなかった。

あえていうなら、関東側の人間が、その土器作りを携えて、次々に一方的に関東の各地から西日本に向かい、もどってくることはなかったように見えるのである。また作り手が移動したと言いながらも不思議なことに、堀之内1式を構成するさまざまな系統（鈴木徳雄氏のいう類型）のうち、特定のものだけが近畿に現れるのであり、受け入れ側に一定のフィルターが用意されていたと考えなければならない。

このような土器現象の裏にある人間の行動について山崎氏は明言を避けるが、これは広く異系統土器の出会いにともなって見られるさまざまな現象の比較の中から答えを求めていくべき問題であろう。すくなくとも我々はもう一枚皮を剥げば人間の活動が見えるところにまで来ていると感じるのである。

(5) （縄文後期）堀之内2式期における広域類似土器の広がり

　山崎論文の後半では、後期磨消し縄文土器の成立を論じるために、視野が九州にまで広げられる。福田K2式の磨消し縄文と九州の小池原上層式・鐘ヶ崎式の磨消し縄文のつながりを中間資料の存在などから明らかにし、磨消し縄文のふるわない瀬戸内・関西の縁帯文土器とは別の系統的展開があったことを指摘する。これが人間集団の移動によって南四国に定着したのち関西に進入する。そこで関東で完成されて関西に進入した堀之内2式系の磨消し縄文と出会う。関東側からの進出が直接的な人の動きを伴うのに対し、九州からの広がりは、当初は人間集団の移動を伴ったが、先に進むほど玉つき的な伝播や搬出など間接的なものになったとされる。

　両者は近畿地方で遭遇するが、もともと両者の間には磨消し縄文という共通する要素と、一部の文様図形の偶然的な類似が存在したため、同調的変化を起こし、縄文後期中葉に東日本から九州に及ぶ広域の磨消し縄文の分布が成立する。

　ここで私の考えを述べることが許されるなら、磨消し縄文を保持する2系統の先端どうし、いわば系統伝導体の端どうしが接触し、相互の類似性から同調・増幅する現象が起こったのであろう。もともと異なる土器系統の荷担者たちが、相手方の土器要素を自分たちのものと同類としていわば誤認して同化することを、「共鳴現象」と形容したことがある[13]。

　このような異系統の進出は堀之内1式・2式の場合もそうであるが、縄文土器一般に美麗な作りの土器において著しい。それは美麗な土器において作り方の規範が厳しいこと、美麗な土器が進出先でも求められるといった背景があるのだろう。縄文前期十三菩提式の古段階に土着の土器が二つの系統に分かれるが、より美麗な系統が勝ち残ることを「美しさを淘汰の要因とする生存競争」と表現したことがある。ただし勝ち残った系統は大量生産のために手抜きが行われて退化することになる[14]。

(6) （縄文前期）北陸系統と円筒下層系統類似土器の移動 ― 学んで戻る

　縄文前期末に北陸と東北地方北部の円筒下層式の間で顕著な土器の類似が存在したことが指摘されてから久しい。両地域の距離は700kmにおよび縄文時代の中でもまれな距離を超えての影響関係ということになる。両地域間で相互の土器の影響があったとする限りでは問題はない。しかし私は人間の実際の行動としては、北陸から秋田に移住した人たちの一部が故郷との間で往還を繰り返し、その往還の際に円筒下層式の土器作りを学んで持ち帰った一方的な行為だと推定する。これは系統の本来の担い手でない人たちが、その情報を運ぶという特異な例となる。人の移動が原因であるが、運び手本来のものではない情報が運ばれたのであるから、北陸という地域にとっては情報の伝達を受けたのである。この考察は2006年に発表したばかりで、分量も多いので本書での再録はひかえ、上のように考える論理のみを箇条書きにしてみる。

① 北陸系の東北地方への進出が先に起こり、円筒下層系の北陸への進出が後で起こった。
② 東北地方に進出した北陸系土器は、北陸のものと区別できない真正のものであったが、北陸に進出した円筒下層系土器のほうには東北地方北部の真正のものではなく、よく似て非なる土器にすぎなかった。

③　東北地方に進出した北陸系は、当初、土着の土器（大木6式や円筒下層d式）を伴わずに独立存在したが、北陸に進出した円筒下層系類似土器は、はじめから北陸系土器の中に混じって存在した。

④　わずかの運搬品を除き、北陸系が円筒下層式分布域の中心まで進出することはなかったが、円筒下層系類似土器は、はじめから北陸の中核地域を含む広い地域（新潟を除く）に進出した。これは、円筒下層式集団が、秋田の隣接地域を除き、北陸系土器を自分たちの系統の一部として取り込むことがなかったのに対し、北陸集団は、自分たちの仲間が持ち帰った円筒系類似土器を北陸の系統の一部として取り込んだことを意味する。

⑤　東北地方に進出した北陸系土器は、故地北陸での土器変化を刻々と反映しながら北陸と共通の変化を続けたが、北陸に進出した円筒下層系類似土器は、1回進出があっただけで、すぐに円筒下層系の本体とは切り離され、北陸の系統との融合が進み、その中に埋没していった。

⑥　円筒下層系の要素は、最初に北陸（富山・石川）に現れた後、時間の傾斜を伴いながら新潟を東進した（常識的に考えられるのとは逆の方向）。

　これら6項目にわたる違いは次のように考えるとすべて説明できるのである。まず北陸系が、大木系のいなくなった東北地方北部の海岸部に進出した。当初この北陸系土器はそれだけで、すなわち土着の土器を伴わずに存在した。そして東北地方に進出した北陸人は、おそらくその一部が、故地である北陸との往復を続けた。この往復によって、進出した北陸系は、その後も故地における土器作り情報を受容・更新し続け、故地と共通する土器の変化をリアルタイムで保持し続けた。

　当初の進出から1段階後に、北陸系は円筒下層系分布域の端までさらに進出し、北陸系と円筒下層系の接触・共存が起こるが、この段階には円筒下層系類似土器が北陸に出現する。これを運んだのは円筒下層式人ではなく、往復を続けた北陸人であったと考えられる。だからこそ北陸に現れたのは円筒下層式そのものではなく、それによく似たものでしかなかった。またはじめから北陸系人に採用されて持ち帰られたため、円筒下層系類似土器はすぐに北陸系の中核地域に入ることができた。そして北陸に伝達された円筒下層系類似土器は、その段階から円筒下層式本体の変遷とは切り離されたため、北陸の土器への近似と融合が進み、急速に円筒下層式らしさを失っていった。これに対して東北地方の円筒下層式集団は、接触できる近さにまでやって来た北陸系土器を自分たちの土器系統の一部として取り込まなかった。そのため北陸系は、円筒下層式の中心地域に入りこむことがなかったのである。北陸に進出した円筒下層系類似土器は、北陸でも中核地域でまず採用され、常識的に考えられる北から南へ、ではなく、西から東へ、時間の経過をともないながら日本海沿岸に拡がった。

　以上から、北陸の土器作りを北に運んだのは北陸集団であったが、円筒下層系類似の土器作りを南に運んだのは、円筒下層系集団ではなく、これもまた北陸系集団であったことが論証されたと考える。これは土器作りの情報だけが、本来の担い手から離れて別の集団によって運ばれることがあったという、考古学者にとってはなはだ厄介な事例が指摘されたことになる。しかし北陸集団が運んだ北陸系統の土器が、北陸の土器と外見的に区別のできないものであったのに対し、北陸集団が運んだ円筒下層系土器の形が、一目でわかるほど不正確なものであったという事実は、一般に想定

されている仮定、すなわち「見た目だけではまねのできない要素が伝播したときに、はじめてその土器作りを伝統的に担った作り手の移動として認められる。」という原則の正しさを確認したことになる。

北陸で起こったことは、2系統の土器が作り分けられ、共存した典型例になるが、東北地方からの情報が続かなかったために円筒下層系が地元の土器に埋没していく点でも、共存する2系統の融合を見せる典型例である。北陸側の受容は、縄文土器によく見られる、異系統の受け入れに鷹揚な態度をさらに超えた、より積極的な受容となる。一方受容に消極的な円筒下層系の理由は何であろうか。そもそもこの時期の円筒下層系（d式）は内部に多様な地域差を抱えている存在で、一枚岩ではなかったのである。なお秋田に進出した当初の土器が北陸製か秋田製であるかについて論文では一切触れていないが、北九州に侵入した当初の朝鮮系無文土器がどこ製であるかを明らかにするのが難しいのと同じである。

(7)（縄文前期）木島式集団の季節的往還と土器の携帯

上で述べた往還という行動について、本書には収録されていないが、最近の池谷信之氏の研究[15]を紹介したい。氏は東海東部の沼津市平沼吹上、長泉町鉄平などの集落遺跡で全土器の半分以上を占める木島式（前期初頭）が、糸魚川静岡構造線以西の粘土で作られていることを元素分析によって示し、その地域の住民が東海東部との往還をくりかえすことによってもたらしたと考えた。

私が主に土器の型式的分析から論を立てたのに対し、池谷氏は土器型式とともに胎土分析（元素分析と鉱物分析を併用。後者は増島淳氏が担当）に論拠を置く。私の場合はただ「漁民の舟による移動」と述べたにすぎないが、池谷氏はアカホヤ火山灰の降灰によって伊勢湾周辺の漁撈環境が悪化し、別地域での漁撈を主目的とした移動であることを東海東部の石錘の量の変化などから具体的に論じている。このように、立論の方法と論ずることがらの範囲にはかなりの違いがあるが、発想と結論は著しく類似する。さらに現象の背景となる社会のありかたについても非常に近い理解があるようだ。池谷氏は東海西部と東海東部の間を往還した集団は移動に際して東海西部の土器を東部にもたらしたとする。彼らは東海東部に居住するときには土着集団の集落に入れてもらい同居したけれど、自己のアイデンティティーを保持し、故地との往還を続けたと考える。土着民側からするとよそ者に対して実に鷹揚な対応ということになるが、ひとつにはアカホヤ火山灰の影響で東海東部の人間も生業の問題を抱えており、漁撈に長じた集団を歓迎する理由があったと考える。

私が縄文集団間の関係について抱くイメージは、個人的な移動を好意的に受け入れ、集団で移動してきたときには一時的に緊張感を持って対応することもあるが、まもなく広い地域で融和していく開放的なものであり、池谷氏とほとんど同じといってよいであろう。

(8)（縄文中期）生活の安定と大きく移動しない集団間における影響関係―阿玉台式と勝坂式

このように書いてくると、土器はいつも動き続けているような印象を与えたかもしれない。しかし縄文時代全体を見渡した場合、急激に分布を変えるような土器の動きは少なく、大きく動かないのが常態であり、特別な状況のもとにおいてのみ大きく動いたとみられる。とくに縄文中期の人口

稠密な状況下では、人間集団が動こうとしても先住者がいてそれを許さないであろう。ただ婚姻による個人的移動や、生業に伴う一時的な移動が相手方の了解のもとに可能であったと想像される。このような「常態」を小林謙一氏の「土器の折衷―勝坂式と阿玉台式―」に見ることができる。縄文中期前半には東関東に阿玉台式、西関東から中部高地に勝坂式が分布する。それぞれの中にさらに地域差が認められ[16]、入れ子状のさまざまなレベルがあったとされるが、その小さなものは真光寺タイプなど10〜20kmほどの広がりで確認できるという。

　子和清水タイプは阿玉台式分布の西端にあって、勝坂式の要素をさまざまな形で取り込んだ土器が一定量継続的に作られた。逆に八王子の神谷原集落では、勝坂式の分布圏の中にあって、阿玉台式の要素を取り込んだ土器が作られた。このような折衷土器の安定的な存在は、より純粋な型式それぞれの安定的分布を前提とする。また折衷土器の在り方にもその要素の混じり方にさまざまな種類があり、それはどこで生まれた誰が、どこに行って土器を作ったかに関わり、とくに土器の作り手である女性の婚姻による移動問題がかかわるとされる。

　婚姻による移動は、分布の安定状態の中で一部の女性が隣接地域に移動したときに折衷土器の生産という形で現れるのであり、本書ではそのような移住を、土器系統をになう人間集団の移動（先の分類の2b）とは見なさず、日常的な近距離移動（2a）の一つとみなすことを先にお断りした。

　小林氏によると、作り手の移動には生業に伴う小規模集団の移動もあり、婚姻とは別の形で土器の属性や情報の移動をもたらすという。中部高地のような遠方には阿玉台式の製品は搬出されても作り手が移動することは少なかった。なお阿玉台式期にも時間の経過とともに勝坂式側の分布が東に押し出してくるが、これもゆっくりと進行した系統荷担者の分布の変化であって、本書の主題である人間集団の移動・移住とは区別されるものである。

　縄文中期の土器が小地域に分かれ、個別的にまとまる性質が強いのは、ある意味で弥生土器に近く、植物質食料生産と結び着いた生活の安定性も、極端に言えば農耕民的であると考えている。しかし縄文土器が相互に許容性をもち、分布を接する2系統が共存する地域が形成されたりするのは、土器と土地の結び付きがより強く、異系統土器が基本的に外来者として現れる弥生後期のありかたとは違っている。やはり縄文土器は中期にあっても系統相互に親和性が強いと言える。

比田井克仁氏の研究

　比田井克仁氏の土器移動にかかわる研究は、2001年の『関東における古墳出現期の変革』（雄山閣）と2004年『古墳出現期の土器交流とその原理』（雄山閣）に盛られ、さまざまな土器の動きを俎上に乗せたもので、とくに第2の著書は土器の動きの類型化を主題としたものであり、本書の一部として掲載するにはあまりにも規模が大きい。幸い本書では比田井氏自身に、その2書とその後に発表した研究のうち土器の移動に関する部分の意味を抽出要約した原稿を書いていただくことができた。ただ他の諸氏の論文が具体的な土器の動きを扱っているのに対し、移動の形態の比較を試みた氏の執筆部分はかなり異質なものになったことは否めない。
ともかく弥生後期から古墳時代の初めにかけて実に多くのそして多様な土器の動きが認められることを氏の著作からくみ取ることからはじめたい。

　氏は移動してきた土器を「外来系土器」「外来性土器」という名称でとらえ、ある系統とある系

統がどこかで遭遇して交渉を起こすという意味での「異系統」よりも狭い概念を用いている。これは氏の扱った時代が生活の定住性が増す時代で、定住集落の存在を前提にし、そこに他所の系統の土器が入ってくるというとらえ方で一貫していることの反映であろう。氏の土器移動の類型化は、このような土着土器と外来土器の区分を基本にし、移動の規模、移動後に地元土器とどのような関係が生まれ、次の世代にどう変わっていくかを見据えた類型化である。比田井氏は搬入品や移動者が移動先で作った土器を「外来系土器」、それが移動先で定着しその地の土器の一部を構成するようになったものを「外来性土器」という。氏も土器製品の動きを無視するわけではないが、大小の人間集団の動きに伴う土器の動きを主な対象にし、土器作りの情報の伝播は隣接地に対しては起こるとしながらもあまりとりあげず、情報だけが遠方に伝わるといった事態については基本的に想定しないようである。

　このように比田井氏が人間の動きに伴う土器系統の動きを主題として重視することは、本書全体の方針とも一致するところであるが、縄文土器の異系統というとらえかたと、弥生後期・古墳時代の「外来系土器」「外来性土器」という区別は、図らずもそれらの土器の背景をなす社会の本質の違いを表現することになった。それは氏の認識する弥生時代社会における人と土地との結び付きの強さに起因し、小地域化が進むその土器のありかたと、縄文時代の、集団どうしが開放的で相互の移住者を受け入れ、異系統土器の要素も受け入れやすい社会の違いを反映するといってよいであろう。もっとも縄文時代でも中期中葉に向けて土器の分布が小さく分かれていくのは、弥生土器に似たところがあるし、移動した縄文土器の系統が行った先に定着して系統的変化をたどる過程は、比田井氏の「外来性土器」という概念に一致する。

　ここで比田井氏がとりあげた多くの事例をすべて紹介すると、氏の著書のコピーになってしまうので、ここでは、ある意味で弥生人集団の典型的な動きを見せる神崎遺跡に対する山中式の進出、下戸塚遺跡に対する菊川式の進出、そして大規模進出の典型である濃尾地方のS字口縁甕が群馬に進出し石田川式になる過程だけを取り上げ、氏の土器移動の類型については、後の「移動の類型化」でとりあげることにしたい。

　このような理由により、ここでの氏の研究の取り上げ方はつまみ食い的なものになってしまうが、もとより読者には氏の著作に直接あたって確かな理解を獲得していただきたいと願うものである。

(9)　(弥生後期) 神崎遺跡・下戸塚遺跡―開拓的移住

　弥生後期に愛知東部～静岡西部の山中式を保持する集団が神奈川県に移動し綾瀬市神崎遺跡に新しい集落を拓く。土器の90パーセント以上が山中式である。胎土分析によって神崎遺跡周辺で作られたことが確認されている。この集落は周囲に環濠をめぐらしているが、故地における軍事的緊張を反映するのか、地元集団に囲まれ、おそらくは招かれざるものとして来た人々の緊張感を物語るのであろう。この集落は長続きせずに廃絶され、山中式は客体的なものとして相模の諸遺跡に出土するが、この地に大きな影響を与えずに消えていく。どのような運命が彼らを見舞ったのであろうか。

　東京都新宿区の下戸塚遺跡も似たような状況を示す。土器は山中式より東に分布した菊川式の系統が主体をなす。ここも環濠集落であるが、土器は純粋な菊川式というよりやや変形したものが多

く、地元の土器に一定の影響を与えるが、しだいに独自性を失い埋没していく。

（10）（古墳前期）石田川式─征圧的な進出と故地との連絡の維持

　濃尾地方のS字口縁甕は、北関東群馬地域に故地と同じ組成でまとまって入り、石田川式と呼ばれるものになり、在地の土器を消滅に追いやる。進入者が壺と甕を作り分ける文化を持っていたのに、土着土器の壺と甕の分化はあまり明瞭でない。生活様式全般にかかわる違いを暗示する。重要なことは、石田川式と濃尾地方のS字口縁甕のつながりが切れてしまうのでなく、連動して同じ方向に変化する状態がしばらく続くことである。縄文土器における遠方との情報網の維持を思わせる事態であるが、中間地域に同種の土器がまとまって分布することはない。支配地域の獲得と表現してもいいような目的をもった移住者の集団が、故地の集団と連絡を維持したのであろう。

（11）（弥生後期─古墳前期）庄内式・布留式の伝播─古墳の生成期における土器移動の背景

　庄内式（系）・布留式（系）土器系統の伝播、とくに北九州への広がりの問題ほど、多くの研究者により、地域ごとに遺跡ごとに詳細に、また広範囲な視野のもとに取り組まれてきたものはないであろう。集中的かつ緻密な土器移動の研究をそこに見ることができる。この研究の活況の背景には古墳の誕生という大きな歴史的な変化の前後にこの土器の動きがあって、古墳を生み出す社会や権力の動きを反映しているのではないかという問題意識に発するところが大きい。

　寺沢薫氏による「布留系各器種を携え、居住した集団、あるいはそれを大量に搬入ないしは製作した集団の性格を、政権中枢やその中継地域との社会的関係の表徴として、換言すれば、初期ヤマト政権の政治的・祭祀的伸長の実存姿態として把握していかなければならない」という提言[17]に代表される問題意識である。私も門外漢としてではあるが、庄内式・布留式の拡大をそのような問題として傍観してきた一人である。しかしその研究の蓄積は、ここで単純な形でまとめて紹介することはとてもできないさまざまなレベルでの意見の違いを生みながら展開してきた。そして本書に収録する佐々木憲一氏の論文、およびその前提となった先行論文「古墳出現期における畿内型甕形土器の西方拡散に関する研究」[18]における見解は、上記寺沢氏の提言にみられるような、あらかじめ問題の方向性を決めてかかる態度そのものへの警鐘となっている。

　佐々木氏は、古墳が大和を中心とする祭祀・政治のネットワークであるのに対し、庄内甕・布留甕の拡散は各地に1次的2次的な中心があり、中継地、地域差の生成を含むその生産と配分は、地域社会がそれぞれに独立性と自主性を保持しながらの交易を含む交渉関係を示すと論じる。実物資料の観察からきわめて具体的にこの連鎖の過程を解明し、使用の痕跡から使用者が誰であるのかを解明した研究は説得的であり、古墳の誕生と土器の動きは社会的に別の側面の現象であるという佐々木氏の指摘は重要である。

　突拍子もない比較になるかもしれないが、畿内系土器の波状に繰り出す伝播は、縄文後期の堀之内1式が関東各地から関西へ波状にくりだす伝播に似ている。出発点がひとつではなく受容側の状況もさまざまである。そして関西に現れる堀之内1式は搬入品ではなく関東の堀之内1式そのものでもない。しかし人が動いていることは疑えないのである。北九州の特定の集落において庄内式が

早く出現し、特定の遺構に集中することがあるのも、規模はともかく人間集団の移動を暗示する。

ところで比田井克仁氏は、上記2冊の著作の後、土器自体と遺構数の検討から、古墳時代前期に南関東から東北地方へ相当な規模の人間の移動があったことを指摘し、仮説的ではあるが、地方政権の成立はむしろこのような人間の流出を抑制するものであったはずであり、実際、古墳時代Ⅱ期（比田井氏の分期）における北上は、地域政権成立の遅れた下総地域からのものであったことを指摘した。それにも拘わらず古墳時代Ⅲ期に南関東の広い地域から東北地方へ移住が進行したことの背後に、関東各地の地域的政権を超える畿内政権の意図が存在したことを推定した[19]。

畿内から西に向かっての土器と影響の移動についてもさまざまな原因があるだろうが、その一部に支配者の意思に従う人の移動は含まれていないのだろうか。佐々木氏は「集落から出土する土器に政治的性格をあまり付与しない立場である」と表明するが[20]、寺沢氏とは逆の意味であらかじめ思考の方向を限定しているおそれはないだろうか。佐々木氏も奈良県纒向遺跡における高い比率の非在地系土器については、背景に政治的意図が存在した可能性を述べている[21]。私がこの問題に主体的にとりくむことはありえないが、基礎的事実の実証的な積み上げを重視する日本的な考古学の方法—今回の場合には、土器の移動からまず人間集団の移動の実態を明らかにし、次にそのあり方の広範な比較によって移動の背景や目的を解明する—の提示が本書編集の目的のひとつであった。

(12)　（続縄文—古墳時代前期）南赤坂遺跡

このような古墳時代前期の土器の東進・北上の時期にまったく逆方向の土器の動きが見られる。続縄文末期の江別C2・D式が小規模ながら一定のまとまりをもって点々と南下してくる状況である。とくに新潟県巻町南赤坂遺跡における土師器と続縄文土器の共存は興味深いが、土師器の様相を示しながらも、続縄文に特徴的な縞状の縄文を有する個体の存在は、両文化の接触を明示する[22]。続縄文土器が新潟県まで南下することは、日本海沿岸における前方後円墳の北限がこの地域になる（内陸では山形県川西町に前方後方墳の天神森古墳がある）こととも関連があるかもしれない。続縄文人の南下の目的も興味深い。江別C2・D式は北海道にあっては普遍的な土器であるが、次の北大式になると遺跡遺物ともに減少する。

なお、続縄文土器が東北地方・北陸地方を南下する少し前の状態を示す弥生後期天王山式土器の分布について石川日出志氏に本書への寄稿を依頼したが、執筆に慎重を期され、本書出版には間に合わなかった。参考文献として石川氏の旧稿[23]をあげておくが、氏は新論文でかなりの改訂を期されているらしいことを付記しておきたい。

(13)　（オホーツク土器・擦文土器）異系統文化の遭遇と融合

熊木俊朗氏の「オホーツク土器と擦文土器の出会い」は、5〜9世紀（これから変化したトビニタイ土器などは12世紀まで続く）に北海道のオホーツク海沿岸に分布したオホーツク土器と、7〜13世紀に北海道に広く分布した擦文土器の出会いを取り上げる。日本の内地が歴史時代に入ってからのことであるが、文字の残されていないこの地域ではもっぱら考古学的手法によって研究されている。この出会いも主に土器という普遍的な資料によって研究されているが、両者の違いは土器に

とどまらず、生業、住居形態、信仰、社会形態を含む多様な側面に及び、異系統土器の出会いというより異系統文化の出会いと評価されるべきものであることを熊木氏は強調する。土器においてもオホーツク「土器」と擦文「土器」という大きな土器系統の出会いであり、縄文土器の型式間の出会いよりもはるかに明瞭に異なる土器文化の遭遇が見られ、九州における弥生土器と朝鮮系無文土器の遭遇と同様にというより、それ以上に、遭遇、接触、変容の過程をつぶさに見ることができる。オホーツク文化が文化内容のすべての側面を携えて北海道内に定着したことが、その後二つの文化が融合していく過程が見られる原因であり、日本考古学では例の少ない、大きく異なる 2 文化の出会いと変容の過程を観察することができる。

　時間的に両系統の動きと変化を見ていくと、樺太からオホーツク海に沿ってオホーツク文化が広がり、続縄文文化が本州の土師器文化の影響を受けて成立した擦文文化が、道南から道央へと広がるが、はじめは相手を避けるように地理的に重ならずに分布している。これは私が縄文土器について人口希薄になった地域に異系統の土器が侵入しやすいと指摘していることに似ていると考える。もっとも接触がなかったわけではなく、オホーツク文化側のほうが積極的に日本海沿いを南下したと熊木氏は指摘する。次に擦文側の北への進出を主たる契機として接触がおこり、やがて擦文文化によって分断された北海道最北部で元地式、北海道最東部でトビニタイ文化という「融合文化」が生み出され、擦文文化の後半と共存し、トビニタイ文化の擦文化が強まったのちに北海道全体がアイヌ文化へ移行していく。

　このような経過は北海道考古学の特殊なテーマとみなされ、全国的には十分な注目を得ていないように思うが、異なる文化の遭遇と変容という、いわば人類史にとって普遍的な問題が、日本特有の豊富な資料と実証的かつ詳細な資料操作によって解明されている点に特別な重要性がある。唐突な比較になるが、弥生時代の初めに（朝鮮系無文土器の渡来は弥生時代の初めではない。）北九州で起こった文化変容の過程とはずいぶん違っているのである。弥生土器成立時の朝鮮半島文化の影響がどのようなものであったか、弥生文化の成立過程がどのようなものであったかを考える上でも参考になると思われる。

(14)　（縄文中期後半）加曾利E式の広がり

　最後に、本書には関連論文の収録はないが、重要な問題の指摘をしたい。

　縄文中期中葉に向かって、土器が馬高（火炎）系・焼町系・唐草文系・曾利系・西関東勝坂系など小さな地域差に分かれていくのは縄文時代にあっても特異な現象である。阿玉台式内部の地域差も指摘できるし、同じころ東北地方南部においても大木7b式は互いに別系統といってもよい狭い地域差に分かれていく[24]。東北地方北部では前期末の円筒下層d式段階で型式内の地域差が高まる。円筒形や複雑な縄文という共通性に注目すると円筒下層d式は広く一様な型式に見えるかもしれないが、口縁の作りや口縁部文様に注目すると、狭く互いに排他的な地域差が顕著である。これらは生活の安定と土地への定着性が高まり、土器の独自性も高まる現象として無理なく理解できるものである。

　ところが次の加曾利E式の段階には類似する土器の分布が広域に広がるという、全く逆方向の変

化が見られる。少なくとも関東地方や中部高地南半における加曾利E期前半期には、それ以前から引き続き集落や住居址数の増加が続いており、生活はさらに安定し、人口の増加があったことは疑えない。それにも拘わらずこの増加の途中で、小地域差が形成される傾向から反対に折り返すように、東北地方南部からの影響下、狭い地域差が解消され、東日本の広い範囲に類似の土器が広がるのである。確かにそれ以前の大木系、阿玉台系、勝坂系、曾利系などの地域差が弱まった形で加曾利E式類似土器の広がりの中に残っており、まったく一様になるわけではないし、それは担った人間集団の拡大を示すわけでもなく、むしろ土器作り情報の共有を示すものであろう。

　これに類似の現象として、社会的背景はまったく異なるが、古墳時代前期の布留系土器の広がりがある。ひとつ前の庄内式ではもっぱら関西から西に向かって広がり、東への広がりは限定されていた。ところが布留式段階になると一部の甕、小型器台や小型丸底壺の東西への顕著な広がりを追うようにして、杉原荘介氏が土師器の特徴として指摘した全国的な一様化[25]が進むのである。それまで東日本の弥生土器が小地域差を示す方向で変化してきたのと逆方向の変化に転換することも似ている。しかし加曾利E式と布留式では社会的背景が違いすぎるので偶然の類似かもしれない。ここでは問題の存在を指摘するにとどめ、その背景の追求は今後の課題としたい。

4．移動の類型化

(1)　類型化にかかわる基本的問題

　以上、具体例をあげてみてきた。土器の移動に関する研究はここにあげたもの以外にも枚挙にいとまないほどの蓄積があるし、今後も多くの事例が挙げられ、その中にはここに実例がないような移動のパターンを示すものも出てくるであろう。しかし現状では主だったパターンを大体網羅できたのではないだろうか。

　次に以上の事例を比較しながら移動の類型分類を試みたい。個々の移動の間にある共通性と特殊性の把握が、背景にあるはずの人間行動の理解につながると考えるからである。

　ただし先にも述べたように、ここでは集団移動によって土器作りが移動したと思われる事例を中心に取り上げる。製品の輸送や土器作り情報の伝播は、集団移動によるものと判別が難しい場合もあり、一緒に起きる場合も多いと思われるので無視するわけにはいかないが、すでに第2節で基本的議論を行い、実例もあげたので、これ以上議論を広げることは避けたい。婚姻による小規模な移動も積極的には取り上げないが、一定地域内で日常的に繰り返されたこととして、人間の集団としての移動とは別の次元に属する現象だと考える。

　土器の移動をパターンに分類に関する研究は、都出比呂志[26]、森岡秀人[27]、すでに取り上げた比田井克仁の各氏によるものがある。いずれも議論の中心が弥生時代から古墳時代にかけてであり、土器移動の研究が、社会の大きな変化を土器の動きから読み取ろうという問題意識を中心にして育ってきたことを物語る。このほか土器の型式分布のパターン分類を縄文土器について試みた戸田哲也氏の議論[28]がある。分布は移動の問題と表裏の関係にあるが、主に恒常的な土器分布が取り上げられている。

これらのうち都出氏、森岡氏の研究が、土器の動きについてできるだけ多くのパターンを拾って類型化しようとするものであるのに対し、比田井氏の研究は、土器の移動のうちでも人間集団の移動にともなうものに注目し、とくに比田井氏の2冊目の著作はそれを多くの事例にもとづいて類型化したものである。比田井氏も交易による移動や土器作りの伝播（人が移動しないで作り方の情報だけがリレー式に伝えられる）を無視しているわけではないが、深入りしない方針のようであり、恒常的ではない現象に注目する本書の構想と一致する。

　比田井氏の類型化はいくつかの要素の組み合わせからなるので、要素を多くとりあげるほど多くの類型が生まれることになる。このような方針による類型化を縄文時代にまで広げて行うと、類型の数が非常に多くなり煩雑になるのと、背景が本質的に異なる要素を外見の類似で一括してしまう危険性があるので、ここでは組み合わせる前の要素について個々に検討したほうがよいと考える。

(2) 移動の有無と恒常的な短距離移動

　まず基本的な注意点として、移動の有無の問題に注意する必要がある。第2節で、婚姻や生業活動に伴う恒常的日常的な移動は、(2a)として、(2b)の長距離移動と区別した。(2a)の短距離の日常的な動きは絶えず起こっていたはずであるが、考古学的に目に見える土器系統の移動としては現れにくい。むしろ移動しない土器系統の分布範囲や恒常的に異系統土器が共存するような中間地帯の存在の問題と結びつく。本書ではこれを積極的にとりあげないことを述べたが、第3節であげた実例のうちでは唯一小林論文のみがこれに相当する。(2b)の「遠距離移動する」のほうは、証拠が明確であるが、時折発生する例外的な事態と考えたほうがよい。もっとも中部日本の前期末〜中期初頭のように絶え間なく系統が動き続けるようなときもある。第3節であげた実例のうちでは小林論文以外のすべてがこの長距離移動に相当する。

(3) 移動集団の規模

　次に移動した集団の規模が問題になる。移動人数を推定する方法がないので、基本的には移動した集団と移動前からいた集団の相対的規模の問題になるが、考古学的には侵入した異系統土器の量と土着土器の量の比率が、相対的な移動の規模を推定する根拠になる。この場合進出第一世代とみられる出発地と同じ作りの土器の量が一番問題であるが、それを後続部分とうまく分離することは難しい。移動してきた土器系統がその後主体的な要素となって続くなら、常識的判断から、移動集団の規模は土着集団に対し相対的に大きかったと推定されるが、土器の影響力の大きさが集団規模に比例するのか、ある系統の土器が機能や美的な魅力などによって担い手集団の規模以上の影響を与えうるのかが問題になる。大きな影響の代表例として第3節の実例のうち(2)、(6)、(10)、(11)、(14)が挙げられる。動いたことは確かであるが相対的に規模が小さかったのが、(1)、(4)、(9)、(12)などである。ここで気がつくのが、集団の相対的な大きさの規模の違いといっても、集落単位でみれば侵入集団の相対的規模が大きかったといえるが、地域単位でみればそれほどでもないということもありうるのであり、結局、その影響が残るか残らないかが移動集団のありかたを表現することになる。

縄文時代の一般論として、大集落が密に分布するような人口稠密な時期には人間集団の移動は起こりにくく、人口が減少した地域に対して起こりやすいと言ってよい。これは人口が希薄になると他集団が入りやすい空白が生まれること、進入してきた集団の規模が相対的な意味で大きくなるため、その影響も大きく現れるのであろう。人口が稠密な地域の中を土器と人間集団が移動する弥生時代や古墳時代の例は、それだけ特別な社会的背景があったことになろう。稠密な人口の中を加曾利E式類似土器が土器作りの情報として広がるのも稀な現象といえる。

　土器系統の動きで、土着土器を圧倒するほどの規模のものは少ない。縄文前期末に日本海沿岸に広がった北陸系土器の規模が大きく見えるのは、この時期の問題の地域では土着土器がきわめて衰退していたことが大きな理由であろう。オホーツク土器のオホーツク海沿岸への侵入と定着はもっと大規模であるが、北大式期の土着土器の衰退という類似の背景があろう。濃尾平野のS字口縁甕が群馬県に定着して石田川式と呼ばれるようになるのは、大規模集団移動の典型と言え、土着土器の消滅をともなった。庄内式の西方への移動も、特定集落に対しては相対的に大きな集団の移動を思わせるが、佐々木憲一氏によると、地元集団の土器作りの受け入れと交易目的での生産が関係しているとのことなので、移動集団の規模はこの系統の見かけ土器量より小さかったことになろう。このように移動集団と土着集団との相対的規模の問題は、本節（5）の移動した集団が移動先にもとからいた集団とどのような関係を取り結ぶかという問題にも大きく影響する。

（4）　移動の継続性

　民族移動という言葉は一回の大移動を思わせるが、日本考古学で土器の移動を見ると、ある地域からある地域に次から次へと繰り返して押し出していく場合がある。北陸の土器の秋田周辺に対する進出、関東の堀之内1式の関西への進出などが典型的である。庄内式・布留式の西への進出も含められよう。この現象は系統の分布範囲の拡大により、土器情報網が拡大され、遠方どうしの土器が連動して変化する現象と区別しにくいところがあるが、起源地の土器変化に忠実に従いながら行った先の土器が更新され続けるときに移動の継続と認められ、広がった分布範囲の中で時間とともに地域差が増していくときには、人の移動は少なく、情報の伝達が続いたといえるであろう。

（5）　移動先にもとからいた集団との関係

　これは時間的に進行し変化することであり、移動直後の状態と、少し時間がたってから移動集団ともとからいた集団の交渉として現れる現象は区別したほうがよいのであるが、実際のところ時間には明瞭な切れ目がないため、すべてにわたってこの時間的区分を当てはめることは困難である。またこの分類は土器のありかたの分類といいながらも、どうしても人間の行動を推定させてしてしまうところがあるため、現象の記述的分類から一歩踏み出した人間行動の分類に近づくことが避けられない。

　まず、(a)集団が進出した地域に人がほとんどいなかった場合があろう。当然土着土器との出会いやその影響による変形は起こらない。第3節の実例（6）の始めの部分と（13）の擦文土器の拡大の初めの部分を挙げることができる。次に、(b)行った地域に人はいたが、たがいを避けるよ

に併存した場合があろう。第3節の実例(1)の韓国に進出した弥生土器や(9)の弥生集落の移動の初期の状態が挙げられる。縄文では本書には収録していないが、北陸の鍋屋町式が拡大する過程で、先行存在した諸磯c式とあまり混じらずに分布する段階があり、そのような状況だと考えている[29]。(c)は進出とともに土着土器が消滅する場合である。(10)のS字口縁甕の群馬への進出が相当するが、実例は少ない。縄文土器にも同じように見える例が多くあるが、実際には空白になった地域に進出した場合や、一定時間をかけながら分布範囲がシフトした場合が多いようである。(d)は行った先の土着集団と積極的な交渉を持った場合であるが、さらに分けると、小さな地域別を保ちながらも交渉する場合、移動集団が既存集落の中に入れてもらって生活をする場合などがある。前者は(2)の初期の段階(13)の進行過程、後者は(1)の一部、(7)が相当する。これらの形の分別は、分布状態を見据えながらどちらがどちらに影響したかを見る必要があり、その影響関係の形が時間の経過とともに変わっていくことが多いことに注意する必要がある。いうまでもなく異系統土器を擁する集団どうしの関係の変化が背景にある。共存状態が続くと相互の影響が起こりやすく、さらに進行すると、どちらかあるいはそれぞれの系統の独立性が失われ融合していくことが多い。

(6) 出発地の土器と移動先の土器のつながり

　忘れられがちであるが、一定地域で育まれた伝統に基づく土器が移動するとき、故地の土器系統と進出した部分のつながりはどうなるのかという問題である(a)移動するのだから、切れて別々の方向に変化するというのが常識的に想定されるが、(b)一定期間つながりが保たれる場合がある。これにはもともと型式分布内にあった情報伝達網が長く伸びても維持される状態、故地から次々に後続部隊が進出するために土器変化が同調して進む場合、政治的つながりなどによって多分に意識的に連絡が維持される場合、などがありうる。(b)の典型例に(2)、(3)、(6)の一部、(10)があるが、縄文土器の場合には程度の差はあれこのようにつながりが維持される傾向がある。

5．土器研究の将来

(1)「型式」と「系統」

　本書で私が書いた部分については「系統」という概念を基本にしている。別の概念を用いている筆者もいるが、とくに調整はしていない。私自身この「系統」と「型式」の使い分けが明瞭でない部分があることを認めざるをえない。「系統」は、縄文土器編年で用いられる「型式」、すなわち山内清男氏が「編年の単位となる地域と時間のまとまりからなる一群の土器」としたものに近い概念であるが、まったく同じというわけではない。戸田哲也氏の「型式系統の束」という言葉[30]が明瞭に示すように、型式は、伝統的由来（普通地域差によって形成される）を異にする系統の集まりから構成されていることが多い。立ち入った分析に入る前の、時間と地域で機械的に区切られだけのまとまりが「型式」である。しかし「型式」も系統的に変化するので、「型式」と「系統」はうまく使い分けられないこともある。

1遺跡あるいは1地域の「型式」が「系統」の束からなる点において「型式」は「系統」を包括するが、一つの系統が複数の「型式」にまたがって存在する場合もあって、この場合「系統」は「型式」を超える存在である。「型式」からは明確な搬入品は除外されるべきであろう。「型式」と特定集団を関係づけようとするとき、製作の伝統も製作者も発見地と関係のないものは省かれなければならないからである。搬入品といっても近隣からの搬入されたものの認定は難しいので、同一系統の分布内で移動した製品は、「型式」から外すことはできない。製作地という「点」と、「系統」の分布という広がりの違いの問題である。

　系統は本来別の集団が別の伝統として形成してきたものであるが、それが遭遇し、共存し、相互に影響を与えることによって土器の一部が折衷型になったり、全体が融合系統と呼ぶべきものになったりすることがある。まれには一つの集団の中で作り分けが行われ別の系統を形成することもある。器種のちがいもそれぞれが系統別の変化を見せることが多いが、これを別の系統とみるべきかどうかは微妙な問題である。やはり同一系統内の土器として一定の器種を横断する類似性を保つことが多いからである。精製土器と粗製土器について本書ではあまりとりあげていないが、1型式を組成するとされる精製土器と粗製土器の間に分布の違いがあることは普通のことで、まったく別の系統変化をたどることも多い。

　縄文中期の南西関東では、伝統と分布の中心を異にする曾利式と加曾利E式の系統があり、中間地域で共存し、折衷土器も生まれるが、共存状態を表す型式名はない。この場合には二つの「型式」の共存関係としてとらえられ、必要なときには曾利式の「系統」と加曾利E式の「系統」の「共存」として記述される。「型式」概念と「系統」概念が不分明な例と言える。

（2）　系統命名の難しさ

　このように、もともと「型式」と「系統」の使い分けには難しいところがあるが、時期と地域で限定される「型式」の内容を検討し、その成り立ちを解明していくと、それがA系統とB系統の共存あるいは融合であるとわかることがある[31]。この場合異系統からの成り立ちであることを明瞭に示すためには、1段階さかのぼった型式名を系統名として採用する必要が生ずる。A系統とB系統の融合として生まれたのならA+B系統と表現されるのがよいであろう。しかしさらに時間が経ち、別のC系統が融合すると話はもっと複雑になる。（A+B）+C系統などという表現は複雑すぎるし、さらにD系統やE系統が融合してきたら手に追えない。土器というものがそのような記号化で完全に説明しきれるほど単純な存在ではないかもしれない。あるいは「十三菩提式の中の諸磯c系統」などと系統の由来を示すために、わざわざさかのぼった型式名を用いる場合、どこまで遡るのかという問題もある。数段階にわたって同じ系統名を使ったほうが流れのつながりがよく表現できるが、土器の実態とは離れやすい。共通の原則に立つ命名法を用い、しかもその名称が示す範囲と前後のつながりがわかりやすい系統名を与えるのは大変難しいことなのである。

　それなら、型式名だけを用い、系統名を用いなければよいという人もいるであろう。しかしそれではせっかく解明された系統の流れが名称として表現されないことになる。系統としての把握がいかに土器研究を豊かにし、土器を通して人間の活動や集団の関係を解明してきたかは、第3節でと

りあげた諸例が十二分に物語るところである。この成果は「型式」概念だけでは表現が不可能である。系統の流れや動きを語るには、やはり系統名が必要なのである。命名法の問題の解決について妙案はないが、「型式」は初めから時間と地域で区切られた単純な概念であるのに対し、「系統」は水の流れのように分流と合流を繰り返す土器のつながりを表現する言葉で、各型式の成り立ちを示す概念であることをしっかり認識し、それが原因で、区切ることも、系統の内容を明示する名前を与えることも容易でないのだということを理解する必要がある。現状では型式名を流用して○○式の系統、○○系統と○○系統の融合系統などと表現されているのが実情である。北海道では擦文土器とオホーツク土器が融合してトビニタイ土器になると記述されているが、大きな文化の流れの融合であるため、比較的単純な命名が可能なのである。

なお鈴木徳雄氏は、「系統」と似ているが異なるありかたの「類型」概念を用いる。「型式」は「類型」の集まりで、「類型」もまた系統的な変化を示すという点において、「類型」は私の「系統」と同義のように見える。しかし実際には多くの「類型」が登場し、「系統」内を「類型」に分ける場合もあり、土器変化の詳細を論ずる道具としていることにおいて、「作り分け」の意味合いがある。この点では「型式」＞「系統」＞「類型」のようにも見えるかもしれない。しかし鈴木氏が類似の形態を有する「類型群」間の「型式」間を横断する同調関係を指摘する点において「類型」は「型式」を超える存在でもある。

「類型」については本書掲載鈴木論文の「称名寺式以降の型式構造（覚書）」において触れられているが、内容が圧縮されすぎていてわかりにくい。むしろ「称名寺式関沢類型の後裔―堀之内１式期における小仙塚類型群の形成―」[32]を読むほうが具体的で分かりやすいであろう。問題は「類型」の使用によって土器の変遷や型式の内部構造が解明しやすくなることを選ぶか、「型式」、「系統」、「類型」の使い分けの難しさが、ただでさえ複雑さの度を加えている近年の土器研究をさらに複雑にすることを懸念するかである。私が今のところ積極的に「類型」概念を用いないのは、この懸念のためで、私の「系統」概念は「類型」概念まで含むものと理解されたい。

(3) 土器系統の担い手

系統の問題は、土器のなりたちとその製作者の問題に直結する。土器を作るときに、粘土の準備などはともかく、１個の土器を途中まである人が作り、そのあとを別の人が受け継いで別の伝統の文様を加えるといった事態は想定し難いし、異なる系統に属する文様帯を併せ持つ土器では、はじめから自然な感じになる文様帯の位置が構想されている場合が多い。それは異系統土器製作を担う一個人が存在したことの証拠になる。土器というものが規範に忠実であることを要求する存在であることを思うと、一人の人が複数の系統を保持し、それを区別して作った、つまり製品を見ると別の系統に属する別個体の土器を、一人の人が作り分けたことも想定される。

規範に忠実であることを要求される点において土器は言語に近い。言語使用のバイリンガル、トリリンガルのように、一人の人が異なる系統の作り方を使い分けた可能性は十分にある。言語の場合、使い手が勝手に変形させたらコミュニケーションの役にたたない。これに対して土器は文様を変えたくらいでは使用に支障はない。規範からのぶれが許されやすい存在だと言えよう。

(4) 系統移動から読み取れることがら

　土器を「型式」ではなく「系統」としてとらえることから生まれる成果はすでに第3節で多くの実例をあげたので繰り返さないが、第4節であげた類型化に沿ってその成果を繰り返すなら、集団移動の有無、移動の規模、移動の継続性、移動した集団と移動先にもとからいた集団の関係、出発地と移動先の間に保持される情報網などが読み取れ、それはさらに進んで移動の背景と移動の目的を読みとるための確かな手がかりになる。またその移動のありかたが、各時代の社会のありかたを反映しているであろう。

　縄文土器の移動のあり方の特徴は、一般に小規模で、集団移動といっても小集落や家族単位での進入が多いらしく、移動性が高いために行って戻る、動き回るなどのパターンも認められる。また行った先で受け入れられやすく、浸透しやすく、融合しやすい。その背景には縄文社会の開放的な性質があるのだろう。この移動と浸透が分布の変化に結び付くこともある。

　このような人間集団間のありかたは、縄文土器のありかたに影響しているだけでなく、縄文土器の研究方法に対しても影響しているようである。縄文土器は開放的で、本来自分たちのものではない土器情報を受け入れやすいが、縄文土器が編年しやすいのは、このように浸透し、広がりやすく、広い地域で均一になりやすい性質があるからで、このため1遺跡で作られた編年が、周辺のかなり広い範囲にあまり問題なく当てはまることが普通である。しかしながらこのような性質は、土器情報の均一化を招きやすく、人とともに土器系統が移動しても、すぐに行った先の土器に溶け込んでしまい、土器や集団移動を認識しにくくし、本書がめざすような研究にとっては不都合をもたらしている。

　弥生時代になると新天地を求めるような集落単位での移動が見られる。本書の比田井氏が概観した、弥生後期の土器は、関東の中でもしだいに小地域に分かれていき、ほとんど編年表という形では書き表せないないほど複雑になっていく。これは稲作農耕という土地に密着する生業を基盤とする社会のありかたなのであろう。縄文時代でも中期の小地域別に分かれていく土器のあり方に似たところがあるが、弥生後期の場合、移動した土器が見極めやすく、それがどのような規模の集団移動であるかもわかりやすい。土器を通して人の動きを認識しやすく、その背景に何があったのかも理解しやすい複雑さなのである。縄文の場合でも、細分編年で浮かび上がる前期末の系統移動の激しさは、編年表の形での表現を難しくしているのであるが、少し離れて大まかにみると、広い地域での均一性が高い。

　弥生後期から古墳時代の初期に見られる遠距離移動は、各集団の土地に対する執着が強まり、人口も増加して余った土地が少なくなくなっていくなかでの出来事とみられる。縄文時代の遠距離移動とは別の背景をもつのであろう。農耕のための新天地を求めての移動であるかもしれないが、争乱の中で追いつめられての移動かもしれない。強大な権力が成立していく中で支配者の意図によって命令されての移動、すなわち政治的意図のもとに人を動かしたり、配置しなおしたりすることもあったのではないだろうか。

(5) 胎土分析との協力

　胎土分析が土器移動の問題の解決に決定的な役割を果たすことは本書でも繰り返した。私自身その重要性から胎土分析を手がけたこともあったが、時間がかかりすぎるため、しだいに遠のいていき、ついには完全にやめざるをえなくなるという恥ずかしい経験をしたことがある。胎土分析については河西氏が概括的でありながら、特徴的な成果をあげた分析の具体例を交えた解説を行っているので、ここで繰り返す必要はない。

　ただ記述が専門的なので、蛇足を加えると、考古学者はとりあえず以下の基本を把握しておくとよい。土器の構成物質を究極的に分解すると元素の集まりになるが、元素が集まって粘土鉱物や鉱物粒を構成し、さらに鉱物が特定の組成で結び付いて岩石を構成している。どのレベルに注目するかによって分析の方法や結果の解釈方法が大きく異なることになる。後者つまり複雑度の高い物質に注目するほど、地質分布との比較で具体的な結果が得やすいが、手作業になるため分析に多大の手間と時間を要する。前者つまり低次元にまで分解する方法では、機器に依存する機械的処理が可能になるため、比較的短時間で大量のサンプルの処理ができるが、そこで得られる元素の組成比という数値の集まりを考古学にとって具体的に意味のある結果に結び付けるための論理が複雑になりやすい。

　ひとつだけ指摘したいのは、河西氏があげた具体例の多くが、とくに執筆内容の要望をしたわけではないのに、私が土器移動の典型例してあげたものと一致することである。これは胎土分析が土器移動（あるいは移動していない）を確実に解明し、その背景にあるものを認識することに貢献したことと大いに関係がある。

　ときに胎土分析をすれば何か新しいことがわかるのではないかという漠然とした期待のもとに行われたような分析を見ることがあるが、考古学者がその資料の性質と問題点、そして核心的に何が知りたいのかを分析者に伝え、分析者はその目的にふさわしい方法を選び、地質条件などからどこまで解明の可能性があるかを伝えたうえで始めるべきであるし、分析の過程で方法を調整したり、考古学者の側が型式的再検討を図ったりすることが行われるべきであろう。とくにすべての分析者がすべての分析法を手がけているわけではないので、必要なことであろう。

　胎土分析が十分な成果をあげるためには、相互の十分な理解が必要であることは河西論文がよく物語る。そして移動したのが、製品か、作り手か、情報か、はっきり区別できた例が増えるほど、土器移動の背景にある人間の生態や社会的現象の解明が前進するのである。

註

1）　土器研究の揺籃期には多くの人によってとられた見方であるが、鳥居龍蔵（「武蔵野の有史以前」『武蔵野』3巻3号、1920）によるアイヌ人の縄文土器のうち厚手式＝狩猟民、薄手式＝漁労民説が代表的。

2）　松本彦七郎　1919　「宮戸島里浜及気仙郡獺沢介塚の土器」『現代の科学』7巻5、6号など。

3）　山内清男　1937　「縄紋土器型式の細別と大別」『先史考古学』1巻1号など。

4）　このような研究は多数あるが、小杉康・谷口康浩・西田泰民・水ノ江和同・矢野健一編『縄文時代の考古学』7（土器を読み取る―縄文土器の情報）（2008、同成社）の「Ⅴ　道具としての土器」に最新の研究例の紹

介をみることができる。
5）註4)の「Ⅶ 土器・文様の社会的意味」にこのような取り組みの例を見ることができる。
6）註4)の「Ⅵ 型式と集団関係」に最新の研究例をみることができる。
7）註3)など。
8）山内は編年の方法について記すことがほとんどなかったが、1935年の「所謂亀ヶ岡式土器の分布と縄紋式土器の終末」『考古学』1巻3号など、ごく早い編年研究から用いられたとみてよい。現在ではきわめて一般的になり、ほとんどの編年研究に用いられる考え方である。「引き算」という言葉がこの方法を象徴している。
9）池谷信之・増島淳　2006　「アカホヤ火山灰下の共生と相克」『伊勢湾考古』20号。
10）林　謙作　1987　「亀ヶ岡と亀ヶ岡もどき」『季刊考古学』21号。
11）山崎真治　2007　「福田K2式をめぐる諸問題―称名寺・堀之内1式との関係を中心として―」『貝塚』63号。
12）佐藤達夫　1974　「土器型式の実態―五領ヶ台式と勝坂式の間」『日本考古学の現状と課題』吉川弘文館。
13）今村啓爾　2010　『土器から見る縄文人の生態』「Ⅵ部 総論」同成社。
14）今村啓爾　2001　「十三菩提式前半期の系統関係」『土曜考古』25号。
15）註9)
16）阿玉台式の地域差については今村啓爾『土器から見る縄文人の生態』(2010、同成社)の「5F章 東関東と東北地方の中期初頭土器の編年と動態」。
17）寺沢　薫　1987　「布留0式土器拡散論」『考古学と地域文化』同志社大学考古学シリーズⅢ。
18）佐々木憲一　2010　「古墳出現前後における畿内型甕形土器の西方拡散に関する研究」『明治大学人文科学研究所紀要』第66冊。
19）比田井克仁　2004　「地域政権と土器移動―古墳時代前期の南関東土器圏の北上に関して」『古代』116号。
　　比田井克仁　2004　「古墳時代前期における関東土器圏の北上」『史観』33号。
20）註18)
21）佐々木憲一　2002　「古墳出現期の墓と集落―西日本の事例から」大学合同考古学シンポジウム実行委員会『弥生の「ムラ」から古墳の「クニ」へ』学生社。
22）前山精明・相田泰臣　2000　『新潟県巻町南赤坂遺跡』巻町教育委員会。
23）石川日出志　2000　「天王山式土器弥生中期説への反論」『新潟考古』11号。
24）註16)
25）杉原荘介　1971　「土師式土器」『土師式土器集成』本編1（前期）東京堂出版。
26）都出比呂志　1983　「弥生土器における地域色の性格」『信濃』35巻4号。
27）森岡秀人　1993　「土器の移動の諸類型とその意味」『転機』4号。
28）戸田哲也　2006　「土器型式の分布圏」（縄文社会をめぐるシンポジウムⅣ予稿集）。
29）註14)
30）戸田哲也　1999　「土器型式編年研究 総論」『縄文時代』10号。
31）松原式などに典型的に見られる（今村啓爾　2006　「松原式の位置と踊場式土器の成立」『長野県考古学会誌』112号）。
32）鈴木徳雄　1999　「称名寺式関沢類型の後裔―堀之内1式期における小仙塚類型群の形成―」『縄文土器論集』縄文セミナーの会。

第2章　朝鮮半島無文土器と弥生土器の出会い

後藤　直

　わたしは30年近く前に、中北部九州と山口県西部で出土する朝鮮半島南部の後期無文土器と形態を同じくする土器を「朝鮮系無文土器」と命名し、変容した無文土器を「擬朝鮮系無文土器」（以下では「擬無文土器」と記す）と名付けた（後藤1979）。

　8年後には西日本各地で増えた後期無文土器系と目される土器を、甕の口縁部粘土帯の取り付け方を基準にⅠ～Ⅵ類に類別し、Ⅰ～Ⅳ類を朝鮮系無文土器・擬無文土器、Ⅴ・Ⅵ類を無文土器とは無関係の土器とした（後藤1987）。

　その後は片岡宏二が後期無文土器系だけではなく、前期・中期無文土器系をも含め朝鮮系無文土器研究を進めてきた（片岡1999・2006）[1]。

　本稿では1987年の分類と事例を再検討し（第2節）、中～北部九州の朝鮮系無文土器・擬無文土器と朝鮮半島出土弥生系土器を検討して（第3・4節）、土器の変容と背景を考える（結）。

1．朝鮮半島南部の後期無文土器

　対比のために朝鮮半島南部後期無文土器について簡略に述べておく（図1）。後期無文土器は断面円形粘土帯甕を指標とする前半期と、断面三角形粘土帯甕を指標とする後半期にわかれ、それぞれが弥生時代前期～中期前葉と中期前葉～後葉にほぼ平行する[2]。後期無文土器の前半から後半への移行は中期前葉頃と見られる。

(1)　前　半　期

　甕は口縁部に断面円形の粘土帯を取り付け、底部は平底台状、胴部は丸く膨らみ、大多数は中央ないしやや下部に最大径をもつ。器面調整は叩きとハケメの後これらをナデ消すのが通例である（図1-1）。蓋（図1-2）は浅鉢を伏せた形状、口縁部が多少外反気味、体部がやや内彎気味などである。

　大形壺は卵形～長卵形胴部に直立ないし僅かに外開きの低い口頸部がつき、胴部最大径部分に一対の組合牛角形把手をもつものが多い（図1-3・4）。把手がない大形壺の多くは緩く外に開く低い口頸部と長卵形胴との境が不明瞭である（図1-7）。長頸壺は胴と頸部の境が明瞭で（図1-5）、まれに小形の無頸壺（図1-6）と短頸壺がある。

　鉢は台状底部から口縁部へまっすぐ開く浅鉢形で、胴部が丸味を持つ椀形は少ない（図1-8・9）。口縁部に甕と同じ円形粘土帯を付す椀形もある。

　高坏（図1-10～13）の杯部の多くはほぼまっすぐ外に開き、側縁が内傾気味のものは少ない。脚

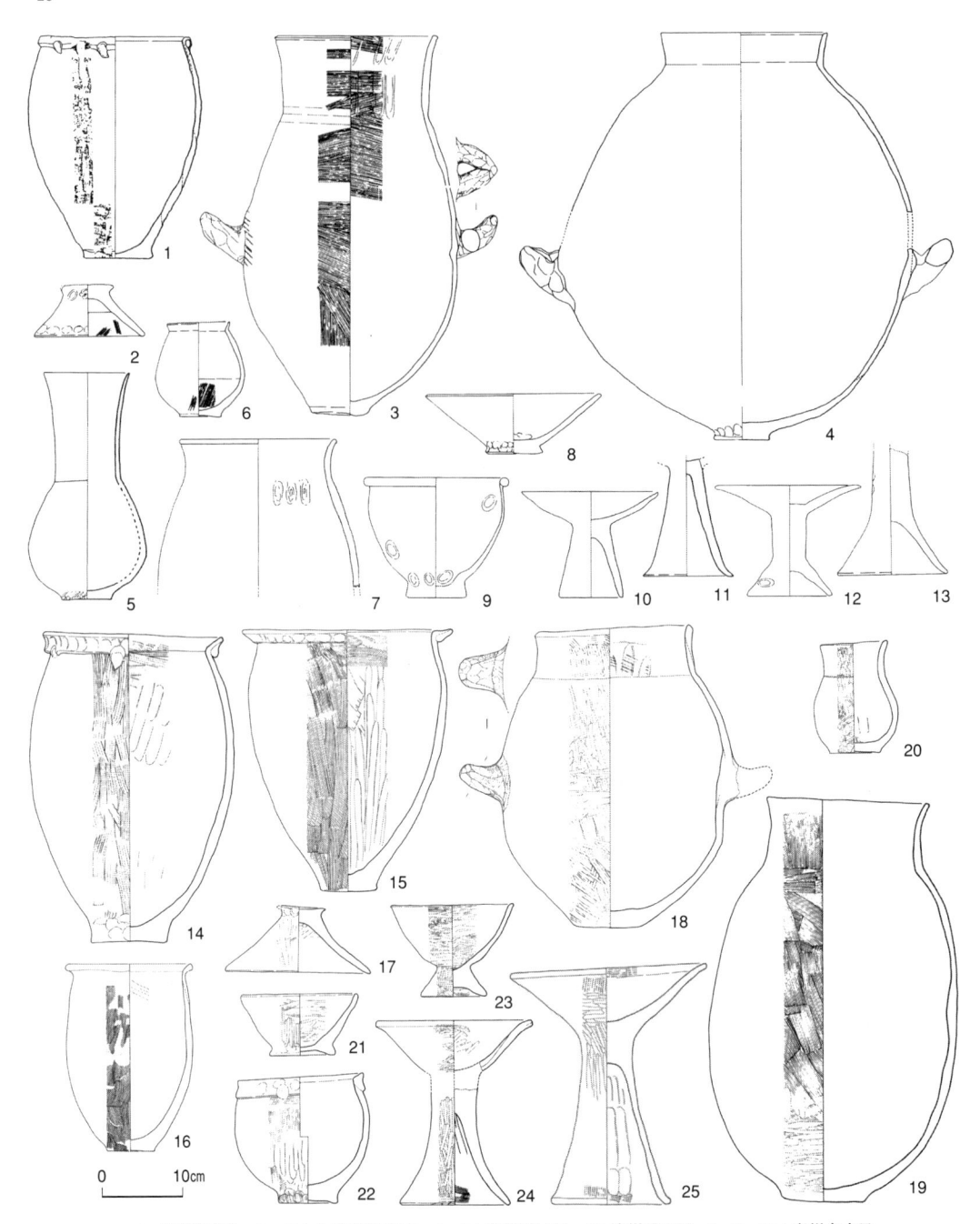

1・4：保寧校成里　2・13：大邱漆谷3宅地　3・6：尚州屏城洞　5：清州飛下里　7・9・12：慶州金丈里　8・10：陜川盈倉里　11：大邱槐田洞　14～25：泗川勒島
(出典：1～13：国立金海博物館 2004、14・15・17～23・25：慶南考古学研究所 2003、16・24：釜山大学校博物館 1989)

図1　朝鮮半島南部の後期無文土器

16・24 釜山大学校博物館(1989)、慶南考古学研究所 (2006b)

は裾が強く開いて上部が中実円柱状あるいは中空円筒状、裾の開きが弱い中空円錐状がある。

(2) 後半期

　甕のほぼすべては口縁部に断面が三角形の粘土帯を取り付け断面「く」字形に外反し（図1-14）、口縁上面が水平（断面逆L字形）のもの（図1-15）や口縁部粘土帯がない単口縁（図1-16）も少数ある。胴部にハケメ調整を残すことが多い。蓋は前半期と大差ない（図1-17）。

　大形壺（図1-18・19）は直立ないしわずかに外開きの低い口頸部に長卵形胴部がつき、胴部最大径部分に一対の単式（棒状）牛角形把手を持つものと持たないものとがある。小形壺（図1-20）も頸部は低い。

　鉢（図1-21～23）には断面三角形粘土帯付きや台脚付きもある。高坏（図1-24・25）の杯部は口縁が外反気味の浅鉢状、椀状で、脚は前半期と同じものと低いものがある。

2．擬朝鮮系無文土器の限定

　朝鮮半島南部の後期無文土器が弥生土器と出会ったときにどのように変容したかを考えるには、まず確かな擬無文土器と無文土器とは関係のない土器とを弁別せねばならない。これを土器そのものに即して行うには困難な場合もあるが、朝鮮系無文土器か大きく変容していない擬無文土器が、当該土器に共伴するか、同じ遺跡あるいは同一地域で見つかっているかであれば、擬無文土器の可能性が高い。そのような土器がなければさしあたり擬無文土器から除いておく。

　1987年の粘土帯甕の類別（後藤1987）では、後期前半の断面円形粘土帯甕、後期後半の断面三角形粘土帯甕、断面が幅広の扁平粘土帯と製作技法と形態が同じか酷似する甕形土器をそれぞれⅠ類、Ⅱ類、Ⅲ類とし、一見するとⅠ類から変化したように見える西日本地域出土甕形（一部鉢形）土器をⅣ類・Ⅴ類・Ⅵ類に分けた。

　Ⅰ～Ⅲ類は、朝鮮半島出土品と同じく粘土帯下端を器体にナデつけて密着させず、粘土帯下部が多少なりとも下に張る曲面をなし、器体との間に小さな空隙が生じるものをa種、粘土帯下端を器体に密着させてこの空隙をなくしたものをb種とした。Ⅰ類にはa種・b種があり、Ⅱ類にはb種がなく、Ⅲ類にはa種がなかった。

　Ⅰa類は朝鮮半島のものと同じ「典型的Ⅰa類」と、やや変容した「非典型的Ⅰa類」に分けた。典型的Ⅰa類は粘土帯に器体上端をかぶせて取り付け、粘土帯断面が円形ないし楕円形のままで、口縁部上端もまるく、胴部の形態、外傾接合、器面調整、大きさ[3]等すべての面で朝鮮半島南部の断面円形粘土帯甕に共通し、搬入品または忠実な製品すなわち無文土器直系土器である（図2-1～3、図3-1、図4-1～3、図5-1・2）。この類は前期末ないし中期初めに壱岐、福岡平野から三国丘陵、佐賀平野、熊本平野に、壺・鉢・高坏を伴って出現し、さらにこれら周辺と、長崎県北西部にも分布する。東限は下関市綾羅木郷遺跡（伊東1981）である。

　非典型的Ⅰa類は口縁部上面を平坦にナデたり、粘土帯側面を間隔を置いて押さえたり、粘土帯に刻目を付したり、ハケメ調整痕を広く残したり、胴上部に沈線をめぐらすなど、弥生土器の手法

を加味している。胴部は典型的Ⅰa類同様丸味を帯びる以外に口縁部への立ち上がりが直立に近いものが現れる（図3-2、図4-4、図5-3～5）。

この類は典型的Ⅰa類の出る遺跡とその周辺のほか、山口県綾羅木郷遺跡、島根県原山遺跡（村上・川原 1979）で出ている（前期末～中期初め）。最近報告された山口県豊浦町吉永遺跡（向上編 2002・2003）の擬無文土器のうち、片岡の分類（片岡 2006：102）によるⅠ類2点と香川県奥の坊遺跡（大嶋編 2004）出土の無文土器類似土器7点のひとつも、あるいは非典型的Ⅰa類かもしれない（片岡 2006：102-105）。

かつて本類とした宮崎県持田中尾遺跡・愛媛県宮前川遺跡・高知県田村遺跡出土例は粘土帯を巡らせただけで、器体上端のかぶせがないのでⅤ類に変更し、擬無文土器から除く。

Ⅰb類は粘土帯下端を連続的にあるいは短い間隔で指押さえして、粘土帯の取り付けを強化する。押さえるだけでⅣ類のように横ナデはしていない。九州では口縁上面が内傾する1例しかなかったが（図2-4）、最近の原の辻遺跡調査で数点出土した中には口縁部上端を平坦にナデるものがある（図5-6・7）。Ⅳ類としていた土生遺跡例は粘土帯下端を連続して指押さえするだけなのでⅠb類に変更する（図3-3）。この土器は横ナデによる口縁部上面平坦化で粘土帯の丸味が消失して逆L字形口縁に近似し、さらに胴部～底部形状も中期初めの甕に近い。

Ⅰb類としていた大阪府高井田遺跡と京都府太田遺跡例は、口縁部が外反し粘土帯への器壁上端のかぶせが認められないので、Ⅴ類に変更し、擬無文土器から除く。

Ⅱ類は器体上端を粘土帯にかぶせ、粘土帯外側縁を強く押さえて器体へのとりつけを強め、器体口縁部内面と粘土帯外側縁とを横ナデし、粘土帯断面は三角形に近くなる（図5-15・18）。朝鮮半島製品と同じ典型とハケメ調整する非典型とを区別していたが、その後報告された慶尚南道勒島遺跡（釜山大学校博物館 1989）出土の三角形粘土帯甕にハケメが多用されているので、典型・非典型の区別は解消しⅡ類として一括する。

Ⅱ類は長崎県・福岡県・山口県の島嶼と沿海部の遺跡で出土し、あらたに島根県出雲市山持遺跡例（池淵編 2007：177-180）・鳥取県青谷町青谷上寺地遺跡例（湯村編 2002：130）が報告されている。Ⅱ類としていた福岡県横隈鍋倉遺跡4号住居（中期末～後期初）出土の1片は、円形粘土帯側面を連続して押さえた非典型的Ⅰa類に近いもので、古いものの混入と見る（図2-5）。

Ⅲ類は薄く扁平な粘土帯下端を器体に密着させ面取りしたb種2例しかない。そのうち福岡県横隈鍋倉遺跡の小片は保寧校成里遺跡例（国立扶餘博物館 1987：第26図-3）と同類と見れば直系無文土器であるが、いずれも稀有な例なので例外的なものとして、Ⅲ類を立てる必要はない。京都府太田遺跡出土のもう1例は無文土器甕としては口径が異常に大きく、粘土帯を巻いただけなのでⅤ類に変更し、擬無文土器から除く。

Ⅳ類は粘土帯下端全体を横ナデによって器体に密着させる。粘土帯上部には器体上端がわずかながらもかぶせられているもの、それが不明瞭なもの、粘土帯断面が厚く円形に近いものや薄く長楕円形に近いものなど遺跡による違いが目立つ。九州と山陰のⅣ類は同じ遺跡や地域に典型的と非典型的Ⅰa類があり、それらから変容した擬無文土器としてよい（図2-6、図3-4、図5-8）。京都府太田遺跡例は、同遺跡や地域内にもとになる朝鮮系無文土器も擬無文土器もなく、擬無文土器から除く。

Ⅴ類は器体口縁部に粘土帯をまきつけ（貼り付け）ただけで、口縁部形態が遺跡ごとに異なり時期もまちまちであるため、擬無文土器から除外していた。しかし最近の佐賀平野と原の辻遺跡出土の少数の新事例（図3-5、図5-9・10）は擬無文土器と認められる。

Ⅵ類は器体上端を折り返して口縁部を厚くするもので、無文土器とは無縁である。

こうして朝鮮無文土器・擬朝鮮系無文土器とされている甕形土器は、

① 無文土器直系の朝鮮系無文土器：後期前半無文土器直系の典型的Ⅰa類（分布地域は中部以北の九州と山陰）と後期後半無文土器直系のⅡ類（分布地域は長崎～福岡～中国の島嶼・沿海部）
② 朝鮮系無文土器から多少変化したり弥生土器の要素を加えられた擬無文土器：非典型的Ⅰa類、Ⅰb類、Ⅳ類、ごく一部のⅤ類（分布地域は中部以北の九州と山陰）
③ 無文土器とは無関係と考えられる土器：ほとんどすべてのⅤ類とすべてのⅥ類

に分けられる。

①・②は後期前半無文土器系の典型的Ⅰa類から非典型的Ⅰa類、Ⅰb類、Ⅳ類へ、弥生土器の要素を加えつつ前期末から中期初め（一部中期前葉）の時間幅のなかで変化している。九州では一遺跡にこれら四類が存在することがあり、山陰には西端の綾羅木郷遺跡に典型的Ⅰa類があり、その東に非典型的Ⅰa類以降がある。Ⅱ類は中期前葉～末に上記のように分布する。

前期後半から中期前葉の弥生土器甕には、口縁部に粘土帯を付す逆Ｌ字形口縁が発達する。この口縁部手法は、口縁部に粘土帯を貼り付ける点で無文土器甕と共通するから、無文土器甕の粘土帯取り付けを強化するように強く影響し、粘土帯下端を押さえたりなでつけたりする方向へ無文土器の変容を促し、典型的Ⅰa類から直接Ⅴ類への変化も起こりうるであろう。それとともに口縁部上面が平坦化したり、Ⅳ類には逆Ｌ字口縁に近いものも現れる。これが後期前半無文土器甕が変容する最も大きな要因であろう。しかし胴部の無文土器的な丸味や、弥生土器にくらべ小さな口径などはおおむね維持される。

なお後期後半無文土器系のⅡ類には擬無文土器の例がなかったが、近年の原の辻遺跡出土品にⅡ類系の擬無文土器が指摘されている（片岡2006：58-60）。これについては後で検討する。

3．地域ごとの変化

後期前半朝鮮系無文土器・擬無文土器の出土遺跡と出土量が多い福岡平野～三国丘陵、佐賀平野、熊本平野そして後期前半と後半両方の朝鮮系無文土器・擬無文土器が出土している長崎県原の辻遺跡における、朝鮮系無文土器の変容を見ていこう。

(1) 福岡平野と三国丘陵（図2）

福岡平野では諸岡遺跡（後藤・横山編 1975）で50個体余の朝鮮系無文土器が出土し（甕完形4点・口縁部片40数個体、壺口頸部3片、鉢・蓋・高坏各1～2点）、個体数は共伴する前期末の弥生土器より多い。近辺の数遺跡でも若干が出土している。

福岡平野から二日市地峡帯を経て南に拡がる筑紫平野北西部の三国丘陵では、東端に北から南へ

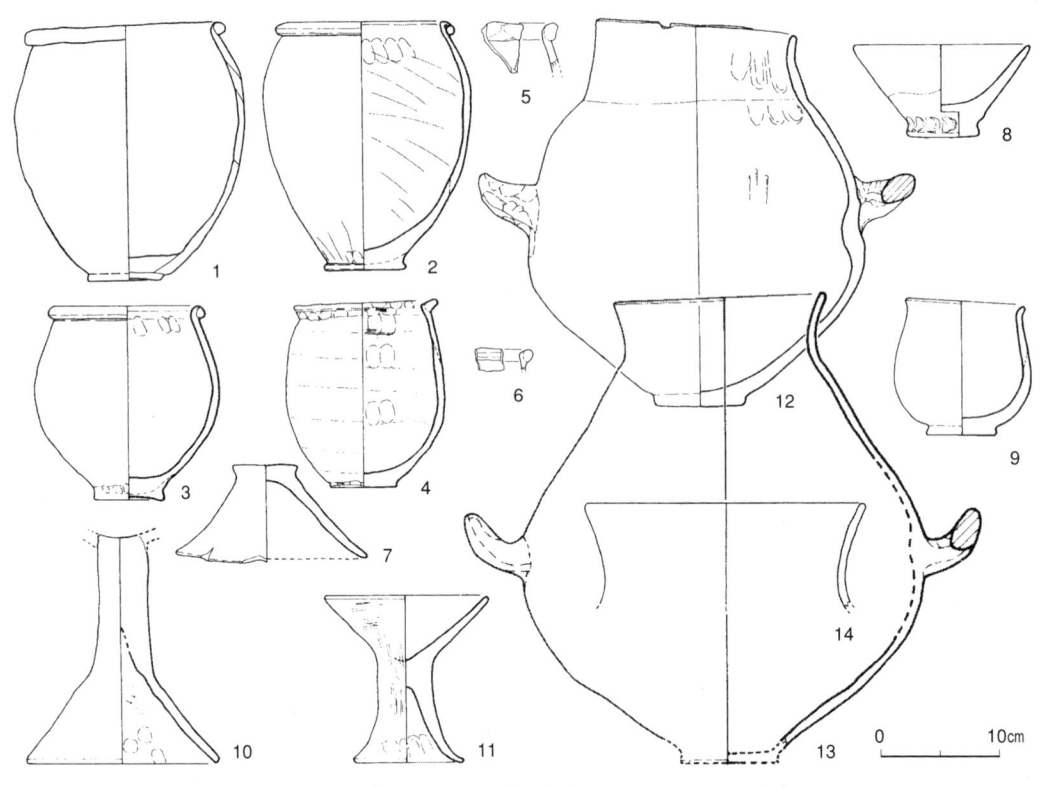

1・7・14：諸岡遺跡　2〜6・13：横隈鍋倉遺跡　8〜12：三国の鼻遺跡
（出典：1・7・14：後藤・横山編1975、2〜6：中島編1985、8〜12：片岡編1988a、13：片岡1999）
図2　福岡平野と三国丘陵の土器

三国の鼻遺跡（片岡編1988a）、横隈北田遺跡（片岡編1988b）、横隈鍋倉遺跡（中島編1985、本遺跡には未報告のみくに東遺跡を含む）が小谷を間にして隣接し、それぞれで約60個体、100点余、40個体の朝鮮系無文土器が出土し、これらの南の横隈山遺跡はじめ丘陵上の数遺跡でも少数が出土している。ここでも粘土帯甕が多く（4分の3ほど）、組合牛角形把手付壺は2割弱、鉢と高坏はきわめて少ない。これらの時期は前期末である。

　この地域の朝鮮系無文土器甕は典型的Ⅰa類で（図2-1〜3）、擬無文土器は微量の非典型的Ⅰa類（図2-5）・Ⅰb類（図2-4）・Ⅳ類（図2-6）である。諸岡遺跡の外開きの低い壺頸部は無把手壺らしい（図2-14）。三国丘陵の組合牛角形把手付壺の全形がわかる2点（図2-12・13）は無文土器そのもので、把手破片は20数点出土している。鉢、高坏も無文土器直系土器で（図2-8〜11）、擬無文土器と認めうるものはない。

　諸岡遺跡の朝鮮系無文土器は丘陵斜面に設けた前期末の小形竪穴（平面形が円・楕円形に近い不整形）18基中の12基で出土した。竪穴以外の遺構はなく、無文土器人が一時的に居住した跡で、近くの板付遺跡と関連があろうか。

　三国丘陵の朝鮮系無文土器のほとんどは後期の住居と環濠・古墳時代住居などに流れ込んでいたり、包含層で出土する。三国の鼻遺跡の前期の遺構は住居が中葉の4棟、貯蔵穴が中葉〜末の14基である。無文土器は9割近くが2次堆積状態で出土し、少数が長径2〜3m、平面形不整方形ない

し楕円形の小形竪穴 6 基[4]（貯蔵穴群中とその付近に 2 基、貯蔵穴群東南 50m に 4 基）で出ている。横隈鍋倉遺跡の前期末の遺構は住居 5 棟と貯蔵穴 2 基で、完形に近い無文土器は東南斜面下部の径 0.3～3m の土坑[5]で出土する。横隈北田遺跡の環溝で囲った前期後葉の貯蔵穴群は南の横隈鍋倉遺跡集落に所属するから（片岡 2003：138）、無文土器は横隈鍋倉遺跡の無文土器使用者に属するが、無文土器のほぼすべては 2 次堆積状態で出土し、貯蔵穴からは出ていない。

　三国丘陵の無文土器を用いる人々は、前期後半～末に三国丘陵上に展開する小規模集落群（*ibid.*：132-141）の東北隅に位置する三国の鼻遺跡・横隈鍋倉遺跡の小規模集落の一角に、無文土器がほとんど変容しない短期間、居住したのである。

（2）　佐賀平野（図3）

　朝鮮系無文土器・擬無文土器は、土生遺跡（木下編 1977、徳永編 1998a・1998b、永田編 2005）、仁俣遺跡（永田編 1999）、増田遺跡・津留遺跡（前田編 1994、楠本編 2001、前田ほか編 2002）、鍋島本村南遺跡（木島編 1991）をはじめ平野全域の多数の遺跡で出土している。器種は甕、組合牛角形把手付大形壺、小形長頸壺、鉢、高坏、蓋で、全部がそろっている。土生遺跡では直系無文土器と擬無文土器があるが（後者が多い）、ほかの遺跡ではほとんどが擬無文土器である。時期は中期初め～前葉（土生遺跡では前期末からか）で、出現は福岡平野、三国丘陵より遅れる。

　甕は、土生遺跡で典型的Ⅰa類（図3-1）、非典型的Ⅰa類（同図3-2）・Ⅰb類（図3-3）・Ⅳ類（図3-4）が出土した。ほかの遺跡では鍋島本村南遺跡で非典型的Ⅰa類・Ⅰb類・Ⅳ類・Ⅴ類（図3-5）が、仁俣遺跡で非典型的Ⅰa類・Ⅰb類・Ⅳ類が、吉野ヶ里遺跡で非典型的Ⅰa類が、切畑遺跡でⅣ類が出ているが数は少ない[6]。

　壺は、組合牛角形把手破片が土生遺跡で多数出土し、仁俣遺跡と姉遺跡にも少数ある。全形がわかる壺 9 点は以下のように無文土器そのものではないし擬無文土器ともいえない。

　土生遺跡の黒色磨研壺（図3-7）は、直立して口が開く口頸部と丸い胴の形状が後期前半組合牛角形把手付壺ではなく、中期初めの弥生土器壺と同じである。口縁部と底部を欠くもう 1 点（図3-6）も、丸い胴部に上方へ少し内傾する比較的高い頸部がつく形態は無文土器にはなく、前期後半～中期前葉の弥生壺に近い。頸と胴の境に沈線 2 条を引き、その下に弧文を連ねる点では弥生土器と変わらない。前稿まではこれらを擬無文土器としていたが、牛角形把手をつけた弥生土器壺と変更する。

　一続きの甕棺墓地である津留遺跡・増田遺跡の甕棺墓 5 基に用いた壺 6 点（3 基 3 点はKⅡb式甕棺と組み合う）と仁俣遺跡土坑（SK066、須玖Ⅰ式古）出土壺 1 点は、胴上部の最大径部に組合牛角形把手を 1 対付し、胴とはっきり区別できる頸は上方へ内傾し、口縁部は強く開く（図3-10）。長頸は無文土器や弥生土器の大形壺とは異なるが、小さな底部から上方へ開き上位で最大径をとる胴部形態は弥生土器壺に共通する。3 点は頸・胴の境に沈線を 1 条巡らす。頸部がかくも高いのは佐賀平野にしばしば見られる小形長頸壺からの借用であろうか。組合牛角形把手は朝鮮半島や三国丘陵の無文土器壺とくらべると上方への屈曲が強い。この種の壺は無文土器壺が弥生的要素を取り入れて変容して生まれた土器とはいい難く、無文土器人かその後裔が埋葬に際し出自を示すために

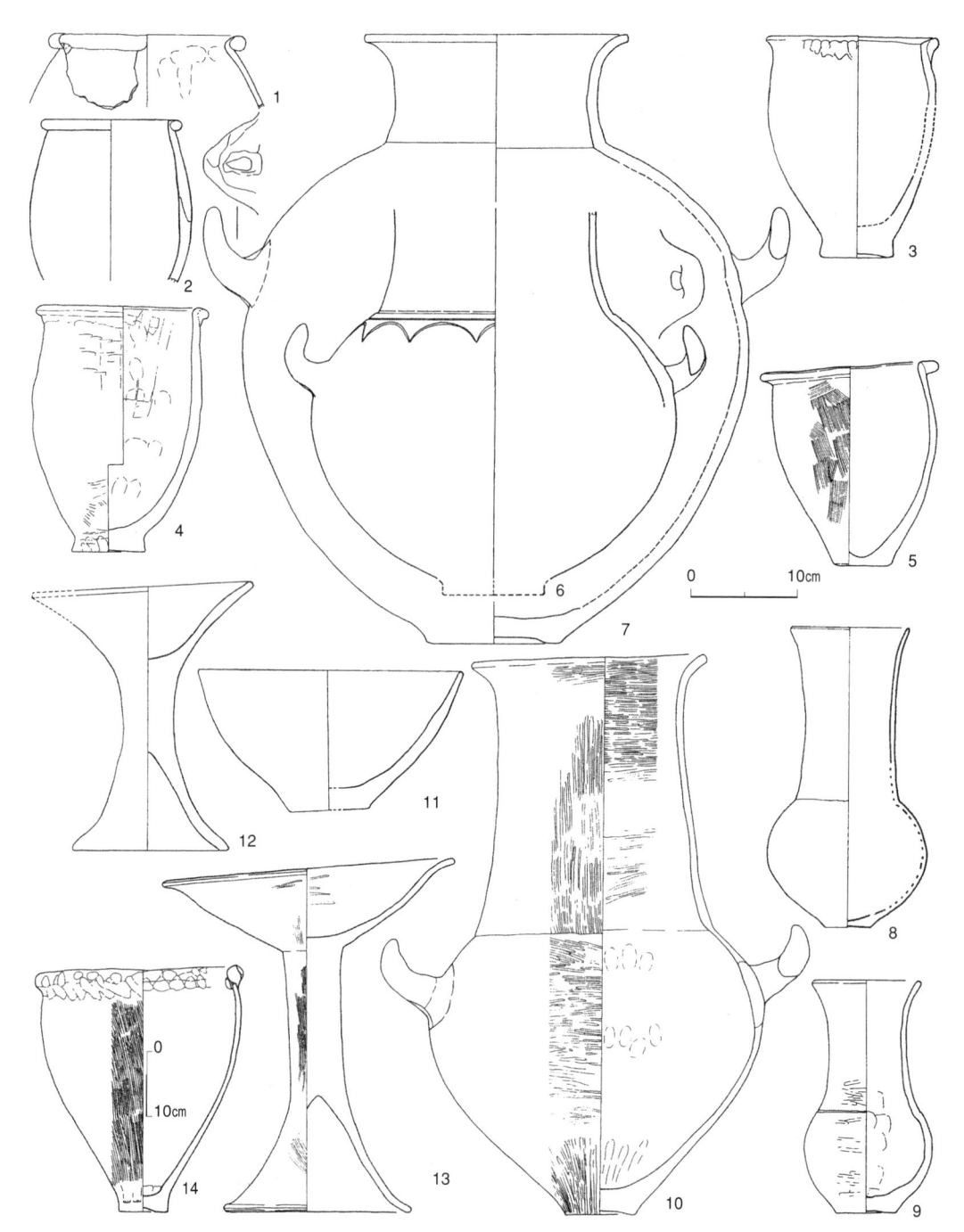

1～4・6・7・11・12：土生遺跡　5・13：鍋島本村南遺跡　8：自在遺跡　9・13：増田遺跡　10：津留遺跡
（出典：1・8：片岡1999、2・3・11・12：後藤1979、6・7：後藤1987、4：永田2005、5・13：木島編1991、9：前田ほか編2002、10：前田編1994、14：楠本編2001）

図3　佐賀平野の土器

か、無文土器と弥生土器を組み合わせて創り出した新たな形態の土器、折衷土器であろう。

小形長頸壺は福岡平野と三国丘陵には見えないが、佐賀平野では少なくとも5遺跡で出土している。丸い胴にほぼ直立する頸部がつき、口縁部が緩く外に開く。1点は朝鮮半島のものに酷似するが（図3-8）、ほかは胴と頸がきっちり別れず、境に沈線1～2条を巡らせたり頸部に暗文を持つなど、擬無文土器である（図3-9）。

高坏のほとんどは朝鮮半島出土品と同様、上半が柱状中実で裾が開く高い脚をもつ。杯部がほぼ真っ直ぐに開く無文土器直系品（図3-12）と口縁部がゆるく屈曲して広がる変容品（図3-13）がある。前者は土生遺跡と仁俣遺跡に、後者は両遺跡以外の3遺跡でも出ている。また鍋島本村南遺跡では、無文土器と同じ脚に弥生高坏同様口縁内側に粘土を張った深い杯部がつく折衷的高坏が出土した（木島編1991：35-36）。

鉢は土生遺跡の黒色磨研の椀形しかないようだ（図3-11）。同じ形態は朝鮮半島にもある。

土生遺跡は標高7～10mの扇状地にある。第4次調査で調査した遺構は竪穴住居、貯蔵庫、貯蔵穴と報告されているが、いずれも長径が2～4mの平面円形・楕円形・（長）方形に近い不整形竪穴・土坑である。これらのいくつかから朝鮮系無文土器が弥生土器（中期初め～須玖Ⅰ式古、前者が多い）と共に出土する。9次調査、10次調査、12次調査でも同様で、包含層や河川跡からも出土している。朝鮮系無文土器出土遺構が特定範囲に多いということはないようで、無文土器、擬無文土器、弥生土器の製作者・使用者がいっしょになった居住形態であったと見られる。

土生遺跡東隣の仁俣遺跡と増田遺跡西方の鍋島本村南遺跡では、擬無文土器が多数の土坑（平面形は楕円形や方形に近いものから不整形までさまざま）のうち10数基・20数基で弥生土器と共に出土した（中期初め～前葉）。

増田遺跡と津留遺跡では、折衷土器とした組合牛角形把手付長頸壺を甕棺墓に用い、擬無文土器高坏が増田遺跡7区甕棺墓SJ7128（KⅡb式）と土坑SK7326から出土し（前者は供献）、同遺跡4・5区木棺墓SP5702（中期初め）に長頸壺を副葬する。いずれも大規模弥生墓地の中にあり、ほかの甕棺墓、木棺墓とまったく同じに扱われている。長頸壺は自在遺跡の土壙墓からも出土している。

佐賀平野での朝鮮系無文土器は、直系土器が前期末に土生遺跡に出現したのち、中期前葉に及ぶ時期に擬無文土器が多数存在する点に特徴がある。また弥生土器に無文土器要素を加えた壺、無文土器と弥生土器の折衷ともいえる土器棺も存在する。ただしこのような土器は以後に展開はしない。弥生社会に包摂されて無文土器人の出自の記憶が消えていったからである。

これらの無文土器・擬無文土器のありようは、無文土器人とその後裔が弥生人と密接に結びつき、弥生集落の中に一定の地歩を築いていたこと、個々の集落を越えて平野全体の弥生社会が必要とする何かを有し伝える役割を果たしていたことを物語り、弥生集落の支援を受けてその縁辺・近辺に一時的に居住した福岡、三国丘陵地域の無文土器人とは異なることを示している。

(3) **熊本平野**（図4）

熊本平野では熊本市御幸木部遺跡・江津湖遺跡で典型的Ⅰa類・非典型的Ⅰa類甕が採集されていた。その後、熊本市護藤遺跡群小瀬田遺跡で典型的Ⅰa類・非典型的Ⅰa類・Ⅳ類甕と擬無文土器の

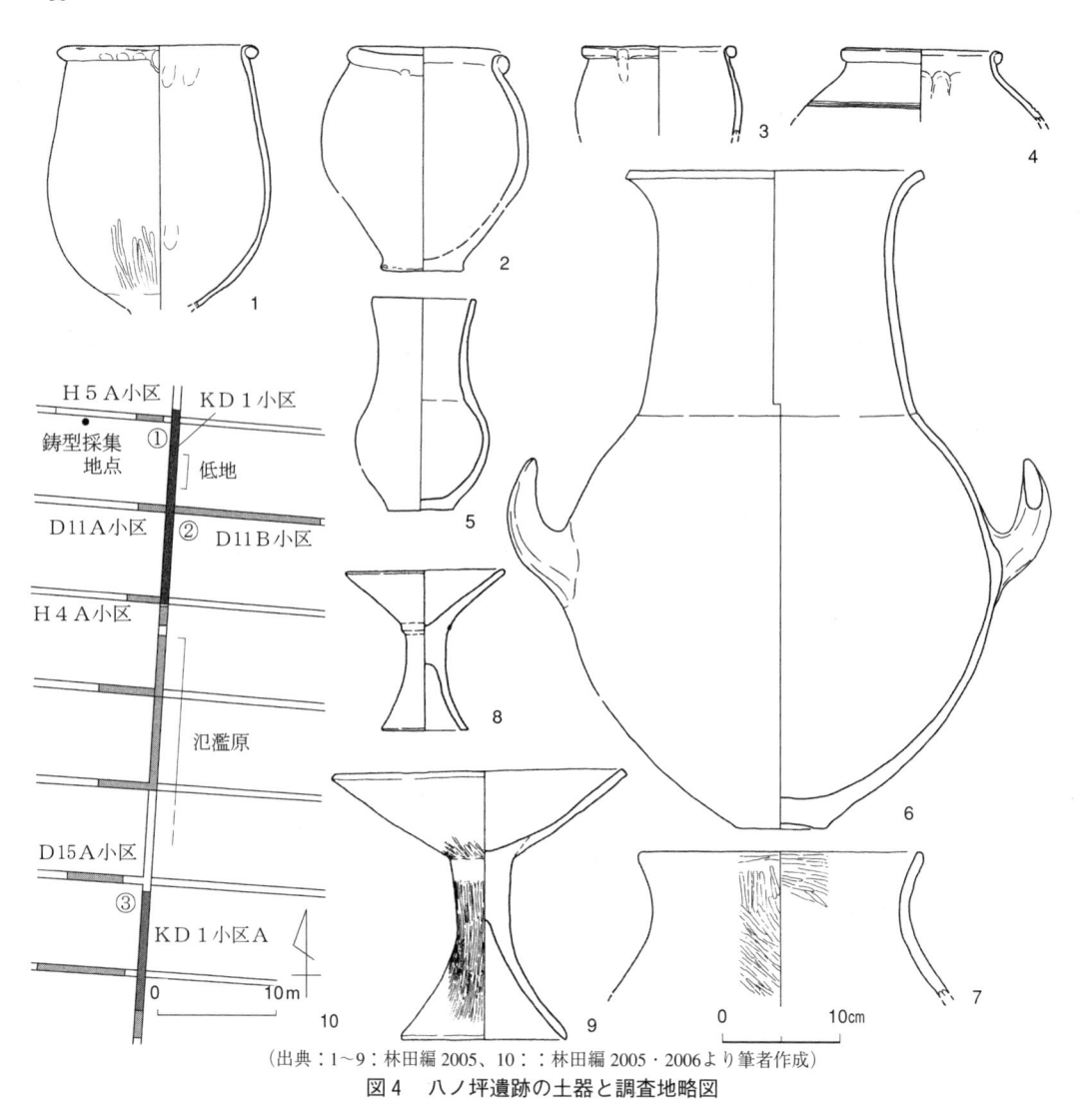

（出典：1～9：林田編 2005、10：：林田編 2005・2006より筆者作成）
図4　八ノ坪遺跡の土器と調査地略図

壷、高坏が、白藤遺跡でⅠb類甕が、南に隣接する八ノ坪遺跡で多数の朝鮮系無文土器が、宇土市宇土城遺跡でⅠb類甕、組合牛角把手が出土した。これらの遺跡は白川と緑川の河口一帯、当時の海岸近くに位置する（熊本市史編纂委員会1998：557-559）。ほかに熊本市高橋遺跡でⅣ類甕、城南町上野原遺跡でⅣ類鉢、宇土市石ノ瀬遺跡で典型的Ⅰa類・非典型的Ⅰa類甕が出土している。これらの出土・発見状況には時期を限定できない場合もあるが、判明する例は中期初め～前葉である。

　ここでは詳細な報告のある八ノ坪遺跡について見ておこう（林田編 2005・2006）。本遺跡の朝鮮系無文土器は44点、その可能性あるものも含むと50点、器種は甕、壷、高坏で蓋と鉢はみつかっていない。遺跡は前期末～中期前半だが無文土器は中期初めかららしい。

　甕は典型的Ⅰa類が多く（図4-1～3）、非典型的Ⅰa類は少なく、Ⅰb類はない。非典型的Ⅰa類には口縁下に沈線2条を巡らせるものがある（図4-4）。

　壷には小形長頸壷（図4-5）、組合牛角形把手付壷（図4-6）、無把手大形壷（図4-7）がある。全形が判明する組合牛角形把手付長頸壷2点は佐賀平野の甕棺に用いたものとよく似ていて1点は甕

棺に用いている。小形長頸壺3点は胴と頸の境がなめらかで、変容している。

　高坏5点のうち1点は脚と杯の境に突帯を巡らせる点で弥生土器要素を付加しているが（図4-8）、3点は中実の脚部、外上方へほぼ真っ直ぐに拡がる杯部など無文土器の形状を保つ（図4-9）。

　本遺跡の調査地は遺跡中央の長さ500m×幅10mと、この東・西に直交する幅10mのいくつかの帯状範囲である（図4-10）。遺構は北から、①KD1小区の北側微高地（土坑39基・溝10条）と西につながるH5A小区（住居1棟・土坑16基）、②北側微高地から低地をはさんだKD1小区南側微高地（住居7棟・土坑61基）と東につながるD11B小区（住居5棟・土坑53基）、両者にまたがる墓地（甕棺墓5基・土壙（木棺）墓35基）およびD11A小区（土坑4基）、③氾濫原をはさんで②の南200m以上のKD1小区A北側（土坑30基）とその西のD15A小区（土坑6基）、の3ヶ所に分かれる。多数の土坑は平面形が不整楕円形と称すべきものが多く、さまざまな用途のものが含まれているだろう。

　朝鮮系無文土器は①の土坑6基と溝3条、②の住居2棟、土坑4基、甕棺墓1基、流路1条、③の土坑5基で出土し、それを上回る量が遺構に伴わずに出土している。遺構で出土するものも本来その遺構に伴うと見られるものは一部の土坑に限られる。このような朝鮮系無文土器の出土状況は土生遺跡に似ている。

　熊本平野の無文土器と変容は佐賀平野と同じで、折衷土器とした組合牛角形把手付長頸壺（土器棺）が両方にある。無文土器の担い手は佐賀平野から移った、あるいは派遣された人々である可能性も高く、両者の間に有明海を通じて往来・連絡が継続していたことが推定できる。

（4）　原の辻遺跡（安楽ほか編 2000・2001、川畑編 2007、杉原編 1998・1999・2000・2001、副島ほか編 1995、寺田編 2006、西編 1998、福田ほか編 2005、松見ほか編 2006・2007、村川ほか編 2001）

　前稿の時は無文土器後期前半の典型的Ⅰa類2点と後半のⅡ類1点しかなかったが、1990年代からの連年の調査によって新たな資料が出土し、2005年の集計によると157点に達する（福田ほか編 2005：132）。後期前半系と後半系が共に出土する唯一の遺跡である。個々の資料には伴出弥生土器の時期幅が大きく時期を絞り込めないものも多いが、おおむね後期前半系無文土器の時期は前期末〜中期初めで中期前葉に入り、後半系無文土器は中期前葉から後葉とみられる。

　後期前半系の甕は典型的Ⅰa類20数点（図5-1・2）、非典型的Ⅰa類10点前後（図5-3〜5）、Ⅰb類（図5-6・7）・Ⅳ類（図5-8）・Ⅴ類（図5-9・10）それぞれ数点である。非典型的Ⅰa類・Ⅰb類・Ⅳ類には、他遺跡には見られない須玖Ⅰ式の影響と思われる口縁部が内側に突出するものが少数ある（図5-5・7・8）。

　鉢は口縁部に断面円形粘土帯を巡らせる大形品と小形品とがある。粘土帯は非典型的Ⅰa類甕と同じく側面を押さえている（図5-12〜14）。

　壺は少ない。形態がわかる組合牛角形把手付壺は長卵形胴に太い頸部が付き、不明瞭な胴と頸の境に沈線を巡らせる点で変容している（図5-20）。組合牛角形把手の破片も少ない。長頸壺はないらしい。高坏は杯部破片2点が（図5-11）、蓋は1点が報告されている。これら前半系無文土器には変容が進んでいるものが多い。

　後期後半無文土器系には甕、壺、鉢がある。甕は無文土器直系のⅡ類が10数点（図5-15・18）の

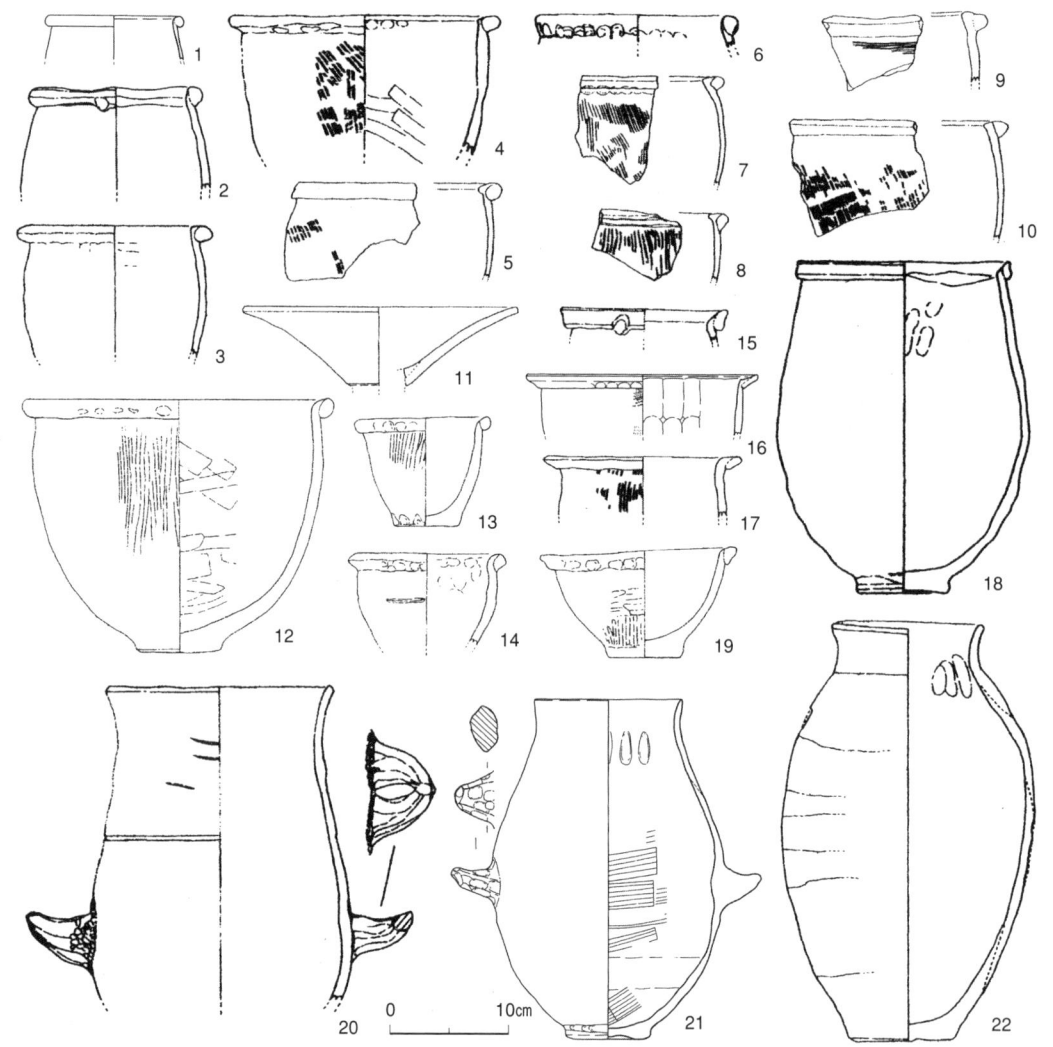

（出典：1・16・21：武末 1995、2・17・**18**：宮崎編 1998、3〜14・19：杉原編 2000、15・20：杉原編 1999、22：寺田編 2006）
図5　原の辻遺跡の土器(1)

ほかに、粘土帯下端を連続して押さえたり器体になでつけたり、口縁上端をナデて平坦にしたものもあるが（図5-16・17）、類例は勒島遺跡などにもあり、必ずしも変容したⅡ類とはいえない。

壺は単式牛角形把手破片が若干出土し、全形がわかるものには、長卵形胴に単式牛角形把手をつけ頸が短く立ち上がるもの1点（図5-21）と無把手長胴壺1点（図5-22）がある。この2点は搬入品であろう。鉢は勒島出土三角粘土帯鉢に類似するもの1点がある（図5-19）。高坏の確かな例はない。

このほかに報告書において無文土器系とされる甕がある（図6）。これらは中期前半の逆L字口縁に類似するものが多い。口縁下端を指オサエし外端部を面取りして断面が方形のもの（図6-8・10）、口縁下方が丸味をもって巻き込むように処理するもの（図6-6・7・9）、口縁部の粘土紐をつまみ気味に短く外反させるもの（図6-1・2）、口縁部上面を平坦にして強く屈曲するもの（図6-3・4）、肥厚した「く」字形口縁（図6-14）、回転台を使用せずいびつなもの（図6-5）、口縁下端を指オサエ

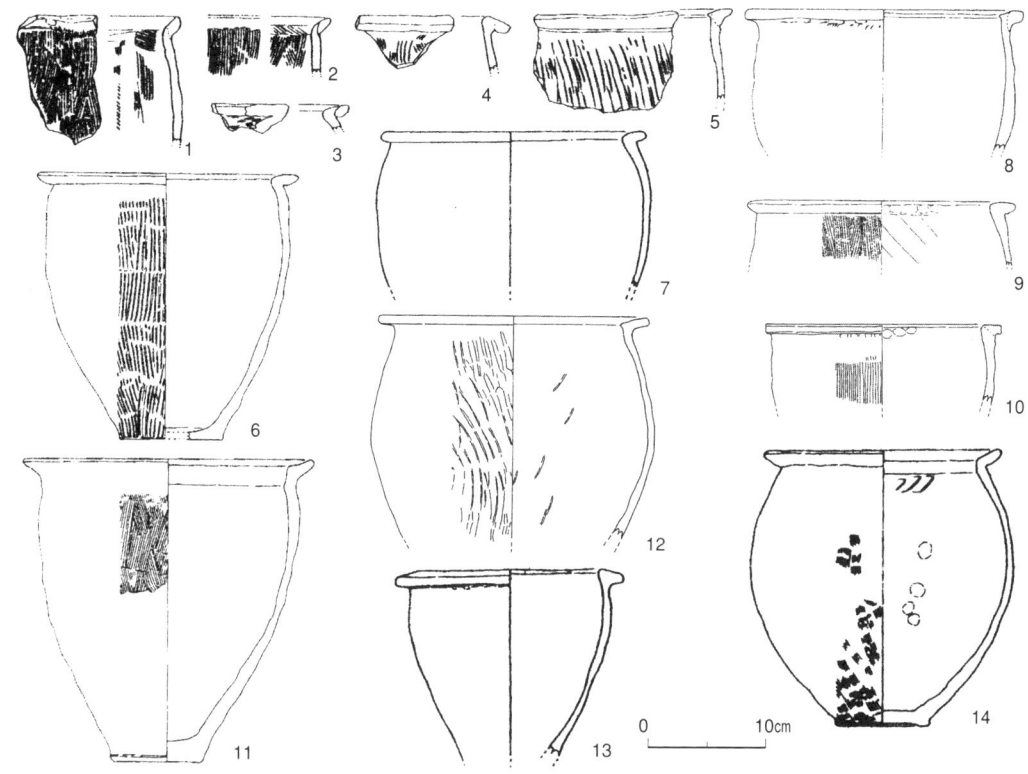

(出典：1〜6・8〜12：宮崎編1998、7：杉原編2001、13・14：杉原編2000)
図6　原の辻遺跡の土器(2)

して器表面に凹凸があるもの（図6-13）などさまざまで、そのほか報告書では無文土器との関連に言及がないが、片岡が後期後半無文土器系とするものもある（図6-11・12）。

　これらの多くは胴部が丸味をもち、胴上部がほぼ直立して胴径が口径より小さなものは少ない。口径は18cm〜25cmで弥生時代中期の甕としては小さい部類に属する。器面調整はハケ目を全面に残すもの、一部を残してナデ消すもの、全面をナデてハケ目がないものに分けられる。ただしこれらの点は伴出する弥生中期土器にも認められ、無文土器系特有の性質ではない。

　片岡はこれらを後期後半系擬無文土器とする（片岡 2006：55・58-60）。片岡は本遺跡の後期前半系無文土器を「Ⅰ類」、後半系無文土器を「Ⅱ類」とし、それぞれを「無文土器そのものから、弥生土器の影響を受ける程度の差によって1〜3類に」細分する[7]（ibid.：55）。

　これを後藤分類とくらべると、「Ⅰ-1類」は典型的Ⅰa類甕と非典型的Ⅰa類と同じ粘土帯をもつ鉢（図5-12・13）・少数の高坏（図5-11）・蓋、「Ⅰ-2類」はⅠb類甕（図5-6）とこれと同じ粘土帯を持つ鉢（図5-14）、A・B・Cに分ける「Ⅰ-3類」は、「Ⅰ-3A類」が非典型的Ⅰa類甕（図5-3・5）、「Ⅰ-3B類」がⅤ類（図5-10）、「Ⅰ-3C類」がⅠb類（図5-7）・Ⅳ類（図5-8）・その他（図6-8）に相当する。その他とした土器は口縁部粘土紐を面取りし上面を平坦にし、強いていえばⅣ類にあたるが擬無文土器ではない（後述）。

　「Ⅱ-1類」は後藤分類のⅡ類だが、「Ⅱ-2類」（図6-2〜4・6・9）・「Ⅱ-3類」（図6-5・10〜12）はそれまで例のなかった後期後半系擬無文土器と認定する（ibid.：60）。「Ⅱ-2類」は擬化第一段階で、

粘土帯を外側から貼り付け、須玖式土器の影響で口縁「上端の平面がはっきりしてくる」が、須玖式土器にくらべると「下端の処理がまだ未熟で」、「『後期後半』無文土器の要素が入ったもの」であり、「Ⅱ-3類」は「さらに弥生土器との融合が進行し」、鋤先状口縁や外側から貼り付けた粘土帯下端をヨコナデするものになるが、口縁部は「幅広い平坦面を」なさず「全体に短く、斜め上方向に先端が尖り気味にな」り、「これらは定型化する須玖Ⅰ式土器甕の口縁整形にあっては、かなり特殊で、……どうしても無文土器との接触で生まれたものとしか理解できない」が、しかし「これらの土器群が……共通の製作技術を持って作られているとは見なしがた」く、「『後期後半』段階の擬朝鮮系無文土器を……系統立って説明することはむつかしい」という（ibid.：59-61、傍点後藤）。

　この片岡の議論に対しては、「Ⅱ-2類」のうち口縁部が断面「く」字形と強く屈曲する少数（図6-1～3）が変容したⅡ類（擬無文土器）で、それ以外の「Ⅱ-2類」と「Ⅱ-3類」および先に触れた「Ⅰ-3C類」の一部（図6-8）は、弥生土器の範疇に属し擬無文土器ではないと考える。口縁部形態が逆L字形になり、上面が平坦になる、ときに鋤先口縁のようにもなるというのは、後期後半無文土器が弥生土器の影響を受けて変容したのではなく、弥生土器が無文土器の粘土帯を強く押さえない、しっかりナデつけないなどの口縁処理を模すなど、弥生土器とは多少異なる処理法を採ったためであろう。口縁部の須玖式土器としての未熟さ・特殊性は須玖式土器の中でのことであり、通常の弥生土器甕の規格からはずれているとしても弥生土器の範囲内にあり、弥生土器が無文土器との接触によって多少変容したものと考える。上記引用の傍点部2ヶ所は、はからずもこれらが「無文系弥生土器」だと言っているではないか。これらの土器を「原の辻無文系弥生土器」と仮称するが、無文土器の要素・影響は僅かである。

　朝鮮系無文土器、擬無文土器、原の辻無文系弥生土器は、環濠がある台地外の北西～北（不條地区・川原畑地区・芦辺高原地区の旧河道、溝、濠が主体）で大多数が出土し、不條地区1999年度調査の土坑（城ノ越式～須玖Ⅰ式）や、台地東北外の石田高原地区の溝からも出土している。遺跡中央の丘陵部（高元地区・原地区）では数点である。後期前半系と後半系の間で出土地がはっきり分かれることはないらしい。

4．朝鮮半島の擬弥生土器

　朝鮮半島南端部では十数遺跡で弥生土器と変容した弥生土器（類似弥生土器ともいうが以下では擬弥生土器と呼び、弥生土器とあわせて弥生系土器と呼ぶ）が出土している。まとまった量が出土したのは釜山市萊城遺跡（宋・河1990）、慶尚南道金海市大成洞遺跡（李ほか1998）、慶尚南道泗川市勒島遺跡（釜山大学校博物館1989、慶南考古学研究所2003・2006a・2006b、徐2004）である。

（1）萊城遺跡（図7-1～8）

　住居址2棟のうち1号住居と加耶古墳周囲で弥生系土器59片と無文土器4片（円形粘土帯片2片、三角形粘土帯？片1片、底部1片）が出土した。弥生系土器は中期前葉の逆L字状甕口縁部片で、1点が口縁下に三角突帯をもつ（図7-1・5～8）。口縁平坦部の幅が狭いものが多く、ハケ目調整し

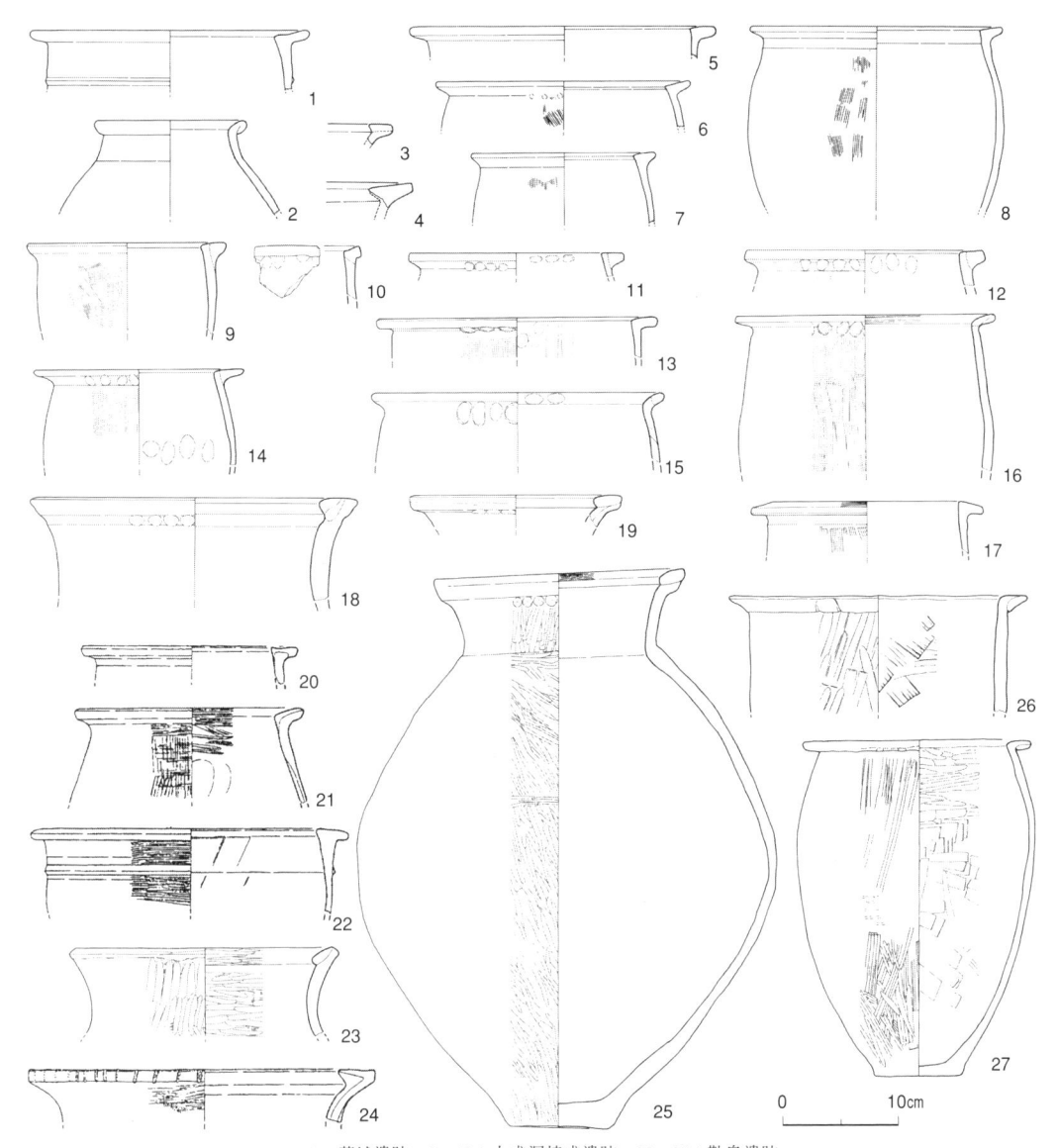

1〜8：莱城遺跡　9〜19：大成洞焼成遺跡　20〜27：勒島遺跡
（出典：1〜8：宋ほか1990、9〜19：李ほか1998、20〜22・24：武末2006、
23・26：慶南考古学研究所2003、25・27：釜山大学校博物館1989）
図7　朝鮮半島の弥生系土器

たものは少なく、口縁下端に残る指オサエ痕は後期後半無文土器粘土帯処理と共通する（図7-6）。口径が推定できる15片は15〜26cmで、この時期の弥生甕としては小さい方で無文土器甕の大きさに近い。壺には未発達な鋤先状口縁片（図7-3・4）のほかに口縁部を巻いたものがある（図7-2）。後者は弥生土器らしくないが、無文土器壺は単口縁だから擬弥生土器とする。本遺跡の弥生系土器のほぼすべてはこの地で製作した擬弥生土器と見てよいが、変容度はきわめて低い。

(2)　**大成洞焼成遺跡**（図7-9〜19）

土器焼成遺構と周辺で、中期前葉の弥生系土器片（甕30点・壺8点・胴部突帯片3点）が後期無

文土器片90点（円形粘土帯土器7点・三角粘土帯土器14点・壷3点・高坏13点・蓋5点・甑4点・単式牛角形把手16点・底部）と共に出土した。

弥生系甕は逆L字形口縁で、上面幅は狭いものとやや広いものとがあり、前者には原の辻遺跡にも例（図6-8・10）のある口縁端部が「コ」字形角張るものが目につく（図7-10・12）。このほかに少数の「く」字形に外反する口縁もある（図7-15・16）。甕口縁部下端には三角粘土帯甕と同様指オサエ痕を残すものも多く、胴部にハケ目を残すものは6～7点しかない（伴出する無文土器にハケ目がみえるものはごく少量）。口径は31～37cmが9点、16～26cmが18点で、小さいものが多い。壷の口縁部は上に粘土を貼って厚くし、内側に突出するが外側への伸びは弱く、口縁下部に指オサエ痕を残すものもある（図7-18・19）。

このような土器の特徴と焼成遺構出土の点から、これらもこの地で製作された変容度の低い擬弥生土器である。莱城遺跡の擬弥生土器と同様、無文土器の要素・影響は僅かである。

（3）勒島遺跡（慶尚南道泗川市）（図7-20～27）

住居址や貝層で前期末から後期初頭までの北部九州の弥生土器が出土し（前期末～中期初めと後期初頭の土器は極少）、山口県・大分県・熊本県の土器や凹線文土器も少数出土している（武末2006）。

擬弥生土器も出ているが、弥生土器よりはるかに少ない。報告図からそれと判断できるのは口縁内側に粘土帯を貼り付けた壷2点である（図7-23・25）。このほかに慶南考古学研究所が調査したA地区の弥生系土器を分析した武末は、須玖Ⅰ式系・須玖Ⅱ式系擬弥生土器10数点をあげ、弥生土器に似て一部に無文土器要素が見られるa類（図7-20～22・24、図示したのは須玖Ⅰ式系）と、無文土器の一部に弥生土器要素が見られるb類（図7-23）に分け、両者は併存し、それぞれが弥生人と無文土器人の対応という面が強いようだという（ibid.）。しかしb類は弥生化した無文土器ではなくa類より多少変容が進んだ弥生土器ではないだろうか。変容度が低いa類は莱城遺跡、大成洞焼成遺跡の擬弥生土器に近い。

このほかに、粘土帯の取り付け方は三角粘土帯甕であるが、口縁部上面が水平で厚味がなく断面が逆L字形をなす無文土器甕がある（図7-26・27）。図1-15にあげた甕口縁と同類とも考えられるが、弥生土器甕の影響を受けた無文土器と見ておく。

このように朝鮮半島南部では弥生時代前期末～中期初め以降弥生土器が継続して持ち込まれ、中期前葉からは擬弥生土器が作られ、まれに弥生土器風無文土器も現れる。

結．土器の変容と背景

以上の検討から、北部九州出土の無文土器は変容の度合いにより3分できる。

福岡平野～筑紫平野ではほとんど変容していない。佐賀平野と熊本平野では弥生土器の影響で変容が進み、最後には消えていくが、時には無文土器的弥生土器（図3-6・7）や折衷的土器（図3-10、図4-6）も生じている。原の辻遺跡では後期前半系と後半系無文土器両者が出土する。前半系擬無

文土器は変容が進んでいるが、佐賀平野、熊本平野には見られない口縁部内側が突出するものがあり、変容過程が中期前葉まで継続したようである。後半系無文土器には変容したものは稀で、無文土器の影響を受けてか弥生土器の規格からはずれるものも現れる。いずれも他地域には見られない。

朝鮮半島南端部には弥生土器が入り、変容した擬弥生土器も現れるが、無文土器からの影響は微少で、規範から多少はずれた弥生土器という方がよい。

これら多様な変容の背景については、以下のように考える。

弥生社会では前期末から中期初めにかけて地域間の緊密な交通関係が確立し、無文土器社会との間にも青銅器や鋳造鉄器の移入、製作技術の伝達などを内容とする新たな交通関係が生まれ拡大し始める。この関係の必要性は新文物・技術を求める弥生社会の側により高かったであろう。

それとともに原の辻遺跡や勒島遺跡のように両地域の関係を媒介する場が生まれ、沿海部の航海に長けた海人集団が移動手段を担い、内陸部の人々が物資や情報の交換、技術の伝達などを目的に往来し、相手地に渡った人々はそこの社会から生活の保障を受ける仕組みが確立していく。当時のことであるから天候条件などによって渡海には時間を要し、往来目的によっては相手地域に相当長期間滞在することもあり、結局は居着いてしまい相手社会と婚姻などによって混交することもあったであろう。往来する人々は日常生活に必要最小限の生活具（土器など）を携えており、これが両地域で出土する相手地域の土器であり、長期にわたる滞在のなかで変容した土器も出現する。

この関係は切れ目なく漸次的に変化するが、弥生時代前期末〜中期初め（後期前半無文土器の後半時期）の第1段階と中期前葉〜後葉（後期後半無文土器の時期）の第2段階に分けることができる。

第1段階には弥生人、無文土器人が相手地域に渡り、相互交渉が本格化し（勒島遺跡、金海市会峴里遺跡弥生甕棺墓（榧本 1938）、原の辻遺跡、福岡平野、三国丘陵、佐賀平野、熊本平野）、勒島遺跡と原の辻遺跡に交渉拠点が形成され始める。

朝鮮半島に渡った弥生人は、内陸部へ入り込んだ証左がなく土器の変容もわずかであるから、比較的短期間の滞在で、無文土器社会に融合することはほとんどなかったと考える。弥生人の目的は青銅器や鋳造鉄器など新文物・技術の導入とそれらに係わる技術者の招聘、そのための折衝が目的であったであろう。

後期前半無文土器と変容が進んだ擬無文土器は原の辻遺跡と佐賀平野、熊本平野で出土する。前期末〜中期前葉の原の辻遺跡のそれは、九州本土に渡るためにここを中継地とした無文土器集団と彼らの移動手段を担った人々——壱岐を九州側の拠点として頻繁に訪れ居住もした無文土器海人集団——に属し、とくに後者が作り出したのが後期前半系擬無文土器であろう。ただし今のところは原の辻、勒島その他の遺跡でもこのような海人集団の存在を示す資料は不明確ではあるが。

九州に渡った後期前半無文土器をもつ人々は相互関係を進めるための交渉、新文物の移入、技術の伝達などさまざまな目的で、弥生社会に招かれ受け入れられた集団であろう。前期末の福岡平野と三国丘陵では、弥生社会との折衝や新文物の搬入などが主目的の短期滞在、居住と考えられる。あるいはこの目的でさらに先へ行くための一時的滞在かもしれない。

玄界灘沿岸地域から離れた佐賀平野と熊本平野では、無文土器集団は両平野の弥生社会、集落の

中に長期間さらには世代を超えて居住し、次第に弥生社会の中に融合していった。彼らは生活を維持するための生活・生業道具一切を携えてやって来た集団であり、土生遺跡では朝鮮半島で広く用いていたと見られる木製踏み鋤（タビ）が出土し（溝SD14、中期初め～前葉）（永田2005：図49）、農耕にも従事していた。しかし彼らは農耕民にとどまるものではない。

佐賀平野・熊本平野で青銅器の初期鋳型が多数出土している（後藤2002）ことを考慮すれば[8]、無文土器と初期鋳型の結びつきは否定できず（木島編1991：203）、主たる渡来目的が青銅器製作技術の伝達であり、そうであればこそこの地の弥生社会が受け入れたとするのが適切であろう。たしかに両平野が大半を占める初期鋳型の多くは、出土状況による時期（廃棄埋没時期）が無文土器が現れる中期初めにはさかのぼらないが、青銅器の移入に踵を接して製作技術が伝わったと見てさしつかえなく、両平野の無文土器人集団の中核には青銅器製作者がいたと考える。この集団は鋳造技術者だけではなく、鋳型石材の探索者、原材料入手のため朝鮮半島側との折衝担当者等々、そして生活を支える農民から構成され（構成員はそれらいくつもの役割を担うであろう）、そして彼らの家族が含まれていただろう。

第2段階には両地域間の交渉が交易中心に変わっていく。ただし弥生人は交易のほかに技術の吸収も行っていたらしい。

莱城遺跡1号住居床からは鉄器2点（鉄鏃と種別不明品）と敲石が出土し、床面には深さ10cmの平面不整形炉址があった。村上恭通は炉を鍛冶炉、種別不明鉄器を鉄素材と見て、この遺跡に居住した北部九州の倭人が鉄素材入手の仲介を果たしていたこと、さらにこの弁辰地域で製鉄・精錬に関与した倭人を想起し、彼らがその技術を伝える媒介者であったかと想定する（村上1998：99-100）。この想定後半の適否は今後の鉄器研究に委ねられようが、ここで北部九州弥生人が鍛造鉄器製作技術の導入と鉄素材入手の活動をしていたことは認められよう。本遺跡と大成洞焼成遺跡またそのほかの遺跡の擬弥生土器は変容の度合いが低いことから、弥生人は短期間の滞在を繰り返して鉄器製作技術の導入や鉄素材交易の活動を行っていたと考える。

弥生社会側では後期後半無文土器は原の辻遺跡ではやや多く出土するが、それ以外では北部九州と中国地方の沿岸地域に散見されるだけで内陸部には入っておらず、またほとんど変容していない。これらは交易目的で原の辻遺跡を経て、弥生の海人の先導でやって来た無文土器人がもたらしたもので、彼らにとっては交易が交渉の主目的であったとみられる。交易品のひとつは間違いなく鍛造鉄器、鉄素材だが、山口県瀬戸内海側の沖の山遺跡出土無文土器甕に入っていた中国銅銭も含まれる（小田1982）。これは青銅器原材料にもなり得、鉄と共に当時の弥生社会がぜひ必要としたものである。

原の辻遺跡の「原の辻無文系弥生土器」と勒島遺跡の擬弥生土器はどう考えられるか？　両者は似てはいないが、いずれも弥生土器をもとに無文土器のなにがしかの影響を受けつつ弥生土器の規範からはずれた土器である。

これらの土器は、朝鮮半島と西日本地域それぞれの交渉窓口——無文土器社会側と弥生社会側双方の交渉・交易を行う人々や移動手段を担いまた交易にも従事したであろう双方の海人たちが、活動する拠点であり、双方が入り交じって居住し常々接する場——で出土する。緊密な交渉接触のな

かで双方の土器が接触・混交して生じた、交渉・交易担当集団に特有の土器ではなかろうか。いずれも弥生土器をもとに無文土器からの若干の影響が加わった土器であるのは、交渉の積極的要求がある弥生人の側の土器を根にしつつ生まれた接触土器だからであろう。

註

1) 片岡が1990年以降発表した朝鮮系無文土器関係論文は片岡（1999・2006）に収録されている。片岡論文への言及・引用は両著書による。
2) 弥生時代中期を初め（城ノ越式）、前葉（須玖Ⅰ式古）、中葉（須玖Ⅰ式新）、後葉（須玖Ⅱ式古）、末（須玖Ⅱ式新）に分け、前葉・中葉を中期前半、後葉・末を中期後半とする。甕棺編年は橋口（1979）による。個々の朝鮮系無文土器資料の時期はこれに合わせて細かに判断できないことが多い。
3) 朝鮮半島無文土器甕が、弥生土器甕より小さいことは当然の認識として後藤（1987）では問題にしていなかった。この点を数値からはっきりさせたのは中園（1993）と平（2001）である。
4) 報告書表5の41号竪穴（「無文土器？」出土とあるが土器の図・記述がない）は除き、表8に無文土器出土として挙げる13号竪穴（報告書中に竪穴の説明・図はないが、遺構配置図には出ている）を加える。
5) 報告書175図（無文土器出土地点図）にA・B・D・E・Fと記入されているが、本文に言及はなく詳細不明。
6) 増田遺跡7区には粘土帯甕が変容したように見える土器がある（図3-14、甕棺墓SJ7116の上甕、下甕はKⅡb式、中期前葉）。「口縁部は粘土紐を巡らせた後、外面は指オサエで胴部に固定し、内面は粘土帯を口縁部と胴部の接合部分に貼り付けた後、指押さえで固定する。」（楠本編 2001：90）。粘土帯甕よりはるかに大きく、胴部形状は中期前半の甕と変わりない。
7) 多数の無文土器、擬無文土器が出土した1994～96年調査の芦辺高原地区1号旧河道土器溜（中期後半～後期初頭）と包含層（中期末～後期初頭）、その東の不條地区2号旧河道（前期末～古墳時代前期）・3号旧河道（前期末～中期後半）・4号旧河道（前期末～中期後半）出土土器について分析している。
8) 土生遺跡＝鉇鋳型（第5次調査、掘立柱建物SB023No5柱穴）、細形銅剣両面鋳型・ミニチュア銅矛鋳型（第11次調査、河川跡SD01）、細形銅剣両面鋳型・細形銅矛鋳型・細形？銅矛鋳型（第12次調査、河川跡SD14）、細形銅矛鋳型（第12次調査、土坑SK06）（永田編 2005）。仁俣遺跡＝細形銅矛鋳型（土坑SK028）（永田編 1999）。鍋島本村遺跡＝細形銅戈鋳型（土坑SK345）、惣座遺跡＝細形銅剣・銅矛鋳型（土坑）、吉野ヶ里遺跡＝細形銅剣鋳型3枚、細形銅矛鋳型、細形銅剣・銅矛両面鋳型（最終的には4面鋳型）、八ノ坪遺跡（図4-11の①部分）＝細形銅戈両面鋳型、細形銅戈・銅矛両面鋳型、武器鋳型（以上採取）、羽口（遺構外）、小銅鐸鋳型（土坑SK171）（林田編 2005）。白藤遺跡＝細形銅矛か剣両面鋳型。

参考文献

〈日文〉

安楽勉・宮崎貴夫・杉原敦史編 2000 『原の辻遺跡』原の辻遺跡調査事務所報18。
安楽勉・町田利幸・藤村誠編 2001 『原の辻遺跡』原の辻遺跡調査事務所報22。
池淵俊一編 2007 『山持遺跡Ⅱ・Ⅲ区 Vol.2―国道431号道路改築事業（東林木バイパス）に伴う埋蔵文化財発掘調査報告書Ⅴ―』島根県教育委員会。
伊東照雄編 1981 『綾羅木郷遺跡跡発掘調査報告Ⅰ』、下関教育委員会。
大嶋和則編 2004 『奥の坊遺跡群Ⅱ（奥の坊権現前遺跡）』高松市報67。
小田富士雄 1982 「山口県沖ノ山発見の漢代銅銭内蔵土器」『古文化談叢』9、pp.157-169。
片岡宏二 1999 『弥生時代渡来人と土器・青銅器』雄山閣。

片岡宏二　2003　「水田稲作農耕の定着と展開―三国丘陵における弥生時代前期社会の諸問題―」『三沢北中尾遺跡1地点　環濠編』小郡市報181、pp.117-176。

片岡宏二　2006　『弥生時代渡来人から倭人社会へ』雄山閣。

片岡宏二編　1988a　『三国の鼻遺跡Ⅲ』小郡市報43。

片岡宏二編　1988b　『横隈北田遺跡　上巻』小郡市報48。

榧本杜人　1938　「金海会峴里貝塚発見の甕棺に就て」『考古学』(9)1、pp.40-45。

川畑敏則編　2007　『原の辻遺跡』原の辻遺跡調査事務所報36。

木島慎治編　1991　『鍋島本村南遺跡―1・2区の調査―』佐賀市報35。

木下　巧　1977　『佐賀県農業基盤整備事業に係る文化財確認調査報告書』佐賀県報37。

楠本正士編　2001　『増田遺跡群Ⅴ-7区の調査』佐賀市報121。

熊本市史編纂委員会　1998　『新熊本市史』通史編　第1巻　自然・原始・古代。

向上昭彦編　2002　『吉永遺跡（Ⅳ地区）』山口県埋文センター報33。

向上昭彦編　2003　『吉永遺跡（Ⅴ地区）』山口県埋文センター報38。

後藤　直　1979　「朝鮮系無文土器」『三上次男博士頌寿記念東洋史・考古学論集』pp.485-529。

後藤　直　1987　「朝鮮系無文土器再論―後期無文土器系について―」岡崎敬先生退官記念事業会編『東アジアの考古と歴史』中巻、pp.325-358、同朋社。

後藤　直　2002　「弥生時代の青銅器生産地」『東京大学考古学研究室紀要』17、pp.113-143

後藤直・横山邦継編　1975　『板付周辺遺跡調査報告書(2)』福岡市報31。

杉原敦史編　1998　『原の辻遺跡』原の辻遺跡調査事務所報5。

杉原敦史編　1999　『原の辻遺跡』原の辻遺跡調査事務所報16。

杉原敦史編　2000　『原の辻遺跡』原の辻遺跡調査事務所報19。

杉原敦史編　2001　『原の辻遺跡』原の辻遺跡調査事務所報21。

副島和明・山下英明編　1995　『原の辻遺跡』長崎県報124。

平　美典　2001　「韓半島出土弥生系土器からみた日韓交渉」田中良之編『弥生時代における九州・韓半島交流史の研究』2000年度韓国国際交流財団助成事業共同研究プロジェクト研究報告書、pp.105-138。

武末純一　1995　「朝鮮半島系の土器」副島ほか編『原の辻遺跡』長崎県報124、pp.165-187。

寺田正剛編　2006　『原の辻遺跡』原の辻遺跡調査事務所報33。

徳永貞紹編　1998a　『土生遺跡Ⅰ―土生遺跡第9次調査報告書―』三日月町報8。

徳永貞紹編　1998b　『土生遺跡Ⅱ―土生遺跡第10次調査報告書―』三日月町報9。

中島達也　1985　『横隈鍋倉遺跡』小郡市報26。

中園　聡　1993　「折衷土器の製作者―韓国勒島遺跡における弥生土器と無文土器の折衷を事例として―」『史淵』130、pp.1-29。

永田稲男編　1999　『仁俣遺跡―仁俣遺跡第2次発掘調査報告書―』三日月町報12。

永田稲男編　2005　『戌　赤司　赤司東　深川南　土生』三日月町報16。

西　信男　1998　『原の辻遺跡・鶴田遺跡』原の辻遺跡調査事務所報4。

橋口達也　1979　「甕棺の編年的研究」福岡県教育委員会『九州縦貫自動車道関係埋蔵文化財調査報告』ⅩⅩⅩⅠ中巻、pp.133-203（同2005『甕棺と弥生時代年代論』雄山閣所収）。

林田和人編　2005　『八ノ坪遺跡Ⅰ』熊本市教委。

林田和人編　2006　『八ノ坪遺跡Ⅱ』熊本市教委。

福田一志・中尾篤志編　2005　『原の辻遺跡　総集編Ⅰ』原の辻遺跡調査事務所報30。

前田達男編　1994　『増田遺跡群Ⅱ―増田遺跡3区・津留遺跡1区―』佐賀市報50。
前田達男・古賀章彦編　2002　『増田遺跡群Ⅳ―増田遺跡4、5区の調査―』佐賀市報130。
松見祐二・山口優編　2006　『特別史跡原の辻遺跡』壱岐市報9。
松見祐二・山口優・田中聡一編　2007　『特別史跡原の辻遺跡』壱岐市報10。
宮崎貴夫編　1998　『原の辻遺跡』原の辻遺跡調査事務所報9。
村上恭通　1998　『倭人と鉄の考古学』青木書店。
村上勇・川原和人　1979　「出雲・原山遺跡の再検討―前期弥生土器を中心にして―」『島根県立博物館調査報告』2、pp.1-37。
村川逸朗・藤村誠編　2001　『原の辻遺跡』原の辻遺跡調査事務所報23。
湯村　功編　2002　『青谷上寺地遺跡4（本文編1）』島根県教育文化財団報74。

〈韓文〉
武末純一（高旲希訳）　2006　「勒島遺跡A地区弥生系土器」慶南考古学研究所『勒島貝塚Ⅴ　考察編』pp.18-33。
国立金海博物館　2004　『韓国円形粘土帯土器文化資料集』国立金海博物館学術叢書3。
国立扶餘博物館　1987　『保寧校成里住居址―発掘調査中間報告書―』国立扶餘博物館古蹟調査報告1。
宋桂鉉・河仁秀　1990　『東莱福泉洞莱城遺蹟』釜山市立博物館遺蹟調査報告書5。
李尚律・李昶燁・金一圭　1998　『金海大成洞焼成遺蹟』釜慶大学校博物館遺蹟調査報告3。
釜山大学校博物館　1989　『勒島住居址』釜山大学校博物館遺蹟調査報告13。
慶南考古学研究所　2003　『勒島貝塚―A地区・住居群―』
慶南考古学研究所　2006a　『勒島貝塚Ⅱ―A地区 住居群―』
慶南考古学研究所　2006b　『勒島貝塚Ⅳ―A地区 貝塚編―』
徐姶男　2004　『勒島貝塚と墳墓群』釜山大学校博物館研究叢書29。

〔追記〕
2007年に本稿を執筆提出した後、相当量の弥生土器・弥生系土器が出土した金海市亀山洞遺跡（2006～2008年に調査）の詳細な分析を含む報告書と、70年ぶりにふたたび弥生土器が出土した金海会峴里貝塚（2005年調査）の報告書が刊行され、昨2010年夏の埋蔵文化財研究会では朝鮮半島系土器の再検討がなされるなど、あらたな研究動向が現れている。
これらの新資料や再検討をもとに、弥生土器・無文土器の相手地域への移動の歴史的背景にたいする理解を一層深めるとともに、本稿でもわずかに触れたが、土器変容のありようについても、移動先では相手方土器の影響で変容が進みやがて消えていく、とのこれまでの単線的変化観を吟味し直さねばならないだろう。

　慶南考古学研究所　2009　『金海会峴里貝塚Ⅰ―貝塚展示館建立にともなう発掘調査報告書―』
　慶南考古学研究所　2010　『金海亀山洞遺蹟Ⅸ―無文時代集落―』
　武末純一（禹枝南訳）　2010　「韓国・金海亀山洞遺蹟A1地区の弥生系土器をめぐる諸問題」、慶南考古学研究所『金海亀山洞遺蹟Ⅹ―考察編―』pp.162-187（日文原文は『古文化談叢』65号(1)、2010年所収）
　埋蔵文化財研究会第59回研究集会実行委員会　2010　『日本出土の朝鮮半島系土器の再検討―弥生時代を中心に―』
　張昌熙　2009　「在来人と渡来人」『弥生時代の考古学』2、pp.204-224、同成社。

第3章　称名寺式における異系統土器の共存
―異系統土器の移入と変容の過程―

鈴木　徳雄

1．目的と方法

　称名寺式は、型式設定の当初（吉田 1960）から中津貝塚や福田貝塚等の西日本方面の土器群との類似性が注目されており、また、称名寺式と中津式の文様描線との類似性等の問題が指摘されていた（安孫子 1971）。その後、型式論的な検討によって「称名寺式」は、関西からの異系統土器の移入によって「型式」が成立していることが推定され、それ以降の研究の基礎が形成された（今村 1977）。また、「称名寺式に関する交流研究会」が実施され、中津式や称名寺式をはじめとする資料の観察と集成に基づいて東西の交流が検討された（石井他 1985）。報告者もまた、文様構成や描線の表出法などを捉え返しながら称名寺式の標準的な土器群が、近畿地域の伝統の中で育まれた「中津式」の系統の土器であることを論じ（鈴木 1985・1990b）、この前提に基づいて称名寺式土器についての型式論的な分類をもとに7段階の変遷案を示した。また、第4回縄文セミナー「縄文後期の諸問題」（鈴木 1990a）では主として遺構出土の「一括資料」を基礎に再度7段階の変遷案を提示した。その後、資料的な蓄積に伴ってこの7段階区分もおおむね確定したところから、この段階区分に即して称名寺式をめぐる型式論的な諸問題について検討してきたところである（鈴木 1991・1993・1995・1998ほか）。さらに、第20回縄文セミナー（鈴木 2007）において、その後の新しい資料を加え、先の称名寺式の7段階区分の整備を行うとともに、これら称名寺式の標準的な土器群と共存する後期「加曽利E式」系統の土器群について検討を行うことによって、縄紋後期初頭期における地域的な様相を明らかにするための基礎的な作業を行った[1]。

　ここでは、このような土器の編年的な配列に基づく系統的な連続性の把握を軸に、研究の前提となる型式論的な枠組みを整理しながら「称名寺式」を概観し、標準的な土器群と後期に続く加曽利E式系統の土器群（"加曽利EV式"）との相互の関係性を分析し、系統相互の比較によって、それぞれの土器群の系統的な変化と存在形態の分析から、土器を製作・使用した社会的集団についての接近を試み、その具体的なあり方を垣間見てみたい。さらに、堀之内1式期における異"類型"の共存という、「型式」の関係性が形成される過程を推定するとともに「型式」現象のもつ意義について考えてゆきたい。

　また、本稿では、このような「称名寺式」の成立の過程を検討し、加曽利E式土器の伝統をもった関東地域を中心とする地域へ、異系統土器としての「中津式」系統の土器群の移入とその受容の過程を分析することによって、中津式系統の移入が称名寺式土器の成立の起点になったことを再確認し、「異系統土器の出会い」にかかわる異系統土器の接触という現象の背後にある異系統集団の

相互の接触の問題について考えようとするものである。

2．異系統土器の移入と称名寺式の成立

縄紋後期初頭の「称名寺式」の成立過程は、南関東西部を中心に西日本方面の「平式」ないしは「北白川C式」の伝統上に形成される「中津式」最古段階の土器群が出現することに始まる。このような「称名寺式」の最も古い部分では、文様の意匠のみならず文様描線や器面調整あるいは胎土の調整状態にいたるまで関東地域における土器製作の伝統上にはなく、西日本方面の伝統上で形成される土器製作の方法が確認しえるところから、少なくとも西日本方面の伝統上で土器作りの伝習を受けた者達が直接製作したものと考えてよいであろう。なお、関東の後期初頭に編年的位置を占める「称名寺式」は、西日本方面との土器群相互の対比とそのホライゾンをもって中期末の土器群と画される大別の指標となるものである。

ここでは仮に、関東に侵入した「中津式」の最も古い部分を関東地域に即して呼ぶ場合には、"初期称名寺式"と呼称する[2]。なお、ここでは称名寺式の7段階区分による第1段階・第2段階を「Ⅰa式」、第3段階を「Ⅰb式」、中位の部分である第4段階・第5段階をⅠc式」とし、称名寺Ⅱ式の古い部分である第6段階を「Ⅱa式」、その新しい部分である第7段階を「Ⅱb式」と呼称することにしたい（表1）。

初期称名寺式の故地

初期称名寺式の文様に特徴的に認められる、内面にまで突出するような太くて深い沈線による文様表出法は、「中津式」の古い部分に一般的に認められる特徴である。このような「中津式」に認められる沈線の表出手法が形成された地域は、中期末葉段階での沈線の表出法の地域的な差異からある程度特定することができる。「中津式」の文様表出法は、"反復ナゾリ手法"による太くて深い沈線に特徴があるが、このような沈線は、西日本方面における中期末葉段階の口縁部文様の表出法に広く認められる描線に類似している。このような中期末葉の口縁部文様の表出法が「北白川C式第4段階」（泉1985）において体部文様に適用され、器面全体の文様表現に比較的太い工具による

表1　称名寺式の段階区分と細別呼称(案)および資料

相対的細別	段階区分	細別呼称（案）	南関東の資料	標準的な資料
古い部分	第1段階 第2段階	Ⅰa式（古い部分） Ⅰa式（新しい部分）	**稲ケ原A-B4** **上町東1**	松風台JT1 勝田6-1
	第3段階	Ⅰb式	**下水17**	上布田SIO 4
中位の部分	第4段階 第5段階	Ⅰc式（古い部分） Ⅰc式（新しい部分：Ⅰd式）	**市場Ⅰ1** （下加53）	貫井二丁目2 清水が丘4
新しい部分	第6段階 第7段階	Ⅱa式 Ⅱb式	**上町東2** **弁財天池31**	裏慈恩寺東3 明戸東28

本表は、「第20回縄文セミナー」の細別呼称（案）を一部改変したものである。
なお、ゴチック体は（鈴木2007）に、明朝体は（鈴木1990）に掲載した資料である。

同一の沈線上を反復的に施文する表出法が採用される。東海地域においても中期末葉段階において
は「中津式」との器面調整の類似性をしばしば認めることができるが、体部文様の描線は細く、近
畿地域で認められるような同一の沈線上を反復的にナゾリながら描出する手法は採用されていな
い。東海西部地域における中期終末の「山の神式」とされる段階では、口縁部文様が近畿地域と同
様に太くて深い沈線表現を採用しているとはいえ、体部文様の沈線は細く、文様の主要な描線の全
てを太い沈線で表現する「中津式」が成立する文様表出手法上の基盤に乏しい。

　このように「中津式」の描線は、中期末葉の近畿地域をはじめとする西日本方面の口縁部文様の
沈線表出法が体部文様に適用されたものであると考えることができるが、東海西部地域においては、
その表出法の体部文様への適用は幾分遅れるとともに、中津式に伴うと考えることのできる後期初
頭の在地系統の土器群の体部文様は中期末に引き続き細い描線で描かれていることは注意しておく
べき点である。言い換えれば、「中津式」を特徴づける体部文様の深い沈線に隈取られた帯状の
「磨消縄紋」は東海以西の地域で生成したものと考えることができるであろう。また、「中津式」は
器面調整においても軟質の工具による鈍い光沢をもったミガキが中心であり、器面調整後において
も平滑な器面ではなく、凹凸をもった器面調整手法にその特徴がある。このような器面調整につい
ても「中津式」と初期称名寺式とが一致しており、「加曽利E式」系統の土器群とは異なっている
ことは注目しておくべき点である。

　このように初期称名寺式は、単に器形や文様・装飾が類似しているというばかりでなく、土器づ
くりの基層的な特徴も引き継がれており、象徴性を帯びた文様装飾ばかりでなく、土器づくりにお
ける基礎的で具体的な身体的な動作に基づく類似性を捉えることができる。このことから、初期中
津式と関東で出現する中津式系土器群の相互は、単なる「模倣」や「影響」として捉えられるよう
な表層的な関係ではなく、関東地域への「中津式」土器の伝統を知悉した製作者の一定数の移住を
伴う変化として捉えることができるものである。また、"帯状部意匠表出"や"交互充填施紋"あ
るいは"描線不交叉"という中津式系土器の特徴の基礎となる文様表出上の原則（鈴木 1990）や、
中津式の古い部分に特徴的な口縁部下の段状の屈曲部の弛緩に伴う口頸部文様と体部文様との境界
への横位連繋線の出現もまた近畿地域で辿りえる変化であると見做すことができる[3]。

　このように具体的な土器群の製作レベルでの伝統を相互比較すると、文様意匠のみならず文様を
構成する描線やその表出法あるいは器面調整という身体化されたレベルに及ぶ伝統をもつ関東に移
入された土器群と共通する「中津式」の成立し得る地域は、おおむね近畿地域に限定できることに
注目しておくべきである。したがって、初期称名寺式（Ⅰa式）の故地は、広義の「近畿」地域を
その発信源として捉えることができるであろう（図 1 ）。

　当初、関東地域に移入された異系統土器としての初期「中津式」（初期「称名寺式」：称名寺Ⅰa
式）においては、その分布が南関東に偏在する傾向があり、それ以外の区域においては未だ少数で
あったと考えることができるが、このことは、この時期においては小規模な集落に分解しながらも
関東一円に「加曽利EⅣ式」に続く系統の土器群（図 2 ）をもった集落が広汎に展開していると考
えられることからも容易に想起することができる。しかし、初期「称名寺式」土器の存在形態は、
中津式系統の土器群に少数の加曽利E式系統の土器が共伴するか、加曽利E式系統の土器群の中に

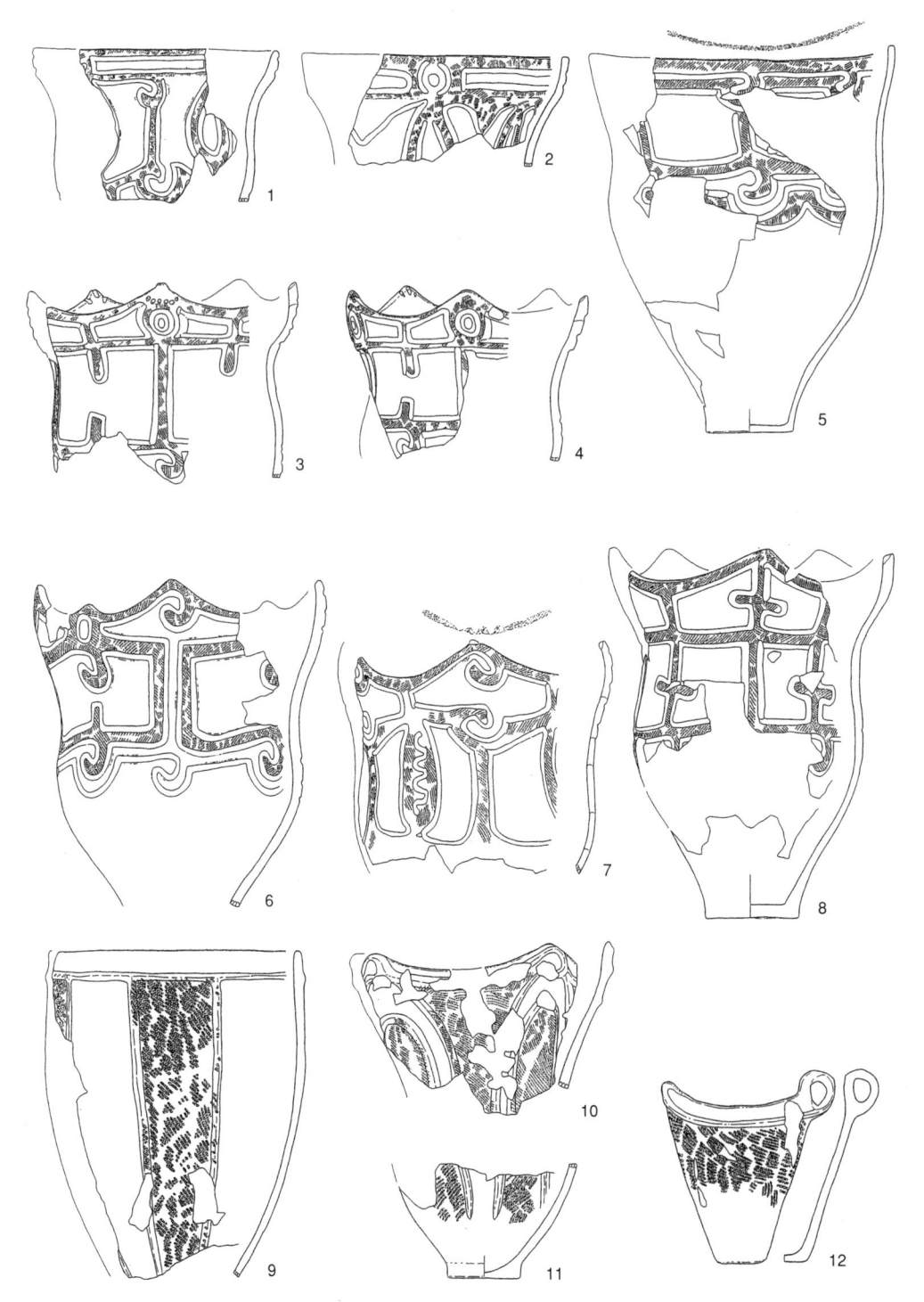

初期称名寺式（Ⅰa式）のひとつの標準的な資料である。1～8は中津式の古相を示す土器群であり近畿方面の土器と類似している。また、9～12は共伴した加曽利E式系統の土器である。

図1　初期称名寺式の資料（稲ケ原A遺跡B4号住出土土器）

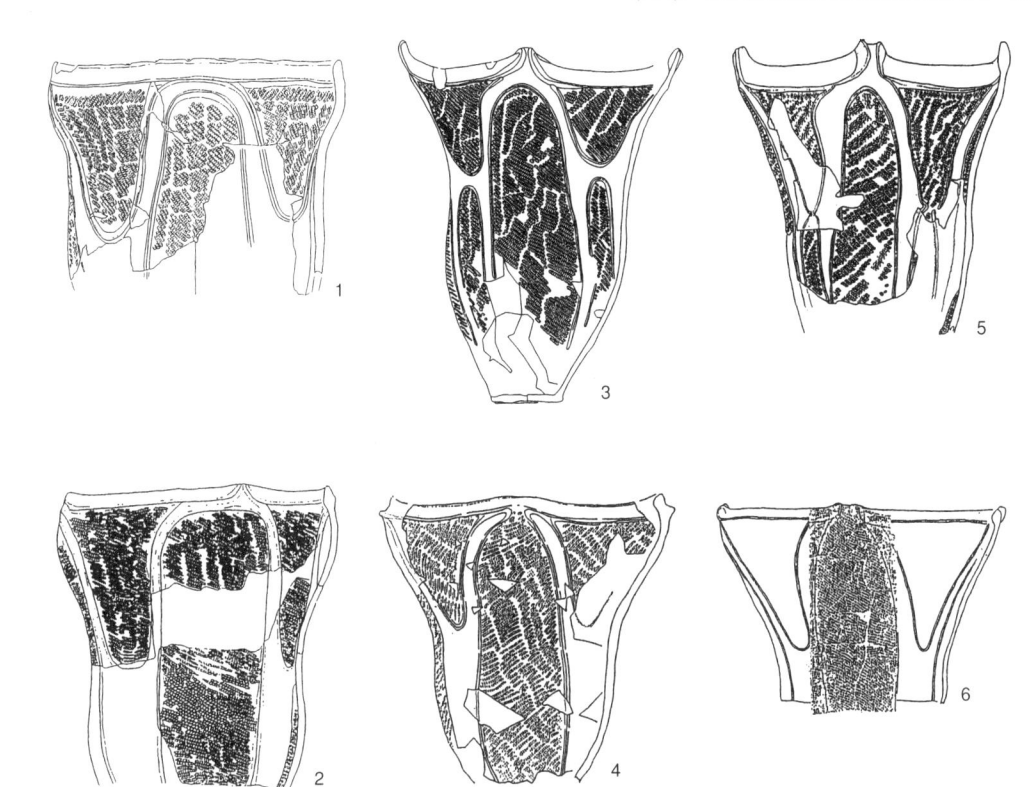

1：上り戸　2：観音山　3：砂川　4：南三島　5：槻沢　6：倉持
称名寺式の古い部分（Ⅰa〜Ⅰb式）に伴うと考えられる加曽利E式系統の土器群（EV式）である。
文様・装飾の変化が少なく破片では明確な細別単位の比定に困難な部分がある。1〜4は、おそらく
称名寺式の古い部分の前半期に、5〜6はおそらく後半期に並行するものであろう。
図2　後期初頭の加曽利E式系統土器群

少数の初期「称名寺式」が共伴するような形態をとっており、加曽利E式系統の土器群については文様意匠が大柄であり破片では型式論的な特徴に乏しく弁別が難しいことと相まって容易な交差編年を阻んでいた。ともあれ、近年までに蓄積された数多くの資料の検討によれば、北関東を中心とする広汎な地域では、後期に入ってもなお「加曽利E式」系統の土器群のみによって土器組成が完結していることが一般的であることが明らかとなっている。この"加曽利EV式"ともいうべき後期に続く「加曽利E式」系統の土器群については、近年において称名寺式の標準的な土器群との交差編年の進展によって、称名寺式の各段階に並行する土器群の弁別が可能になりつつあり、このことによって初期「中津式」の移入時期における関東地域での様相を具体的に明らかにすることが可能となったことが異系統土器の共存の様相を分析する大きな前提となっている[4]。

初期称名寺式の移入の形態と経路

　初期称名寺式には、「磨消縄紋」による有文の深鉢のほか、しばしば装飾性の低い縦位の間隔を開けた縄紋施紋による深鉢が伴うなど、西日本方面における土器の組み合わせを伴っていることも関西圏の土器群の様相と一致していることにも注目しておくべきである。このことは、初期「中津式」系土器の移入が、単なる装飾的な有文深鉢のみの移入ではなく、土器の組み合わせとして関東

地域に移入されていることを示している[5]。したがって、「型式」を構成する一部の"器種"としての有文の深鉢のみの受容ではなく、装飾性に乏しい深鉢も共に受容されていることは、この移入のあり方を考える上では注目すべき点である。言い換えると、関東地域には西日本方面の日常的な土器の組み合わせが移入されており、その移入の形態は土器の製作のみならず使用の準位にまで及んでいると推定されることから、この点からも初期称名寺式をもたらした故地の人々が直接関東に移住したことを想定すべきことを示している。なお、瀬戸内地域における「中津式」には、しばしば貝殻条痕による器面調整が認められるが、このような器面調整をもつものは、関東に移入された初期中津式系統の土器群には認められないところから、関東地域に移入された土器群は、やはり瀬戸内以東の広義の近畿地域からもたらされたものと考えてよいであろう。ちなみに、称名寺式の古い部分には、しばしば「横位連繋構成の土器群」（幸泉 2004）が伴っており、これらの土器群は基本的に幸泉満夫氏の分析されたように瀬戸内地域の伝統上で成立した文様表現であると考えられるところから、関東への進出の起点となった地域で、すでにこれらの類型が組み合わさった後に、関東地域へと進出したものとして捉えることができるであろう。

　初期称名寺式の移入・移植の具体的な経路については、今なお不明な点が多い。しかし、岐阜県南部や長野県南部では比較的古い中津式系統の土器を認めることができるとはいえ、恵那市前田遺跡例などの比較的原形を保った一部の例を除いては、長野県南部の伊那谷においてさえ瑠璃寺前遺跡などのように極めて変形した初期中津式系統の土器が知られているのみである。さらに中部高地において稀に「中津式」の系統の土器群が出土するとはいえ、それらが主体を占めるような分布を示すことはなく、また型式論的に安定した連続的な推移を認めることは難しいようである。したがって、中部高地においては安定した中津式系統の伝習の過程を窺うことのできるような様相ではないところから、中津式の系統が中部高地を経由して関東にもたらされたものと考えることはできない。

　また、日本海沿岸部においても小矢部市桜町遺跡など富山県西部には中津式系統の土器群の分布は知られているが、それ以東においては、中津式系土器は散見されるのみであり、極めて個性的な在地的な系統をもつ「前田式」や「岩﨑野式」が分布していることが知られている。さらに新潟県域においても、明確な初期中津式系土器を見出すことはできない状況である。このように中部高地や日本海沿岸部においては初期中津式系統の土器群の分布は極めて限定的であり、初期中津式系土器群が、これら地域の経路を伝わって玉突き状に関東地域に伝播したものでないことは明白である。なお、太平洋沿岸部の状況にはいまなお不明な点が多いとはいえ、現状においては林ノ峰貝塚を擁する知多半島においてさえ、最も古い近畿系統の「中津式」系の土器群を多量に出土する遺跡は知られていない。

　これらのことから、関東地域の中津式系統の土器群は、その土器群の分布状況から、中部地域の内陸部や日本海沿岸部を経由して関東に到達したものではなく、太平洋の沿岸部から急速に南関東に移入されたものであることを予想することができる。現状の資料に基づいて考えるならば、おそらく畿内地域で成立した初期中津式は、紀伊半島ないしは東海西部地域から徐々に集落伝いに土器製作者が移動することによって関東にもたらされたのではなく、沿岸伝いに急速に関東にもたらされたものと推定すべきであろう。このような現象から想起しえることは、中津式の系統の土器を製

作する人々の関東への急速な移入であり、このような移入形態の前提には、関東において西日本方面の人々を受け入れる、社会的な認知と受容の形態が成立していることを考えておく必要があろう。ちなみに、現状では初期称名寺式は関東地域の各地で点々と確認されているとはいえ、称名寺A貝塚をはじめ稲ケ原遺跡や松風台遺跡など、南関東西部わけても横浜市周辺地域での濃密な分布が認められ、関東の他の地域における出土状況を圧倒していることには注目しておくべきである。このような現象形態から、その移住の形態には海浜部伝いに舟等を用いて東京湾の西側を中心とした地域に移住するような過程を想定しておくべきであろう。

初期称名寺式故地との関係

関東で「称名寺式」を生み出した初の「中津式」と、初期「称名寺式」との関係は、その移入の当初（称名寺Ⅰa式）においては、近畿・関東の両地域の土器様相が相互に同調し、連動するような変化の状況を見いだすことができる。しかし、称名寺式の第3段階（Ⅰb式期）では、近畿地域との明瞭な同調性は失われると同時に、関東地域の称名寺式の影響が、逆に東海西部や近畿地域においても出現するようになることに注意すべきである。ちなみに、奈良県大官大寺下層（SK315）等で検出された「中津式」の中には、称名寺式の文様構成の影響を窺うことのできる個体が確認されており、後期初頭の土器に見る系統的な拡散は「中津式」を契機に生じているとはいえ、一方向的な関係で完結するのではなく、この拡散を契機に地域間の相互的な関係が生じたと見做しえることは重要な点である。しかし、この相互影響関係は、考古学的な現象においては共時的に対称的な関係にあると捉えることはできず、第一次的に中津式系統の分布域の拡大が生じ、その後に関東の称名寺式が西日本方面へと影響を及ぼすという継起的な関係をとっているようである。なお、かつて分析した西日本の土器群における東日本との文様描線の緊密な対応関係は、日本列島の東西の相互交渉に基づく関東地域の土器群との文様の相互影響関係が生じたことを前提とするものであろう[6]。ともあれ称名寺式は、このようにその第3段階（Ⅰb式）ごろになると、近畿地域あるいは一部には瀬戸内方面にまでその影響が及ぶことは注目しておくべき点であり、決して近畿地域の土器群が関東へ一方的に影響を及ぼし続けたものではないことは注意しておくべきである。この間の影響関係は、初期称名寺式の時期に拓かれた〈近畿－関東〉の地域間の関係網に乗って伝達されたものであると考えることができる。しかしながら、これらの関係は、初期「称名寺式」が関東へもたらされたような直接的な形態を認めることはできず、緩やかな影響関係を中心としていることも、この間の変化の状況を示すものであると考えてよいであろう。

なお、称名寺式の中位の部分以降（Ⅰc式以降）においては、関東・近畿両地域の土器の変化の方向に差異が生じ、系統的な分岐が顕著となり、それぞれ異なった変化を辿ることは、両地域相互の直接的な交渉が稀薄化したことの表れとして捉えることができるであろう。称名寺Ⅰc式期に入ると東海西部までは称名寺式の横位連繋帯のない縦位展開の文様意匠の影響が及んでいるが、近畿地域では文様意匠の横位展開の表現が主体であり、東海地域より幾分その影響は稀薄となるようである[7]。このことは、後期初頭の直接的な地域間相互の交流が減少し、関東と近畿両地域相互の明瞭で具体的な出自関係が辿り得なくなる過程として捉えることも可能であろう。なお、中部高地や

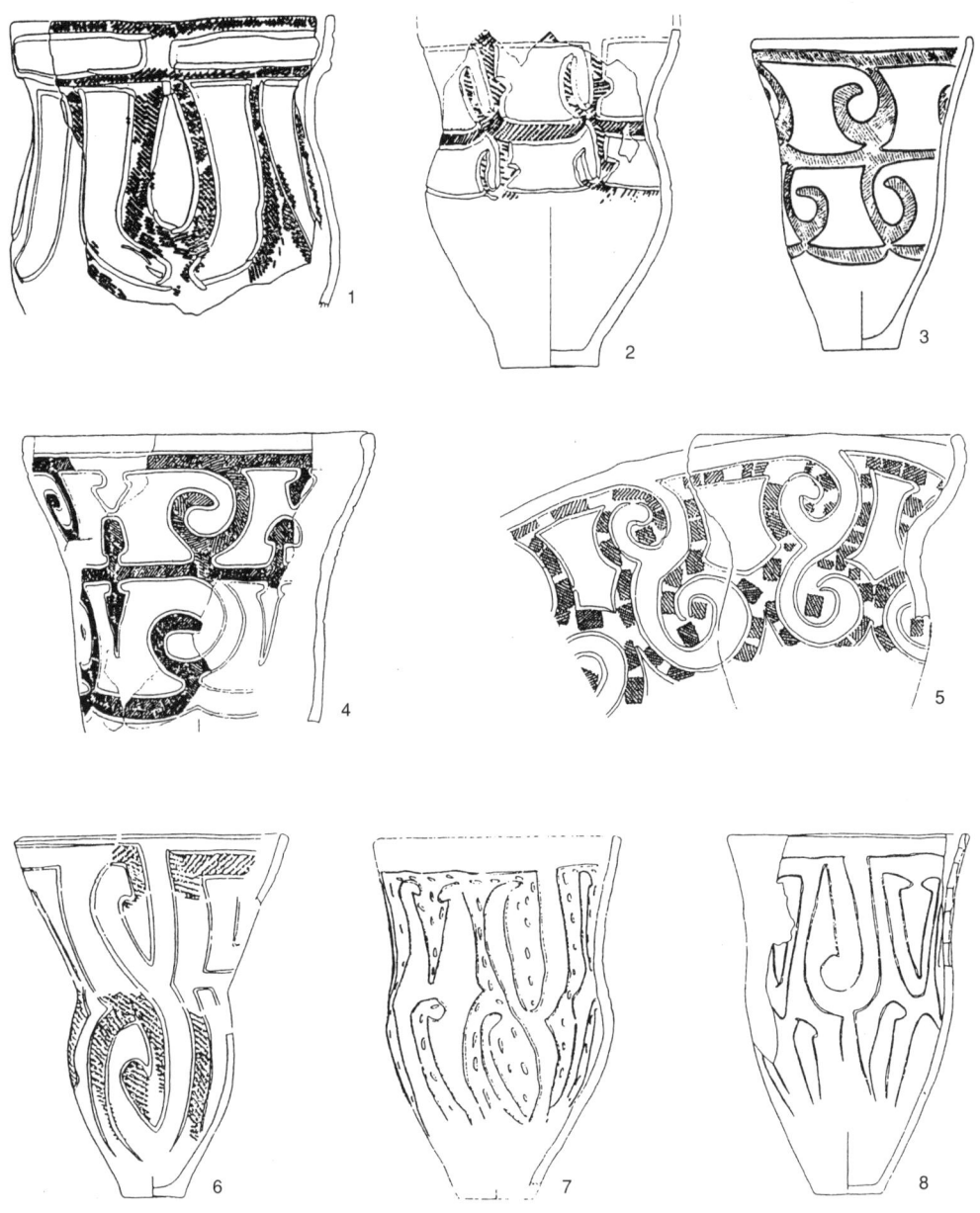

1：称名寺Ⅰ　2：松風台　3：金楠台　4：川崎宅地添　5：山田大塚　6：清水が丘　7：赤城　8：荒砥二之堰
1・2は称名寺式の最も古い部分前半（Ⅰa式）、3は古い部分（Ⅰa式新）、4は古い部分の後半（Ⅰb式）に、5は中位の部分の前半（Ⅰc式）、6は中位の部分の後半（Ⅰd式）、7は新しい部分の前半（Ⅱa式）、8は新しい部分の後半（Ⅱb式）である。

図3　称名寺式土器の変化

　新潟県域の中津式系統土器群の分布については、直接中津式系統の様相を認めることが困難な個体が多く、関東を経由した称名寺式からの系統を辿りえるものが殆どであると考えられることも、先の移住・伝播・伝達の経路を考えていく上で注意しておくべき点であり、地域間相互の社会的な関係の一端を窺い知ることができる。また、北陸地域東部においては、中津式系統の土器群が出現するとはいえ、伝習に基づくような連続的な継承は認められず、むしろ断絶していることは注意しておくべき点である。

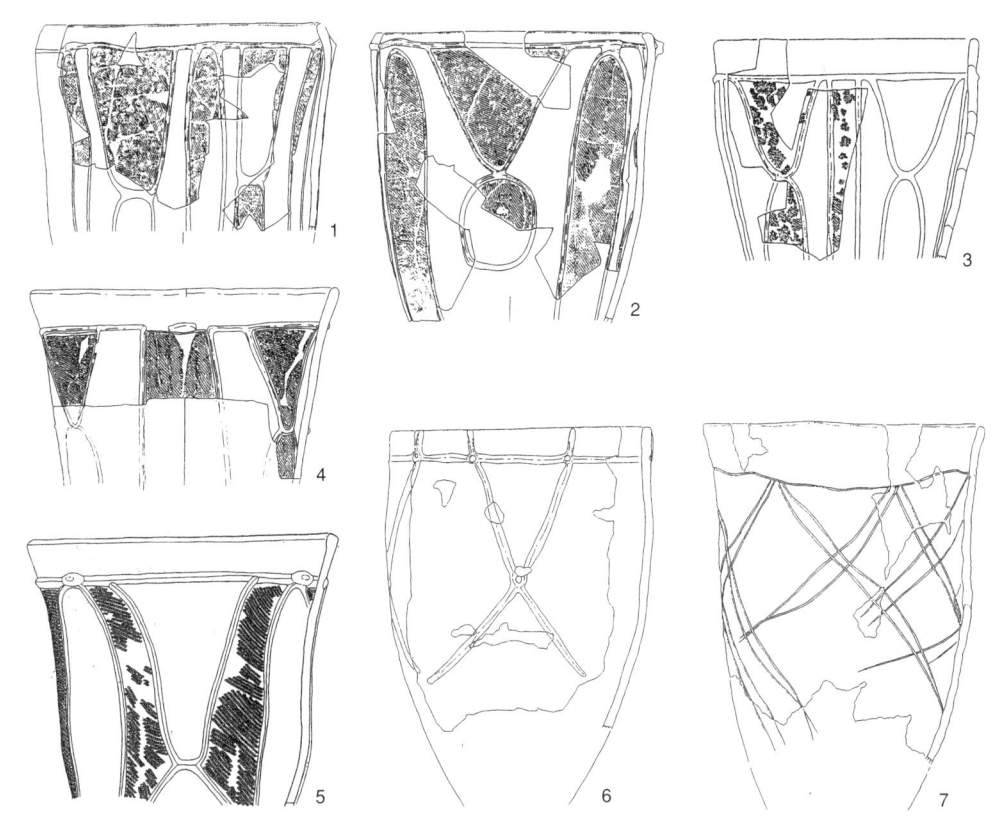

1：小台　2：小台　3：貫井二丁目　4：羽沢大道　5：清水が丘　6：樋ノ下　7：戸崎前
1～4が称名寺式の中位の部分の前半（Ⅰc式）、5は中位の部分の後半（Ⅰd式）に、6はⅡa式、
7はⅡb式にそれぞれ並行する加曽利E式系統の土器群である。
図4　加曽利E式系統の後期土器群

3．在地系土器と異系統土器の存在形態

　このように「称名寺式」の標準的な土器群は、関東地域の伝統的な土器の変化の中から生じたものではなく、「中津式」系統の土器群（初期称名寺式）が関東に移入されたことを起点に、これらの土器群の関東地域での強力な伝習に基づいて関東的な土器群へと変容を遂げながら長期に維持され変遷するという過程を辿るものである（図3）。初期称名寺式が関東にもたらされた時点において、この地域には「加曽利E式」系統の土器群が広汎に分布しており、この「加曽利E式」系統の土器群と「中津式」系統の土器群の共存が開始されたことに注意すべきである。この二つの系統の土器群は、既にみたように「加曽利EⅣ式」が、硬質の面をもった工具による器面の研磨の顕著なものであり、軟質の工具による器面調整を行う近畿系の土器群とは明瞭に区別される。関東地域における「中津式」系統の土器群の受容は、単なる過疎地域への関西方面からの集団的な移住の過程として捉えるのではなく、地域社会間の社会的に構造化された相互的な関係を基礎に移住が進展したものと捉えるべきである。また、文様の描線や縄紋の施紋においても明瞭な両者の差異を見出すことができる。このような差異をもつ両者は、少なくともこの時点において、土器製作者のそれ

れが社会的な出自を異にすることは意識されていたと考えてよいであろう。

　称名寺式に並行する加曽利E式系統の土器群の変化を概観すると、この系統の深鉢では、後期に入ると内彎していた口縁部が直立する傾向が顕著になると同時に、口縁の無紋部が拡大する傾向をもっている。このような変化に伴って、口縁部の区画文に接するU字状の懸架文の左右がこの区画する隆起線上にせり上がるようになり、やがて逆U字状の懸垂文の上端が口縁部の区画文の部位にせり上がるように表現される（図2）。称名寺Ic式に並行する"加曽利EV式"の中位の部分では、対向する懸架文と懸垂文が体中位で接して、この接触部が隆起し、あるいは直線的なX字状の意匠へと変化する。称名寺II式期では、地紋の縄紋が失われる傾向が顕著となり、図・地の対比によって表現されていた加曽利E式の意匠のもつ"系統表示性"も急速に低下し、第7段階（IIb式期）では沈線による大柄な格子目文へと変化するようである（図4）。このような変化は、称名寺式系統の土器群の変化とは大きく異なっており、「称名寺式」の標準的な系統とは相対的に独立した変化の過程として捉えることのできるものである。

在地系統と移入系統との関係

　ちなみに、「加曽利EIV式」では、しばしば上下二帯の大形渦巻文をもつ構成をとる"梶山類型"から変化した"類型"が存在していることに注意しておくべきである。このような文様構成とその施文域に、「中津式」系統の文様とその表出法が強力に関与し、J字文ないしはJ字文が曲線化したJ字二帯の文様構成をもつ関東的に変容した、第3段階（Ib式）の文様構成をもつ土器群への変化の過程を予想することができる。このような変容の過程で、「中津式」に認めることのできる施文域は関東風に捉え返されて、体上部と体下部の施文域の幅が均衡するJ字文の二帯構成が盛行するようになるのであろう。また、このことが縄紋施紋部の反転が惹き起こされるひとつの前提となるようである。このように、称名寺式は異系統土器としての「中津式」がその形成過程に強力に関与したとはいえ、その変化の過程では関東地域の伝統的な土器群の変容と構造化の過程を伴っていることを忘れてはならない。

　ともあれ、中津式系統の土器製作者を含む人々が直接関東地域に移住し、その子孫が同じ系統の土器群を製作したとしても、在地系統と新来の系統の双方の集団が相互に社会的な関係を取り結びながらも、関東においては多数を占める在地集団の中では徐々に中間的な様相を生じ、在地の土器群との系統的な差異性は薄められて解消の方向性を辿る可能性があったものと考えることができるであろう。しかし、「称名寺式」の変化は、中津式系統の土器群が減衰するのではなく、逆にこの中津の系統をひく土器群が関東地域で強力に継承され、増加・拡散していることに注目すべきである。

称名寺式と加曽利E式の並存

　このように称名寺式の系統と加曽利E式の系統は、称名寺式の終末期に向けて、"加曽利EV式"の系統が徐々に縮小し減少しながらも称名寺式期いっぱい維持され、一部に加曽利E式の様相を帯びた称名寺式を増加させながら変化する過程を辿っている。このような異系統土器の長期の並列的

な共存は、この時期における土器群の特徴的な存在形態と考えることができるが、このような長期の並存は異系統土器相互の系統的な出自を日常的に再確認させる契機となり、それぞれの系統を意識した土器系統相互の関係を維持する前提となるものであろう。

　ともあれ、称名寺式は、関東地域の伝統的な加曽利E式系統土器群の広汎な広がりの内部で増加し、拡散しながら展開しており、その系統性が強力に維持・継承されていることに注意しなければならない。このように関東地域には、初期「中津式」から辿りえる新来の系統が連続的に推移しているとともに、同時期に展開している加曽利E式の系統（"加曽利EⅤ式"）もまた、この称名寺式の系統に同化せず系統的に変遷していることは、この両系統が互いの系統を意識しながら、それぞれ製作されていることを端的に示している。この両系統は、文様等の象徴的な表現がそれぞれ独立しており、また称名寺式の長期の変遷の過程でその製作方式が徐々に接近する傾向も認められるとはいえ、基本的にはそれぞれ異なった文様装飾や製作方式を維持・継承する傾向を認めることができる。つまり、この並存する二つの系統は、それぞれ異なった、それぞれの系統が意識された、互いが他方の系統を意識しながら自己確認するような一対の土器群として存立しており、土器製作や装飾の方法にも差異が認められるところから、それぞれの作り手にも違いがあることを予想することができる。

　このように称名寺式には、その出土数量の多寡を別とすると、加曽利E式の系統上に編成しえる土器群が伴っていることがふつうである。このような異系統土器がそれぞれの系統を維持しながら長期に共存する過程は、それぞれの系統が意識化され、他方を意識しながらつくり分けられていたことを想起させるものである。異系統土器が共存する場合、離れた場所にある異系統土器の系統の連続圏から次々と土器が供給されるような共存の形態と、同一の地域内で異系統土器が共存するような形態という異なった共存のあり方が想定されるが、称名寺式期の共存の形態は基本的に後者の例に該当すると考えてよい。異所的な系統連続圏から次々と供給される異系統土器は、その地域での伝統的な伝習に基づいて土器製作が行われると考えられるところから、頻繁な両地域の安定した交渉の過程を示すものと見做すことが可能であり、その系統の伝習にかかる緊張関係は稀薄であろう。しかし、同所的に異系統土器が共存する場合には、もとより地域間の交流と考えることはできず、複数の系統のそれぞれが伝習されるためには、双方の系統が維持しえる安定した伝習システムの存在を想定せざるをえないであろう。このように、土器の系統が維持される機構や伝習のあり方、あるいは交互交渉のあり方は、その社会的な関係に差異があると見做してよいであろう。

称名寺式と加曽利E式の伝習過程

　関東地域における加曽利E式系の土器群と称名寺式系統の土器群の長期にわたる共存と系統の拡散の非対称な過程を考える上では、加曽利E式・称名寺式の系統それぞれの土器づくりの伝習の機構を想定しておく必要がある[8]。

　一般的には、たとえ一定数の初期称名寺式の製作者が関東に移住したとしても、土器製作の伝習の方式が在地的なシステムの中で行われた場合、初期称名寺式の系統は比較的短期間で消滅し、在地的な系統の中に解消されてしまうことが充分に想定しえるからである。しかし、異系統土器とし

ての「中津式」系統の土器が関東地域に定着し、関東の全域に拡散していくからには、これらの土器群の拡散の背景には、強力な伝習のシステムの存在を想定する必要がある。先に見たように、称名寺式の系統と加曽利E式の系統は、それぞれ相対的に独立して変遷しながら長期にわたって並存しながらも、両系統の土器群はその中間的な様相へと推移して相互の系統的な特徴が薄まるような変化の方向性を辿っていないことは、土器づくりの伝習の機構を考える上では極めて重要な点である。

なお、称名寺式に類似する加曽利E式系統の土器は極めて稀であるが、加曽利E式の要素をもった称名寺式系統の土器は段階を経るにしたがって徐々にではあるが増加していることは注目すべき変化の方向性であり、この変化の過程に伝習の形態が累積的に表れていると見做すことができるであろう。既に見たように、初期称名寺式が検出される住居跡においては、しばしば称名寺式系統の土器群が卓越し、少数の加曽利E式系統の土器群（"加曽利EV式"）を伴うような状況が普通である。逆に、後期加曽利E式系統土器群である"加曽利EV式"を数多く出土する住居跡においては、称名寺式の系統の土器群の出土は稀少であり、二つの系統の交差編年が困難なほどに、両系統の土器群の拮抗した出土量をもつ一括資料は稀であることには注意しておくべきであろう。ともあれ、称名寺式が出現した以降においても"加曽利EV式"主体の遺跡が数多く確認されており、南関東においても加曽利E式系統の土器群主体の集落が広汎に展開していることは注意しておくべき点である。言い換えれば、この二つの土器群の系統の存在形態は、居住域によって主体となる土器群の系統がその一方によって占められており、初期称名寺式と"加曽利EV式"の古い部分では、同時期に並存しながらも居住域においては排他的な出土状況をもつ傾向を見出すことができる。

なお、称名寺Ⅰc式に相当する第4段階～第5階に入ると、この両系統の土器が、同一遺跡内で共伴する例が増加することは、称名寺式の変化を考える上では注意しておくべき点であると思われる。おそらく、この称名寺式の系統と加曽利E式の系統が同一遺跡あるいは住居内で共存するような事態の進行が、両系統の土器製作者の接触機会の増加に基づく部分のあることを予想することが可能であり、その後の称名寺式の形態・文様や器面調整等の変遷に影響を及ぼしていると考えてよい。このような過程を経て、両系統の土器製作者が接触する機会の増加を一つの契機として、加曽利E式系統の土器づくりをある程度認識した者をも取り込みながら、称名寺式系統土器が拡散していった過程も想起すべきであろう。

異系統土器の在地的変容過程と伝習の形態

南関東西部に比して南関東東部や内陸部である北関東方面においては、一般に加曽利E式系統の土器群の伝統が強く、初期「中津式」系統土器群の移入は少ない傾向をもっている。しかし、南関東東部や関東内陸部においても、体部の上下に二帯のJ字文を配する構成をもつような関東化した土器群が称名寺Ⅰb式期に浸透していることは、これらの土器群が急速に関東地域の広範囲に受容されたことを示している。この中津式系土器の受容の過程で、西日本方面での土器作りにかかる身体化された製作方式は徐々に失われ、関東で在地化された土器群として伝習される過程を辿ったものとして捉えることができるであろう。称名寺式の中位の部分（Ⅰc式）では、沈線描出にかかる

ナゾリの反復は少なくなり、沈線脇に粘土のはみ出しによる隆起が認められるようになるとともに、器面調整においても中津式に見られるような軟質の工具によるミガキ調整は見られなくなる。このような過程から、初期称名寺式の土器製作方式の関東における変容を認めることができるとともに、加曽利E式の伝統上での土器製作を知る者たちが、何らかの形で称名寺式の土器製作に編成されている姿を垣間見ることができる。ともあれ、移住者の系統が土器づくりの伝習を主導し、これが継続的かつ反復的に行われた結果が、型式論的な祖形を異系統土器にもつ「称名寺式」が、関東一円に拡散分布する前提であると考えてよい。

　既に述べたように、ある地域に異系統土器を製作する少数の者たちが移入した場合は、縄紋土器における他の時期の幾つかの事例を参考に考えるならば、その型式論的な特徴は次代へと継承されずに途絶えるか、その系統性が急速に薄まっていくことが普通であると推定することができるが、「称名寺式」はこれが途絶えることなく、逆に急速に受容され拡散していることは、この型式が強力な浸透力をもつ伝習の方式をもっていることを想起させるものである。また、このような伝習方式とともに、異系統土器そのものが在地社会の中で安定的に受容されたと考えることができる[9]。

　このように関東地域においては、「中津式」系土器は積極的に受容されているが、先に見たように中部高地や北陸地域では中津式系統の浸透力は弱く、これらが出現しても在地的には受容されることなく積極的に次代に継承されていないことは、この両者の地域の社会的関係の差異に基づくものであると推定することができる。ちなみに、「前田式」や「岩峅野式」等の諸型式には中津式系土器の直接の影響関係は認められず、中津式系の土器づくりの伝習が行われるようなシステムが形成されていないと見做すことができる。このように、地域や「型式」によって中津式系土器の浸透力には大きな差異があることも注目しておくべき現象である。

　称名寺式の中位の部分（Ⅰc式）では、すでに西日本方面から引継がれた土器製作上の直接の伝統は失われ、関東地域独自の体中位の横位連繋帯のない上下二連の縦位Ｊ字文による文様が盛行し、また器面調整やミガキの在地的な変化や、沈線脇の粘土のはみ出しの残存など、関東地域における変遷を遂げていることは、これらの土器製作者相互の接触機会の増加を契機とする、土器群の伝習や継承の形態の変化を示す現象と考えてよいであろう。しかし、基本的な文様の描線については、関東化された「称名寺式Ⅰc式」以降も、それぞれに明瞭な対応関係を捉えることができることに注意しておくべきである。このような文様描線の対応関係が長期に、かつ西日本とも共通な形態で維持され、類似した形態の文様が反復的に描かれているということは、文様の形態的な連続ばかりでなく描線を含む文様総体にかかる伝習過程の存在を示唆するものであり、文様や描線がなんらかのかたちで概念化されながら伝習される過程をも想起させるものである。このような称名寺式のもつ土器製作に関わる伝習の形態が、強力に斉一的な文様・装飾や器面調整などの類似した土器群が広がりをもった分布を示す背景に存在していたものと考えることができるであろう。

4．移住者の住居と異系統土器の変化

　初期称名寺式期に見られる土器群の系統別の地域的な偏在をもって、初期「称名寺式」をもつ集

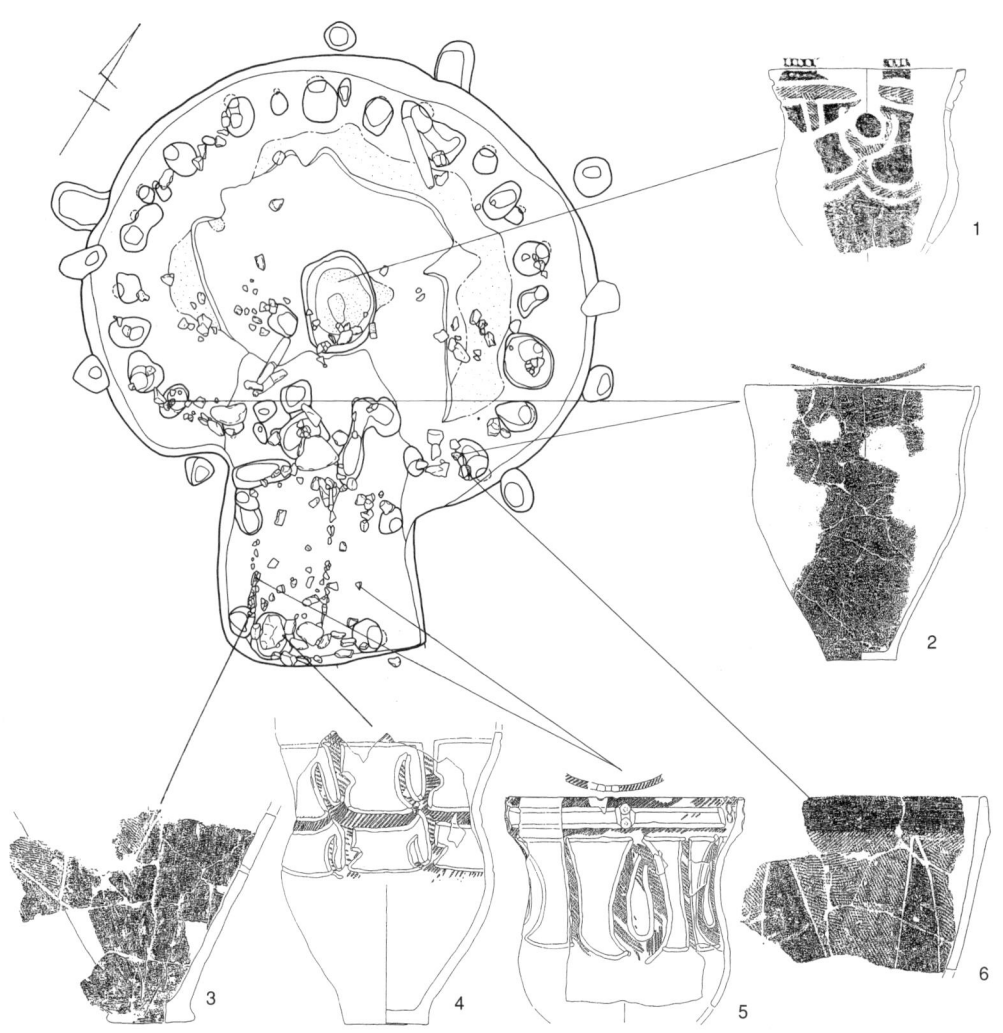

初期称名寺式土器が出土する住居の形態は、しばしば関東地域の伝統的な柄鏡形を呈しており、多くの例を認めることができる。なお、4は標準的な中津式、2は中津式系統の縦位に間隔をもった縄紋施紋をもつ土器、3・6は加曽利E式系統の土器である。

図5　初期称名寺式の住居跡（松風台遺跡JT1号住）

団が移住に伴う入植地としての集落（コロニー）を形成し、加曽利E式系統を製作・使用した集団と小規模な交渉をもっていたことを想起するかも知れない。しかし、これらの系統の土器をもつ竪穴住居の形態が、関東地域の伝統の中で生じた「柄鏡形住居」から出土する場合が多いことは、初期「称名寺式」を用いた人々が、関東の在地的な形態の住居に居住していることを示している（図5）。この関東で出現する異系統土器としての「中津式」の移入の問題を考える上では、初期称名寺式の土器群を出土する竪穴住居が、しばしば関東・中部地域の伝統上で成立すると考えることのできる「柄鏡形住居」であることは、極めて示唆的な現象である（鈴木 1993）。先に見たように、中津式系統の土器群は、中部高地を経由して移入されたものと考えることが難しいところから、関東における在地系統の住居に「中津式」という異系統の土器が出土するという組み合わせが関東地域周辺において成立したことは明らかである。

このような現象は、両系統の集団が互いに独立したそれぞれの居住地をもち、その相互が対峙しながら日常的な物財等の小規模な交換を行っていたという想定が成立しないことを端的に示している。むしろ、初期「称名寺式」を製作・使用した人々は、その生活の基盤である竪穴住居の建築には関東・中部地域の在地的な集団が大きく関与していたことを意味するものである。竪穴住居は、複雑な建築構造を伴うものであり、系統を異にする住居は単に外観の模倣によって建築することは難しく、建築材の調達から構築まで一定の協働に基づいて建設されたものと考えることができる。したがって、初期称名寺式土器をもつ住居においても、在地的な人々によってこれらが建築されたと考えてよいであろう。このような同一地域における住居の系統と土器の系統が異なっている事態は、その建築あるいは製作に、それぞれ異なった地域の人々が関与している結果と推定することが可能であり、ある種の社会的分業の存在を想起させるものである。言い換えると、移入された系統（中津式系統）の人々と在地的な人々との濃密な社会的な関係が、この時期の異系統土器の移入の背景に存在していると見做すことができるであろう。このように初期称名寺式の集落は、西日本方面からの移住者の純粋な入植地として成立しているのではなく、関東地域の伝統を背負った者達との共存と協働に基づく社会的関係の中で捉えておく必要がある[10]。

　なお西日本方面では、中期終末から後期初頭において二本主柱穴の隅丸矩形の比較的定型的な住居跡がしばしば検出されていることに注意すべきである。このような竪穴住居の系統が、現在までのところ関東地域において受容されている状況は確認されておらず、先に見たように初期称名寺式が出土する住居跡は、ときとして敷石を伴う柄鏡形住居であることは注意しておかなければならない点である。少なくとも関東およびその周辺地域とは、住居の形態を異にしていることは明らかであり、初期称名寺式をもたらした人々が、単なる集団移住としての入植とは異なった形態での流入であったことを示唆する現象であり、関東地域の在地社会に認知され承認された社会的関係に基づく移住であったと推定される点は再確認しておくべきである。

　このように称名寺式系統を主体的に出土する住居の系統は、しばしば関東・中部地域の伝統的な柄鏡形の形態をもっており、関東における加曽利E式と称名寺式の土器系統ごとに、集団それぞれの分離した居住形態を想定することも困難である。したがって、関東への移住者たちが土器を携えて渡来し、この移住者たちが新しく故地の形態をもつ住居を建築し、土器を製作するような、異系統集団による入植地（コロニー）を形成し、その入植地を拠点に地域内に土器が拡散分布したと考えることはできない。また、初期称名寺式が出土する住居の形態が関東の在地的な柄鏡形を呈するものであり、この地域の伝統の中で形成されたものであることを考えるとき、単にこの移住が無人の地域、あるいは過疎地への入植に伴うものでないことは明白である。この点で、今村啓爾氏が捉えたような前期末葉における日本海沿岸部の移住の様相（今村 2010）とは明確に異なっていると見做すことができるであろう。したがって、このような異系統土器の製作者の移入に基づく異系統集団相互の共住は、社会的に容認され認知された形態での移住にかかる社会的な機構が移住の前提に想定されなければならないであろう。このような土器に見られる現象形態に整合的な社会的関係やその形態のモデルの想定によってこれらの諸現象が説明できる可能性があり、この間の関係の変化の背景には、何らかの形態による系統相互の社会的な関係の樹立を想定しえる可能性があろう。

異系統土器の共存システムとその後の変化

　称名寺式においては、異系統の土器づくりを行う人々の直接の移住に続いて、その系統の土器づくりの伝習が関東において積極的に行われ、継続的・連鎖的に継承されているという点が、他の時期の異系統土器の受容形態とは大きく異なる点である。先住者と移入者という対比で捉えるならば、在地的な先住者の系統が主体的に次世代へと土器づくりを伝習するのではなく、土器づくりを行う移入者が伝習を主導する形態が「称名寺式」という「型式」の広がりに大きく関与し、称名寺式にはそれに相応する伝習の方式が備わっているものと推定することができる。また、関東地域が中津式系統の集団を受容する前提には、この地域が異なった出自集団を容易に包摂しえる社会的な体系をもっていたと考えてよいであろう。

　ともあれ、称名寺式の成立は、「北白川C式」の系統をひく初期「中津式系土器」が関東にもたらされ急速に展開することによるものであり、このホライゾンが縄紋後期を画する示標となる。しかし、急速に異系統土器が移入された結果、関東においては伝統的な加曽利E式の系統と称名寺式の系統が並存することになった。また、地域的にその比率に差異があるものの、称名寺式の中位の部分（Ic式期）においても、この二系統の並列的な共存状態を確認することができる。このような二系統は、確実に称名寺式の新しい部分（Ⅱ式期）にまで及んでいることが確認され、長期に及ぶ異系統土器の共存状態が維持されていたことに注目すべきである。言い換えれば、後期初頭の関東においては長期に及ぶ異系統土器の共存という型式論的な緊張関係が生じていたと見做すことができるであろう。

　もちろん称名寺式は、その時間の経過に伴って称名寺式に加曽利E式の系統的な要素が習合し、称名寺式の新しい部分（Ⅱ式）では、系統相互の格差が縮小しているとはいえ、明瞭な中間的な土器群を生じる方向性を辿るような現象に極めて乏しいことは注意しておくべき点である。このように称名寺式の変遷過程は、中津式系統の土器群が関東地域全域を徐々に席捲し、加曽利E式系統の土器群が徐々に減衰し、その主体的な分布域が縮小する方向性をもっている。また、称名寺式の新しい時期（Ⅱ式）に入ると、系統的な差異の特徴による系統間の格差（系統を表示する差異性）が縮小する方向性をもっていると見做すことができるが、土器の系統に見る自他の差異性が減衰するとはいえ社会的な自他の系統の意識は潜在している可能性は想起しておくべきであろう。

関沢類型の存在形態

　「称名寺式」には、称名寺式の標準的な土器群（広義の中津式の系統）や加曽利E式系統の土器群に加え、"関沢類型"という特徴的な"類型"が形成されることに注目しておきたい。この"関沢類型"の型式論的な地位については不明な点が多いとはいえ、基本的には関東の加曽利E式系統の中で称名寺式系統に対応する動きの過程で出現したものであろう[11]。しかし、"関沢類型"は、標準的な「称名寺式」や"加曽利EⅤ式"とは相対的に独立した存在として、長期にわたりその系統的な変化が維持されていることに注意しておくべきである。この"類型"は、決して両系統の合成による所謂「キメラ」ではなく、称名寺式系統とも加曽利E式系統とも相対的に独立した、独自

の自律的系統性をもっていることは注目しておくべき点である。このように"関沢類型"は、単なる称名寺式と加曽利E式系の二つの系統の接触による折衷として捉えられる土器群ではなく、この称名寺式や加曽利E式系統の標準的な変化とは相対的に独立した変遷を辿る個体群であるという点に注目しておくべきである。この"関沢類型"は、称名寺式の新しい部分まで基本的な構成を変えずに製作され続けていることは、これらが決して系統間に生じた偶然の産物としての中間的な折衷形態ではなく、社会的に許容され再生産されるべき役割を帯びていたことを示唆するものであろう。

　このように"関沢類型"は、長期にわたって維持され継続的に製作使用されているひとつの類型として、製作使用においてもその系統性が意識されていたものと考えることが可能であり、この類型が何らかの社会的機能を帯びていたことを示唆するものである。ちなみに、称名寺式の終末期においては"関沢類型"は"茂沢類型"へと推移し、堀之内1式期には"小仙塚類型"へと変化しており、このようにひとつの系統が相次いで遷移を遂げながらも長く命脈を保っていることは、この"類型"の持っていた性格を考える上では注意されるべき点である（鈴木1999）。

称名寺式終末期の様相

　ともあれ、称名寺式の新しい部分（Ⅱ式期）においては、称名寺式の標準的な系統が主体的存在へと移行しながらも加曽利E式の系統が残存し、この二系統が共存するとともに、"関沢類型"が介在し、更に東北方面の異系統土器群としての「綱取Ⅰ式」等が参入することによって、いちだんと系統が混在錯綜する状況となっている。北関東においては、加曽利E式系統の土器群が比較的遅くまで広汎に残存しているとともに、称名寺式の終末（Ⅱb式期）には東北南半で発達した「綱取Ⅰ式」系統の土器群の南下によって再び異系統土器の新たな共存関係が生じていることに注意すべきである。あるいは「称名寺式」という異系統土器の共存することのできるシステムに、東北南部方面の土器群が関与することによって、土器群相互の関係性が変動したことも予想すべきかもしれない。

　また、"関沢類型"は、独自の変化を遂げながら"茂沢類型"へと変化していることも、称名寺式の終末期を特徴づける現象である。このような変化の過程の背後に、どのような事態が生じていたのかについては不明な点が多いとはいえ、異系統土器の共存する関係性が体系的に整備（システム化）されていく過程であると見做すことはできるであろう。この過程は、異系統土器相互の布置関係の再編成と捉えることもできるであろう。

　おそらくは、関東地域の土器群は称名寺式の系統が全域を席捲しながらも、称名寺式としての規範もまた弛緩し、異系統の差異性が解消していく過程を辿っていると見做すこともできる。この過程の背後には、土器の"系統表示性"は減退しているとはいえ、社会的な系譜性は潜在しているような状態が出現していることを予想させるものである。称名寺式の終末期においては、同時期の系統のほとんどが「称名寺式」の系統へと推移しており、社会的な集団が、土器のもつ"系統表示性"のみによっては示しえない事態へと推移しており、このように土器による異系統の共存状態の"系統表示性"が弛緩している状況の中に、再び「綱取Ⅰ式」系統の土器群が侵入することによって、系統的な錯綜状態が生じていることに注目しておくべきである。堀之内1式では、このような土器

のもつ"系統表示性"を再建し、それぞれの系統を示す複数の"類型"を生み出すことによって、地域内における異系統土器の共存関係が体系的に再構成されたと見做すことも可能であろう。おそらく、このような状況下において第三の「綱取Ⅰ式」の系統が、この地域に参画することによって、ふたたび系統的な差異の意識が生じ、再度の系統的な再編成をもとに系統を異にする土器群としての"類型"が共存する状況が出現したのであろう。

称名寺式以降の型式構造（覚書）

　堀之内１式においては、器形が相互に類似し使用目的が対応すると考えることのできる主要な器種の相互に差異が生じ、それぞれが相互に系統的な表示性をもつ土器群として、相対的に自律的な変遷を辿る"類型"として現れ、このような"類型"相互が並列的に共存しているような状況を窺わせる。つまり、堀之内１式は、このような相対的に自律的な"類型"が並列的に編制された"型式構造"をもっていると見做すことができる。このような類型の編制は、称名寺式末期に生じた異系統土器の錯綜的な共存状態から、それぞれに系譜性を帯びた"類型"の体系的な並列的共存へと急速に移行するが、見方を変えると堀之内１式は、系譜性に基づく土器群が再分節化され再編成された組織であると見做し得る部分がある。言い換えると、堀之内１式は、"類型"が集合して「型式」が成立しているのではなく、「型式」の内部に生じた、系統的錯綜状態による差異の中から分節的に諸"類型"が生じたものと考えることができるであろう。

　堀之内１式は、系統的な自他の区別に基づく諸"類型"が分節となって生じた土器群であり、系統的な分節単位としての"類型"の相互を統合するものとして、所謂「Ⅰ文様帯」としての"口部装飾帯"によって、より上位の同一性を獲得している関係態である。この時期における土器相互の関係は、これらの異なった"類型"相互の緩やかな統合原理としての"口部装飾帯"に基づく共通の関係性にみられるような、複数の"類型"を横断する、関東を中心とするある種の地域的な編成態を構成していると見做すことができるであろう。このような口部装飾帯による"類型"相互の統合は、堀之内１式が地縁的な関係に基づく第一次的な「型式」ではなく、称名寺式における異系統土器の接触と混在を経た後に形成された第二次的な「型式」を構成するものであり、その後に比較的長期に持続する"型式構造"の形成として捉えることができるであろう。

　土器を製作する行為は、使用する行為とともに、対象に働きかけると同時に「他者」に働きかける効果をもっている。特定の"類型"の採用は、その使用法が採用されるとともに、その"類型"のもつ社会的な表示効果に伴う関係性を了解する行為をも含んでいると見做すことができる。ちなみに、各"類型"のそれぞれは、一定の対比的な単位性を帯びており、何らかの役割的な分掌性を帯びているものと推定しうるが、より上位の単位に相当する「型式」として捉えられる"まとまり"は、その縁辺部における相互の境界が明瞭ではなく、その連帯は強いものと考えることは難しいであろう。このことは、堀之内１式では"類型"相互を統合する「型式」体としての一定の自己意識をもつとはいえ、他の「型式」との関係においては相互に対抗的な排除の論理が明確な形としては生じていないためであろう。

ま と め

　「称名寺式」は、近畿地域の伝統の中で形成された初期「中津式」の関東への移入を契機として成立した縄紋後期初頭の土器型式である。初期中津式が関東へ進出した時期において、関東においては「加曽利E式」が広汎に展開しており、長期にわたってこの二つの系統が関東地域に並列的に共存することになった。この両系統は、相互に他方を意識しながら自らの系統を維持し、長期にわたって並存しているところから、それぞれの土器を製作した集団の系統を何らかの形で示すものと考えてよいであろう。しかし、初期中津式系統土器（称名寺Ⅰa式）の出土する住居形態が、しばしば柄鏡形を呈する在地系統の住居であることは、これらの住居の建築には在地の人々が強く関与したものであったことを示すものである。このことは、異系統土器としての「中津式」系統の急速な定着・拡散の背景にあるものは、彼らの入植地が生じ、そこからの拡散・伝播する過程として単純に捉えられるような事態ではないことを示しており、新来の系統の人々と在地の人々の間に生じた新しい社会的な関係に基づいて異系統土器が移入され拡散・伝播する過程をその背景としているのであろう。このことが同時に、中津式系土器が出現しても中部高地方面や日本海側には、この系統が浸透し継承されていない背景であると考えることができる。

　関東に移入された異系統土器を製作する少数の人々の系統は、それが途絶えあるいは急速に薄まっていくのではなく、「称名寺式」として急速に受容され関東全域に拡散していることは、この系統が強力な浸透力をもつ伝習の方式をもっていることを想起させるものである。また、このような伝習方式とともに、異系統土器を製作する人々が、社会的に認知されていたことが在地社会の中で安定的に受容された前提であったと考えることができる。異系統土器との接触は、それぞれの系統を意識させ、異質な土器をもたらした社会的な集団を受容しつつも、それらを対象化する重要な契機となっていると考えてよいであろう。このような異系統集団相互の接触は、縄紋文化における社会的な体系の再編成へのひとつの大きな契機となっているものと考えることができる。

　称名寺Ⅱ式期には、称名寺式の系統が関東一円を席捲すると同時に、加曽利E式系統の土器群においても縄紋施紋が失われることにより、その"系統表示性"が急速に減衰した。これにより「称名寺式」に長く維持されてきた二系統並存の関係性は、土器の差異の上においての系統性が不明瞭になると同時に、南東北方面で形成された綱取Ⅰ式系統の土器群が東関東北部に南下することによって、新しい関係性が生じたことに注意すべきである。「綱取Ⅰ式」の成立と関東への南下は、この異系統土器の並存の対他的な関係を多極化し、系統的鼎立状態を出現させる。この異系統土器との接触によって再び土器における系統別のつくり分けが意識化されることによって、堀之内1式の異なった"類型"の複数が並列的に共存するシステムが形成されるのであろう。このように堀之内1式では、称名寺式期に見られた異なった地域で形成された異なった系統の土器が移入されることによる「異系統土器の共存」という形態から、関東という同じ地域内で形成された相対的に独立した系統を辿る複数の"類型"が共存するような関係へと推移していることは注目しておくべき事態である。このように複数の系統が共存するという点に即してみると、「異系統土器の共存」とも見

做し得るが、同じ地域で異なった複数の系統が形成され、これが共存するという事態へと変化しており、堀之内1式期では「異系統土器の共存」が新しい形態へと移行していることは注意されなければならない。このことが、"異系統土器の恒常的な共存"のひとつの存在形態を示す"型式構造"の遷移過程における、称名寺式という「型式」時期のもつ型式論上の位置であろう。

　ここでは、「称名寺式」期の資料の増加に伴う詳細な編年的配列を前提とする土器群の系統性の把握に基づいて、異系統土器としての「中津式」の、移入の故地、移入時の関東地域での様相、移入後の系統の推移等を具体的に辿りながら、土器から見た該期の社会的な関係の一端を明らかにした。このように、縄紋土器の系統を緊密に辿り系統の相互を広域に比較検討することによって、系統の連続と断絶、影響関係、あるいは移入や共存などの実際の土器群の推移を具体的に捉えることができる。このような土器群の推移やそこから捉えられる現象論的な範疇は、民族学や社会学で捉えられたさまざまな範疇に直接対比するのではなく、時間軸をもった現象形態のまとまりとして捉え返すことによって、今後は考古学的な独自の概念化を果たしていく必要があるものと思われる[12]。

註

1）　称名寺式土器の研究や研究史については、すでに膨大な蓄積をもっているが、ここではその多くに触れえない。また、本稿では具体的な幾つかの論攷や土器等についての資料・文献等に触れていないが、これらについては既出の拙文や資料集等の参照を望みたい。なお、研究史上でも代表的な論攷には、（今村 1977）や（石井 1990・1992）等があり、今日においても学ぶべき点が多いものである。また、加曽利E式や堀之内1式との関連を踏まえた研究史については、拙稿（鈴木 1999・2007）等があり、また幾つかの拙文（鈴木 1993他）でも述べてきたので参照していただけたら幸いである。なお、中津式の研究史については（千葉豊 2004）に詳しい。

2）　この関東に侵入した中津式系統の土器群の型式呼称の問題点については、すでに今村啓爾氏も「称名寺式土器の研究」（今村 1977）で注意されているところである。本稿では、移入された「中津式」から系統を辿りえる土器群を"称名寺式系統"、加曽利E式から系統を辿りえる土器群を"加曽利E式系統"と呼称しておきたい。なお、称名寺式の細別については、7段階区分と古・中・新等の相対的区分を併用してきたが、第20回縄紋セミナーにおいて称名寺式の7段階区分に基づいて、吉田格氏、今村啓爾氏をはじめとする細別の研究史と整合させた細別呼称を用いることを提案した（鈴木 2007）。称名寺式の古い部分については、称名寺式の7段階区分の第1段階を「Ⅰa式」、第2段階・第3段階を「Ⅰb式」とした。これは、今村啓爾氏の異系統土器としての初期称名寺式の関東への移入に基づく型式論的な論理を前提とした区分であった。しかし、具体的な土器の区分に対応しない点があり、この呼称の一部を変更する必要が感じられた。この呼称の問題については千葉毅氏にもご指摘を頂戴しており、ここでは第1段階・第2段階を「Ⅰa式」、第3段階を「Ⅰb式」として、呼称の一部を変更することとしたい。また、今後は「Ⅰc式」のうち、5段階に相当する新しい部分を「Ⅰc式」から分離して"Ⅰd式"とすることも可能であろう。なお、ここでは併せて、「称名寺Ⅱ式」のうち第6段階を「Ⅱa式」、第7段階を「Ⅱb式」と呼称することにしたい（この細別の呼称案については表1を参照されたい）。

3）　この点で、徳島県矢野遺跡における中津式古段階併行の土器群（「矢野式」）の様相は、口縁部文様と体部文様が帯状の縄紋部で連絡されており、帯状部で意匠を表出するなど、「中津式」の古い部分の特徴が採用されているとはいえ、口縁部下に強い屈曲を残しており、中期末葉段階の器形の伝統が残存していることに注意すべきである。この点で、いち早く口縁下の屈曲が弛緩し、口縁下の段状部によって横位の統合が図られ

ていた懸垂文が、沈線で連繋されることによる文様の統合が急速に進展する近畿地域とは文様の変遷過程が異なっていることに注目しておくべきであろう。

4) 縄紋後期に続く加曽利E式系統の土器群の存在については、比較的古くから知られていたが、これらの土器群を"加曽利EV式"と呼称することについては、第20回縄文セミナーにおいても既に幾つかのご意見を頂戴しており、様々な抵抗があるものと思われる。なお、これらの土器群の一部は、すでに「続加曽利E式」（今村1981）という呼称も提起されているところである。この「続加曽利E式」という呼称は、加曽利E式の系統をひく土器群が後期に続くという側面に注目しての呼称であるところから、端的にその土器群の系統上の性格を示すものである。また、後期に位置づけることのできる加曽利E式系統の土器群については、石井寛氏によって「加曽利EV式」と仮称されている。これらは編年論的には中期後半の加曽利E式の系統の延長上に編成できる一単位の土器群と見做し得るところから、むしろ"加曽利EV式"として別に位置づけるべきであろう（鈴木2007b）。

5) この中津式系統の「粗製土器」が、所謂「精製土器」としての磨消縄紋をもつ有文土器とともに関東にもたらされているという点については、すでに今村啓爾氏も注目されている（今村1977）。なお、今村氏からはご教示を頂戴するとともに多くの啓発を受けた。

6) 称名寺式と中津式後半期に認められる描線の対応については、かつて分析したところがある（鈴木1995）。このような描線の対応性は初期称名寺式では必ずしも顕著ではなく、称名寺Ib式以降の東西の相互交渉が関与していると見做すことができるであろう。なお、称名寺Ic式期以降では東西の文様表現に差異が生じていることも、地域間相互の関係を考える上では注意しておくべきである。

7) 称名寺式の標準的な土器群の変遷については、すでに幾つかの拙文や報告（鈴木1990・1991ほか）で果たしたところであるので、ここでは概観するにとどめ繰り返さない（図3）。また、他地域の様相については資料集等の参照を望みたい。本稿は挿図が少なく理解を妨げる部分のあることが懸念されるが、既刊の資料集等が数多く刊行されているので、それらを参考にしていただければ幸いである。また、後期「加曽利E式」土器群の系統的な推移についても、すでに報告（鈴木2007）したところがあるので、それらの参照を望みたい。なお、"加曽利EV式"の問題については、具体的な資料に即して別途詳細に検討する必要があろう。

8) 異系統土器の移入期における土器づくりの、型式論的に捉えられる「第一世代」と「第二世代」の差異は、伝習者のまわりの社会的な環境によって大きく左右されるであろう。第二世代が在地的な系統か、移入された系統のどちらの伝習を受けるのかというあり方によって、その地域におけるその後の変遷は大きく異なっていくと考えることができる。その土器製作の伝習の過程が厳格なものであるのか、緩やかなものであるのかによっても、その地域の変遷過程に差異が生じると考えてよい。たとえば、A系統とA系統、B系統とB系統の第二世代は、もちろんそれぞれA系統、B系統であろうが、A系統とB系統の第二世代はA系統・B系統・ABの中間的な系統という三つの系統への変化が想定しうるであろう。しかし、実際の土器の変化にはこのようなランダムな系統的な分散が生じているわけではなく、特定の方向へと偏って変化しているようである。言い換えると、土器系統の伝習には特定の傾向や規則性が存在していると見做すべきである。

9) たとえば時期は異なるが、埼玉県本庄市古井戸遺跡で検出されたJ49号住居跡は複式炉をもつ東北方面の形態の住居に大木9式土器が伴っており、このような移住と見做しえる事例においても、この集落や周辺地域で、これ以降、土器や住居の形態に継承されてはいない。このように、移住にかかる第一世代の土器系統の移入や住居の建築が行われても、その後周辺地域に継承されていないことは、移住がそのまま伝習につながるわけではないことを端的に示している。しかし、このように加曽利E式期の集落の一角に、東北方面の住居と土器をもった移住者が居住することを許容されていることは、集落内の土地とともに、集落周辺の土地の用益についても何らかの形で認められていることを意味するものであり、該期の集落を考える上では注目

10) このように初期称名寺式が出土する住居の系統については、土器の系統の故地である西日本方面の影響を窺うことはできず、在地的な系統を辿ることは注意しておくべきである。このような現象から、住居の系統性の維持については土器とは異なった伝習の過程が想起されるところから、性間分業を含む社会的分業の存在を予想すべきであろう。なお、柄鏡形住居の一つの系統的変化については、かつて見通しを述べたことがある（鈴木 1994）。また、初期称名寺式の出土する住居跡からも東日本に分布する大形石棒がしばしば検出されることにも注意しておくべきであろう。ちなみに、東関東北部における柄鏡形住居の受容は、関東西部より幾分遅れるようであるが、称名寺式系統の土器の拡散に伴って生じている可能性をも検討しておくべきである。

11) "関沢類型"の形成過程やその型式論的な地位については、近年資料が増加している加曽利E式"梶山類型"との関係を含めて、具体的な資料の分析を通して別途検討する必要があろう。

12) 本稿は、2006年に東京大学で行われた公開研究発表会『異系統土器の出会い』において「称名寺式における異系統土器の接触と変容」（鈴木 2006）として発表した内容をもとに大幅に加筆したものであり、既出の拙文で述べてきた内容を「異系統土器の出会い」という論点に即して要約したものである。しかし、これらの拙文では異系統土器との接触に伴う諸現象から導かれる論点について明確に触れていない部分があり、本稿では「称名寺式」の起点となった「中津式」という異系統土器の侵入と加曽利E式系統土器群との接触に伴う関東地域での応接形態から見た「型式」のあり方を提示することにより、日本列島内部における社会的な集団の接触と交渉に基づく社会的な再編成の過程の一端を捉えようと試みたものである。なお、本稿は冗長で繰り返しの多い記述となったが、縄紋土器研究の長い蓄積をもった編年論的研究の延長上に、朧気ながらにでも系統論的研究の可能性を提示しえたところがあれば幸いである。

主要参考文献

安孫子昭二　1971　『平尾遺跡調査報告』平尾遺跡調査会。
石井寛他　1985　『称名寺式土器に関する交流研究会資料集』港北ニュータウン埋蔵文化財発掘調査団。
石井寛他　1990　「称名寺式土器に関する交流研究会の記録」『調査研究集録』第7冊。
石井　寛　1992　「称名寺式土器の分類と変遷」『調査研究集録』第9冊。
泉　拓良　1985　「中期末縄文土器の分析」『京都大学埋蔵文化財調査報告』Ⅲ。
泉　拓良　1989　『福田貝塚資料－山内清男考古資料2－』奈良国立文化財研究所。
今村啓爾　1977　「称名寺式土器の研究（上）」『考古学雑誌』63-1。
今村啓爾　1977　「称名寺式土器の研究（下）」『考古学雑誌』63-2。
今村啓爾　1981　「柳沢清一氏の"称名寺式土器論"を批判する」『古代』71。
今村啓爾　2010　『土器から見る縄文人の生態』同成社。
鈴木徳雄　1990　「称名寺・堀之内1式の諸問題」『縄文後期の諸問題』縄文セミナーの会。
鈴木徳雄　1991　「称名寺式の変化と文様帯の系統」『土曜考古』16。
鈴木徳雄　1993　「称名寺式の変化と中津式」『縄文時代』第4号
鈴木徳雄　1994　「称名寺式の形制と施文域」『東海大学校地内調査団報告書』4。
鈴木徳雄　1995　「称名寺式の文様施文過程と伝統」『縄文時代』第6号。
鈴木徳雄　1998　「称名寺式の文様変化と論理」『東海大学校地内調査団報告書』8。
鈴木徳雄　1999　「称名寺式関沢類型の後裔」『縄文土器論集』縄文セミナーの会。
鈴木徳雄　1999　「称名寺式・堀之内式」『縄文時代』第10号。

鈴木徳雄　2000　「称名寺式終末期と装飾帯の変化」『群馬考古学手帳』10。
鈴木徳雄　2002　「北関東における堀之内式の様相」『後期前半の再検討』第15回縄文セミナー。
鈴木徳雄　2006　「称名寺式における異系統土器の接触と変容」『異系統土器の出会い』公開研究発表会発表要旨。
鈴木徳雄　2007　「称名寺式土器の諸問題」『中期終末から後期初頭の再検討』第20回縄文セミナー。
鈴木徳雄　2007　「称名寺式と異系統土器の共存の問題」『縄紋社会の変動を読み解く・予稿集』縄紋社会研究会・早稲田大学先史考古学研究所。
千葉　豊　2004　「中津式－研究史と課題－」『中津式の成立と展開』中四国縄文研究会資料集。
吉田　格　1960　『称名寺貝塚調査報告書』武蔵野郷土館調査報告書第1冊。
和田哲他　1958　『館山鉈切洞窟』千葉県教育委員会。

第4章　縄文後期の広域圏と異系統土器の動態
―縁帯文土器の場合―

山崎　真治

1．縄文後期文化の広域性

　縄文後期を特徴づける代表的な遺物に、磨消縄文土器がある。沈線によって描かれた平面的な文様図形を、縄文部と無文部のコントラストによって飾る磨消縄文の技法は、関東中期後葉の加曽利E式に現れ、後期初頭に爆発的に広がった。その分布は、北は北海道から南は鹿児島に及び、西は対馬を越えて韓半島南部にも搬入品という形でもたらされている。こうした磨消縄文土器の広域分布に代表されるように、縄文後期の土器には極めて広範な地域にわたる類似性が認められる。文様だけではない。薄手で滑沢に富む器壁、注口土器や台付土器、浅鉢や皿といった器種のバリエーション、水銀朱や酸化鉄を用いた彩色技法などは、いずれも北海道から九州にかけての縄文後期土器に広く認められる要素である。このような広域性は、縄文後期土器の著しい特徴と言えるだろう。さらに、縄文後期には土偶や石棒といった第2の道具をはじめ、住居、埋甕、配石遺構などの構造物、抜歯の方式や貝輪の着装といった装身習俗に至るまで、物質文化一般に関して地域を越えた類似点、共通性をいくつも指摘することができる。そしてその背景には、広域的な人的、物質的交流の活発化や社会の高度化が想定されており、土器をはじめとする物質文化に認められる広域性も、このような社会的状況を反映した現象と考えられている。

　もうひとつ、指摘しておかなければならない事実がある。それは、このような縄文後期における広域性が、一過性のものではなく、持続性をもった現象であるという点である。単に同じものや似たものが、ある時期広域的に広がるというだけではない。広域性が地域的伝統によって支えられ、再生産されていくというプロセスに、この時期の広域性の特質がある。言い換えれば、縄文後期土器の広域性は、広域的な関係が持続的に維持される社会、すなわち広域圏の確立を背景としたものであった。

　本稿では、このような広域圏の中で繰り広げられた異系統土器の動態について、特に西日本の事例を中心に概観する。

2．北白川と堀之内―東からの動き

　縄文後期前葉の関西では、関西土着の土器型式である北白川上層式と、関東に分布の主体を置く堀之内式とが、一つの遺跡で共存するという現象がごく一般的に見られる。北白川上層式と堀之内式の量的比率を厳密に算定することは難しいが、報告書等の記載から判断する限り、出土土器総量

に占める堀之内式の比率は、おおむね1割を大きく越えることはないようである。しかし、北白川上層式と堀之内式の主たる分布域は直線距離にして200km以上隔たっており、この両者が一所において共存する現象は、縄文時代における異系統土器の長距離交流を代表する事例と言って良いだろう（図1）。

さらに興味深いことに、この時期の北白川上層式と堀之内式との共存は一時的な現象ではなく、一定の時間幅の中で継続的に維持されるという特徴がある[1]。すなわち、北白川上層式と堀之内式という異なる系統の土器が、ともに年代を追って型式変化を遂げながらも共存し続けるわけであり、異型式が同所的に変化するという、一見して特異な現象が認められる。このような異系統土器のあり方は、伝播−変容という単純な伝播論的図式からはかけ離れたものであり、その背景には、当時の人間集団や社会のあり方が深く関わっているものと推測される。

（1）北白川上層式の編年

以下では土器の様相について煩雑な記述を行うことになるが、その前に読者の理解を助けるため、本稿の時間軸となる北白川上層式の編年について概略を記す。当該期研究の経緯や編年の詳細については多くの文献があるので（泉 1980・1981a・1981b・1989、千葉 1989a）、詳細はそちらに譲ることとし、ここでは筆者の編年（山崎2003）をベースとして簡単な解説を加えるに留めたい。

四ツ池式（図2）

四ツ池式に先行する福田K2式では、胴部文様帯が未分化で画然と区分することができないが、四ツ池式では、胴部上半が無文化し、頚部無文帯を生じる。これによって口唇部文様帯と胴部文様帯が分離され、いわゆる縁帯文が成立する（千葉1989a）。口縁上に大ぶりな把手や突起が発達することも、この時期の特徴として重要であろう。頚部無文帯の成立は、胴部文様の基本的構成に大きな影響を及ぼすが、端的に言って帯縄文による流麗な文様構成を特徴とする福田K2式とは対照的に、四ツ池式では文様構成の懸垂化、簡略化が顕著である。福田K2式で盛行した磨消縄文や鉤手状入組文は退化し、文様図形も相互の脈絡を失って単純化する。この時期散見される多重沈線表現の円文（5・7）は、堀之内1式末に見られる同種の文様（例えば図12-1のようなもの）との関連が指摘されることもあるが、両者は年代的に異なるもので直接的な関係はない。近年の資料増加により、四ツ池式自体もさらに細分する必要が生じているが、煩雑になるためここでは深入りしない

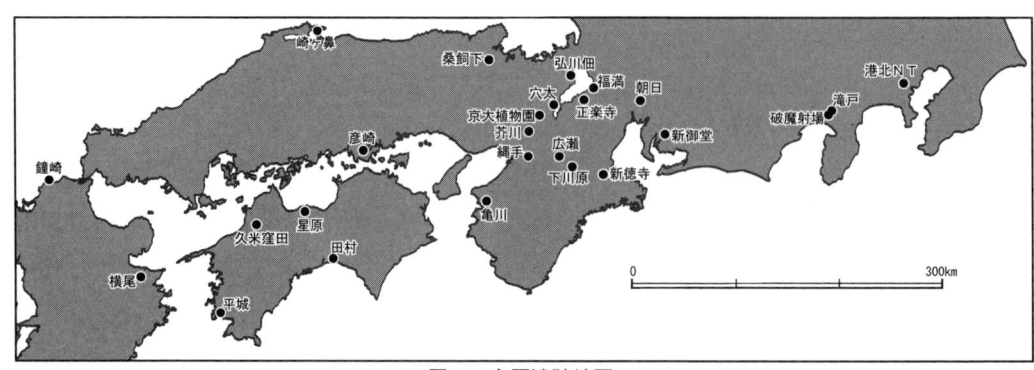

図1　主要遺跡地図

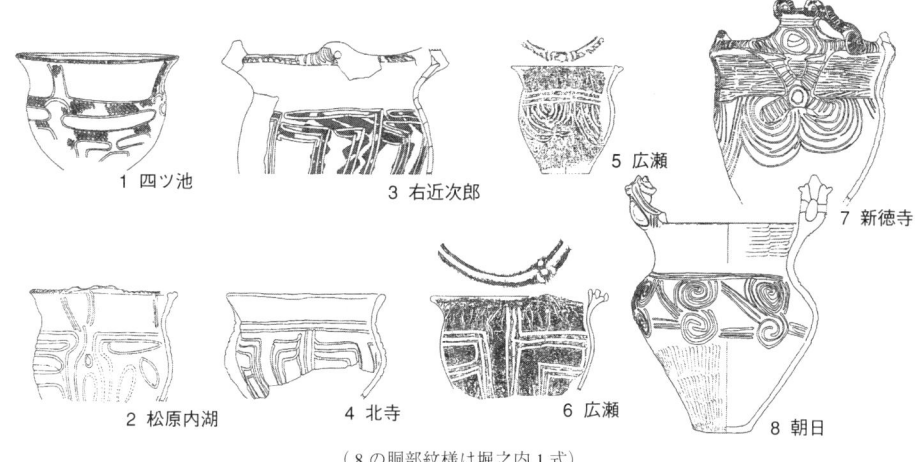

1 四ツ池　　　　3 右近次郎　　　5 広瀬　　　7 新徳寺
2 松原内湖　　　4 北寺　　　　　6 広瀬　　　8 朝日
（8の胴部紋様は堀之内1式）
図2　四ツ池式（縮尺＝1/10）

でおく。

芥川式（図3）

　四ツ池式直後の様相は、大阪府芥川の資料に基づいて設定された芥川式に代表される(橋本1995)。芥川式は、四ツ池式から北白川上層式への過渡の段階にあたり、広義には北白川上層式に含まれる。芥川の資料は、一括資料に乏しいこの時期の関西にあって良いまとまりを示すものと言え、後述するように、明らかな堀之内1式を伴う点でも重要である。

　芥川式では、四ツ池式で著しい発達を遂げた口縁上の把手・突起が、口唇部文様帯に飲み込まれて口縁部文様帯に転化する。胴部文様では、文様図形の懸垂化、単純化と磨消縄文手法の衰退が並行して進行し、さらに沈線の多条化傾向が強まるため、本来粗製土器に用いられていた櫛歯状施文具による条線の転用を生じる。

北白川上層式（図3）

　芥川式から北白川上層式への変化は極めて連続的であり、個々の遺跡においても連続的に出土することが多い。北白川上層式の主要部分もさらに細分して考えることができ、今日では泉拓良による3細分が広く浸透している（泉1980）。しかし、泉の編年では、堀之内1式と2式にまたがる京大植物園内の資料が一括して上層1期とされており、堀之内式の細別と齟齬を生じている点は問題である。筆者は先に、京大植物園内遺跡の資料のうち、彦崎K1式近似の口縁内面、上面に文様帯を有する類については、津雲A式近似の外面肥厚帯に文様を有する類よりも後出すると考え、京大植物園の「一括資料」の中に線を引いて北白川上層式をⅠ式とⅡ式に区分した（山崎2003）。これは瀬戸内と関東の編年を参照した上での、暫定的な処置であったが、その後の資料状況を見ても大きな矛盾はないと思う。したがって、ここでは北白川上層式をⅠ式とⅡ式に区分して解説を加えることにしたい。

［上層Ⅰ式］

　なだらかな波状口縁を呈し、口縁外面に設けられた幅広い肥厚帯上に口縁部文様帯を有する類が主体となる。肥厚がごく弱いものや、肥厚帯がまったく省略され湾曲によってかろうじて文様帯の

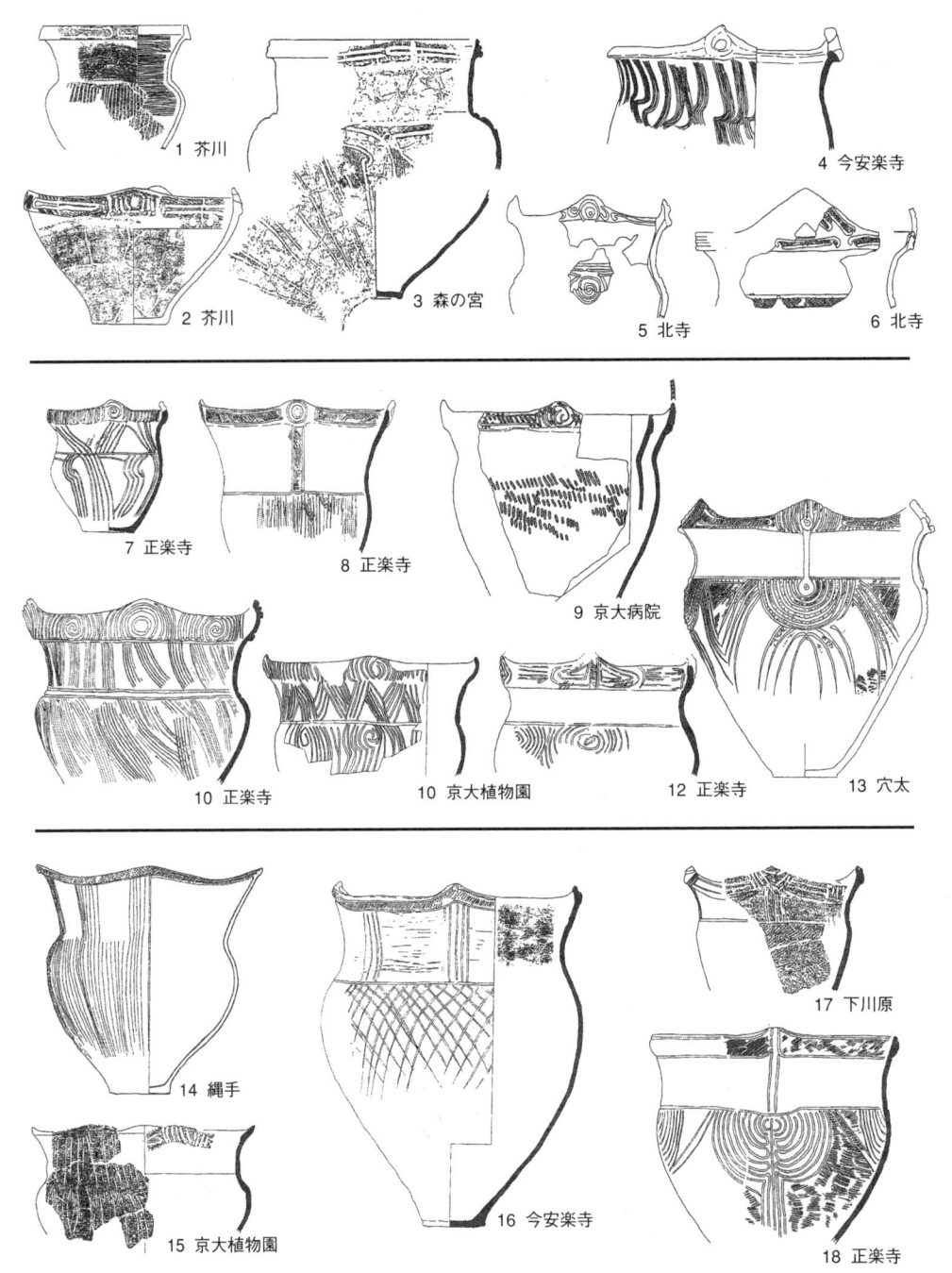

1〜6：芥川式　7〜13：北白川上層Ⅰ式　14〜18：同Ⅱ式（13、18の胴部紋様は堀之内式）
図3　芥川式・北白川上層式（縮尺＝1／10）

区分をあらわすものもかなりの数にのぼる。口縁部の文様は、波頂部下の円文、渦文などの主文様を中心とし、窓枠状の区画文が特徴的に見られる。胴部文様では、文様図形の懸垂化、単純化が徹底されることによって、区画文や鉤状文などの個々の図形は、流れるように描かれることになり、単純な沈線文に置きかえられていく。これとは別に、縄文施文のみとなるものや、縄文地上に施文を行うものも少量見られ、上層Ⅱ式に続く。この時期に見られる胴部の渦巻文には、福田K2式以

来の系譜をひくものと、四ツ池式前後に堀之内1式の渦巻文が取り入れられて転化したものがあるが、両者の中間的な感じのものも少なからず存在し、本来の系統をはっきりと区別するこ

表1　縁帯文土器の編年

九　州	瀬戸内	近　畿	関　東
小池原下層(新)	大浦浜下層	四ツ池	堀之内1
＋	津雲A(古)	芥川	
小池原上層／平城2類	津雲A(新)	北白川上層Ⅰ	
鐘崎Ⅱ	彦崎K1	北白川上層Ⅱ	堀之内2

とは難しい。また、少数ながら口縁波頂部が3単位となるものも確実に存在し（図15-1・2）、これも堀之内1式の影響を受けたものと見てよい。上層Ⅰ式も大雑把に見て古い部分、新しい部分を区別することができるが、この間の変化は相当に漸移的であるため、一括資料に乏しい現状では細分については保留せざるを得ない。今後の課題となろう。

［上層Ⅱ式］

上層Ⅰ式からⅡ式への変化もまた連続的であるが、Ⅰ式の口縁外面に幅広く加えられる口縁部文様帯に替って、くの字形に短く屈折した口縁部に文様を有するものや、内側に厚く作られた口縁端に施文をみるものが主体となる。胴部文様では、Ⅰ式に見られたベタ縄文のものと条線文のものが引き継がれており、渦巻きなどの単位文的文様図形は懸垂化、弛緩化の流れの中で完全に失われると考えて良い。このほか、少数ではあるが堀之内2式の渦巻文が転用されたものも散見される(18)。なお、ここで上層Ⅱ式とするものは、年代的にはおおむね堀之内2式の前半部分に対応する。

（2）　関西における堀之内式の様相

関西で北白川上層式に伴う堀之内式には、1式から2式におよぶ時期幅のものが含まれており、その様相は単純ではない。西日本における堀之内式の出土例は、畿内を越えて瀬戸内にも及ぶが、瀬戸内における出土例は関西に比べると著しく低調で、時期的には堀之内2式を中心とし、1式の出土例は稀である。現在のところ、堀之内式出土例の西限は松山平野にあり、愛媛県久米窪田ＳＫ1から出土した胴部破片は、堀之内1式中段階頃の様相をよく伝えている（図8-7・8・11）。

今日、関東の堀之内式については、多様な土器系統が地域的に量的な多寡をもって分布する堀之内1式の状況から、朝顔形深鉢を主体とし充填縄文を用いた幾何学的な文様構成が一般化する、堀之内2式の斉一的な様相に至るプロセスの詳細について、多面的な研究が進められている。堀之内式全般に関する分類と編年について、ここで立ち入った検討を行う用意はないので、以下では先行研究を引用しつつ検討を進めることにしたい。

堀之内式の分類

かつて山内清男は、堀之内式について「関東地方のうちでも多少地域的な差異を持って居り、例えば武蔵相模のものと、下総のものとは勿論共通した器形装飾を有するが、幾分異ったものを含んで居る」と述べ、堀之内式の地域色を指摘した（山内1940）。今日では、西関東の堀之内1式を東関東と区別して、下北原式と呼称する立場も定着しつつある。堀之内1式で顕在化するこのような地域色は、称名寺式以来の土着の伝統をベースとしつつ、直接的には称名寺式末期に東北地方南部から南下して関東に及ぶ綱取式の影響の程度差に起因する。後期初頭の段階に、西日本の土器系統

が関東に進入して称名寺式を成立させる現象（今村 1977）とはちょうど逆の現象が、この時期に起こっているわけである。

堀之内1式を構成する諸系統の分類については、これまでにも多くの見解が公表されているが、ここでは大枠として石井寛によるA～F群の6群分類（石井 1993）を参照しつつ記述をすすめたい（図4）。ただし、本稿の性格上、石井の分類をそのまま適用することはできないため、以下のように若干の変更を加える。

A群　「称名寺式土器の文様構成を引き継ぐ一群」
B群　「複数沈線により懸垂文を表現し、それを斜位に連絡する斜行文を組み合わせる一群」
C群　「口縁部から頸部屈曲部にかけてを無文帯とし、以下を主要文様帯とする一群」
　CⅠ群　「胴部文様の起点に渦巻文を配置し、それを斜行文などで連絡するもの」
　CⅡ群　「懸垂形態の文様を主軸とするもの」
　CⅢ群　「横帯文を有する一群」
D群　「口縁部に無文帯を有し、頸部以下に文様帯を有する綱取式の器形・文様構成を採る一群」
E群　「D群から口縁部文様帯を省略し、A群の口縁部を採用した形で捉えられる土器群」
F群　石井のF群は、「朝顔形の深鉢を基本とし、縦位の懸垂文・隆帯を口縁波頂部から垂下させ、更に文様帯下端区画をも有する、区画文の発達した一群に限定」されるが、本稿で扱う範囲においては朝顔形深鉢全般をF群として支障はないので、ここではF群＝朝顔形深鉢としておきたい。

A～F群の特徴は以上のようにまとめることができる。なお上記の分類は、堀之内1式を対象としたものであるが、本稿では堀之内式全般を扱う必要上、この分類を堀之内2式まで敷衍して用いたい。

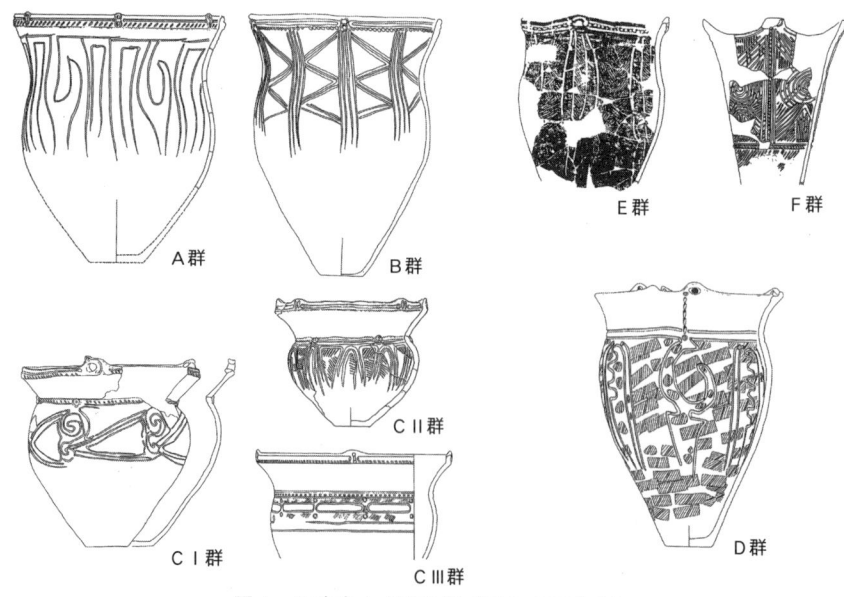

図4　堀之内1式の分類（石井 1993より）

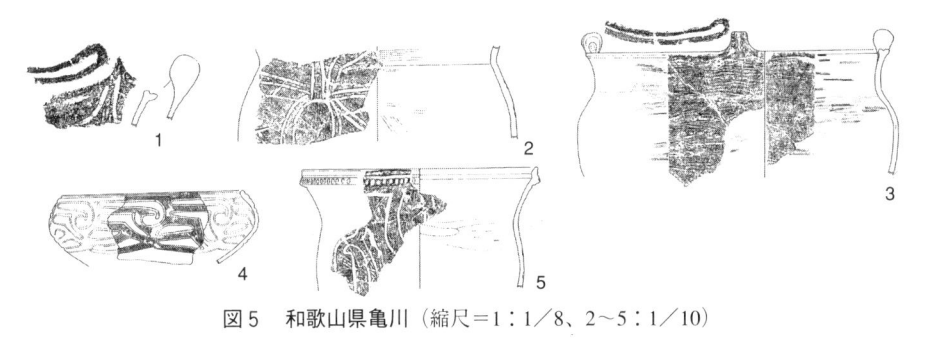

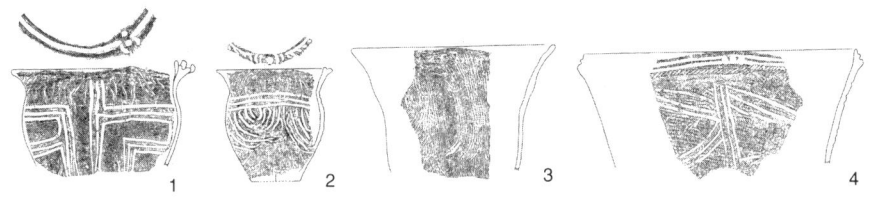

図5　和歌山県亀川（縮尺＝1：1／8、2〜5：1／10）

図6　奈良県広瀬（縮尺＝1／10）

四ツ池式

　四ツ池式と堀之内1式の伴出例として、和歌山県亀川、奈良県広瀬、三重県新徳寺等の資料があり、愛知県朝日の資料にも、この時期のものが含まれる。

　亀川では福田K2式末〜四ツ池式頃の在地土器群とともに堀之内1式（A群）が出土している（図5）。

　広瀬土坑40は、千葉豊による「広瀬土坑40段階」の基準資料でもあり（千葉1989a）、四ツ池式と堀之内1式（B群）の共伴例として著名である（図6）。関東南西部におけるB群は、沈線のみによって施文されるものが圧倒的であるが、この遺跡のB群は地縄文を有する点に特徴がある。地縄文を有するB群は、神奈川県池端・椿山の例（報告書第49図3）に見るように、関東南西部にも薄く分布する。しかし、この種の地縄文は堀之内1式後半に顕在化する、東関東系土器群の影響下で採用されるものと考えられるので、これと広瀬の堀之内1式の地縄文とが直接的な関連を有するものか否か、現状でははっきりしない。

　この他、三重県新徳寺（図18）や愛知県朝日（図19）には、堀之内1式の胴部文様と四ツ池式の口縁部文様帯を兼ね備えた一種の折衷土器が見られる。図18-1〜3は四ツ池式に伴ったと判断されるC群で、いずれも口縁部の形状に本来のあり方とは異なる特徴が認められる。図19-1は口縁部に四ツ池式の特徴をもちながら、胴部に堀之内1式（中段階）C群の2段渦巻を兼備した個体で、両系統の編年を対比する上で定点となる重要な資料である。2・3はC群で、これらはおおむね新徳寺の様相に準じてとらえることができるであろう。この遺跡で注目されるのはB群に属すると見られる個体（6）が存在する点で、やはり口縁部のつくりは独特である。

　上記のように、四ツ池式に組み合う堀之内1式にはA群、B群、C群の各種が見られる。また、縁帯文系の口縁部文様に、堀之内系の胴部文様を兼備した個体が一定量認められる点は重要であろう。このことは、これらの堀之内1式が遠方からの搬入品として存在するわけではなく、土着の伝統と接触しつつ在地で製作されたことを端的に示す。さらに、こうした口縁部文様における縁帯文

優勢の傾向は、これ以後の関西における堀之内式を通底する著しい特徴でもある。

芥川式

芥川式期の伴出事例として大阪府芥川の資料がある（図7）。芥川の堀之内1式は大型の深鉢形をなすD群を主体とし、縄文地上に描かれる蕨手文やS字状に入り組む双渦文を特徴とする（1～5）。この遺跡のD群には、口縁部の処理や胴部文様の形状等において、関東のD群とは若干の相違点も指摘できるが、おおむねD群の特徴を忠実に伝えていると言って良い。6の粗製土器は、一見西日本的な土器である。しかし、その法量は関西粗製土器の通例からは大きく外れており、胴部の蕨手文類似の文様も、在地のものとすることはできず、東方に系譜を求めなければならないであろう。この種の文様は、1のような蕨手文と関係するのかも知れないが、むしろ華蔵台南9号住居址など堀之内1式中段階に見られる蛇行文（図23-6・7）にも類似する。

芥川式にほぼ並行する時期の一括資料として、愛媛県久米窪田の土坑資料がある（図8）。この遺跡の堀之内1式（7・8・11）は、芥川のものとは違って沈線文系のC群であり、同一個体に属するものであろう。先述のとおり、堀之内式の出土例としては最も西に位置する点でも重要である。

以上のように、四ツ池式期とは異なり、芥川式期の堀之内1式はC群、D群主体の構成に切り替わる。特にこの時期、大阪湾岸にD群がまとまって現れる現象は注目に値しよう。D群はそもそも東北南部の綱取式の系譜をひく土器群であり、その分布は東北南部～東関東を中心とするから、大阪湾岸までは直線距離にして300km以上の隔たりがある。また、この頃の関西におけるD群の出土例は、京大植物園（図11-4）、弘川佃（図13-8）、新御堂（図20-3）などの断片的な資料に限られており、芥川以外ではまとまった資料がほとんど発見されていないという点も興味深い。

北白川上層式

北白川上層式と堀之内式との伴出事例は枚挙に暇がないので、ここでは事例を限定して扱うこととし、以下に列挙する。

［大阪府仏並］（図9）

大阪府仏並71-ODでは、おおむね北白川上層I式を中心とした在地土器群に、堀之内1式を中心とする異系統土器群が伴った（図9）。ここではC群およびC群とD群の中間的な類が目立つ。1・2は堀之内1式そのものではないが、1の胴部の渦巻文は福田K2式以来の渦巻文の延長に捉えることはできず、堀之内1式の渦巻文を在地的構成の中に取り入れたものと解釈される。なお、この種の渦巻文の系統が、北白川上層式に伴う堀之内式の系統とは別に、北白川上層式の一系統として存続する点には注意が必要である。すなわち、北白川上層I式期に見られる渦巻文には、①福田K2式から続く渦巻文、②堀之内1式の渦巻文を北白川上層I式の構成の中に取り込んだ渦巻文、③堀之内1式の渦巻文という三つの基本的な系統が存在し、相互に関連性を有している。

2の磨消縄文土器は、口縁部文様帯の形状から見て四ツ池式～芥川式頃のものであろう。胴部の文様はCII群の一部（適例ではないが図24-2のようなもの）とも関わりをもつものと見られる。3・4の口縁部にも在地土器の影響が見られ、堀之内式そのものとは一定の差異が認められる。

［大阪府縄手］（図10）

大阪府縄手の資料（図10）は上層II式を中心とする。この遺跡の堀之内式には2式の朝顔形深鉢

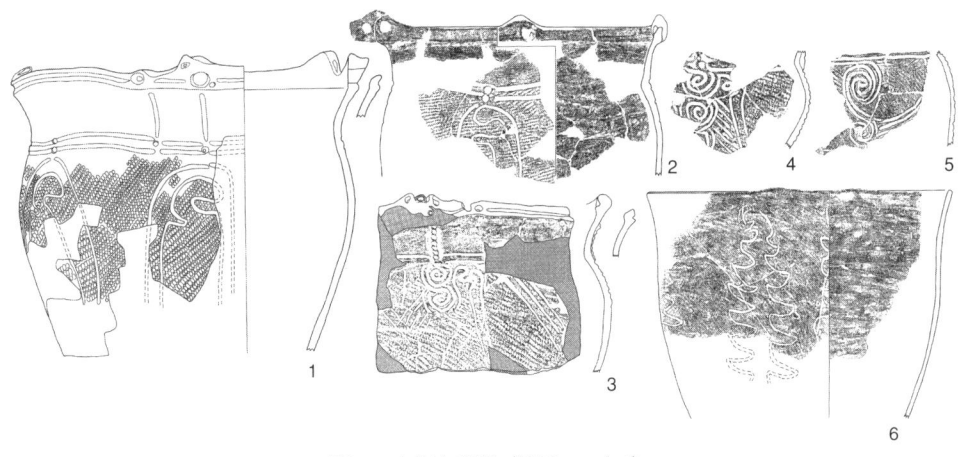

図7　大阪府芥川（縮尺＝1／10）

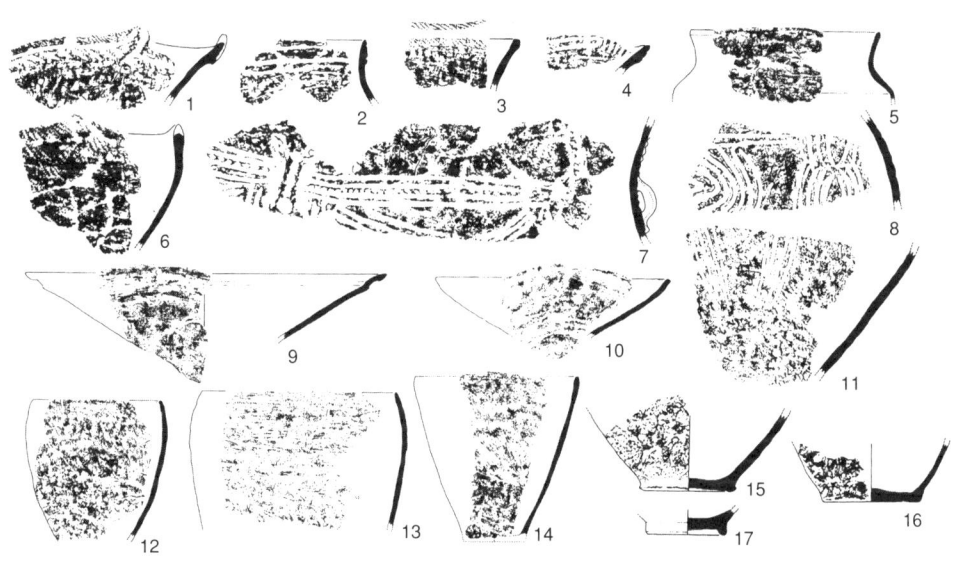

図8　愛媛県久米窪田森元SK1（縮尺＝5・9～14：1／10、他は1／8）

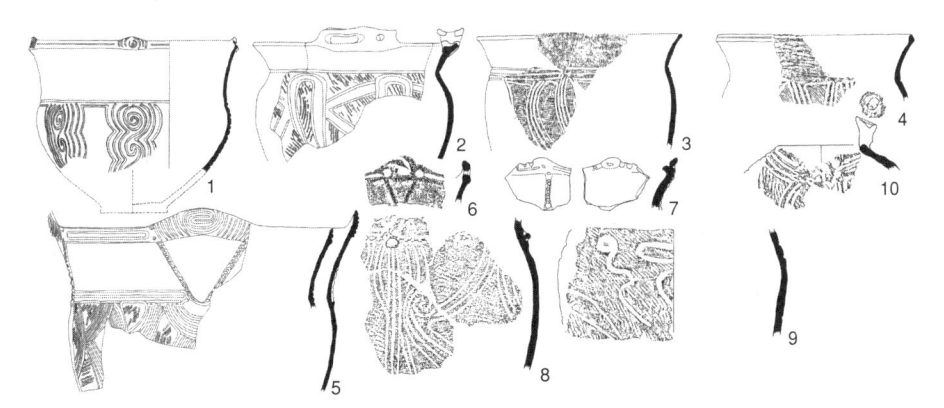

図9　大阪府仏並71-OD（縮尺＝6～10：1／8、他は1／10）

が多く、在地の口縁部文様を取り入れたＣ群も見られる（11）。文様としては、三角形、菱形等の幾何学文が主流であるが、2のように横位への連携を示す資料も存在する。17のような渦巻文を有するＦ群は、関西では珍しい。また、6のような横つながりの入組文は、この遺跡で目立った一群である。この種の入組文は、朝顔形深鉢に加えられることもあるが、7・8・10・19のような浅鉢形への施文が中心で、堀之内2式の文様と関連性をもちながらも、独自の位置を占めている。ここでは記述の都合上、この種の入組文を仮に縄手型入組文と呼ぶことにしたい[2)]。この縄手型入組文の系譜をめぐる問題については、九州系磨消縄文の問題と絡めて後述する。

［京都府京大植物園］（図11）

京都盆地北東部の北白川扇状地上に位置する京大植物園の資料（図11）は、泉拓良による北白川上層式1期の基準資料で（泉1980）、堀之内1式、2式が見られる。堀之内1式としてはＣ群が主体を占め、Ｄ群（4）、Ｆ群（7）と見られるものが少量存在する。1のような流動化した胴部文様は、穴太の朝顔形深鉢（図12-2）の文様などにも共通し、堀之内1式の終末的な様相を示すものであろう。

［滋賀県穴太（あのう）］（図12）

滋賀県穴太は、北白川から比叡山を越えた琵琶湖西岸に位置する。堀之内1式末に属する2個体を取り上げる。1はＤ群であるが、やはり口縁部には縁帯文を有する。2は流動化した磨消縄文を有するＦ群である。

［滋賀県弘川佃］（図13）

琵琶湖北西岸に位置する弘川佃では、北白川上層Ⅰ式〜Ⅱ式にかけての膨大な資料が出土した。この中には堀之内式や九州系磨消縄文土器が少なからず含まれており、注目される遺跡である（図13）。堀之内式としてはＣ群、Ｆ群が多く、Ｄ群（8）も存在する。1は長胴の深鉢で、胴部の双渦文は芥川にも似たものがある。2・3は胴部文様の流動化した一群で、このように弧線を重ねる構成は、新徳寺（図18-8）や華蔵ヶ台南9号住居址（図23-13）にも見られる。7は在地的な口縁部文様をもちながら、胴部に堀之内式の多重沈線表現が採用された例で、穴太のＤ群（図12-1）に後続するものであろう。8はＤ群で、胴部文様は鉤手文となる可能性がある。9〜13は朝顔形の例で、9は隆起線によって区画された器面に×字状の斜行文を配する堀之内1式。11は縄文地上に多重沈線によって文様をあらわすもので、このような構成をとるものは関東南西部では少なく、東関東に多い。18の浅鉢も、同様に東関東を中心とするものである。14〜17は磨消縄文で飾られた浅鉢で、17は縄手型入組文である。これに対して14、16の構成は堀之内2式の区画文に類似しながらも、区画内に貫入する波頭状モチーフに特徴がある。以下では、このような区画文を縄手型入組文との対比を念頭に置いて、佃型区画文と呼ぶことにしたい。19は堀之内2式の注口土器で、堀之内式の注口土器はこのほかにも一定量の出土がある。

以上、全体として、弘川佃の堀之内式は、堀之内式の中でも東関東を中心とする系統が顕著に見られる点に特徴がある。なお、ここには図示しなかったが、北陸方面に分布の主体を置く土器群も一定量の出土があり、本遺跡の地理的位置を反映した現象として注目されよう。

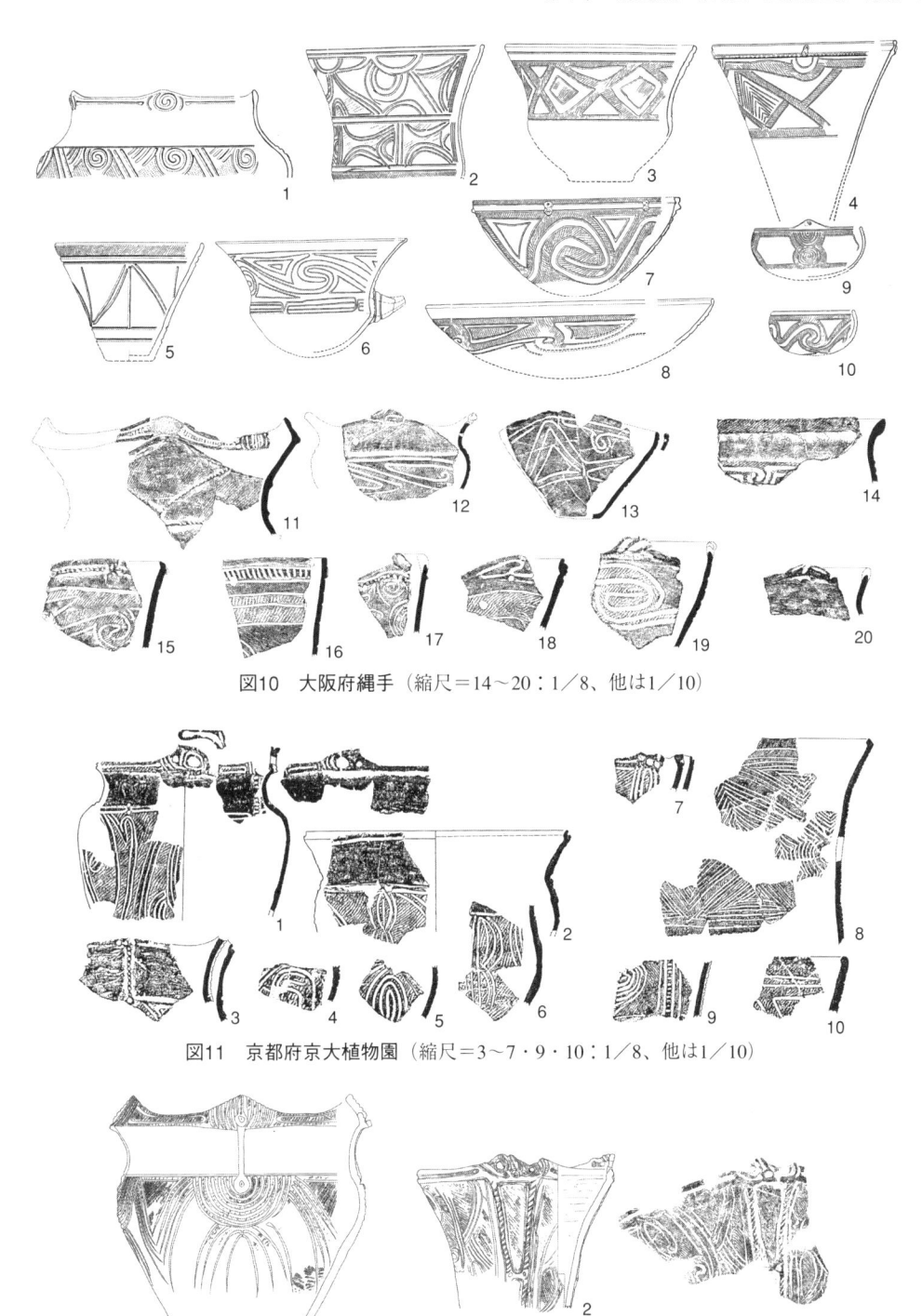

図10 大阪府縄手（縮尺＝14〜20：1/8、他は1/10）

図11 京都府京大植物園（縮尺＝3〜7・9・10：1/8、他は1/10）

図12 滋賀県穴太（縮尺＝1/10）

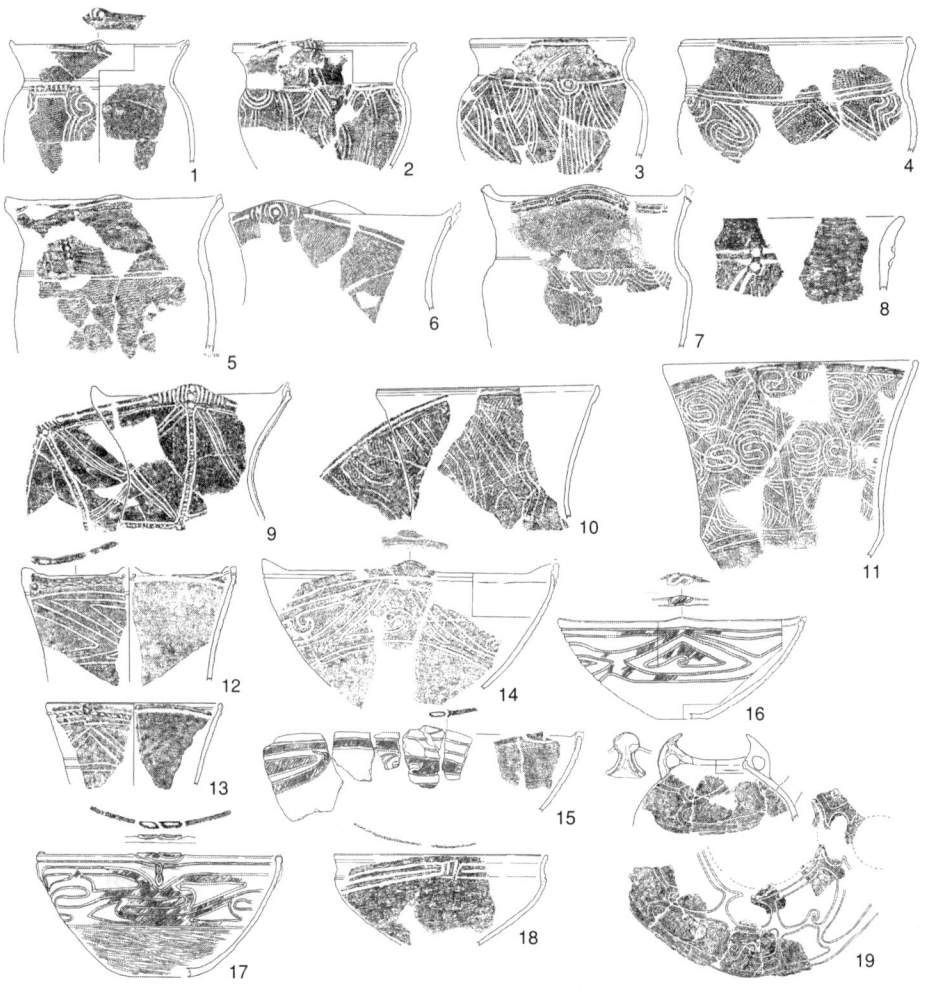

図13 滋賀県弘川佃（縮尺＝8：1／8、他は1／10）

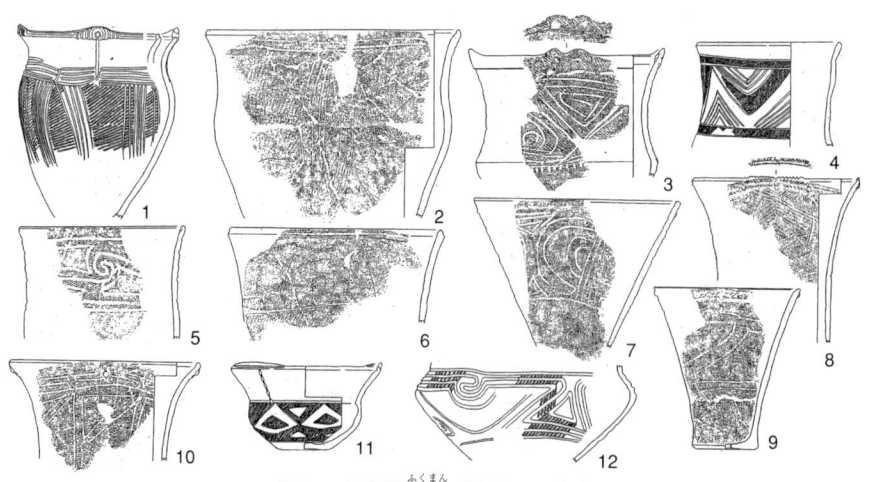

図14 滋賀県福満（縮尺＝1／10）

［滋賀県福満］（図14）

　福満は琵琶湖をはさんで弘川佃と対面する位置にあり、堀之内2式が多く出土している（図14）。この遺跡の堀之内式には、在地的な変形を受けたものが多く見られる。1は懸垂文を有する堀之内1式の例で、胴部文様は口頸部文様との対応を保っていない。類似の構成は関東南西部の堀之内1式にも見られる（図25-9など）。5は縄手型入組文、12は佃型区画文の系譜にのるものであろう。11は堀之内2式の鉢形土器で、関西での出土は珍しい。

［滋賀県正楽寺］（図15、図16）

　福満と同様、琵琶湖東岸に位置する正楽寺は、環状柱穴群等の特異な遺構群を有する北白川上層式の拠点的遺跡のひとつであり、膨大な量の遺物が出土した。この遺跡の堀之内式はC群、F群を中心として、D群も見られる。1・2は口縁部に縁帯文を有しつつ、口縁波頂部が3単位となる例で、1の胴部文様は図14-1のような堀之内1式の懸垂文につらなるものであろう。2のように胴部を無文とする例は、北白川上層Ⅰ式に多く見られるので、上層Ⅰ式の構成をベースとして堀之内1式の3単位性が取り入れられた個体と見られる。10・11はD群。11には口縁から胴下部に至る縦位分割が認められる。18～38は朝顔形深鉢の例。18・19・23～25のような例は、この遺跡で特徴的に見られるもので、F群そのものと言うよりも、在地の器形に堀之内式的な文様が取り入れられたものと考えた方が良さそうである。26は堀之内2式であるが、口端部に沈線を有する。一般に関西で出土する堀之内2式には、本例のように口縁部の形状において本来とは異なるあり方を呈するものが顕著である。朝顔形深鉢の文様構成には、20～22のような懸垂的構成とともに27・28・32のように横位への連携を示す構成をとるものが存在する。39～44は磨消縄文を有する鉢、浅鉢、注口土器で、佃型区画文や縄手型入組文との関連をうかがうことができる。

［三重県下川原］（図17）

　図17は奈良県境に近い三重県下川原の例で、柄鏡形敷石住居址（11号住居址）から出土したものである。住居址の形態は明らかに東海以東の系統に属するものであるが、埋甕には在地の粗製土器が用いられている。出土土器には堀之内2式と北白川上層Ⅱ式があり、堀之内2式には6のようなM字文の系統（A群）も存在する。この種の土器は、弘川佃にも存在するが（報告書第25図129）、分布の主体は関東南西部にあり、東海以西での出土例は稀である。このように、下川原11号住居址では、在地的要素と東方からもたらされた要素とがまじりあった状況を呈するが、結論から言って、このような事例は、東方に故地を有する一定規模の人間集団の移入なしには考えられないケースである。東方からの移入者は、在地集団の集落の中に居を構え、現地の村人たちと一定の交渉を保ちながら共存していたのであろう。

［三重県新徳寺］（図18）

　伊勢湾に近い新徳寺の関東系土器は、すでに述べたように堀之内1式が中心であるが、堀之内2式も少量見られる。5は単沈線による蛇行文の例。9は朝顔形深鉢の口縁部片である。11～13も朝顔形深鉢で、11は縄文地に幾何学文が描かれる。11の器形は正楽寺の図15-23・24などと同種である。12・13は堀之内2式であるが、やはり口縁の形状は独特である。

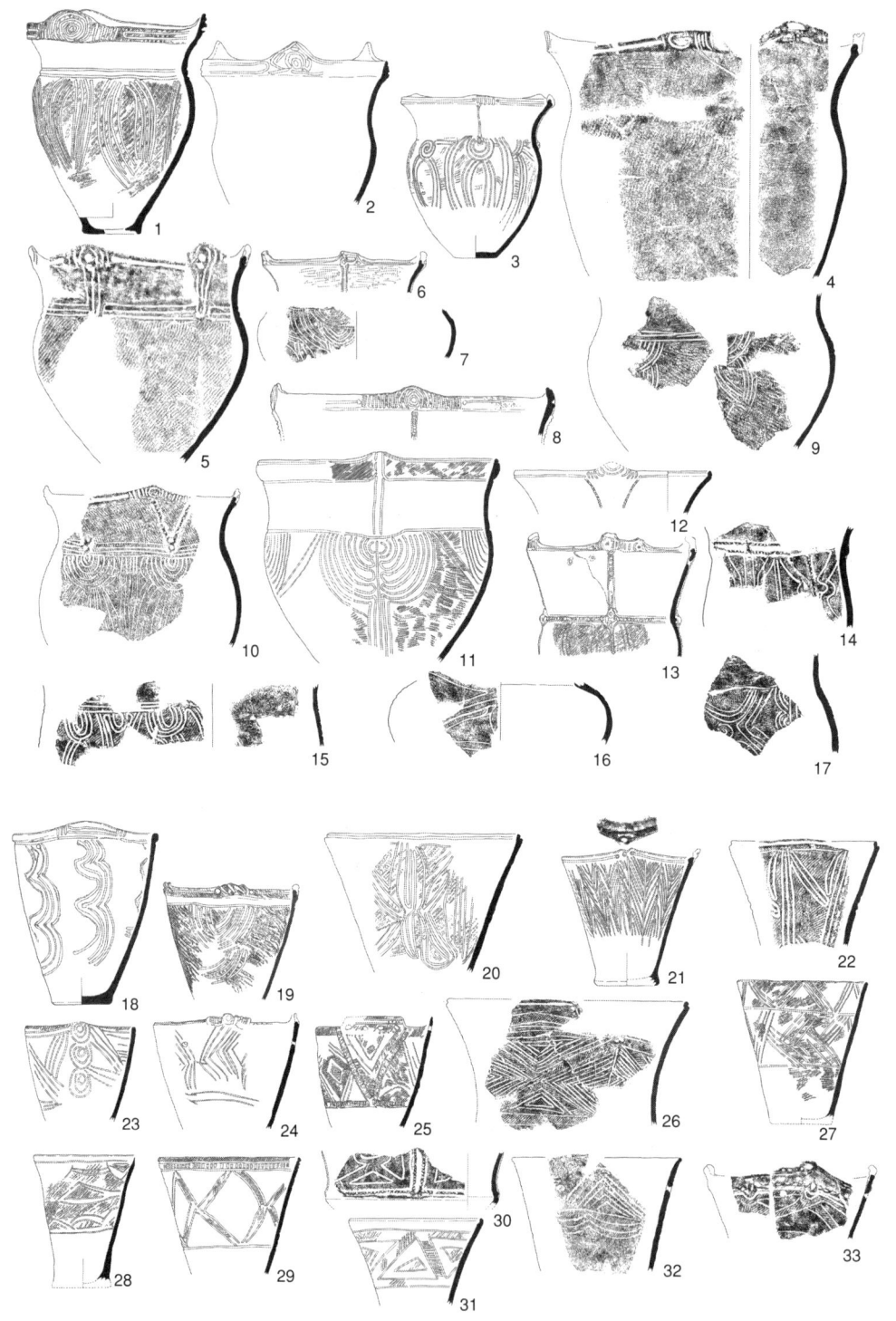

図15　滋賀県正楽寺(1)（縮尺＝14〜17：1/8、他は1/10）

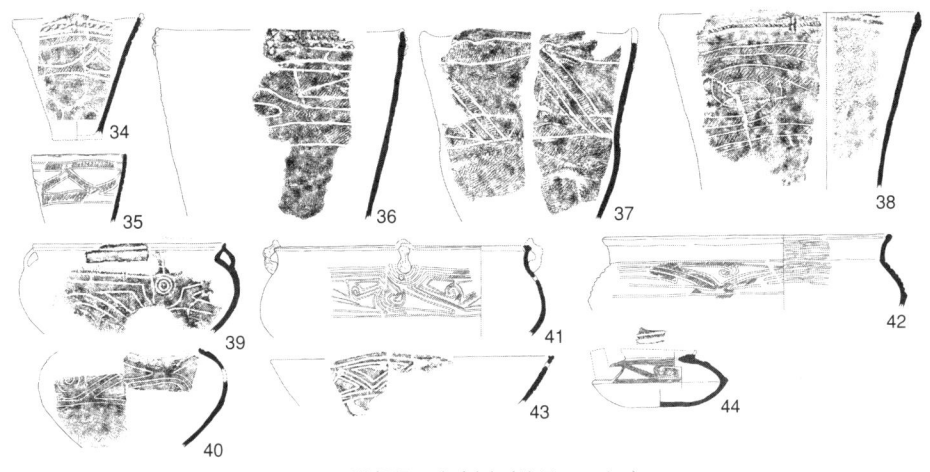

図16　滋賀県正楽寺(2)（縮尺＝1／10）

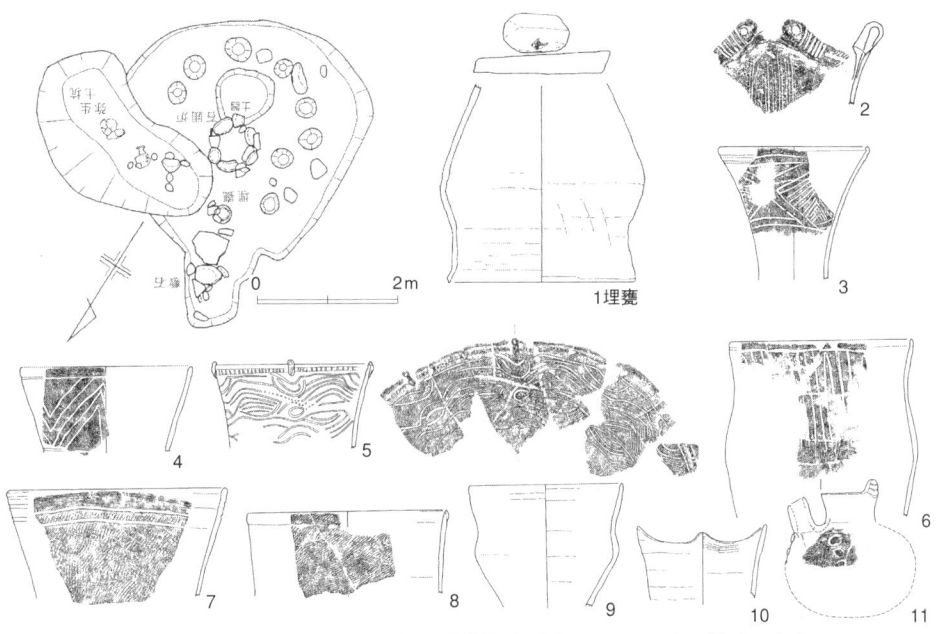

図17　三重県下川原（第5次）11号住居跡（縮尺＝2：1／8、他は1／10）

［愛知県朝日・旧紫川・新御堂・伊川津・林ノ峰］（図19、図20）

　図19、図20は愛知県下の例であるが、この地域では当該期の遺跡は希薄で、個々の遺跡も零細である。これは静岡県西部でも同様である。

(3)　東海東部・関東南西部の堀之内式

　以下では堀之内式をさらに東へ追跡する。上述のように静岡県西部での出土例はほとんど知られていないので、ここでは東海東部～関東南西部の事例を手短に見ておくことにしたい。
［静岡県破魔射場］（図21）
　破魔射場と滝戸はいずれも富士山南麓の例で、この地域の代表的な遺跡と言える。破魔射場では

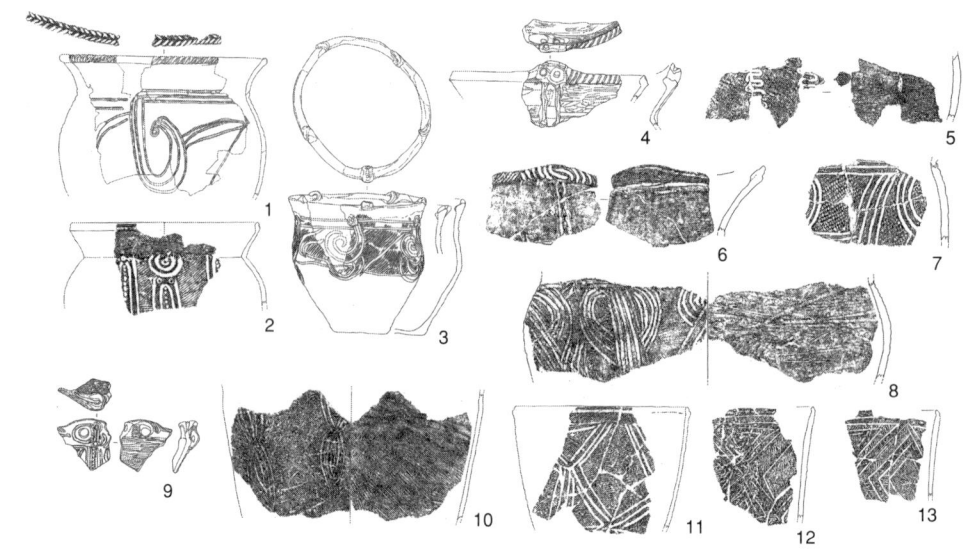

図18 三重県新徳寺（縮尺=1～4、10・11：1/10、他は1/8）

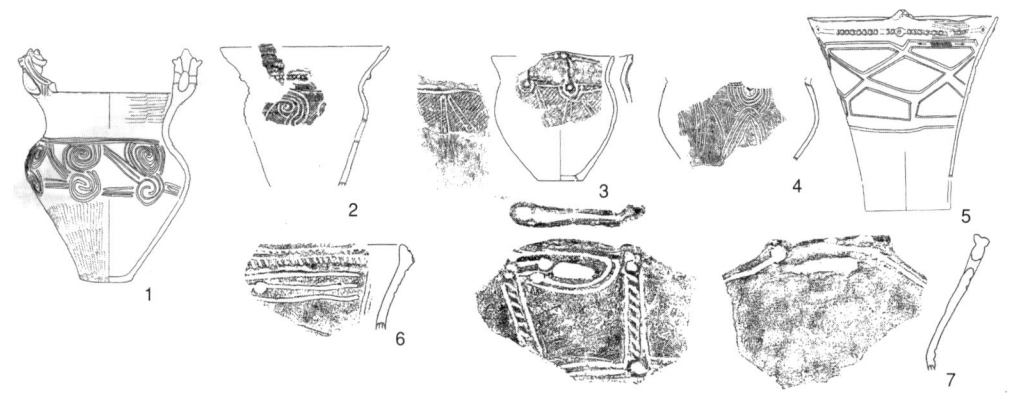

図19 愛知県朝日（縮尺=6・7：1/8、他は1/10）

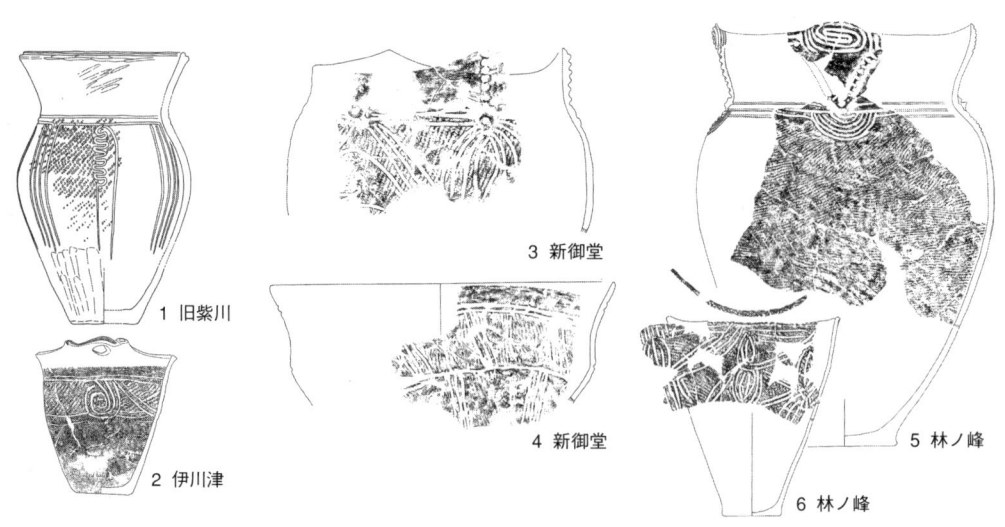

図20 愛知県旧紫川・伊川津・新御堂・林ノ峰（縮尺=1/10）

1 旧紫川
2 伊川津
3 新御堂
4 新御堂
5 林ノ峰
6 林ノ峰

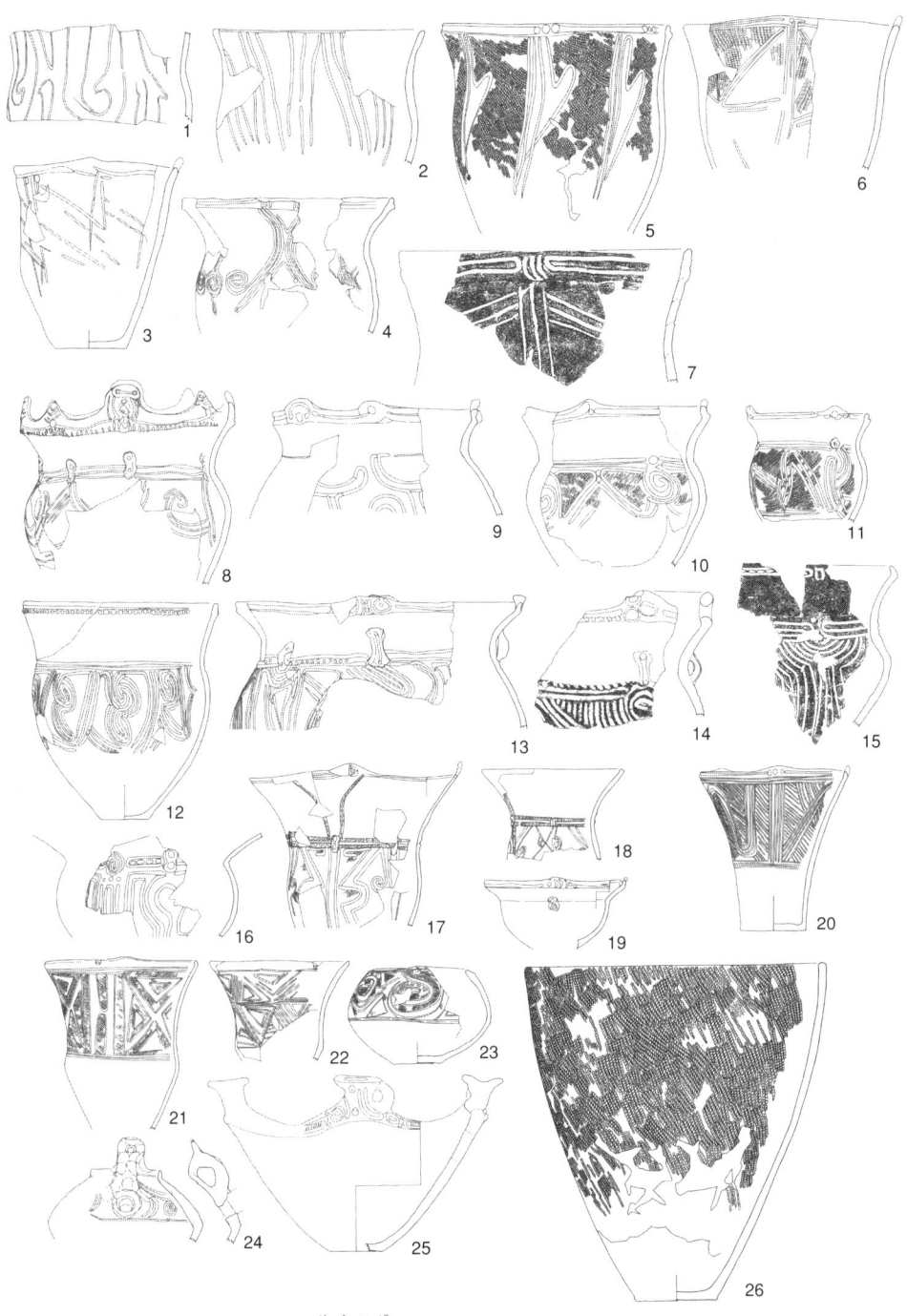

図21 静岡県破魔射場(縮尺＝14・15：1/8、他は1/10)

図21-1〜7のようにA群、B群に関連する懸垂的な施文を有する個体が一定量存在し、C群は多く見られる。縄文施文は全般に低調と言って良い。F群は堀之内2式にかけて増加する。このほか、鉢形(23)や注口土器(24)、浅鉢(25)、ベタ縄文の粗製土器(26)など各種の器形も安定的に存在する。

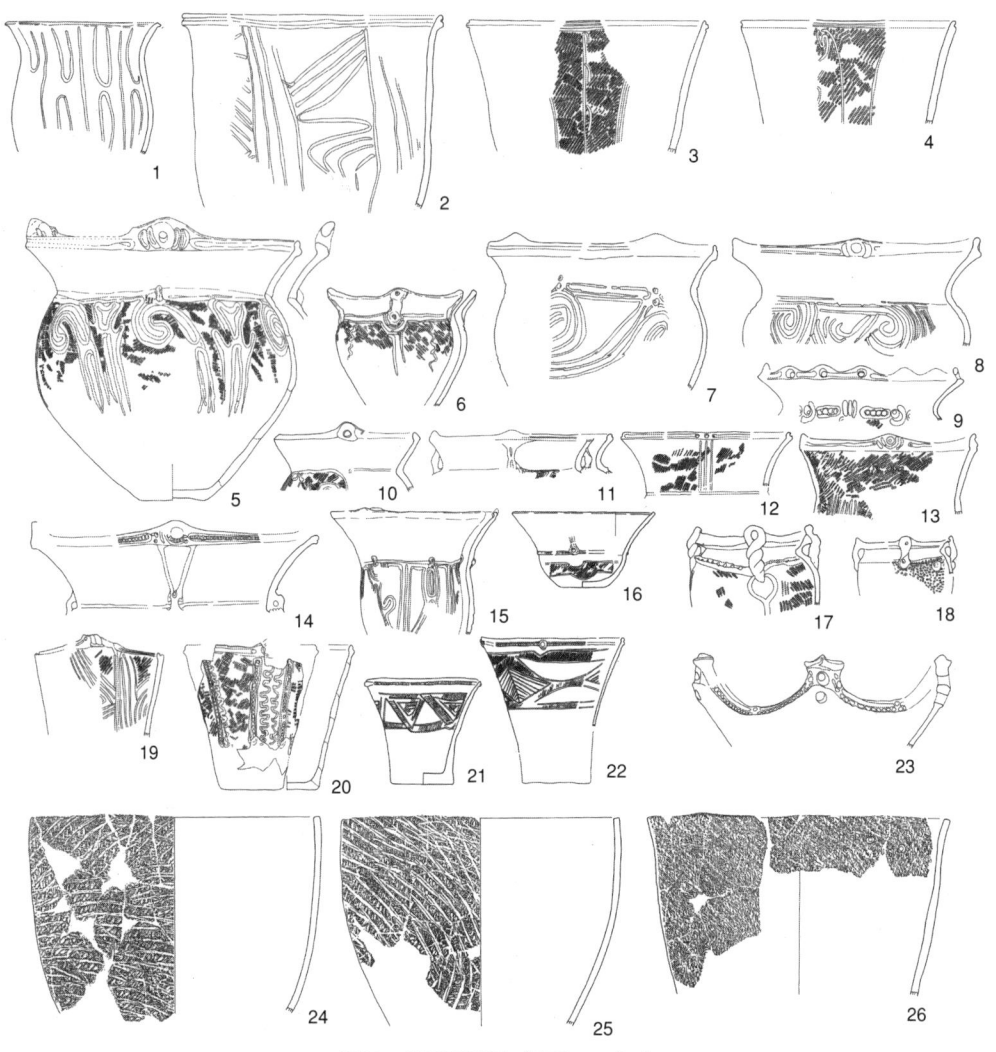

図22　静岡県滝戸（縮尺＝1／10）

[静岡県滝戸]（図22）

　全体的な状況は破魔射場に準じてとらえることができる。中部高地に多く見られる磨消縄文を採用したC群（5・10）や、三十稲場式（17、18）が存在する点に特徴がある。24〜26のような粗製土器の形態も破魔射場に共通する。

[神奈川県華蔵台南]（図23）

　港北ニュータウン地内の例として、華蔵台南9号住居址と小丸の例をとりあげる。華蔵台南9号住居址出土の一群は、石井寛による堀之内1式中段階の基準的資料で（石井1993）、A群、B群、C群、D群、F群等からなる。全体として縄文施文は低調である。このほかに、素文土器（18・19）や浅鉢（20・21）、壺（22）、注口土器（23・24）等も見られる。

[神奈川県小丸]（図24、図25）

　図24は29号住居址出土土器で、堀之内1式後半から最終末期のものを中心とする。5は綱取式の

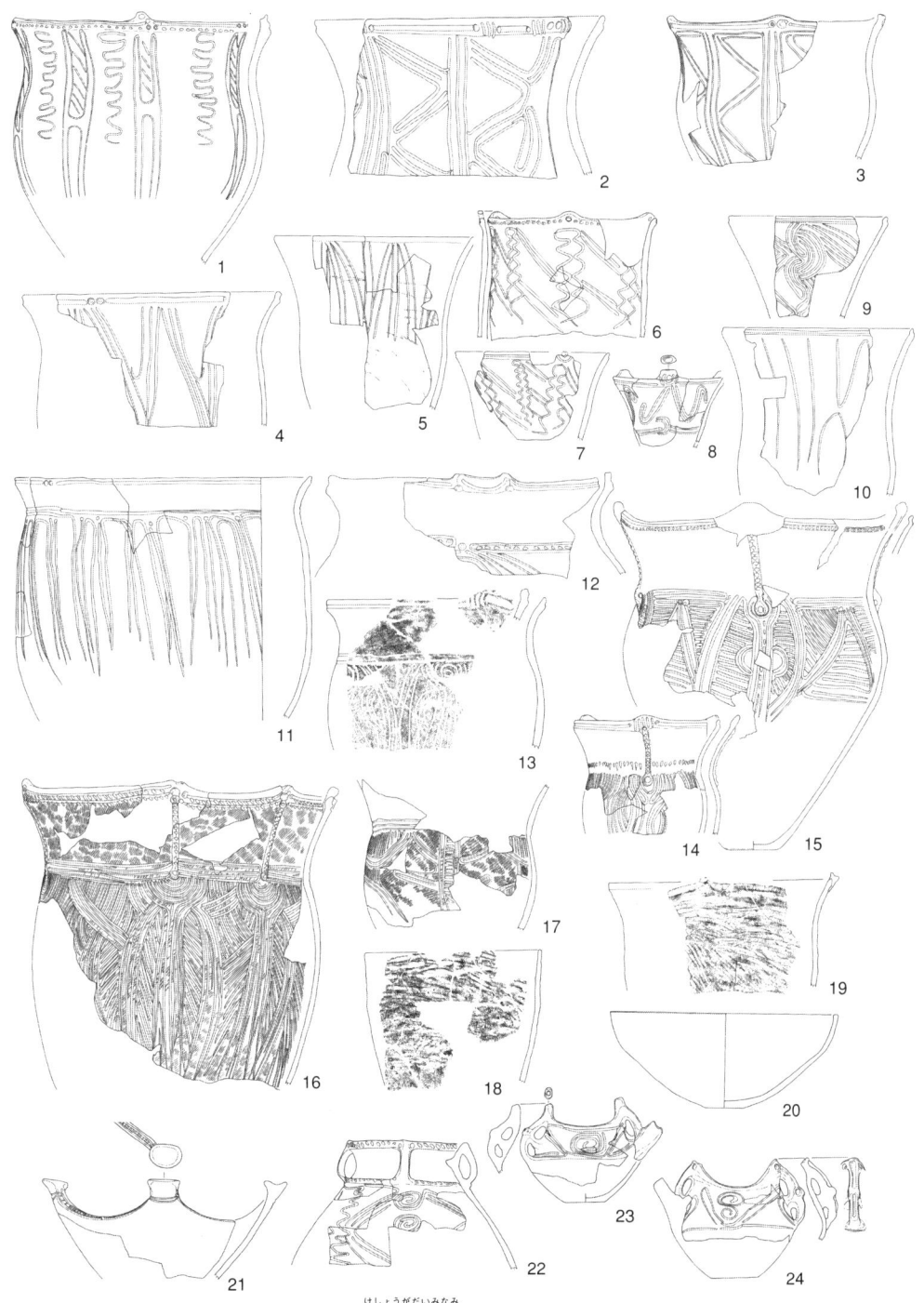

第 4 章　縄文後期の広域圏と異系統土器の動態　91

図23　神奈川県華蔵台南 9 号住居址（縮尺＝1／10）

系譜にのるD群で、このようなものは関東南西部においても稀な存在であると言ってよい。図25には包含層出土資料をごく限定的に転載した。華蔵台南 9 号住居址に比べて、縄文施文を有するものが目立つ点が注意される。

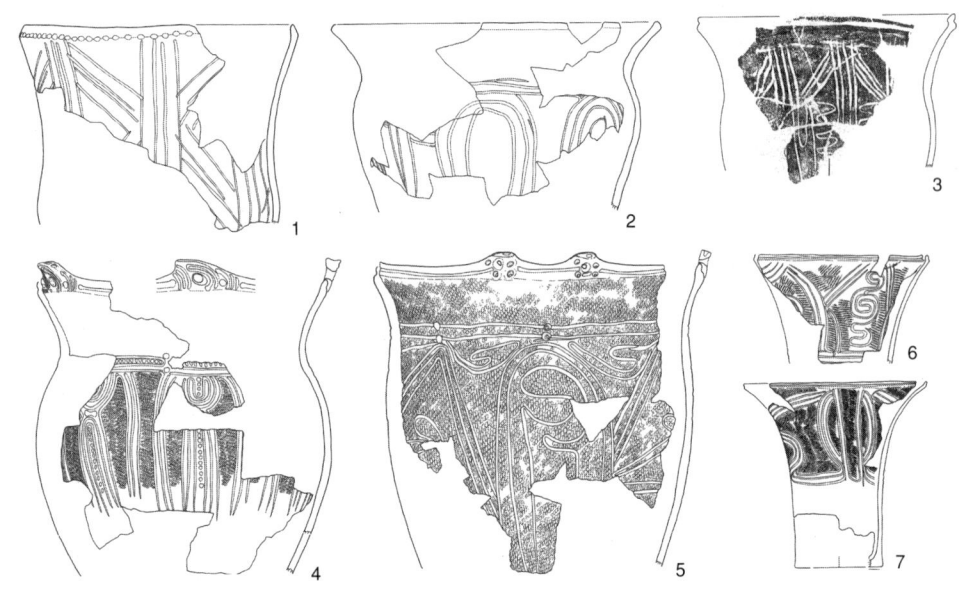

図24　神奈川県小丸29号住居址（縮尺＝1／10）

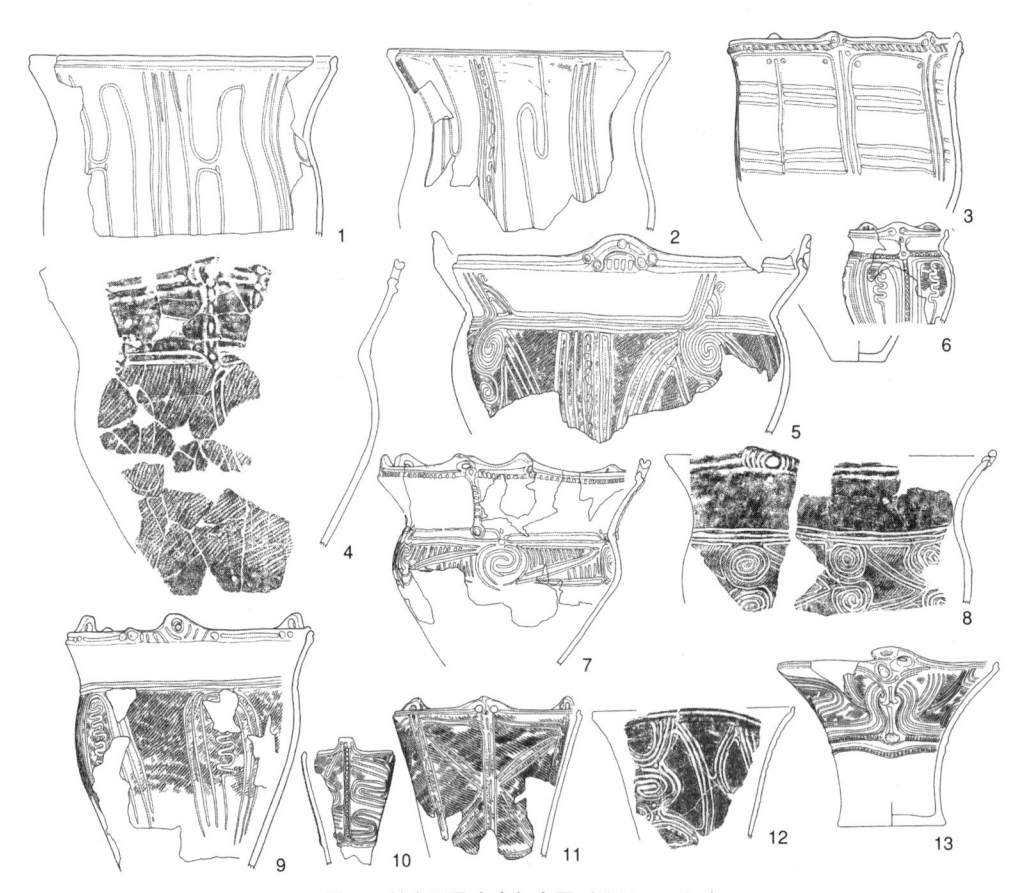

図25　神奈川県小丸包含層（縮尺＝1／10）

（4） 北白川と堀之内

　ここまで、現象面の記載に多くの紙幅を費やしてきたが、以下では、北白川上層式と堀之内式をめぐる型式間関係と関西における両者の共存現象について簡単に整理しておきたい。

　まず、異系統土器現象の下地となる土器型式の様相であるが、関西では、福田K2式から四ツ池式にかけて、頸部無文帯が分化し、口唇部文様帯と胴部文様帯という二帯重畳が出現する。類似の形制は広く西日本一帯を覆って認められ、東は関東の堀之内1式、東北南部の綱取式とも連動した現象と言って良い。この時期の土器に認められる広域性は、特定の系統が他の系統を呑み込みながら広がっていく後期初頭の中津・称名寺式の広域分布[3]とは異なり、安定的な地域的伝統を基盤としつつ、異系統間の協調によって広域性が発揮される点に大きな特徴がある。すなわち、器形、文様帯の配置といったハード面での共通性を受け皿として、個々の文様図形や文様構成などソフト面での共通性、類似性、互換性が高まり、地域的に少しずつ様相を違えながらも広域的な類似性が発揮されるわけである（山崎 2003）。

　一方、堀之内1式から2式にかけて、関東では朝顔形深鉢の採用と磨消縄文手法の普及が並行して進行し、関東内部での土器系統の地域差は弱まる方向に向かう。しかし、関西に目を向けると、土着の縁帯文土器では、福田K2式以来の頸部に屈曲を有する深鉢形が根強く維持されており、朝顔形深鉢はあくまでも関東系器種として客体的に存在するに過ぎない。このようにこの時期、東西の土器群は大きく異なった型式変化をたどると言える。このことから、堀之内1式から2式にかけて、縁帯文土器と堀之内式との型式間関係にも一定の変化が生じていたことがうかがえる。

　次に、関西における堀之内式のあり方、すなわち異系統土器現象について見ていくことにしたい。上記のように、四ツ池式に伴う堀之内1式は、関東南西部に分布の主体を置く沈線文系の一群（A、B、C群）が主体となる。全体的な形勢としては、亀川、広瀬といった近畿中・西部地域にA群、B群が分布する一方、C群の分布は、現在のところ新徳寺、朝日など伊勢湾岸周辺にほぼ限定されるようである。

　一方、芥川式や北白川上層I式に伴う堀之内式には、A、B群がほぼ見られなくなると同時に、C群の比率が増加し、これにD群、F群が加わるという構成をとる。また、在地系の注口土器と共に、堀之内系の注口土器も一定量見られるようになるが、東海東部や関東南西部で一般的に見られる注口付浅鉢やベタ縄文の粗製土器等は原則として見られないと言って良い。また、前段との大きな差異として、この時期には縄文施文例が増加する。これは堀之内1式終末に向けて、東関東の土器系統の影響で縄文施文が活発化する、東海東部や関東南西部の状況とも連動した現象と言えるだろう。この時期の関西の堀之内式に認められるC、D、F群主体の構成は、北白川上層II式期にも受け継がれるが、関西で出土する堀之内2式は、F群の朝顔形深鉢が主流を占め、これにA、C、D群が少量加わるという構成をとる。

　以上のような北白川上層式と堀之内式との共存現象には、いくつかの注目すべき点が認められる。第一に、縁帯文土器に伴う堀之内式が特定の系統の土器に限られており、しかも時期によってその系統が変化すること。すでに述べたように、東海東部や関東南西部の堀之内1式は、A、B、C群を主体として、無文あるいはベタ縄文の粗製土器や浅鉢、注口土器等が組み合わさる構成をとって

おり、1式終末に向けてD群、F群が増加する。関西における堀之内式の構成の年代的変化は、こうした本拠地の動向をある程度反映してはいるのであるが、本拠地における堀之内式を構成する諸系統の多くが欠落している点に特徴がある。

　第二に上記のような年代的変化だけでなく、共時的に見た場合にも、遺跡あるいは地域単位で縁帯文土器に伴う堀之内式の様相に差異が認められる場合があること。四ツ池式期でC群が伊勢湾岸に偏ること、芥川式期で大阪湾岸に突如としてD群が現れること、北白川上層式期の弘川佃で東関東系土器群の影響が色濃く認められることなどは、その顕著な例と言えるだろう。このことは、関東を出発して西にむかう堀之内式の流れの中に、そもそもの出発地が異なるベクトルが混在していたことを端的に示す。特に、東関東の土器系統の影響を色濃く伝える芥川や弘川佃の例は、この時期関西に及ぶ堀之内式の流れの中には、西関東を出発して東海に入り関西に至るベクトルだけでなく、東関東から直接関西に入るベクトルも存在したことを暗示する（図26）。

　第三に、北白川上層式全般を通じて、土着の縁帯文系と外来の堀之内系が異なる系統の土器として明確に作りわけられており、別個の系統的変遷をたどること。確かに、関西で出土する堀之内式の中には、胴部に堀之内式の文様をもちながら、口縁部には縁帯文を採用する両系の中間的な土器も少なくないが、こうした中間的な土器群は、両者の系統が混じり合い、一体化していくことによって生みだされたものではなく、土器の伝統という観点からすればごく表面的な現象に過ぎない。言い換えれば、この時期の関西における堀之内式の流入は、一過性のものではなく、関東から関西へ土器情報の伝達が継続的に維持されることにその特質がある。

　第四に、堀之内式の関西への進出とは対照的に、北白川上層式が関東に進出した痕跡はほとんど知られておらず、この時期の情報の流れが、もっぱら東から西に向かう一方向的なものであったと推測されること。関東から関西に入った土器系統は、その後、故地との間の交流を断ち、移入先の土器情報を故郷に伝えることはなかったのであろう。このことは、関西において関東本来の特徴をよく留めながらも、一定の変形を被った堀之内式が少なからず見られることからも推測される。このことから見て、大局としての土器系統の移入を支えた個々の移入現象そのものは一過性のものであったと推測されるが、次々と押し出してくる東からの動きに支えられる形で土器情報の更新が果たされ、結果的に北白川上層式と堀之内式の共存現象が維持されることになったものと思われる。

　上記のような諸現象は、大局的には、東からの土器情報が継続的に関西にもたらされるような何らかの状況を背景としたものと言える。一般論から言って、縄文時代の情報の伝達は、人から人へと伝えられる伝言伝達的なシステムであるから、関東の土器型式が関西において忠実な形で模倣される現象は、それなりの規模の人間の移動が両地域間で繰り返された結果と考えなければならないだろう。関西で出土する堀之内式にしばしば在地でのアレンジが加えられること、関東の堀之内式とほとんど区別できないような個体においても、在地土器と大差ない粘土が用いられていることなどから考えて、関東の土器づくりを熟知した製作者が関西に移入し、土着の製作者と交流をもちながら在地の土器づくりの手法を取り入れ、他方では関東の土器づくりを忘れつつ、土器を製作していくような場面を想定すると理解しやすい。もちろん、そこから派生して、移入者の製作した土器を見よう見まねで土着の作り手が模倣する場合もあっただろうし、関東の土器そのものが搬入され

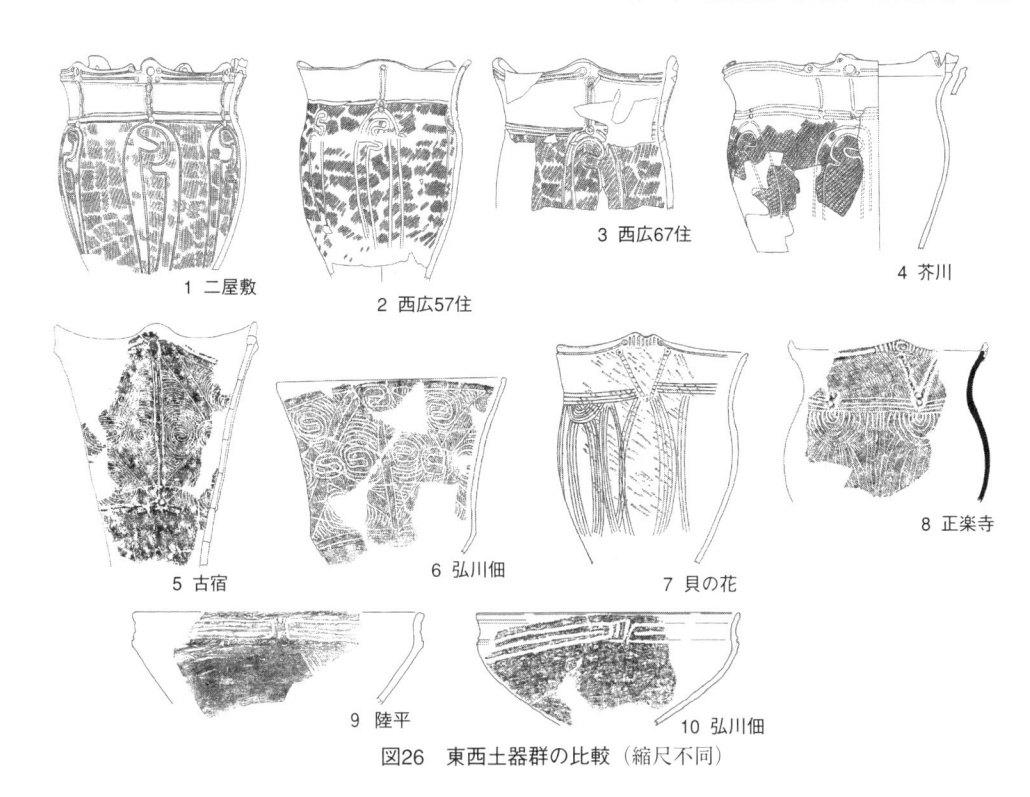

第4章 縄文後期の広域圏と異系統土器の動態 95

図26 東西土器群の比較（縮尺不同）

る場合もあったに違いない。すでに述べた三重県下川原の柄鏡形敷石住居址とそこから発見された土器群の様相は、関西における異系統土器現象の背景に、東方からの移入者が関与していた可能性を示唆する具体例と言え、上記の想定を補強する材料となろう。

　ところで、このように東方からの移入者を核とした異系統土器現象を想定する上でいくつか問題としなければならない事実がある。

　第一に、関西で出土する堀之内式が特定の系統に限定されるという事実。特に、関東南西部で高い比率を占めるA群、B群や普遍的に見られる注口付浅鉢、粗製土器等の欠落は、何を意味するのだろうか。

　第二に、堀之内1式から2式にかけて、堀之内式と北白川上層式との型式的差異は増大する方向に向かうが、関西における両者の共存現象は維持されるという事実。堀之内1式から2式にかけて、東西間の情報伝達が維持されていたのならば、北白川上層式にも堀之内式と同様の変化が生じて良いはずだが、そうはならなかった。なぜだろうか。

　第一の点は、土器の系統性の本質に関わる問題と言える。一般論から言って、一人の製作者が複数の土器系統を作り分けていた場合、製作者が移入先で製作する土器にも多様な系統の土器が含まれるはずである。逆に、一人の製作者が特定の土器系統のみを製作していた場合、移入先で製作される土器のバラエティも限定的なものとなるだろう。関西における異系統土器現象については、後者のようなケースを想定すると理解しやすい。すなわち、そもそも関東においても、A群、B群、C群といった各土器系統は、それぞれ製作者が異なっていて、特定の土器系統の製作者が関西に移入するような状況が想定されることになる[4]。しかも、この場合の移動は、土器製作者個人の任意

的あるいは自由な意思によってなされたわけではなさそうである。なぜならば、関西に移入した土器製作者は、特定の土器系統を担う人々に限定されていたからである。

　もっとも、関西において北白川上層式に伴う堀之内式の主体をなすC、D、F群は、堀之内1式終末に向けて東関東あるいは東北南部から押し出してくる一連の土器系統の動きの延長上に捉えることができ（石井1993）、そもそもこれらの系統を担った人間集団が、他の系統に比べて高い移動性を帯びていたことは想定されて良い。先に述べたように、芥川や弘川佃における東関東系土器群の強い影響力は、この時期の東から西に向かう流れの中に、関東南西部を出発地とする動きだけでなく、東関東を出発地とする動きも存在した可能性を示唆するものと言える[5]（図26）。しかし、東関東から関東南西部に入った土器系統が、在地の土器群と積極的に融合し、新たな流れを生み出すのに対して、関西にやってきた堀之内式は、土着の土器系統と表面的には交わったが、本質的な変化を生じさせることはなかった。したがって、同様に東関東系土器群の影響を受けながらも、関東南西部と関西の間では一定の差異も指摘でき、双方の状況を完全に同一視することはできない。関西への移入の契機がいかなる背景に根ざしたものであったのか、さらに突っ込んだ検討が必要であろう。

　第二の点は、土器型式あるいは型式間関係の本質に関わる問題である。堀之内1式から2式にかけて、土器情報自体はコンスタントに関西に伝えられたが、伝えられた情報は、土着の土器群を変化させるにはいたらなかった[6]。実は、これとは全く逆のケースを福田K2式から四ツ池式にかけて見ることができる。この時期には、関東と関西の間で土器そのものの移動はほとんど見られないにも関わらず、両地域間で一部の土器系統が強い同調的変化を示し、類似の形制を獲得するに至る（山崎2007b）。こうした事例は、土器型式の変化を律するものが、単に表面的な情報伝達の疎密だけではなく、多分に集団の社会的、文化的背景に根ざしていることを暗示する。異なる土器系統の要素を取り入れるか取り入れないかは、一義的には土器づくりの担い手たちの匙加減にかかっている。この問題を突き詰めて考えるためには、彼らの匙加減を規定したものが何であったか、その背景にまで立ち入った考察が求められよう。

3．九州系磨消縄文土器の動態―西からの動き

　前節では、縄文後期の広域圏を東から西にむかう異系統土器の動きを取り上げたが、ここでは逆に、九州を発信源として東にむかう異系統土器の動きを取り上げたい。九州の縄文後期文化については、前川威洋の波状的文化伝播論（前川1968、乙益・前川1969）に代表されるように、東日本で発達した文化的要素の伝播・受容というモデルによって、一連の文化変化を解釈しようという試みが続けられてきた。確かに、この時期の九州において、石囲炉や打製石斧、土偶、石棒など、東日本の縄文文化において育まれた物質文化的要素が、色濃く現れることは事実であり、大局的な情勢として「文化は東から」という視点は今なお有効である。しかし、その一方で西から東に向かう文化の反流も確実に存在した。ここではそうした一例として、鐘崎式に代表される九州系磨消縄文土器の動態を取り上げる。

(1) 平城式・小池原上層式をめぐる問題

鐘崎式の分析に入る前に、蛇足ながら鐘崎式の先行型式である平城式、小池原上層式をめぐる諸問題について、近年の状況を踏まえつつ二三言及しておきたい。

平城式、小池原上層式の編年的位置づけをめぐっては、西脇対名夫による平城式の逆転編年（西脇 1990）以降、長い論争が続いている。筆者も小池原上層式、平城式をめぐる問題について、主として瀬戸内の土器編年を参照しつつ整理を試みたことがあり（山崎 2003・2006）、これについてはその後、千葉豊の批判がある（千葉 2007）。ここで論争の経緯について詳しく触れることはできないが、現状において小池原上層式（平城1類）から鐘崎Ⅱ式へという変遷観は研究者間で定着しているので（表1参照）、問題とされるのは小池原上層式の成立過程である。

当初平城式の逆転編年を説いた西脇は、鐘崎式の胴部文様の起源を福田K2式にたどることはできず、福田K2式の帯縄文構成は、小池原下層式や平城Ⅱ式における文様の集約化によって断絶すると説いた。その上で、小池原上層式や鐘崎式の磨消縄文による文様は、平城Ⅱ式に見られる逆三角形のモチーフをベースとして「磨消縄文への回帰」が果たされることによって成立すると主張した（西脇 1990）。千葉豊をはじめとする今日的平城式逆転編年論者も、基本的には西脇と同様の観点から、九州の編年を福田K2式相当→初期縁帯文相当→平城2類→小池原上層式（平城1類）→鐘崎Ⅱ式と漸進的、段階的に捉えており、小池原上層式の磨消縄文は、福田K2式や初期縁帯文の磨消縄文とは基本的に無関係であると主張する。

これに対して筆者は、福田K2式〜初期縁帯文（小池原下層式）に見られる磨消縄文が、小池原上層式にも維持され、原則として磨消縄文手法を採用しない縁帯文（平城2類）の系統と並存することを主張した。筆者の見方は、多様な系統の土器群が渾然と共存する中から、九州土着の磨消縄文土器である小池原上層式や鐘崎式が成立するという、構造変動的な型式変化を想定している点で、千葉の見方とは大きく異なっている。

現在までのところ、この論争に終止符を打つような決定的データは得られていないが、状況に全く変化がないわけではない。西脇論文以降に現れた新たな形勢として、注目すべき点は主に三つある。第一に九州側で縁帯文土器すなわち平城2類近似の土器の検出例が増加したこと、第二に四国側で小池原上層式あるいは鐘崎式の検出例が増加したこと、そして第三に初期縁帯文と小池原上層式との間に位置づけられる磨消縄文土器の類例が増加したことである。このうち第一、第二の状況の解釈については、すでに論じたこともあるので（山崎 2006）省略し、ここでは第三とした、初期縁帯文と小池原上層式との中間に位置づけられる磨消縄文土器をめぐる問題について簡単に言及しておきたい。

九州で小池原下層式と呼ばれている土器型式は、従来から福田K2式や四ツ池式に並行するものと考えられてきた。小池原貝塚下層資料中には、四ツ池式に相当する初期縁帯文関連の資料は乏しいが、近年では水ノ江和同や前田光雄、筆者による小池原下層式の再検討（水ノ江 1992・1993、前田 1994、山崎 2003）をはじめ、幸泉満夫らによる橋詰式の設定（幸泉・幸泉 2005）など、地道な取り組みがすすめられている。

筆者は先に、九州の初期縁帯文土器（図27-1〜3）には、平城2類系につながりそうな大きな渦

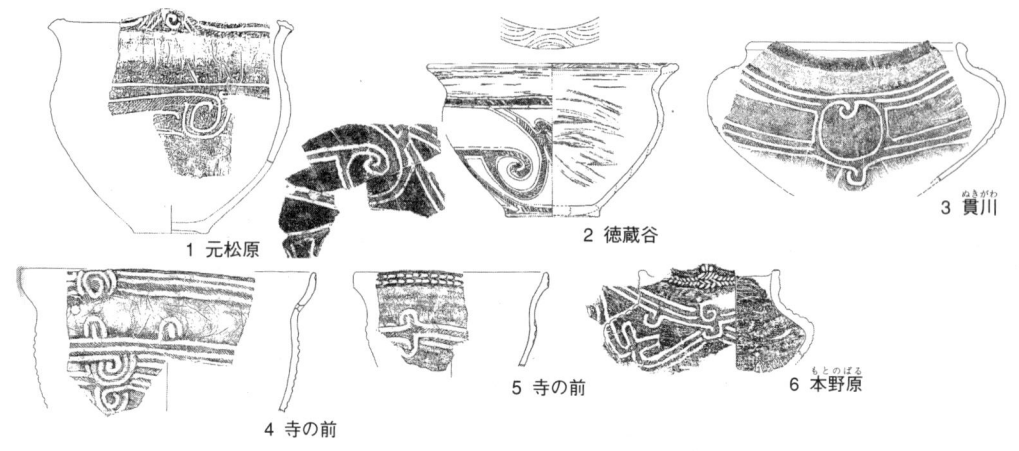

図27　九州系磨消縄文土器関連資料（縮尺＝1／8）

巻文をもつもの（1）や、福田K2式的な帯縄文構成をとどめたもの（2・3）が存在することに注目し、この時期の沈線文と磨消縄文という分化が、平城2類系と小池原上層系の系統差につながることを予想した（山崎2006）。また、瀬戸内では初期縁帯文期に磨消縄文手法がほとんど見られなくなることから、この傾向が九州の縁帯文系にもあてはまるだろうと考え、磨消縄文手法の見られない津雲A式的な土器（千葉のa類、筆者のB群）を古く、磨消縄文をもつ土器（筆者のD群）を新しく位置づけた（山崎2003）。

しかし、最近報告された大分県横尾貝塚（図28）では、瀬戸内の縁帯文土器近似の一群とともに、帯縄文による渦巻文、横帯文、区画文といった幾何学的構成をとる土器がまとまって検出され、先の編年観についても再考の必要性が生じている（図28-1・3～6）。この種の磨消縄文土器は、以前に筆者が位置づけを保留した寺の前の資料（図27-4・5）にも近似し、九州初期縁帯文期に少量見られる磨消縄文土器（図27-3）にも類似点が認められる。要するに、横尾の資料が現れたことによって、初期縁帯文期にわずかに見られた磨消縄文手法が、横尾や寺の前のような資料を介して平城式や小池原上層式に連続することが、想定できるようになったわけである。また、南九州では早くから指宿式に少量磨消縄文土器が伴うことが知られていたが、最近報告された鹿児島県山の中では、初期縁帯文近似の磨消縄文土器が出土しており、今後、この種の初期縁帯文土器と、土着の指宿式に磨消縄文手法が加えられた、磨消縄文系指宿式とでも呼ぶべき一群との関連が問題となろう。いずれにせよ、九州における初期縁帯文期以降の土器様相は、筆者らの予想を越えて、瀬戸内の土器群とは相当に異なる変化をたどるらしい。

横尾貝塚で顕著に見られる上記のような磨消縄文のあり方に対し、これとは異なる帯縄文構成の伝統をうかがうことのできる資料として、宮崎県本野原の鉢形土器を取り上げておきたい（図27-6）。この土器は、口縁部に南福寺式的な特徴を有しつつ[7]、胴部に帯縄文的な構成を採用し、頸部に波頭状文様、胴部に小さな入組文を配する。この土器に見られる基本的構成は、頸部の波頭状文様、胴部の三角形区角、鉤手状入組文を特徴とする小池原上層式の構成にも通じるものと考えられる。「磨消縄文への回帰」によって小池原上層式の成立を説明しようという西脇の説では、このような土器の存在をいかに説明するのであろうか。

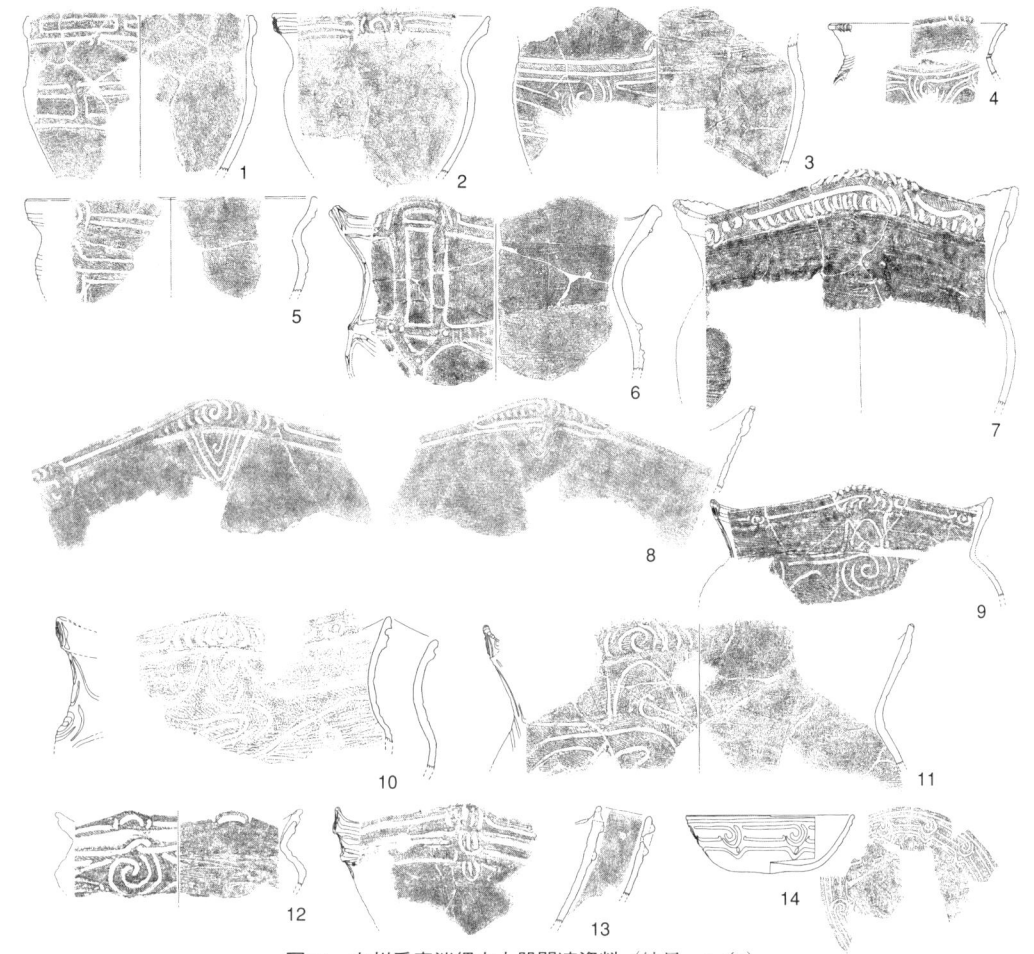

図28　九州系磨消縄文土器関連資料（縮尺＝1／8）

　上記のように、小池原上層式、平城式、鐘崎Ⅱ式といった九州系磨消縄文土器は、中津・福田K2式期に西日本一帯に広がった磨消縄文をベースとして派生した地域的土器群と言える。福田K2式直後の初期縁帯文期には、西日本一帯に類似の器形、文様帯配置を備えた土器群が広く分布するが、この時期には南四国の松の木式や山陰の布勢式など、地域的な土器系統が相当広い範囲に拡散する現象が知られており、瀬戸内や近畿においても両系統に属する土器が少なからず発見されている。したがって、土器の系統性という観点からすると、福田K2式末から初期縁帯文期にかけては、土器系統が激しく動く時期であったと言える。この時期、瀬戸内や近畿では、遺跡数自体が乏しく、大規模な遺跡もほとんど見られないから（山崎2005）、こうした低調な状況が、山陰や南四国の土器系統の侵入を許す契機となったのかも知れない。これに続く津雲A式期では、山陰や南四国の土器系統も衰退してゆき、逆に近畿の北白川上層式が勢力を強める。この北白川上層式が瀬戸内に影響を与えて彦崎K1式が成立するのである（山崎2003）。

　このように、中津、福田K2式期の中核的地域であった瀬戸内は、初期縁帯文期以降凋落してゆき、土着の土器系統も発達せず、次々と周辺地域の土器系統の侵入を許していった。中津・福田K2式の磨消縄文インパクトの後、九州の土器系統が小池原上層式、鐘崎Ⅱ式へと独自色を強めて

いく背景には、上記のような瀬戸内側の状況も関係しているのであろう。そして、以下に述べる九州系磨消縄文土器の東漸現象は、こうした動きの延長上に展開するものである。

(2) 九州系磨消縄文土器の東漸

次に、九州系磨消縄文土器の東漸現象について、西から東へ順を追って見ていくことにしたい。図29-1は小池原上層式（平城Ⅰ式）、2は鐘崎Ⅱ式、3は平城2類（筆者のD群：山崎2003）の典型例である。いずれも磨消縄文（実際には充填縄文）によって文様があらわされる。なお、平城2類は磨消縄文手法をとらないのが原則であるが、中四国、近畿で出土する平城2類系には磨消縄文を有する鉢形が多い。

4以下には、中四国以東における小池原上層式、鐘崎Ⅱ式、平城式の例を集成した。4～10は瀬戸内の事例で、4～6は山内清男氏による彦崎K1式（北白川上層Ⅱ式に並行）の基準資料である。4は小池原上層式類似の沈線突起を有する大型の深鉢で、頸部以下は無文となる。5は鐘崎Ⅱ式の橋状把手に類似するが、口縁上面の施文や胴部の沈線文は細部において鐘崎Ⅱ式のそれとは異なる。6は磨消縄文と沈線突起を有する浅鉢形で、器面はよく研磨され精良なつくりである。この種の浅鉢形は、瀬戸内の彦崎K1式には普通に見られるが、九州の鐘崎Ⅱ式にはほとんど類例がなく、磨消縄文による文様も、九州の鐘崎Ⅱ式とは異なる独自色をおびている。9・10の鉢形は、鐘崎Ⅱ式の連続施文（宮内1993）の特徴をよく伝えているが、器形や文様の細部において、本来の鐘崎Ⅱ式とは一定の隔たりがある。

いずれにせよ上記のような土器群は、縁帯文の伝統上には到底位置づけることのできないもので、九州系磨消縄文土器の影響下で生み出されたものと考えなければならない。しかし、細部において九州の土器系統とは異なる部分も認められ、在地での模倣あるいは土着の器形（特に浅鉢形）への異系統土器文様の採用を背景とした現象と考えられる。その一方で、特に西瀬戸内を中心に、7のように鐘崎Ⅱ式そのものと言って良い例も少数ではあるが認められ、この時期の瀬戸内における九州系磨消縄文の東漸現象は、土器そのものの移動をも伴っていたことが知られる。

一方、四国山地を隔てた南四国では、鐘崎式の影響力は瀬戸内よりもいっそう明瞭である。そもそも豊後水道に面した西南四国の平城貝塚で設定された当初の平城式には、小池原上層式や鐘崎式といった九州系土器群が多く含まれており、この地域が九州系磨消縄文土器群の分布域に属したことは明白である。最近では、南四国中央部に位置する高知県田村遺跡群でも、少量の小池原上層式と大量の鐘崎Ⅱ式が発見されており、九州系土器群がこの地域まで進出していたことが明らかとなった（図29-13～27）。しかも、田村遺跡群の小池原上層式、鐘崎式は、縁帯文土器をほとんど伴わずに純粋な形で存在し、九州方面の土器系統が直接的に移入された状況を示すものと見て良い。田村遺跡群の西に位置する西分増井（図29-12）では、少量ではあるが平城2類近似の土器とともに縁帯文土器が出土しており、九州系土器群の移入は、田村遺跡群に限られた特殊な現象ではないらしい。そもそも南四国は、福田K2式（宿毛式）以降、縁帯文の伝統を担った地域であり、この時期、九州系土器群の影響が強く及ぶことは興味深い事実である。特に、田村遺跡群周辺では、小池原上層式以前の在地集団の居住痕跡は北部の山裾に小規模に点在し、平野部はほとんど空白地帯と

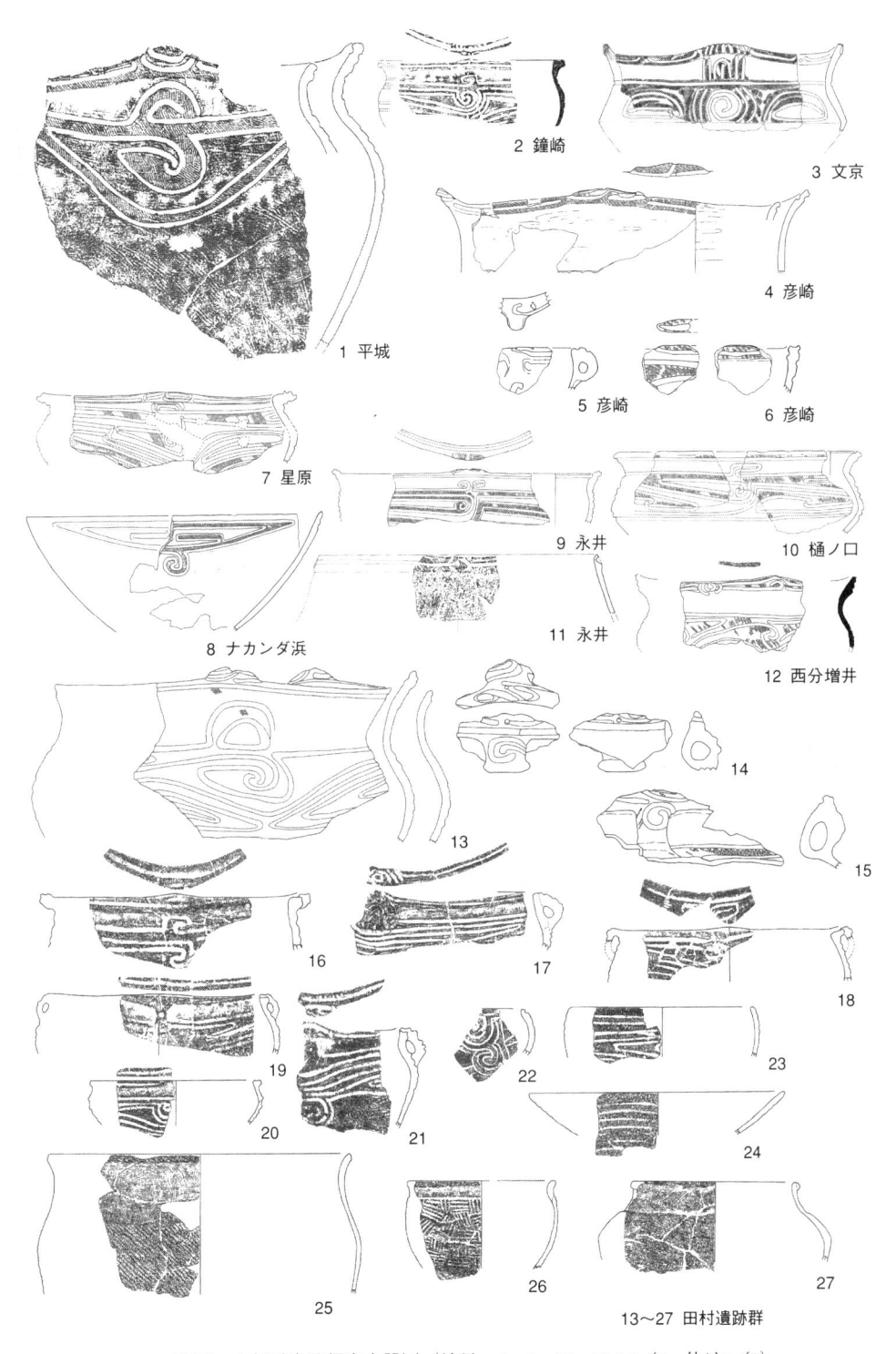

第4章 縄文後期の広域圏と異系統土器の動態 101

13～27 田村遺跡群

図29 九州系磨消縄文土器(1)（縮尺＝5・6・14・15：1/6、他は1/8）

言ってよい状況である。この空白地帯に突如九州系土器群が出現するわけであり、その背景には土地利用や集団のあり方の変化が推測される。筆者は九州系磨消縄文土器の伝統を担った人間集団の移動（移住）を想定して良いと考えている[8]。

　次に山陰方面の状況について見ておきたい（図30）。山陰では、崎ヶ鼻式に九州系磨消縄文土器が含まれており（千葉 2001）、小池原上層式（28）、鐘崎Ⅱ式（29）に比定されるものがある。30は瀬戸内の彦崎K1式に伴う磨消縄文浅鉢に対比されるものであろう。小池原上層式類似の土器は鳥取県布勢（32）、青島（34）にも見られるが、器形、文様構成や入組文の形状など、細部において九州の小池原上層式とは相違点もある。鐘崎Ⅱ式に相当する資料は三田谷Ⅲ（33）や西川津からも出土しており、とりわけ三田谷Ⅲの鐘崎Ⅱ式（33）は、器形、施文等において九州の鐘崎Ⅱ式の特徴をよく伝えている。しかし、胴部の閉じた三角形区画文は、一筆書きの連続施文を基本とする鐘崎Ⅱ式の構成（宮内1993）からは外れたものと言え、青島の小池原上層式（34）の胴部に見られる閉じた区画文や、佃型区画文（第13図14・16）などとの近似が問題となろう。31は球胴形の鉢の胴部に磨消縄文が加えられた珍しい例で、三角形区画と渦巻を基調とする構成は鐘崎Ⅱ式にも通じるが、同時に佃型区画文への接近をも示す例と考える。35は浅鉢形で、同種の文様構成をとるものとみられる。

　上記のように、この時期、九州系磨消縄文土器は中四国一帯に進出しており、その影響力は、各地の土器様相に大きな変化をもたらしている。ただし、ひとくちに九州系磨消縄文土器の影響といっても、地域ごとにその現れ方には差異が認められた。すなわち、瀬戸内、山陰を東に伝わった九州系磨消縄文土器は、在地の土器系統と共存しつつ、本来的な姿を崩していく。この間のプロセスについては、瀬戸内と山陰では若干の差異が認められ、瀬戸内では鐘崎式特有の一筆書きの連続施文を意識した構成を維持しつつも、鉤手状入組文は単純な鉤形に変化する（図29-9・10）。一方、山陰では閉じた三角形区画と渦巻を基調とした文様構成が採用されており、佃型区画文に近似した単位区画文が発達する（図30-31・33・34・35）。ここでは、記述の都合上、前者を九州系磨消縄文土器の瀬戸内型、後者を山陰型として区別しておきたい。このような瀬戸内、山陰の状況に対して、南四国を東に進んだ九州系磨消縄文土器の波は、九州の土器そのものと言って良い土器群の移入という形であらわれる。在地の土器をほとんど伴わず、突如として南四国中央部に九州系土器群が出現する現象の背景には、上述のように人間集団そのものの移動（移入）を想定すると理解しやすい。いずれにせよ、南四国の状況は、瀬戸内や山陰の状況とは大きく異なっており、これは社会や集団のあり方の違いを反映しているのであろう。

　次に、中四国をへて関西に入った九州系磨消縄文土器の展開について見ていくことにしたい。

　図30-37・42・43・45・47は平城2類近似の土器で、この種の土器は中四国よりもむしろ関西において目立つ存在である。在地土器に比べて異質な胎土を呈するものが多く、搬入品と見て良いであろう。京大病院の状況から考えて、年代的には北白川上層Ⅱ式に並行するものと考えて良い。弘川佃からは、45の平城2類のほかにも小池原上層式（44）、鐘崎Ⅱ式（46）が出土しており、このほかにも数個体分の九州系磨消縄文土器がある。弘川佃の九州系磨消縄文土器はいずれも搬入品と考えて良い状況であり、44は、入組文の形状等において、鳥取県青島の小池原上層式に共通する特

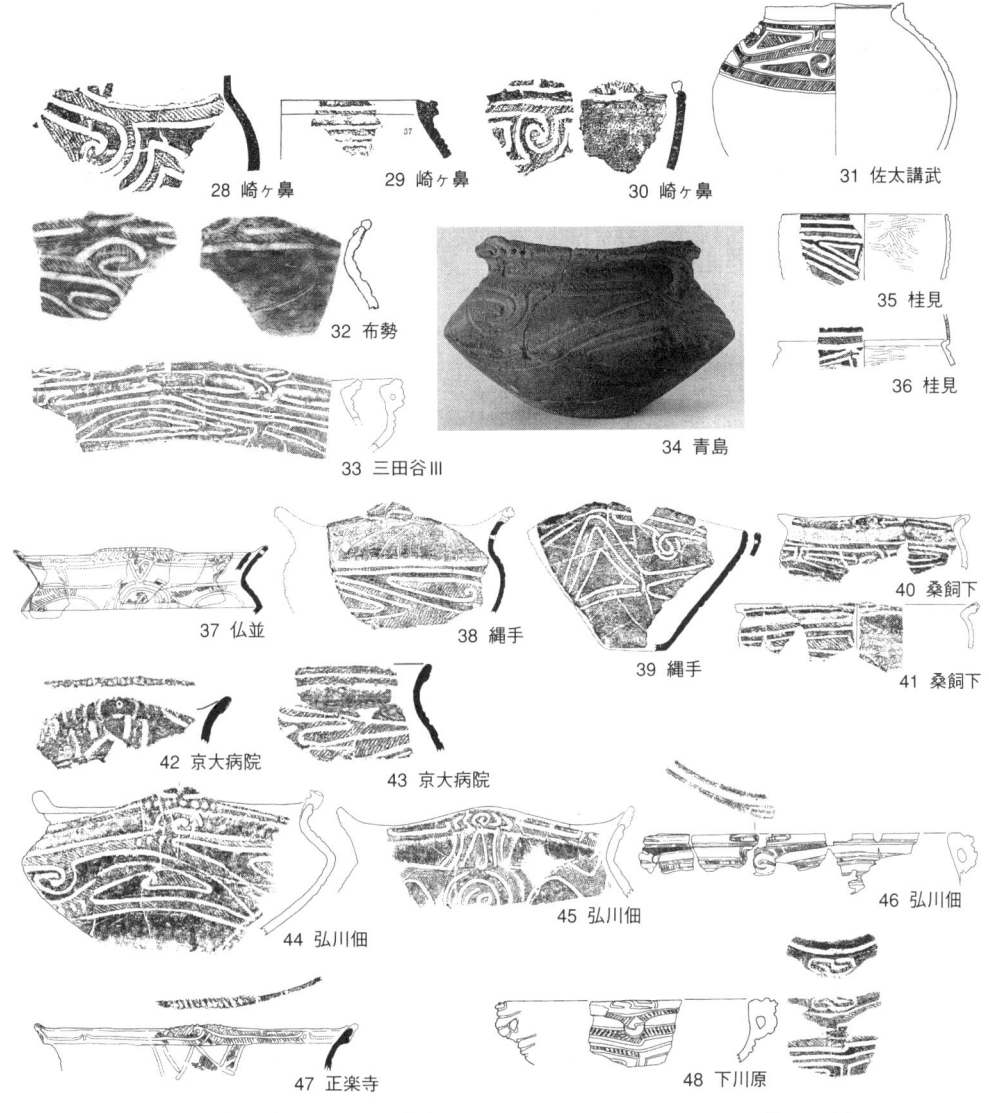

図30 九州系磨消縄文土器(2) (縮尺＝28～30・32・39・40：1/6、他は1/8)

徴を有する。48は、三重県下川原の鐘崎Ⅱ式で、九州系磨消縄文土器としては現在のところ最も東に位置する例である。上記の資料は、いずれも搬入品および搬入品に準じてとらえることのできるものであるが、その分布は沿岸部だけでなく内陸部においても濃密である。この事実は、当時の物資、情報の伝達システムを考える上で重要なデータとなろう。

　38・39は大阪湾に面した縄手の資料で、38の胴部に見られる胴部文様帯を斜めに区切る構成や鉤形文の特徴は、瀬戸内型九州系磨消縄文土器に共通する。Ｓ字形をなす口縁の沈線突起は、堀之内2式の一部にも見られるものであるが、本例は九州系磨消縄文土器と関連を有するものであろう。39は佃型区画文として良い個体であるが、鉤形文の形状は本来のあり方とは異なっており、九州系磨消縄文土器瀬戸内型あるいは縄手型入組文の影響下にあると考えてよいだろう。40・41は鐘崎Ⅱ式の器形をよく伝える資料で、胴部の文様は九州系磨消縄文土器山陰型に類似する。

以上のような九州系磨消縄文土器の東漸現象は、年代的には彦崎K1式、北白川上層Ⅱ式を中心としており、当初は小池原上層式、平城2類が（多くは搬入品として）少量進出した後、鐘崎Ⅱ式の段階に、さらに色濃い浸透力をもって進出するという経過をたどる。また、小池原上層式や鐘崎Ⅱ式は、縁帯文土器とは大きく異なる器形、文様を備えた土器型式でありながら、土着の土器系統の中に異なる系統として組み入れられ、独自の位置を獲得しながら広がっていくという特徴がある。

　ところで、上記のように強い浸透力をもって西から押し出してくる九州系磨消縄文土器の動きに対して、縁帯文土器もわずかながら九州側に波及していたことが知られている。大分県寺の前やエゴノクチ、横尾では、彦崎K1式の鋸歯状文に関連すると見られる断片的な資料が発見されており、平城式や鐘崎式に伴うベタ縄文の鉢形土器（粗製の傾向がある）も、本来は瀬戸内に系譜を有するものと見て良い。しかし、大局的に見た場合、東から西に向かう土器系統の動きよりも、西から東に向かう動きの方がはるかに顕著であったと言わなければならないであろう。量的比率だけではない。西から東に入った九州系磨消縄文土器が、精製土器として高い位置を占めているのに対して、東から西に入った縄文地土器が並製あるいは粗製の位置に留まっているのは、土器系統の影響関係にも一定の格差が存在したことを物語る。

　平城式、鐘崎式期の九州は、石囲炉や打製石斧など、新来の文物が登場する時期にあたり、その背景にはしばしば東からの文化的影響が想定されているが、上述のように土器系統の動きから見た場合、この時期の東からの影響はごく限定的なものであったと言えるだろう。東からの影響という点では、むしろ磨消縄文手法そのものが東方からもたらされ、阿高式の伝統を払拭しながら定着していく、中津式から初期縁帯文期にかけての方が著しい。このように、九州縄文後期の文化変化は段階的に進行する点に特徴があり、前川威洋はこうした側面をとらえて「波状的文化の到来」と表現している（前川1968）。

（3）東西磨消縄文の出会い

　以上、九州を発信源として東に向かう九州系磨消縄文土器の動態について概観した。大局的な情勢としてこの時期には、瀬戸内の津雲A式や彦崎K1式、近畿の北白川上層式など、中四国、近畿の土着の土器系統においては磨消縄文による文様表現はほとんど失われ、沈線文、条線文、縄文等による単純な施文が主流をなしている。一方、九州では中津式、福田K2式期に波及した磨消縄文の伝統が、小池原上層式、鐘崎Ⅱ式へと維持されており、しかもそれは盛行する。これに対して関東では、称名寺Ⅱ式、堀之内1式で一旦磨消縄文は衰退するが、堀之内1式末期に多条沈線表現から帯縄文表現への転換がはかられ、堀之内2式では再び磨消縄文が盛行することとなった。したがって、鐘崎Ⅱ式、北白川上層Ⅱ式、堀之内2式期の東西を眺めてみると、磨消縄文は九州と関東において盛んで、この東西の磨消縄文が中間地域に進入するという現象が生じているわけである[9]（千葉1998・2002a、山崎2003）。

　この間のプロセスを簡単にまとめておくと、堀之内2式の磨消縄文が、ほとんどそのままの形で関西に現れるのに対して、九州系磨消縄文土器の場合は、高知県田村遺跡群のように直接的な移入と言って良い例も見られるが、多くは土着の土器系統と接触し、本来の形を崩していく。この過程

で、瀬戸内型や山陰型と呼称した地域的土器群が生み出され、これが少量の搬入土器群とともに関西にもたらされる。このように、堀之内2式の関西への波及が、関東から関西への人的移動をも伴った直接的なものであったのに対して、九州系磨消縄文土器の関西への波及は、中継地あるいは媒介集団を介在させた玉突き的なものであったと言えるだろう。もっとも、後者においても、地域間で一定程度の人的移動を想定する必要がある点に変わりはない。

こうして関西に入った東西の磨消縄文は、この地で新たな磨消縄文の系統を生み出すことになる。佃型区画文における九州系磨消縄文土器山陰型の影響力については、上述の通りであるが、この種の区画文は堀之内2式の区画文とも同調的で、相互に連動する部分を認めることができる。また、縄手型入組文は、堀之内2式の渦巻文（ただし、関西における類例は多くない）をベースとして、九州系磨消縄文土器瀬戸内型の斜位構成とも関わりながら展開していくものと考えられる。このように、そもそもの起源を同じくしながらも、遠くかけ離れた地域で維持された磨消縄文が、中間地域で再会を果たし、新たな文様を生み出していくのである。東西磨消縄文の接触によって生み出された新たな磨消縄文の系統は、本来的に広域的性格を帯びていたと言え、続く後期中葉に西日本一帯を覆って成立する磨消縄文土器の広域分布圏の形成過程において、重要な役割を果たすことになるのであるが、この間のプロセスについては稿を改めて論じたい。

4．小　　結

本稿では、関東から東海をへて関西に入った堀之内式の事例と、九州から中四国をへて関西に至った九州系磨消縄文土器の事例を取り上げた。いずれの事例も、異系統土器現象の背景には、人づてに伝えられる情報の流れだけでなく、土器製作者そのものの移動を想定すると理解しやすい。ここで想定される移動は非常に長距離におよび、しかも継続性（継起性）を有する点に特徴があると言える。また、いずれの事例においても、量的比率から見る限り異系統土器の動きは一方向的であり、けっして相互的なものとは言えない。このことは、もっぱら特定の土器系統を担う人間だけが移動するという状況を想起させるものであるが、根本的な問題として、土器の動きがどこまで人の動きを反映した現象と言えるのかという点への配慮も必要となるであろう。

本稿でとりあげた後期前葉における異系統土器の激しい動きは、後期中葉にむけて収束していく。堀之内2式後半から加曽利B1式にかけて、関西における関東系土器の出土例は限定されるようになり、しかも小型の器形や注口土器など工芸的にすぐれた特定の器種が選択的に移入されている。この時期には、前段とは異なり土器そのものが搬入されているような印象をもっているが、この点については今後の精査が必要となろう。関東南西部では、堀之内2式から加曽利B1式にかけて遺跡数自体が減少し、特定の遺跡への集中が顕著になることが知られている。関西における上記のような変化の背景には、情報の発信元におけるこうした社会的変化が関係しているのかも知れない。

一方、鐘崎式についてはどうであろうか。鐘崎Ⅱ式の顕著な東漸傾向に比して、続く鐘崎Ⅲ式では香川県永井など一部の遺跡を除いて、中四国以東での出土例は知られていない。Ⅱ式からⅢ式にかけて、鐘崎式はその形態、文様を著しく変容させていく。特に周防灘沿岸部では有文土器の粗製

化が顕著であり、鐘崎Ⅱ式で発達した磨消縄文は完全に衰退すると見て良い。他方、鐘崎Ⅱ式は中九州、南九州にも波及し、市来式など土着の型式と並存することが知られている。中九州、南九州では鐘崎Ⅱ式からⅢ式にかけてわずかに磨消縄文が維持されており、後期中葉北久根山式の一部の前身となる。結局のところ、九州北部を本拠地とする鐘崎Ⅱ式の磨消縄文は、東へあるいは南へと拡散したが、続く鐘崎Ⅲ式では、本拠地の北部九州で磨消縄文が衰退してしまい、波及先の周辺地域において維持されるという、一見して奇妙な現象が生じているわけである。

ところで、このような形で示される長距離移動は、縄文後期の社会においていかなる意味をもっていたのであろうか。筆者は先に、瀬戸内と佐賀平野の縄文遺跡分布の年代的変遷を概観し、縄文中期以前に比べて、後期以降には定着性が強まる現象が見られることを論じた（山崎2005・2009）。拠点的遺跡が散漫に分布し、個々の集団に対して想定される領域も広かったと考えられる中期以前の状況とは対照的に、後期には拠点的遺跡の分布が密になり、割拠がすすむ状況を指摘することができる。拠点的遺跡の密な分布は、遺跡間の日常的な交流を活発化させたであろう。縄文後期の広域性そのものは、こうした日常的交流の活発化、すなわち情報ネットワークの緊密化を背景とした現象であったと考えられる（山崎2003、矢野2005）。

その一方で、後期段階には本稿で検討したような形での長距離の移動も行われていた。この長距離移動が、いかなる背景のもとに行われたのか、興味ある問題であるが、この問いに明確な回答を与えることは難しい。しかし、移動が全く無秩序あるいは任意的に行われたのであるならば、特定の土器系統のみが長距離を移動するような現象を説明することは難しいであろう。また、このような長距離にわたる移動は、程度の差はあれ、縄文時代において長い歴史的背景を有する現象と言える。こうした移動をめぐる問題は、縄文時代社会の本質にも関わる重要なテーマと言えるだろう。

本稿は、2006年に『異系統土器研究会』席上で発表した内容を骨子として、大幅に検討し直したものである。研究会に参加する機会を与えていただいた今村啓爾先生、ならびに堀之内式の理解について多々ご教示賜った鈴木德雄氏に深く感謝する次第である。

註
1） このような共存現象は、堀之内1式、2式をへて加曽利B1式頃までごく普通に見られる。加曽利B1式の注口土器が西日本各地で出土することはよく知られた事実である（西田1992など）。
2） 千葉豊はこの種の入組文について、主として編年的観点から検討を加えている（千葉1989b）。また今橋浩一は、この種の入組文が堀之内2式並行期に、東北から近畿まで広い範囲に分布することを指摘している（今橋1980）。
3） 関東の称名寺式は、西日本の中津式の影響を強く受けて成立した土器群であり（今村1977）、成立当初の称名寺式と続加曽利E（加曽利EⅤ）式との間には、沈線や縄文の性質に顕著な差異が認められる（鈴木1990・1993など）。このコントラストは、大局的には土着の加曽利E式と、西方に起源を有する称名寺式との技術伝統の差異を反映したものと考えられるのであるが、西日本の土器を見慣れた目には、関東の称名寺式初期に多く見られる異様に太い沈線と異様に細かい縄文は、西日本の技術的伝統という範疇を越えて、むしろ続加曽利E式との差異を強調するために作為されたデフォルメのように見える。
4） 関東南西部において、堀之内1式終末に向けてC、D群が融合していく現象は、C、D群の系統が、同一人

物によって担われることが多かったために生じたと考えると理解しやすい。このことから推測されるように、一人の土器製作者が一系統の土器づくりばかりを伝習していたと考える必要はなく、時には複数の系統を作り分けるような人物も存在したのであろう。

5) ただし、堀之内式流入当初の四ツ池式期では、関東南西部に分布の主体を置くA群、B群および沈線文系のC群が主流を占めており、単純に東から押し出してくる動きのみを強調するわけにはいかない。

6) とはいえ、移入者は土着の集団と絶縁していたわけではなく、むしろ下川原の例などでは、在地の人々と同じ集落内で共存していたことがうかがえる。また、堀之内式と北白川上層式との折衷的な土器が多く見られることからも、両者の積極的な交流を垣間見ることができよう。その一方で、口縁部を縁帯文風につくる堀之内式が多く見られることは、移入者の心理を反映したものであろうか。

7) この土器に見られる口縁部の特徴は、寺の前の土器の口縁部文様（図27-5）とも関連を有するものとみられる。

8) 千葉豊は田村遺跡群等における九州系磨消縄文土器が、南四国で主体を占める土器系統であったことを主張している（千葉2007）。しかし、土器の系統性そのものを問題とした場合、四国山地南麓部の初期縁帯文は、先に述べた九州系磨消縄文土器の直接の母体となる土器群とは異なる、一定の地域色をおびた土器群であり（胴部を無文とする傾向が強い）、両者の間に直接的な系統関係を想定することはできない、と筆者は考えている。すなわち、南四国において九州系磨消縄文土器は、外来の異系統土器として存在する、と考えている。ある系統の土器が、特定の時期に特定の地域で主体を占めるかどうかという量的分布の問題と、土器の系統性自体の問題は厳密に区別して考えなければならない事柄である。

9) 今回は十分取り上げることができなかったが、瀬戸内、山陰、関西の九州系磨消縄文土器では、縄文の撚りがRLを主とし、赤彩の施された個体も少なからず存在する。この点は堀之内2式の磨消縄文との差異として注目されるべき点である。

参考文献

石井　寛　1984　「堀ノ内2式土器の研究（予察）」『調査研究集録』5、港北ニュータウン埋蔵文化財調査団。
石井　寛　1992　「称名寺式土器の分類と変遷」『調査研究集録』9、横浜市ふるさと歴史財団。
石井　寛　1993　「堀之内1式期土器群に関する問題」『牛ヶ谷遺跡　華蔵台南遺跡』横浜市ふるさと歴史財団。
泉　拓良　1980　「北白川上層式の細分」『京都大学構内遺跡調査研究年報』昭和54年度、京都大学埋蔵文化財研究センター。
泉　拓良　1981a　「近畿・中国・四国の土器」『縄文土器大成』3　後期、講談社。
泉　拓良　1981b　「近畿地方の土器」『縄文文化の研究』4　縄文土器Ⅱ、雄山閣。
泉　拓良　1989　「縁帯文土器様式」『縄文土器大観』4、小学館、273～276頁。
市川考古学博物館　1983　『シンポジウム堀之内式土器の記録』
犬飼徹夫　1976　「愛媛県平城貝塚の再評価」『考古学ジャーナル』129。
今橋浩一　1980　「堀之内式土器について」『大田区史』資料編考古Ⅱ、東京都大田区。
今村啓爾　1977　「称名寺式土器の研究」（上）（下）『考古学雑誌』63-1、63-2。
今村啓爾　2006　「縄文前期末における北陸集団の北上と土器系統の動き」（上）（下）『考古学雑誌』90-3、90-4。
乙益重隆・前川威洋　1969　「九州」『新版考古学講座』3、雄山閣。
木村剛朗　1996　「総括」『四国西南沿海部の先史文化』幡多埋蔵文化財研究所。
幸泉満夫・幸泉文子　2005　「九州の成立期縁帯文土器」『山口県立山口博物館研究報告』第31号。
幸泉文子　2008　「中国地方における九州鐘崎式系縄文土器」『地域・文化の考古学―下條信行先生退任記念論文集』
佐々木謙・小林行雄　1937　「出雲国森山村崎ヶ鼻洞窟及び権現山洞窟遺蹟」『考古学』8-10。
小学館　1979　『世界陶磁全集1　日本原始』

縄文セミナーの会　1990　『縄文後期の諸問題』
縄文セミナーの会　2002　『後期前半の再検討』
鈴木徳雄　1990　「称名寺式土器」『調査研究集録 特集称名寺式土器に関する交流研究会の記録』第7冊、横浜市埋蔵文化財センター。
鈴木徳雄　1993　「称名寺式の変化と中津式—型式間交渉の一過程—」『縄文時代』第4号。
田中良之・松永幸男　1981　「寺の前遺跡縄文後期土器について」『荻台地の遺跡』Ⅵ、荻町教育委員会。
田中良之・松永幸男　1984「広域土器分布圏の諸相—縄文時代後期西日本における類似様式の並立」『古文化談叢』14。
千葉　豊　1989a　「縁帯文系土器群の成立と展開」『史林』72-6。
千葉　豊　1989b　「辻垣内遺跡出土の縄文土器」『昭和61年度農業基盤整備事業地域 埋蔵文化財発掘調査報告Ⅰ』三重県教育委員会。
千葉　豊　1992　「西日本縄文後期土器の二三の問題—瀬戸内地方を中心とした研究の現状と課題—」『古代吉備』14。
千葉　豊　1998　「後期縄文土器の施文手法ノート—近畿・瀬戸内地方の事例を中心に—」『古代吉備』20。
千葉　豊　2001　「沖丈遺跡出土縄文後期土器の編年的意義—崎ヶ鼻式と『権現山式』のあいだ—」『沖丈遺跡発掘調査報告書』
千葉　豊　2002a　「波状単位と文様帯—縁帯文土器における事例研究—」『長野県考古学会誌』99・100。
千葉　豊　2002b　「平城式について」『四国とその周辺の考古学』犬飼徹夫先生古稀記念論集。
千葉　豊　2005　「西日本縄文後期土器編年研究の現状と課題」『縄文時代』第16号。
千葉　豊　2007　「高知平野における縄文後期前・中葉の土器編年」『縄文時代』第18号。
出原恵三　1992　「松ノ木式土器の提唱とその意義」『松ノ木遺跡Ⅰ』本山町教育委員会。
西　健一郎　1980　「鐘崎式土器について」『九州文化史研究所紀要』25。
西田　栄・鎌木義昌　1957　「伊予平城貝塚」『瀬戸内考古学』1（『瀬戸内考古学研究』1996所収）。
西田泰民　1992　「縄文土瓶」『古代学研究所研究紀要』第2輯。
西脇対名夫　1990　「伊木力遺跡出土縄文時代後期土器の検討」『伊木力遺跡』多良見町教育委員会。
橋本久和　1995　「土器について」『芥川遺跡発掘調査報告書』高槻市教育委員会。
前川威洋　1968　「九州後期縄文文化の諸問題—磨消縄文土器の展開—」（『九州縄文文化の研究』1979所収）。
前川威洋　1979　『九州縄文文化の研究』前川威洋遺稿集刊行会。
前田光雄　1994　「宿毛式、その特質」『研究紀要』1、高知県文化財団埋蔵文化財センター。
前田光雄　2000　「縄文時代後期前半の土器群について」『松ノ木遺跡Ⅴ』本山町教育委員会。
前田光雄　2001　「土器型式相の試論—西四国縄文時代後期を中心として—」『西四国の縄文文化』愛媛県歴史文化博物館。
水ノ江和同　1992　「小池原上層式・下層式土器に関する諸問題」『古文化談叢』27。
水ノ江和同　1993　「九州の縁帯文土器—九州における縄文後期前・中葉土器研究の現状と課題—」『古文化談叢』30（上）。
宮内克己　1993　「縄文土器の検討」『飯田二反田遺跡』大分県教育委員会。
宮本一夫　1990　「文京遺跡第11次調査出土の縄文土器の検討」『文京遺跡第8・9・11次調査』愛媛大学埋蔵文化財調査室。
三輪晃三　1996　「九州阿高式系・縁帯文系土器群の研究—縄文中・後期の土器ホライズンの形成とその背景—」『奈良大学大学院研究年報』創刊号。
矢野健一　2005　「土器型式圏の広域化」『西日本縄文文化の特徴』第1回西日本縄文文化研究会資料集。
山崎真治　2003　「縁帯文土器の編年的研究」『東京大学文学部考古学研究室紀要』第18号。

山崎真治　2005　「瀬戸内海をめぐる遺跡群の動態―縄文時代における地域集団の諸相―」『関西縄文論集』2。
山崎真治　2006　「平城貝塚を見る眼」『縄文時代』17。
山崎真治　2007a　「彦崎諸型式の再検討」『彦崎貝塚の考古学的研究』東京大学総合研究博物館研究報告第43号。
山崎真治　2007b　「福田K2式をめぐる諸問題―称名寺・堀之内1式との関係を中心として―」『貝塚』63。
山崎真治　2009　「佐賀平野の縄文遺跡―縄文時代における地域集団の諸相2―」
山内清男　1940　「堀之内式」『日本先史土器図譜』第Ⅵ輯。

報告書

宮城県二屋敷	宮城県教育委員会・日本道路公団　1984　『東北自動車道遺跡調査報告書Ⅸ』	
栃木県古宿	栃木県埋蔵文化財センター　1994　『古宿遺跡』	
茨城県陸平	美浦村教育委員会　2006　『茨城県稲敷郡美浦村陸平貝塚調査研究報告書2』	
千葉県貝の花	松戸市教育委員会　1973　『貝の花貝塚』	
千葉県西広貝塚	市原市文化財センター　2005　『西広貝塚Ⅱ』2。	
神奈川県華蔵台南	横浜市ふるさと歴史財団　1993　「華蔵台南遺跡」『牛ヶ谷遺跡・華蔵台南遺跡』	
神奈川県小丸	横浜市ふるさと歴史財団　1999　『小丸遺跡』	
静岡県滝戸	富士宮市教育委員会　1997　『滝戸遺跡』	
静岡県破魔射場	静岡県埋蔵文化財調査研究所　2001　『富士川SA関連遺跡：平成9・10年度富士川SA改良工事に伴う埋蔵文化財発掘調査報告書』	
福井県右近次郎	大野市教育委員会　1985　『右近次郎遺跡Ⅱ』	
福井県北寺	三方町教育委員会　1992　「北寺遺跡」『市港遺跡・北寺遺跡』	
愛知県朝日	愛知県埋蔵文化財センター　1991　『朝日遺跡Ⅴ（土器・総論編）』	
愛知県旧紫川	名古屋市見晴台考古資料館　1993　『名古屋の縄文時代：特別展』	
愛知県新御堂	西尾市教育委員会　1995　『貝ス遺跡・新御堂遺跡』	
三重県下川原	名張市遺跡調査会　1986　『下川原遺跡』	
	名張市遺跡調査会　1997　『下川原遺跡5次調査概要』	
三重県新徳寺	三重県埋蔵文化財センター　1997　『新徳寺遺跡』	
滋賀県穴太	滋賀県教育委員会・滋賀県文化財保護協会　1994　『一般国道161号線（西大津バイパス）建設に伴う穴太遺跡発掘調査報告書Ⅰ』	
滋賀県弘川佃	滋賀県文化財保護協会　2007　『弘川佃遺跡・弘川宮ノ下遺跡』	
滋賀県福満	中村健二・小島孝修　2004　「福満遺跡出土の縄文時代遺物」『「新修彦根市史」編纂にともなう彦根市内遺跡・遺物調査報告書』彦根市史考古部会。	
滋賀県松原内湖	滋賀県教育委員会・滋賀県文化財保護協会　1993　『松原内湖遺跡発掘調査報告書Ⅰ』	
滋賀県今安楽寺	能登川町教育委員会　1986・1990　『今安楽寺遺跡』	
滋賀県正楽寺	能登川町教育委員会　1996　『正楽寺遺跡』	
京都府京大植物園内	中村徹也　1974　『京都大学理学部ノートバイオトロン実験装置室新営工事に伴う埋蔵文化財発掘調査の概要』	
	京都大学文学部博物館　1991　『先史時代の北白川』	
京都府京大病院構内	京都大学埋蔵文化財研究センター　1990　「京都大学病院構内遺跡の調査」『京都大学埋蔵文化財調査報告Ⅳ』	
	京都大学埋蔵文化財研究センター　2007　「京都大学病院構内AE19区の発掘調査」『京都大学埋蔵文化財調査研究年報　2002年度』	
京都府桑飼下	平安博物館　1975　『桑飼下遺跡発掘調査報告』	

大阪府芥川	高槻市教育委員会　1995　『芥川遺跡発掘調査報告書』	
大阪府縄手	縄手遺跡調査会　1971　『縄手遺跡Ⅰ』	
	東大阪市教育委員会　1976　『縄手遺跡Ⅱ』	
	東大阪市教育委員会　1987　「縄手遺跡・若江北遺跡の調査―昭和61年度―」『東大阪市埋蔵文化財包蔵地調査概要』28	
大阪府仏並	大阪府文化財協会　1986　『仏並遺跡』	
	岩崎二郎　1988　「仏並遺跡71―ODの縄文土器」『大阪府埋蔵文化財協会研究紀要』1	
	和泉市教育委員会　1993　『仏並遺跡発掘調査報告書―エッソガソリンスタンド建設に伴う発掘調査―』	
	松尾信裕　1995　「仏並遺跡包含層出土の縄紋土器」『大阪府埋蔵文化財協会研究紀要』3。	
大阪府森の宮	難波宮址顕彰会　1978　『森の宮遺跡第3・4次発掘調査報告書』	
大阪府四ツ池	第二阪和国道内遺跡調査会　1971　『池上・四ツ池遺跡』16・17。	
奈良県広瀬	橿原考古学研究所　1981　「山添村広瀬遺跡発掘調査概報」『奈良県遺跡調査概報（第一分冊）』	
和歌山県亀川	海南市文化財調査研究会・海南市教育委員会　1985　『亀川遺跡Ⅴ』	
鳥取県桂見	鳥取県教育文化財団　1996　『桂見遺跡』	
鳥取県布勢	鳥取県教育文化財団　1981　『布勢遺跡発掘調査報告書』	
島根県崎ヶ鼻	佐々木謙・小林行雄　1937　「出雲国森山村崎ヶ鼻洞窟及び権現山洞窟遺蹟」『考古学』8-10。	
島根県佐太講武	赤澤秀則　1998　「佐太講武貝塚について」『考古学ジャーナル』435。	
島根県三田谷Ⅲ	建設省出雲工事事務所・島根県教育委員会　2000　『三田谷Ⅲ遺跡』	
岡山県彦崎	山崎真治・高橋健　2007　『彦崎貝塚の考古学的研究』東京大学総合研究博物館研究報告第43号。	
香川県永井	香川県教育委員会　1990　『永井遺跡』	
香川県樋ノ口	香川県教育委員会　1990　『永井遺跡』	
愛媛県久米窪田	栗田茂敏　1989　「久米窪田森元遺跡」『松山市埋蔵文化財調査年報Ⅱ』松山市教育委員会。	
愛媛県平城	木村剛朗　1996　『四国西南沿海部の先史文化』幡多埋蔵文化財研究所。	
愛媛県文京	愛媛大学法文学部考古学研究室・愛媛大学埋蔵文化財調査室　1990　『文京遺跡第8・9・11次調査』	
愛媛県星原	愛媛県埋蔵文化財調査センター　2004　『星原市東遺跡星原市遺跡』	
高知県西分増井	高知県文化財団埋蔵文化財センター　2004　『西分増井遺跡Ⅱ』	
高知県田村	高知県文化財団埋蔵文化財センター　2004　『田村遺跡群Ⅱ』	
福岡県鐘崎	杉山寿栄男　1934　「筑前鐘ヶ崎の縄文土器」『考古学』5-4。	
	西健一郎　1980　「鐘崎式土器について」『九州文化史研究所紀要』25。	
福岡県元松原	岡垣町教育委員会　1981　『元松原遺跡』	
福岡県貫川	北九州市教育文化事業団埋蔵文化財調査室　1995　『貫川遺跡10』	
佐賀県徳蔵谷	唐津市教育委員会　1995　『徳蔵谷遺跡2』	
大分県寺の前	荻町教育委員会　1981　『荻台地の遺跡Ⅵ』	
大分県横尾	大分市教育委員会　2008　『横尾貝塚　大分県大分市大字横尾所在の横尾貝塚範囲確認調査報告書』	
宮崎県本野原	田野町教育委員会　2005　『本野原遺跡』	
鹿児島県山の中	鹿児島県立埋蔵文化財センター　2006　『山ノ中遺跡』	

第 5 章　土器の折衷
—勝坂式と阿玉台式—

　　　　　　　　　　　　　　　　　　　　　　　　　　　　　　　　小林　謙一

　「土器型式とは何か」、なぜ土器型式は時空間的単位となり得るのか、土器の分布圏は何を反映しているのか、という問いは、日本考古学にとってなじみ深い設問である。そして、解が得られていないことが広く共有されている問題でもある。

　本稿では、異系統土器群間の関係を、広域の分布空間の中での関係及び局所的共存の2つの空間的な面から検討する。その分析の材料として、異系統土器群の間に生み出された合いの子に注目する。そのためには、まず、土器型式自体が明確に理解されなくてはならないが、ここでは筆者がこれまで検討を加えてきた成果に則る形で勝坂式・阿玉台式の二つの土器群に焦点を当て、「勝坂式土器」「阿玉台式土器」「折衷土器」と概念的に区分し、「折衷土器」とはなにか、その当初の設問へとフィードバックする手順を採る。次いで、折衷土器を含めた、土器タイプの空間的な分布（集中的な分布、移動）や時間的な分布（系統的変化・継承や断絶）を検討し、土器制作者ひいては土器制作システムが縄紋社会システムの中でどのように位置づけられるかを検討したい。

　本稿は、縄紋時代中期の関東地方前葉の勝坂式・阿玉台式前半期を題材に、「土器型式とは何か」という問いについて、改めて考えるものである。

1．勝坂文化と阿玉台文化

　まず、土器型式を用いる人々の文化的背景を整理する。今回の分析の対象となる縄紋時代中期前葉の南関東地方について、その文化的状況を、これまでの筆者の研究から下記のようにまとめておきたい。

　五領ケ台式土器文化は、中部関東地方の多角的採集経済戦略をベースとした小地域ごとの集団間相互作用を機軸とする（隣接集落・集団間の関係の連続による）社会的ネットワークを形成し、日本各地の他の土器文化圏と相互に交流をもっている。

　特に、東関東地方八辺式土器文化と密接な関係を持ち、同時に岩手県北上市滝ノ沢遺跡（稲野1983）の八辺式土器や新潟県から北陸地方にかけて搬入される中部・西関東地方の五領ケ台式土器または逆に大木式や北陸・東海・西日本系土器の搬入など1次的土器移動や交易による物質の交換、角押紋ホライズンとすべき広域的に共通した文様要素の変化にみる土器制作上の情報交換や土器制作者を含む人の移動など、本州島過半にひろがるような広域的相互関係を示している。

　五領ケ台式土器群は、中部・西関東・東関東地方の3地域に大きく分化し、東関東地方における東北地方大木系土器との関係と中部地方における北陸系土器との関係から土器の変化の方向性にフ

ィードバック（小林1991d）が生じ、文様帯構成や器形・施文方法が変移して、それぞれ阿玉台式・勝坂式土器群成立を導いた。勝坂式土器文化（勝坂式土器を主体的に用いる集団の遺跡分布域とその物質文化）と、阿玉台式土器文化は、大雑把にいえば、前期以降の西関東・中部地方の山岳・丘陵部の諸磯・十三菩提・五領ケ台式土器文化と、東関東の浮島・興津・八辺式土器文化の各々伝統を引き継ぎつつ、違いを明確化していく（小林1984）。

東京湾西岸付近から大宮台地を中間の接触地帯とし、西に勝坂式、東に阿玉台式が分布するが、中間に共存する接触地帯があり、東側で阿玉台式（小林1984のA群）・西側で勝坂式（小林1984のB群）土器群が主体となり各々6～7割、1割程度の折衷土器（小林1984のC群）や縦位区画系（小林1984のD群）など特殊な土器が伴い、2～3割の阿玉台式または勝坂式が客体として存在する（小林1989a）。勝坂式土器文化が多摩川沿いに西進した後、次第に関東全体へ広がる。最終的には、北からの大木式土器の影響にさらされ、加曽利E式土器文化の成立へと発展解消する。

居住形態（住居の形、炉のあり方）をみると勝坂式土器文化では、中心に炉を持ち、4・5本柱の楕円形竪穴住居が基本である。炉も、地床炉→埋甕炉→石囲炉と変化しつつ、中部地方石囲炉中心、西関東埋甕炉中心という差異をもつ。阿玉台式土器文化では、住居内に炉をもたず、柱穴なし・1本中央柱穴または2・3本直列の柱穴配置の、円形・方形の竪穴住居が基本である。阿玉台式土器文化の住居は、次第に地床炉を取り入れ、4本柱配置を呈するように変化する。同時に、東北地方の影響を受けた2段掘込みの住居形態が現れる。阿玉台式土器文化の集落では、住居内に炉がなく別に屋外炉が存在し、調理・分配・消費は家族単位でなく集落全体と考えられる（小林1990）。

以上のような考古学的事象をバックボーンとし、土器自体の系統性としての違いを合わせて、勝坂文化、阿玉台文化と捉えている。本稿では、改めて、勝坂式土器と阿玉台式土器の関係を、折衷土器をキーワードにしつつ検討することとしたい。

2．勝坂式土器と阿玉台式土器

(1) 土器の折衷とその分析

土器の分析には、型式学的分析と胎土分析（土器制作に使われた粘土の化学組成と土器胎土に含まれている鉱物の組成比の分析）を用いる。ここでは、前者については筆者なりの型式学的見方から検討し、後者については主に建石徹による蛍光X線分析による粘土の主成分元素組成分析から検討する（建石ほか2002）。

はじめに土器の折衷の定義を試みる。そのための前提として、土器型式を、筆者なりに以下の様に規定する。土器型式は、時間・空間・系統の概念的属性の次元を持つが、縄紋土器（今回対象とする関東・中部地方の縄紋中期前半の土器群）では、実体的事象として、器形、文様帯構成、文様区画、文様要素（施文具と施文技法）によって表現できる。もちろん、胎質、混和材（金色の雲母片や滑石など混和）、成形（粘土帯接合方法や底部の作り方など）、整形（器面調整）、焼成法など装飾技法以外や、特異な文様モチーフ（蛇・猪など動物装飾や人体装飾など）によって規定されることもある。ここで分析対象とする勝坂式・阿玉台式土器成立期においては、文様帯構成（器形と

高い相関を持つ）・文様区画（区画内のモチーフを含む）・文様要素で規定されることを、旧稿で示した（小林 1984、1991d）。具体的な土器型式分析では、対象に応じたファジーな扱いは生ずるが、型式のレベルに応じた分析とタイプの抽出は、小林による旧稿の他、下総考古学研究会による中期土器分析を代表的研究としてあげることができる。

折衷については、「時・空間が限定的かつ系統群が前後の時期に連なっている伝統的土器群のなかに客体的に存在し、複数の土器型式の要素を併せ持つ土器」とする。上記の当該時期の土器型式を規定する、「文様要素・文様帯構成・文様区画」が合わさる土器、例えば阿玉台式土器の文様帯構成と勝坂式土器の文様要素を併せ持つ場合を「折衷土器」とする。すなわち、考古学的な「折衷土器」の定義は、上記の定義としたいが、具体的な分析では、対象とする土器型式によって、どのような要素を取り上げるかが異なり、型式を規定している条件に絞るのが現実的と考える。例えば、勝坂式土器にときおり見られる金色の雲母を意識的に混和させた土器は、阿玉台式土器の影響を考えること、雲母自体の意識的な入手などを検討することはもちろん重要であるが、ここでは「折衷土器」とはよばず、別の次元の検討対象とする。本稿では当時の制作者がどのように認識していたかではなく、我々考古学者がどのように認識できるかを扱う。

また、「折衷土器」については、どこかの型式に軸足があって、他の型式の要素を取り入れている場合と、どの型式が基か判断できない場合があるが、ベースがどの型式であるかを判断する場合は、文様帯構成を優先することとする。その理由は、後述する個別の事例の検討の中で明かであるが、勝坂式・阿玉台式を区分する上でもっとも重視している文様要素は、実際の折衷の際にはもっとも容易に交換される要素であり、採用できない。これに対し、器形と関係の深い文様帯構成において、重帯化の傾向を持つ勝坂式土器群と、胴部の縦位隆線垂下の阿玉台式とが、もっとも普遍的に区分されるからである。

1）　土器の折衷のレベル

小林は、以前に南関東地方を中心に縄紋時代中期前葉の勝坂式（B群）・阿玉台式（A群）土器成立期の様相を探り（小林 1984他）、折衷土器をC群土器とした。遺跡毎の型式組成比のなかでも、C群土器の比率に着目すると、伝統土器群間（この場合は勝坂式と阿玉台式）の接触の程度が増加する中で、接触地帯を中心に折衷土器が作られていき、時期が下るにつれて伝統土器群の中心地域にも折衷土器が制作されることがわかる（小林 1989a）。

さらに型式分布圏間の中間地帯である南多摩中部域という狭い範囲の地域的亜型式である縄紋中期前葉の勝坂系土器の真光寺タイプを、地域的サブタイプとしての変異種、即ち、異系統土器間の折衷土器として捉え、折衷土器が作られる際のコンテクストを区分し、折衷の類型とした（小林 1993b）。

　折衷1型：同時期に属す複数の異系統土器群の要素・技法を混在させて制作した土器。
　折衷2型：同時期に属す（制作者にとっての）異系統の要素・技法に若干の変更を加えたり、工具のみを代用して自来の規範を逸脱しない表現によって制作した土器。
　折衷3型：折衷1・2を継承し、引き続き同類のものを生産していくことによって在地土器生産システム中に組み込まれ、新たな系統をなすようになった土器。

1型・2型は、短期的・局地的な土器であり在地土器中の異質なバリエーションと捉える。折衷1型は、複数型式間の"はざま"の土器（合いの子土器）、折衷2型は一方の型式に属する中での"ゆらぎ"の土器（崩れた土器）である。折衷1型には、制作者にとっての基本となる系統（inside-sequence）と取り入れた系統（outside-sequence）が弁別可能な場合と、渾然一体となり区分不可能な場合とがある。こうした折衷土器自体を分類していくと、極端な場合、取り入れた要素の組み合わせの数のタイプがあり得るのであって、1個体1類型に近くなり現実的な把握は困難となる。研究者からみて、本来制作者が属するところの規範を崩さない範囲にとどまる土器（総体として帰属土器型式が同定可能であり、異質な要素が判るもの）のみが、型式内の派生系として摘出でき、その地域における変異種と位置づけられる。

折衷2型は、制作者が出自集団から転出し外地で転入者となり、自来の指標に従いながら、工具・素材・習慣に制約を受けて折衷型の土器を生産した場合と、不十分な伝習・知識によって他地域の土器を模倣した結果、文様要素を異なる工具や文様に置換した場合とがある。その制作物は、その地で主体となっている伝統土器群ではない系統（搬入系）となる。本来属していた地域の土器群のバリエーションと理解されるか、模倣先の土器群のバリエーションと理解されるかは結果的にどの要素をどのくらい取り込むか・残すかに左右され、一概には決めかね、研究者にとってどこの土器ともいえないタイプとなる。

折衷3型は、当初その場限りとして製作された土器が、集団内で受け入れられ、新たな選択肢の一つとして認知され、その後生産され続けた場合である。これらは、当初より新たな系統の創出を目論んで自立的に出現するのではなく、異系統土器間の'鬼子'として生じた土器といえよう。

本来的に、土器型式は、例えば文様帯が上にあがる、器形が内湾するなど、一定の変化の方向性を持ち、集団の許容する範囲内で変異を生み出していく。文様帯が急に縦になったり横になったり、文様帯数が大幅に増えたり減ったりすることはない。そのことは、勝坂式土器の器形と文様帯比を検討することで指摘した（小林1991d）。内在する変化の方向の限界に関わる型式変化の一つとして、小林達雄（小林1966）が「撚糸文土器様式」において示した土器制作の手抜き現象や、例えば粗製土器・半粗製土器へと転化していく文様要素の消失化も認められる。型式を構成する規範のうちのリダクションによるあり方と捉えることができ、型式内の'ゆるみ'の土器とみることができよう。例えば群馬県赤城南麓地域にみられる鼻毛石タイプ（小林ほか1996）の土器があたる。

このような伝統土器群全体に内在する変異と別に、複数系統の相互作用に起因する「折衷」で生じる変異が存在し、時に型式変化の一要因となっていよう。

南多摩中部や大宮台地、甲府盆地における勝坂・阿玉台系土器の地域的な土器亜型式を分析した中で、地域的な土器系統のレベルを以下のように概念区分した（小林1993b・1994ab）。

 Ⅰa その地域の伝統土器群における、その地の集団（小地域）の系統の土器及びその系統。

 Ⅰb その地域の伝統土器群における、隣接するような他の集団（小地域）の系統の土器及びその系統。在地土器とする。

 Ⅱ 他地域の伝統土器群の土器及びその系統。搬入土器とする。

 Ⅲ 他地域の伝統土器群がその地で在地化した土器及びその系統。在地土器とする。

Ⅳ　広域的に認められる特殊なタイプ。例えば鍔付有孔土器など。

Ⅴ　複数伝統土器群からその地で折衷された土器及びその系統。折衷1型、系統化したものは折衷3型。

Ⅵ　伝統土器群のバリエーションとして分化した土器及びその系統。他の伝統土器群の影響により、地域化したタイプが生ずる場合は折衷2型、系統化したものは折衷3型。

Ⅶ　以上のバリエーションとして作られたが後に続かなかった土器。

以上のうち、Ⅴ～Ⅶが折衷土器といえる。Ⅰ・Ⅲが在地土器、Ⅱは搬入土器である。

２）　土器折衷のあり方

　土器制作に関しては、制作者（主体者）、制作地、原料、についての問題があり、その組み合わせで制作される土器が規定され得る。

　制作者は、考古学的には直接知ることができず、文様要素・系統性などの型式学的観察と、胎土分析の結果などの総合的考察から導き出される可能性があるが、基本的には在地の制作者と、外来の制作者の別が考えられ、外来の制作者には婚姻等で移入してきた場合や一時的滞在、または、遠隔地で制作された土器が搬入された場合など、多様な状況が想定され得よう。制作地についても同様であり、在地で作られた土器、在地以外の制作地が想定される土器には、多様なあり方が想定される。近年では、同一の集落内に異なった土器制作集団が共存し、異なる土器型式を同一の集落でそれぞれ制作している可能性を考える研究者もいる（例えば山口1999）。

　考古学的には、どの程度の地域性まで型式学的に区分されるか、または実際の土器において型式学的区分が適用できるのか、胎土分析の上でも、どの程度の地理的範囲の粘土の差異を弁別できるのか（当然ながら地質的なあり方に左右される）、逆に在地の土器制作者が収集し得る範囲の中に、どの程度の胎土のバリエーションが含まれ得るものなのかが検討されなくてはならない。

　原料についても問題がある。建石徹が指摘している（建石他2002）ように、土器の原料としては、マトリックスとなる粘土自体と、混和される混和材の別があり、それぞれの産地が異なっている可能性もある。また、土器自体が破砕されて新たに制作される土器にシャモットとして混和される可能性もある（例えば、西田ほか2003）。

　以下に、勝坂式・阿玉台式土器分布圏の中間地域として位置づけられる地域として、多摩地域（八王子市付近中心）と東葛地域（千葉県松戸市付近中心）の二つの地域を取り上げ、それぞれの地域の折衷土器について検討を加える。

多摩地域の折衷土器（図1）

　多摩地域は、東京都西部・埼玉県西南部・神奈川県北東部付近の多摩丘陵・武蔵野台地西部・相模原台地を中心とした、縄紋時代中期中葉において、勝坂式土器分布圏のうちの西南関東地域のいわゆる「西関東勝坂式」の分布圏である。さらに大きな目で見れば、中部地域の「甲信勝坂諸型式（狢沢・新道・藤内式）」土器群分布圏と、東関東地域の阿玉台式土器分布圏の両中心圏の交わる地域として、中間地帯と位置づけ得る。この地域に、特徴的な折衷土器群が、勝坂1式後半（勝坂1b式・新道式）期前後に認められるのである。以下に、図1からに通しナンバーで図示した順に検討する。

多摩地域

狢沢式（宮之上タイプ）

*山梨県勝沼町宮之上遺跡

1　東京都八王子市神谷原遺跡 SB150住　図208-1

阿玉台式

*茨城県阿見町宮平貝塚

新道式　三角押文

*東京都八王子市神谷原遺跡SB66住

2　東京都八王子市神谷原遺跡 SB122住　図181-8

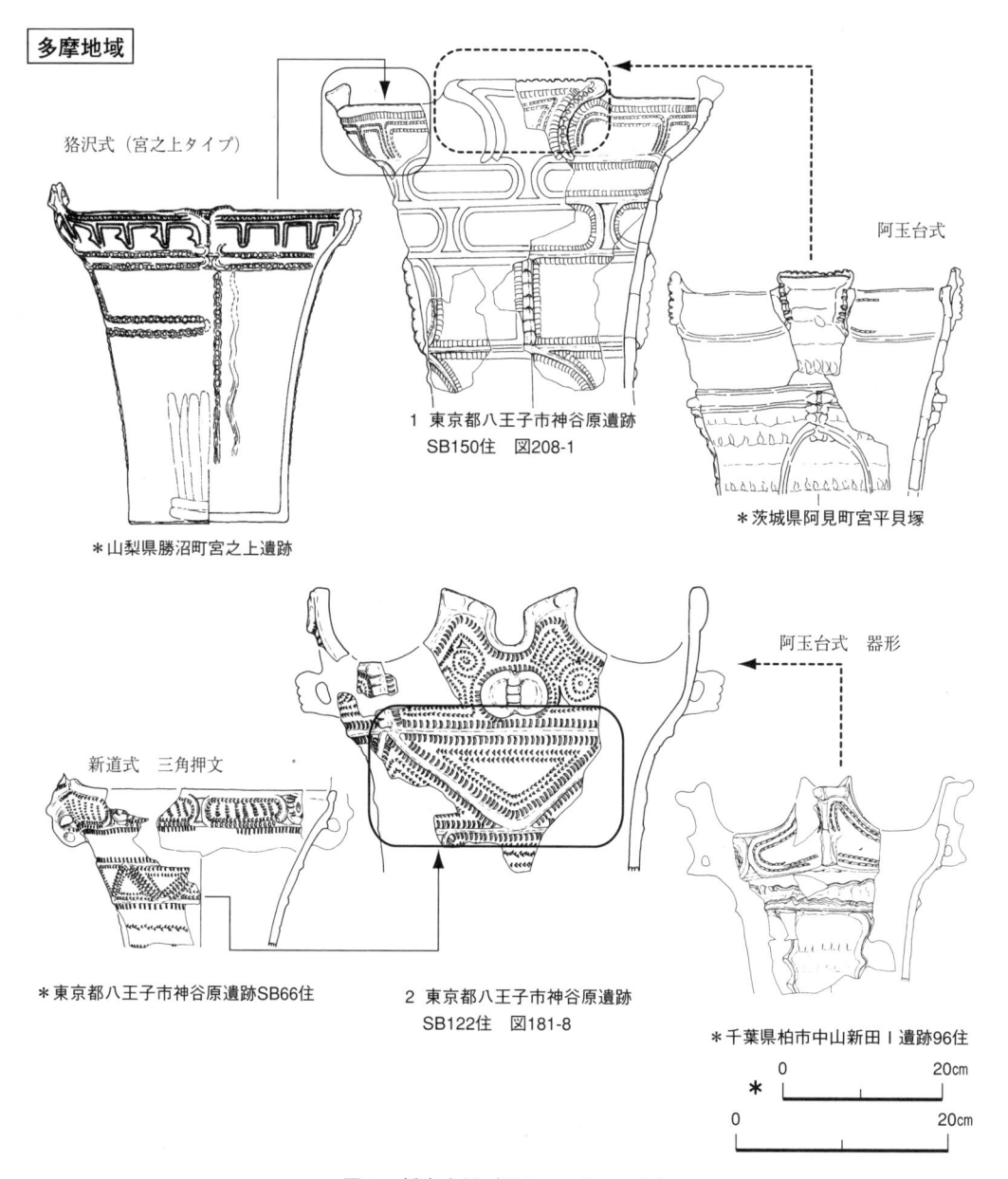

阿玉台式　器形

*千葉県柏市中山新田Ⅰ遺跡96住

図1　折衷土器（縮尺＝1／6、1／8）

・東京都八王子市神谷原遺跡SB150号竪穴住居出土土器（図1-1）　勝坂1a式（狢沢式）の深鉢（勝坂成立期Ⅳ期（小林 1984）、新地平編年5b期（黒尾・小林・中山 1995））である。外反気味の口縁の器形や横帯区画を重帯させる文様帯構成、幅広の角押文という文様要素（小林 1984）は勝坂式土器のルールを守り、特に口縁部区画内の連続逆「U」字状モチーフは、甲府盆地〜八ヶ岳西南麓の大石タイプの伝統を引く宮之上タイプ（小林 2002）の影響を指摘できる。この土器に異系統の要素として、阿玉台式に特有な扇形把手が口縁部文様内に組み込まれている。上記の概念規定では、土器系統レベルⅥ、折衷2型、勝坂式土器をベースとした制作者が、異系統の要素を混ぜつつ勝坂式土器群として制作と捉える。

・東京都八王子市神谷原遺跡SB122号竪穴住居出土土器（図1-2）　勝坂1b式（新道式）の深鉢（勝坂成立期Ⅵ期（小林 1984）、新地平編年6b期（黒尾・小林・中山 1995））である。外反気味の口縁の器形や三角形連続区画を重帯させる文様帯構成、幅広の爪形文と三角形連続刺突文という文様要素（小林 1984）は勝坂式土器の範ちゅうである。この土器に異系統の要素として、1と同様に、阿玉台式に特有な山形把手が口縁部文様内に組み込まれ、本来は勝坂式には見られない波状口縁化している。上記の概念規定では、1と同じく、土器系統レベルⅥ、折衷2型から発達して折衷3型へとつながった、すなわち勝坂式土器をベースとした制作者が、異系統の要素を混ぜつつ勝坂式土器群として制作した折衷土器が世代間につながった可能性があり、神谷原タイプと捉える。

・東京都八王子市神谷原遺跡SB147号竪穴住居出土土器（図2-3）　阿玉台Ⅰb式の深鉢（阿玉台式成立期Ⅳ期（小林 1984）、新地平編年5c期（黒尾・小林・中山 1995））である。内湾気味の器形、頸部の横帯区画の文様帯構成は阿玉台式的であるが、幅広の爪形文と三角形印刻文という文様要素（小林 1984）は勝坂式土器の要素である。勝坂式か阿玉台式か評価が難しいが、施文具を勝坂1式のものと認めれば、阿玉台Ⅰb式の要素をもった勝坂式土器とできる。土器系統レベルⅤ、折衷1型から3型、勝坂式土器をベースとした制作者が、異系統の要素をかなり混ぜつつ勝坂式の範ちゅうに拘らずに制作と捉えられ、上記の神谷原タイプの土器系統に含め得る。

・東京都羽村町羽ケ田上遺跡04号竪穴住居出土土器（図2-4）　阿玉台Ⅰb式の深鉢（阿玉台式成立期Ⅳ期（小林 1984）、新地平編年5c期（黒尾・小林・中山 1995））である。大波状口縁を持つ器形や口縁部楕円形横帯区画＋頸部無文帯＋胴部縦位区画は阿玉台Ⅰb式を基本としており、施文具も竹管による波状沈線や角押文は阿玉台式にある文様要素で、阿玉台式をベースにしている。しかし、口縁部区画の一部に三角形連続刺突文を文様要素としている。これは勝坂1b式から写したものである。また胴部の隆線垂下の区画間を波状沈線横走で充填するが、この手法は後述する縦区画系土器に見られる手法であり、特殊である。

・東京都小金井市貫井遺跡土坑147出土土器（図2-5）　阿玉台Ⅱ式の深鉢（阿玉台式成立期Ⅵ期（小林 1984）、新地平編年6b期（黒尾・小林・中山 1995））である。大波状口縁を持つ器形、胴部縦位区画は阿玉台Ⅱ式を基本とし、施文具も太い半裁竹管による2列1組の連続刺突文で阿玉台式の文様要素である。阿玉台式をベースにし、口縁部区画の一部に勝坂式から写した三角形連続刺突文を文様要素と組み込む。

　上記の4・5は同類の折衷で、基本的には施文具を混在させるという点に特異性があり、さきにみた在地化した折衷土器の系統である神谷原タイプと異なって、その場での折衷の手法によるものと理解したい。土器系統レベルⅦ、折衷2型と捉える。想像を逞しくいえば、多摩地域へ東関東より婚入した女性土器制作者が、自己の基盤である阿玉台式土器を制作する中で、施文具・施文手法を混在させていったと考えられる。

・埼玉県所沢市お伊勢山遺跡2号竪穴住居出土土器（図3-6）　勝坂1b式（新道式）の深鉢（勝坂成立期Ⅵ期（小林 1984）、新地平編年6b期（黒尾・小林・中山 1995））である。外反気味の口縁の器形や三角形連続区画を重帯させる文様帯構成（小林 1984）は勝坂式土器の範ちゅうである。

多摩地域

勝坂式　三角形印刻文

3　東京都八王子市神谷原遺跡
　　SB147住　図204-1

阿玉台式　器形

＊東京都八王子市神谷原遺跡SB123住

＊神奈川県相模原市当麻亀ノ甲・西原遺跡

勝坂式　三角形連続刺突文

ベース
阿玉台式

4　東京都羽村市羽ヶ田上遺跡
　　04住　図76-6

勝坂式　三角形連続刺突文

ベース
阿玉台式

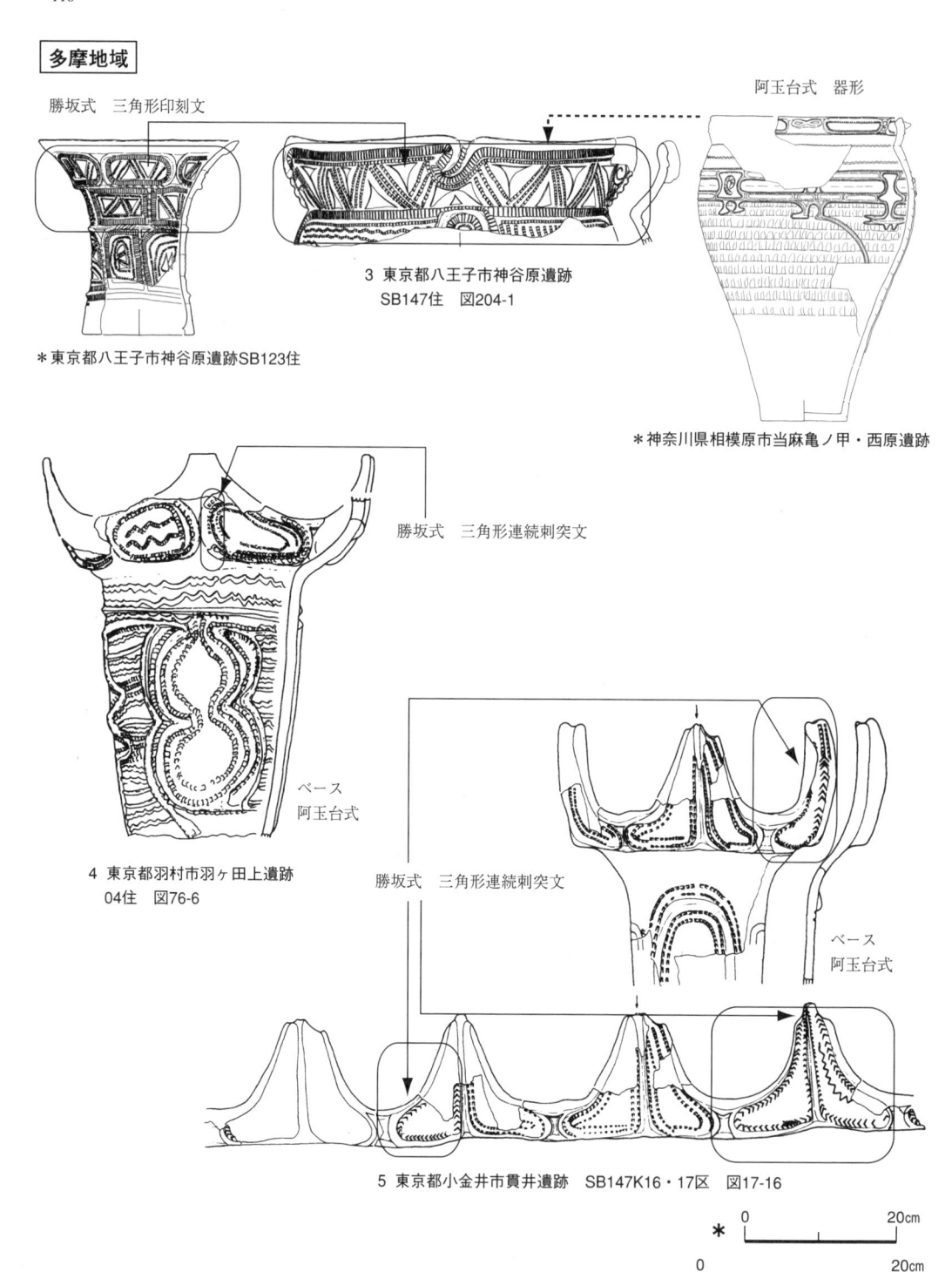

5　東京都小金井市貫井遺跡　SB147K16・17区　図17-16

＊　0　　　　　20cm
　　0　　　　　20cm

図2　折衷土器（縮尺＝1/6、1/8）

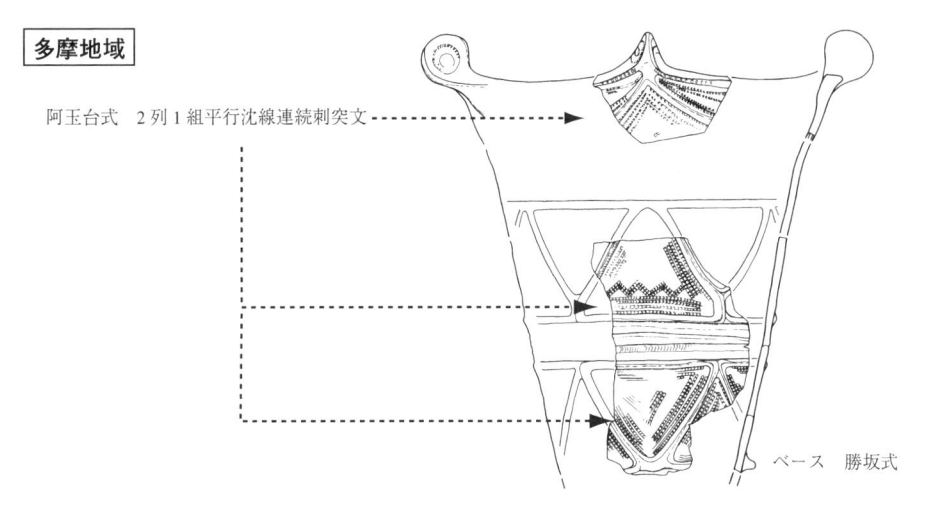

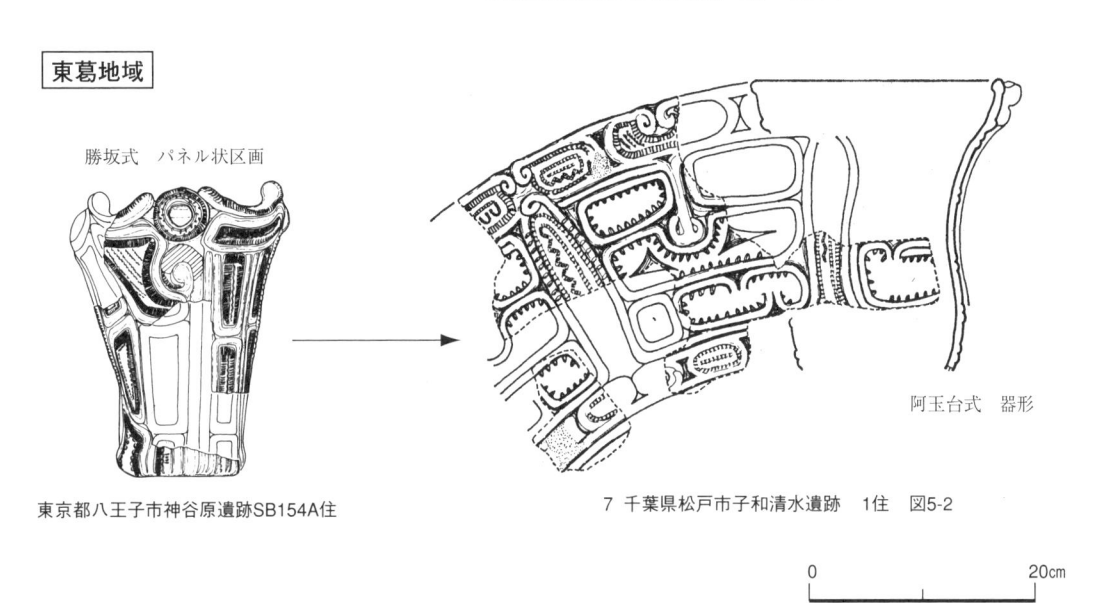

第 5 章 土器の折衷　119

多摩地域

阿玉台式　2列1組平行沈線連続刺突文

ベース　勝坂式

6　埼玉県所沢市お伊勢山遺跡　2住　図61-4

東葛地域

勝坂式　パネル状区画

東京都八王子市神谷原遺跡SB154A住

阿玉台式　器形

7　千葉県松戸市子和清水遺跡　1住　図5-2

0　　　　　　20cm

図3　折衷土器（縮尺＝1/6、1/8）

この土器に異系統の要素として、阿玉台Ⅱ式に特有な半截竹管による2列1組の連続刺突文が文様要素として用いられている。4・5に類したあり方といえ、土器系統レベルⅦ、折衷2型と捉える。

阿玉台式土器分布圏西端部（東葛地域）

・千葉県松戸市子和清水遺跡1号竪穴住居出土土器（図3-7）　勝坂2a式（藤内式併行）、新地平編年7b期（黒尾・小林・中山1995）である。いわゆる縦区画系の土器であるが、器形は内湾する口縁部と丸みを持つ胴部の器形は阿玉台式的である。しかし、縦区画はめこみ（パネル状）の文様区画と、半隆起状平行沈線による区画、区画内の截痕文状の刺突、三角印刻は、勝坂式または北陸系の影響を受けた土器（小林1984のE群土器）そのものである。土器系統レベルⅢ、折衷2型と捉えたい。

・千葉県松戸市子和清水遺跡28号竪穴住居出土土器（図4-8）　阿玉台Ⅲ式（藤内式併行）、新地平編

120

東葛地域

勝坂式 三角形区画文
先端加工の工具による
連続刺突文

ベース 阿玉台式

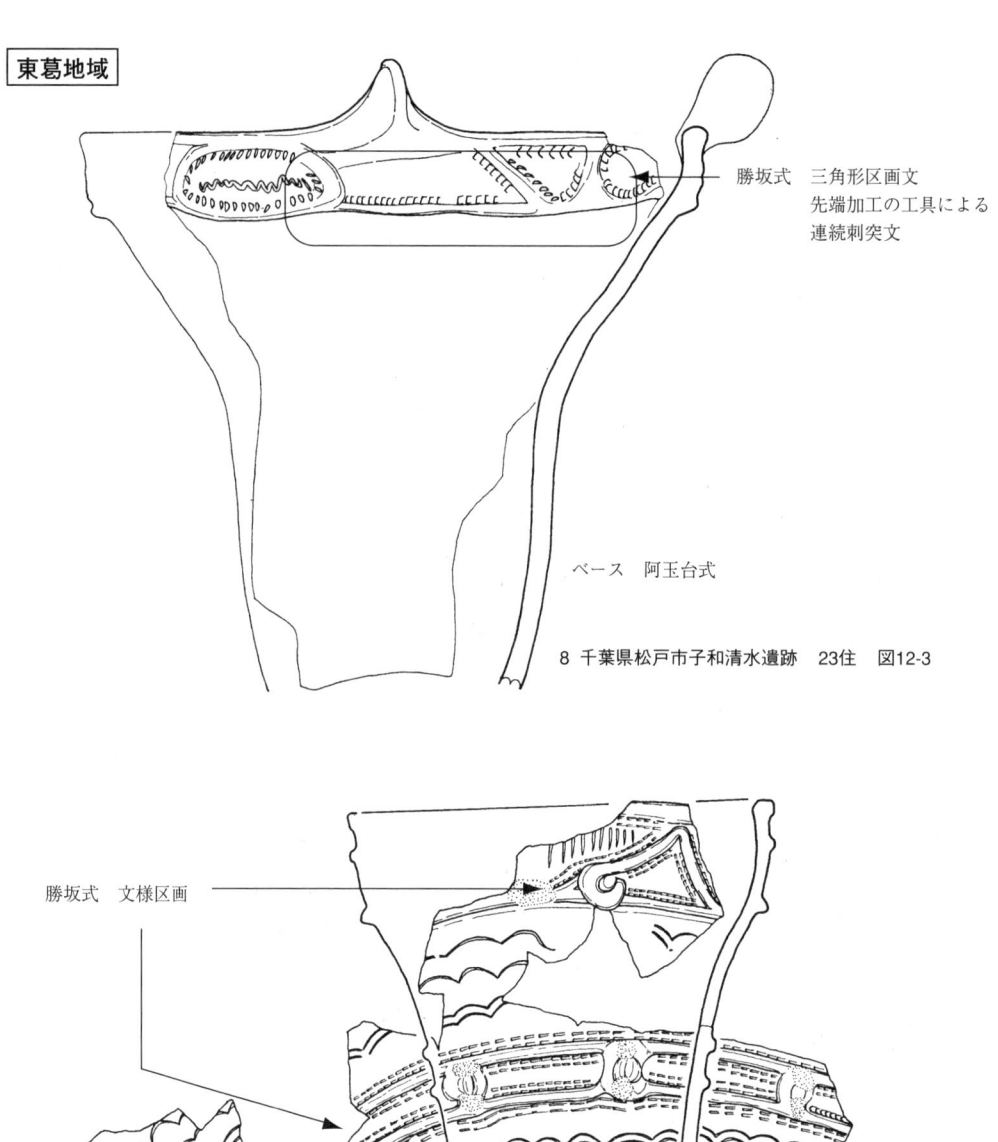

8 千葉県松戸市子和清水遺跡 23住 図12-3

勝坂式 文様区画

ベース 阿玉台式

9 千葉県松戸市子和清水遺跡 106住 図50-11

0　　　　　20cm

図4　折衷土器（縮尺＝1／6）

東葛地域

勝坂式
地紋縄紋
半隆起状平行沈線
矩形区画

10 千葉県松戸市子和清水遺跡　117住　図55-3

阿玉台式　器形

図5　折衷土器（縮尺＝1／6）

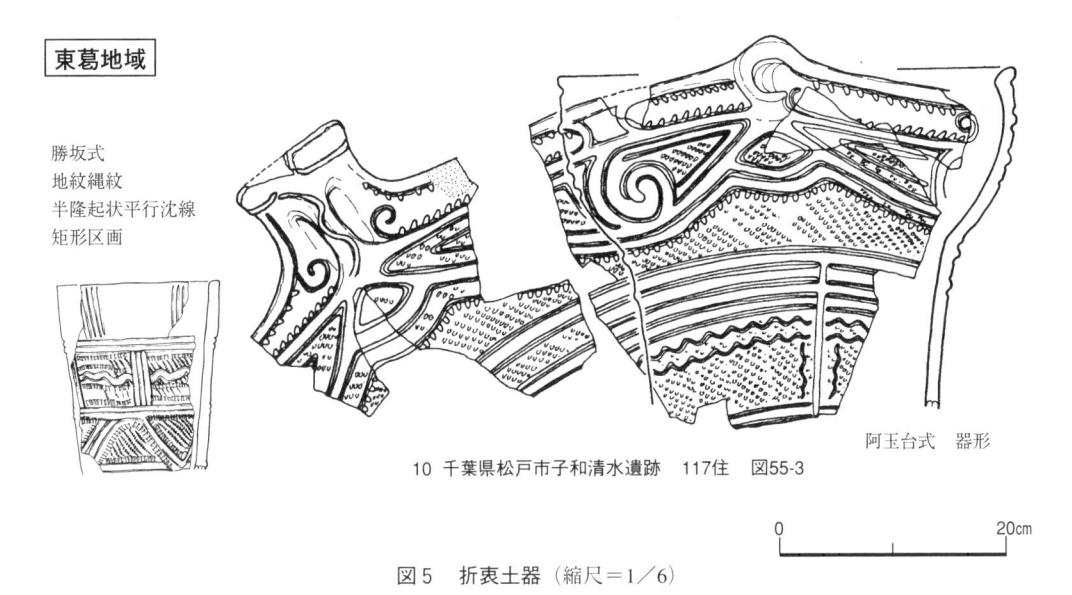

年7b期（黒尾・小林・中山 1995）である。外反しつつ口縁内湾する器形は阿玉台Ⅲ式で、施文具も太い竹管による爪形文で阿玉台式の文様要素である。阿玉台式をベースにし、口縁部区画の一部に勝坂式から写した三角形区画文と、区画内に勝坂的な先端加工した竹管工具による連続刺突文を文様要素として組み込む。土器系統レベルⅤ、折衷2型から3型で、阿玉台式としてやや崩れた雰囲気を持っており、後述する勝坂・阿玉台式合いの子土器の子和清水タイプと捉え得る。

・千葉県松戸市子和清水遺跡106号竪穴住居出土土器（図4-9）　阿玉台Ⅱ式（藤内式併行）、新地平編年7a期（黒尾・小林・中山 1995）である。器形、及び半截竹管による波状平行沈線や2列1組の連続刺突文は阿玉台式土器の文様要素であるが、口縁部文様帯の連弧状＋三角形区画は勝坂1b～2式の文様区画である。土器系統レベルⅤ、折衷2型から3型である。

・千葉県松戸市子和清水遺跡117号竪穴住居出土土器（図5-10）　阿玉台Ⅲ式（藤内式併行）、新地平編年8a期（黒尾・小林・中山 1995）である。器形は大木7b式にも類するが、扇形把手など阿玉台式の系譜であろう。半截竹管による半隆起状平行沈線、区画内の截痕文状の刺突、矩形区画は、勝坂式の縦位区画または北陸系の影響を受けた土器（小林1984のE群土器）に由来しよう。地紋のLR単節縄紋縦位施文、胴部の縦位区画は、北関東の大木7b式の影響と考えられる。土器系統レベルⅤ、折衷1型であるが、7の様な縦位区画系土器から系譜が連なると考えれば、折衷土器から系統化（折衷3型）したとも捉え得る。

8～9のように、松戸市子和清水遺跡には、阿玉台式土器の中に勝坂的な区画を取り入れるような折衷土器が多く作られており、東関東地方の西端部地域において広がっている。これらのものを子和清水タイプとしたい。例えば埼玉県下加遺跡など、大宮台地には、文様帯構成や文様区画が崩れた、または省略された阿玉台式土器のリダクションタイプが多く見られ（下加タイプと仮称）（小林 1994d）、同じく勝坂式土器分布圏との接触による変化と捉えられるが、松戸あたりでの阿玉台式土器への勝坂的要素の移入とは、やや様相を異にしている。すなわち、地域ごとに、折衷のあり方が異なっているのである。

(2) 特殊な土器分布

次に折衷土器以外の特殊な分布状況を示す土器タイプについて検討する。折衷土器の場合と併わせ見ることで、土器型式圏の内実について予察することが可能となる。

狭い地域にしかない土器

上記で見た地域的な折衷土器とは別に、少なくとも直接的な他伝統土器群の影響を受けずに、その地域の伝統土器群のなかから系統的な土器群が派生してくることがある。可児通宏（1991）が多摩ニュータウン内の諸磯b式土器に伴うサブタイプを摘出した例がある。

筆者が、町田市付近（南多摩中部域）の丘陵部に半径10㎞程度の範囲で多量に分布しているとした勝坂式のサブタイプである真光寺タイプ（小林1994b）や、甲府盆地南東部における宮之上タイプ（小林2002）および釈迦堂タイプ（小林1994a）としたものが当たる。ここでは詳述しないが、阿玉台式土器分布圏でも千葉県柏市水砂遺跡など、特定の遺跡や狭い範囲に変わったタイプの土器が見られることは多くの例を挙げえる。前述の土器系統レベルのⅠaとしたものである。

広い地域に少数ずつ分布する土器

広域に分布するタイプの土器としては、鍔付有孔土器があげられるが、ここでは勝坂式・阿玉台式土器に特有な共有タイプとして、縦区画系土器（阿玉台式の中では鳴神山タイプと呼ばれる）を取り上げる（図6）。これらは、出土状況でも墓壙出土など、特異な出土状況のものが多い。前述の土器系統レベルⅤである。

勝坂1式期の縦位区画土器は、中部・関東地方に、勝坂式・阿玉台式両土器分布圏に広く分布するタイプである。以前の筆者による勝坂式・阿玉台式土器成立期の研究（小林1984）においては、「D群土器」と扱った。

阿玉台式・勝坂式の典型的な土器様相に類する部分もあるものの、円形刺突充填など特異な要素を持つなど多様性がある。以下の3類に区分する。

Daは阿玉台式土器のうちの口縁部文様帯を失し、胴部文様帯が独立したもの、Dbは勝坂的な要素強く持つが、縦位区画された勝坂式土器の胴部文様帯が強調されたと考えられるもの、Dcは北陸系土器のモチーフである区画を有しパネル状筒形土器の系譜につながるもの、とする。

・千葉県船橋市高根木戸遺跡（図6-11）　隆線垂下は阿玉台式の胴部文様であるが、器面に印刻等の充填があり、勝坂的な要素をも持つ。いわゆる「鳴神山タイプ」に相当しよう。Da類とする。
・群馬県房ケ谷戸遺跡738号土坑3（図6-12）　阿玉台Ⅱ式期、2列1組の平行連続刺突文を文様要素、平行沈線による方形区画を配しE群土器の要素を持つ。連続刺突の中に竹管円形刺突文も持つ。Dc類である。
・神奈川県横浜市奈良地区遺跡群受地だいやま遺跡D区谷頭部廃棄場出土（図6-14）　いわゆる「鳴神山タイプ」であり、胴部に大きな曲隆線を4単位配する。Da類である。
・東京都八王子市神谷原遺跡SB144号住居2（図6-13）　阿玉台Ⅱ式の2列1組の平行連続刺突文を文様要素とし、竹管円形刺突文を充填する。Da類。
・東京都八王子市神谷原SK86土坑出土10（図6-15）　精製小型土器である。角押文から狢沢新段階と思われる。Db類である。

第 5 章 土器の折衷 123

11 千葉県船橋市高根木戸遺跡

12 群馬県北橘村房谷戸遺跡土坑

13 東京都八王子市神谷原遺跡 SB144住

14 神奈川県横浜市受地だいやま遺跡

15 東京都八王子市神谷原遺跡土坑

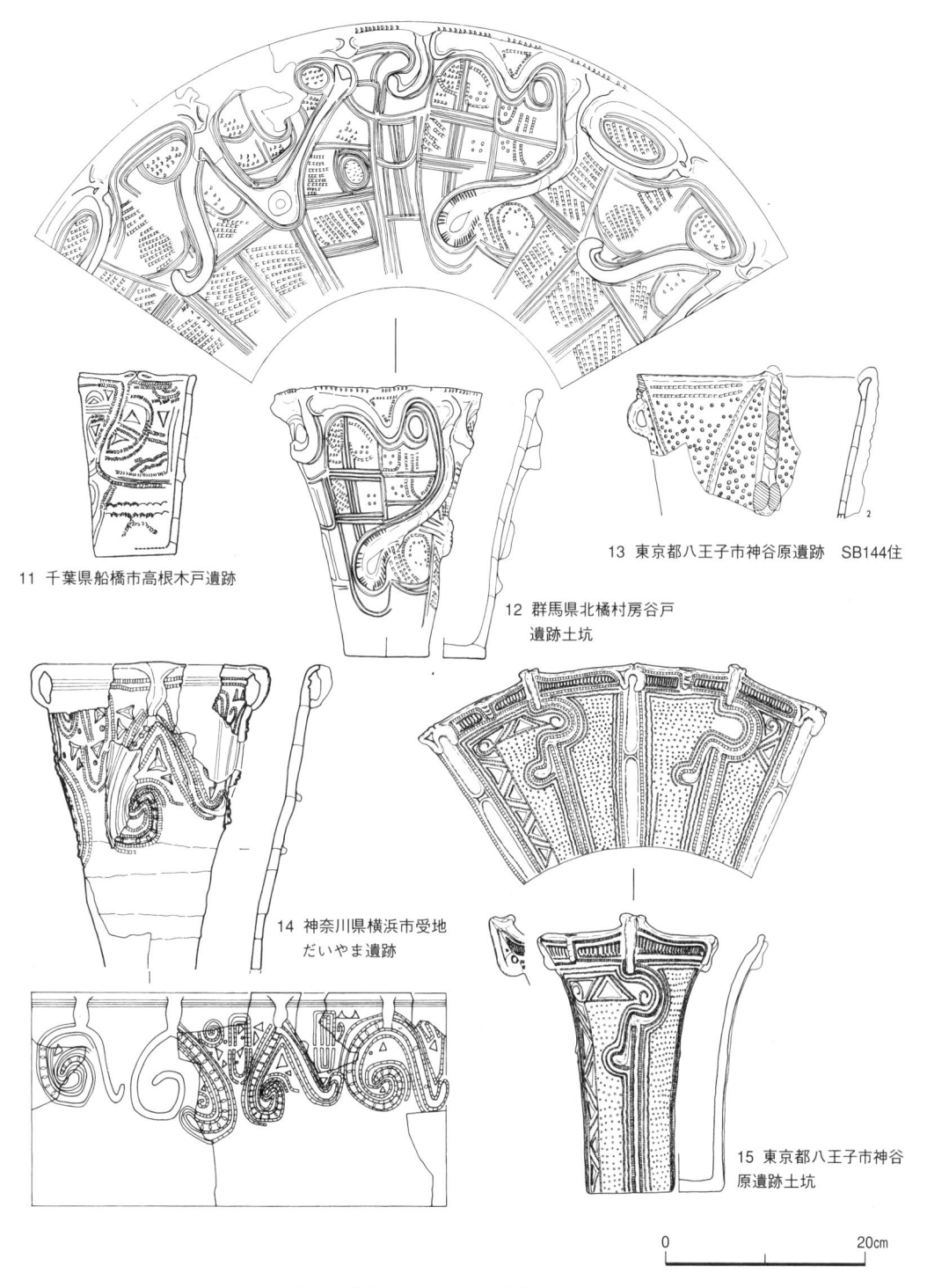

0　　　　20cm

図 6　縦位区画土器土器（縮尺＝1/6）

これらD群土器は、阿玉台式・勝坂式さらには北陸地方にまで広域的に分布するタイプである。各土器群の要素が混ざったり、リダクションされている様相も見られるが、先に見た折衷土器とは異なった位置づけも考えられ、特に墓坑副葬土器と考えられる神谷原SK86土坑出土土器などの精製品と、Da類に多い単なる口縁部文様帯欠失のリダクションタイプとは、土器使用時の位置が異なる可能性があるが、土器型式圏を超えて縦位区画という同一傾向の方向性を持つ土器のタイプを共有することは、土器型式圏の情報の交換のあり方に多様なものがあったことを伺わせる。婚姻による土器制作者の交換が広く行われていたことを反映しているのではないか。

遠くへ行く土器

　ここでは、遠隔地で出土する阿玉台式について取り上げる。長野県の北信地域（望月町後沖遺跡）などに阿玉台式土器が存在することは著名であるが、北信地域の阿玉台系土器については利根川上流域群馬県域との関係等から考えるとして別の機会を用意することとし、南西関東を経由する阿玉台・勝坂式土器について検討する。前述の土器系統レベルⅡにあたる。

　茅野市の阿玉台式（寺内2005）は著名な一例（図8-19）であり、近年の調査でも隣接地区で完形土器（図8-20）が出土した。調査者の寺内隆夫は、遠隔地域の阿玉台式としてまとめて検討を加

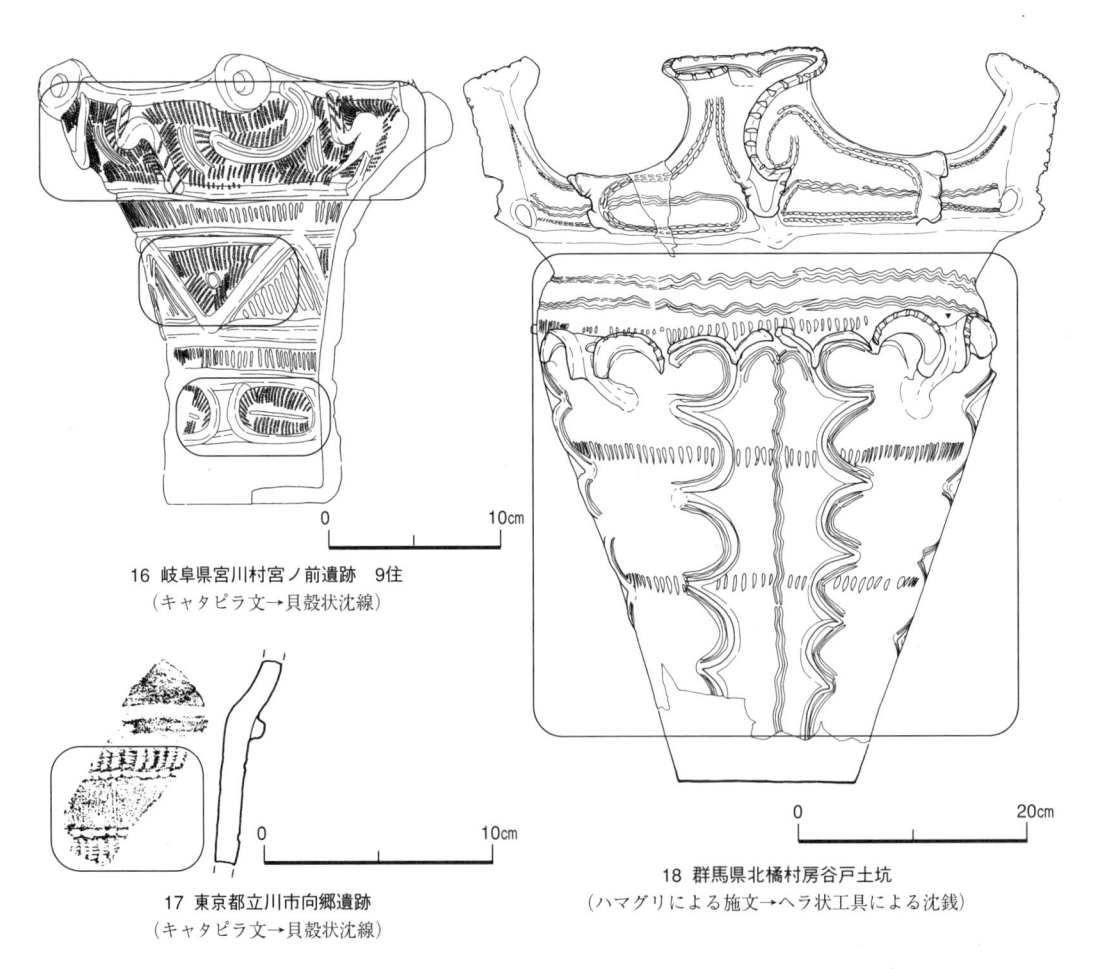

16 岐阜県宮川村宮ノ前遺跡　9住
（キャタピラ文→貝殻状沈線）

17 東京都立川市向郷遺跡
（キャタピラ文→貝殻状沈線）

18 群馬県北橘村房谷戸土坑
（ハマグリによる施文→ヘラ状工具による沈線）

図7　代替工具による施文

19 長野県茅野市長峰遺跡住居

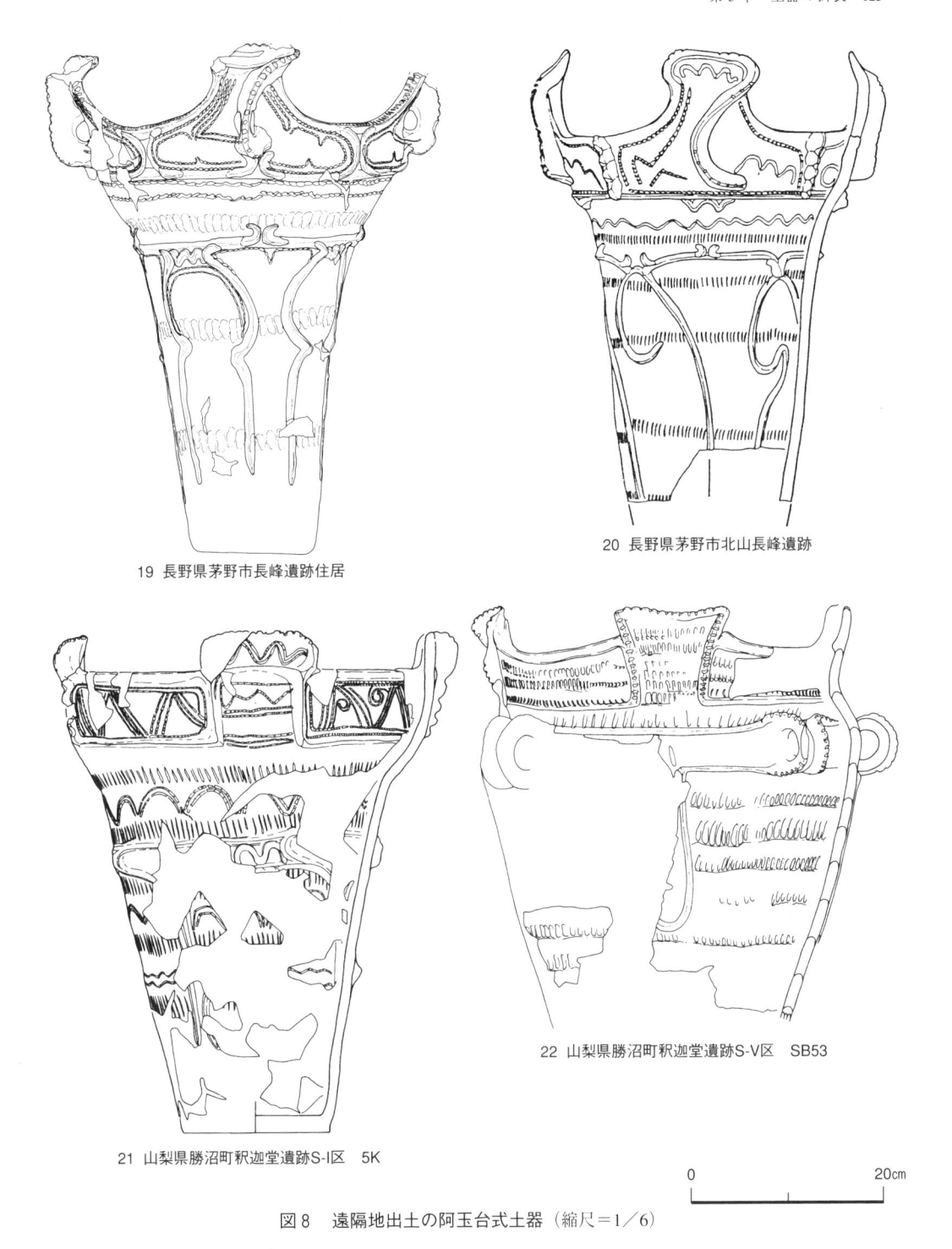

20 長野県茅野市北山長峰遺跡

21 山梨県勝沼町釈迦堂遺跡S-I区　5K

22 山梨県勝沼町釈迦堂遺跡S-V区　SB53

0　　　　　　　20cm

図8　遠隔地出土の阿玉台式土器（縮尺＝1/6）

えている（寺内 2005）。この長峰遺跡出土土器については、建石徹が胎土分析を行い、多摩地域付近も含まれるような産地の推定を示唆している（建石 2005）。

　山梨県釈迦堂遺跡にも完形に近い阿玉台式土器が出土しており（図8-21・22）、長峯遺跡と類した、おそらく多摩地域で作られた阿玉台式土器である。これら中部地方では、大規模な拠点的集落

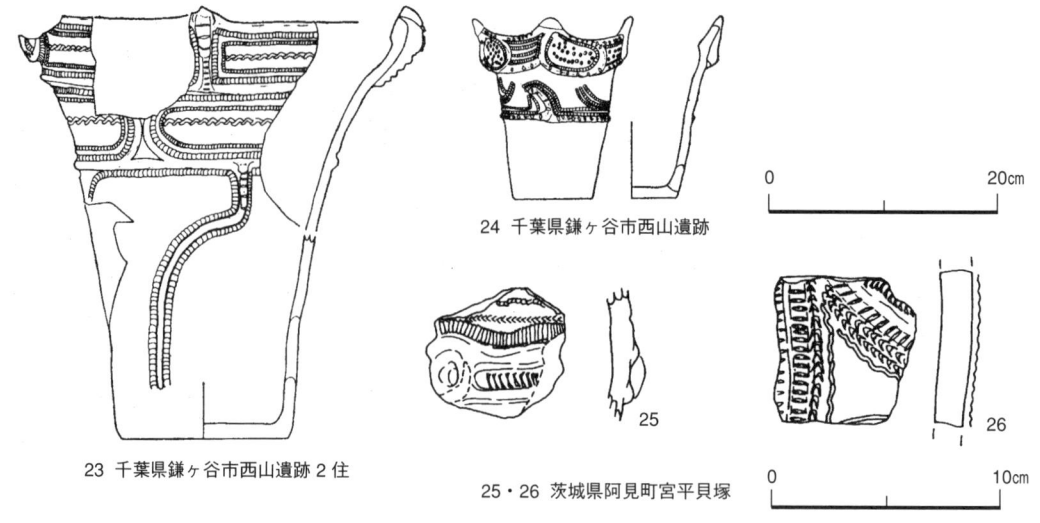

図9 遠隔地出土の勝坂式土器（縮尺＝1/6、1/3）

において、破片はほとんど見られずに完形に近い比較的大型の少数の土器のみが出土する傾向があり、シンボリックな意味を持って、遠隔地から搬入された可能性を伺わせる。

　一方、東関東地方へもたらされる勝坂式土器もある。千葉県鎌ヶ谷市西山遺跡2号住居例（図9-23）は、八王子盆地や相模原台地等多摩地域以西から搬入された狢沢式土器ではないかと考える。共伴して出土している土器（図9-24）には、勝坂式と阿玉台式の折衷的な要素も見られ、人が移動してきている可能性を示す。ただし、東関東では搬入されたような本場の勝坂式の完形に近い形での出土例は少なく、前述の子和清水遺跡例など折衷土器か、破片での少数の出土（図9-25・26）である。西関東地方に比べると、勝坂系土器自体の移入には積極的ではない様子が感じられる。

3．考古学的地域文化における土器の移動

　縄紋遺跡における在地生産の土器と、よその地域・遺跡から持ち込まれたという意味での搬入土器とを、如何に弁別し検討するか、が問題となる。さらには、当該時期の土器または文様・技法の移動を復元して、そこから社会的なネットワークを復元することが目的である。社会的ネットワークは、具体的には、人・土器・情報の移動といった形で把握されるものと期待できる。婚姻・移住といった土器作り手の人間の移動・交換、物々交換の容器としてや土器自体の交易、人間の移住・移動に伴う装備品としての土器の移動、直接的・間接的な土器制作経験の交換や土器自体の観察からの模倣・折衷・新たな技術や装飾の取り込みという形での情報の動きというような形で想定されよう（小林 2004）。以下に、前述した折衷土器に即して、具体的な交換のあり方を考える。

（1）　文様要素の交換（情報の移動または非定期的な人の移動を反映するケース）

　伝統土器群に特徴的な施文具の使用が、他地域へ伝わった場合に、おおよその基準は保たれているものの、施文具が変化している（その地域特有の施文具に交換）ケースがよく見られる。こうし

た事例は、縄紋中期のみでなく、例えば前期後葉の興津式土器が福島県内陸部において貝殻文を竹管文に置き換えるなど、他時期にも見られる。

貝殻文をヘラ書きで代替

多摩地域の阿玉台式、群馬県の房ケ谷戸遺跡（894号土坑出土の阿玉台Ⅱ式の大型甕形土器）に認められる。胴部の輪積痕上に施されるハマグリ腹縁の刻み目を、ヘラ状工具で行うものである（図7-18）。

爪形文を貝殻文で代替

岐阜県宮川町宮ノ前遺跡例（図7-16）は、北陸的な新道系土器の可能性もあるが、文様帯構成自体は中部地方新道系土器を忠実に写している。しかし、本来は爪形文が施される区画隆線内側の部分にアナダラ属と思われる貝殻腹縁文が爪形文状に施される。興味深い例である。

向郷遺跡（20次調査谷部包含層23図121）（図7-17）の土器は、胴部文様帯の破片であるが、横走隆線の下位にフネガイ科の貝殻腹縁文が密に並べられ、キャタピラ文のようになっている。その下位にはペン先状工具による三角形連続刺突文が施され、同様の組み合わせの文様要素が区画下部にも併走する。文様要素・文様帯からは、勝坂1b式（新道式）の新段階で間違いない。

以上の二つは、飛騨と多摩と遠く離れた事例だが、時期的に近接する上に施文具が類似することから、少なくとも勝坂系土器における文様要素の選択に自由度が高かったことを示唆している。建石徹によるマトリックスへの蛍光X線でのスペクトル分析から土器胎土母材の胎土分析結果（建石他 2002）を加味すると、向郷遺跡の事例は、東関東地方などに対比され得る粘土を用い、安山岩（花崗岩？）質由来の可能性がある大粒の雲母を混入していることから、阿玉台式土器分布圏である東関東で制作された可能性がある。さらにそれが、勝坂式土器分布圏である多摩地域にもたらされた可能性が考えられる。想像をたくましくするならば、西関東地方から東関東へ混入した土器制作者が、東関東の土で土器を作り、それが交易物資の容器等として多摩（向郷遺跡）へもたらされたと考えたい。

逆に、多摩地方にもたらされている阿玉台式土器の中には、勝坂式的な角のはっきりした竹管による角押文（先端を削り角を作り出した工具など）による施文や、胴部輪積部上の縦位並列の刻みが東関東ではアナダラ属貝殻やハマグリによる貝殻腹縁の刻みが施されるところへ、竹管やヘラによる沈線が施されるものがある。同様の事例は群馬県域にもある。遠方の阿玉台式土器は、比較的全体として阿玉台の雰囲気を残しつつ、施文具を交換する場合もあるということである。同様な事例は、時代が異なるが縄紋前期の興津式土器が福島県の中通りでもある程度まとまって出土するが、そこでも貝殻腹縁文がヘラによる施文に変わっている事例が指摘できる。これも婚入した土器制作者が、婚入先で入手できる工具で施文することを示していると考える。以上の例は、後述する婚姻等による組織的・（ある程度）定期的な人の移動と異なり、土器制作の施文具を持たない人間の特異な移動を反映している可能性も考えられる。

(2) 混和材の流通・土器の流通（組織的・定期的な人の移動を反映するケース）

土器の移動については、胎土分析の上からも検討する必要がある。筆者は、建石徹を共同研究者

として、縄紋時代中期土器の胎土分析を重ねてきた。建石は蛍光Ｘ線分析による粘土の主成分元素組成分析を行っている。ここでは、筆者が調査した東京都向郷遺跡20次調査で分析した阿玉台式・勝坂式土器胎土分析結果と型式学的観察とを重ねて検討する。

胎土分析については、建石徹による。建石は、同一個体内の胎土（特に粘土）の不均一性を考慮し、各個体について、蛍光Ｘ線分析では分析位置を変えて5回ずつ分析をおこなっている。分析に供した20個体をすべて5回ずつ分析した後、個体ごとの結果のまとまりをみるために、100回（5回×20個体）の分析結果をクラスター分析に供した。5回の分析結果が同一のクラスターにまとまる場合は、その平均値を個体の主成分元素組成とした。5回の測定結果が同一のクラスターを形成しなかった場合、6回目、7回目の分析をおこない、五つ以上の分析結果が同一のクラスターを形成した段階で平均値をとり個体の主成分元素組成とした。クラスター分析には、ＳＰＳＳ社製多変量解析ソフトＳＰＳＳ10Ｊを使用している（建石ほか2002より抜粋）。

多摩地域に位置し、いわば西関東勝坂土器分布圏の中心地である向郷遺跡の胎土分析結果について検討する（図10）。向郷遺跡では、相当量の阿玉台式土器が出土しており、雲母も多く混入しているのであるが、胎土分析の結果を見ると東関東地方などに求められる胎質の土器もあるものの、相当数の土器は多摩地域の土器と考えてもよい胎質の土器であった。これは、多摩地域でかなり本場に近い阿玉台式土器が作られていたことを示し、東関東からの婚入者が多摩地域の粘土に雲母を混和して阿玉台式土器を作ったと考えられる。一方、先の図7-17でも示した貝殻によるキャタピラ文を持つ土器片であるが、土器系統としては勝坂系であり、施文具が異質と捉え得るが、胎土分析の結果をみると、東関東的な胎質である。よって、可能性としては、西関東から東関東へ婚入した土器制作者が貝殻文を用いながら勝坂式土器を作成し、それが交易物容器等として向郷遺跡へ持ち込まれた、たとえて云えば里帰りしたと想像できる。

阿玉台式土器には、意識的に雲母片が混入されるが、多摩地域で作られたと考えられる折衷土器や勝坂1b式土器（例えば町田市御嶽堂遺跡の新道式土器）には、雲母片が多量に混入される例がある。目黒区大橋遺跡や横浜市受地だいやま遺跡で調査した際の経験では、自然石でややボロボロになった拳大程度の安山岩が出土することがあり、詳細な検討はできないが、雲母をとるために母材

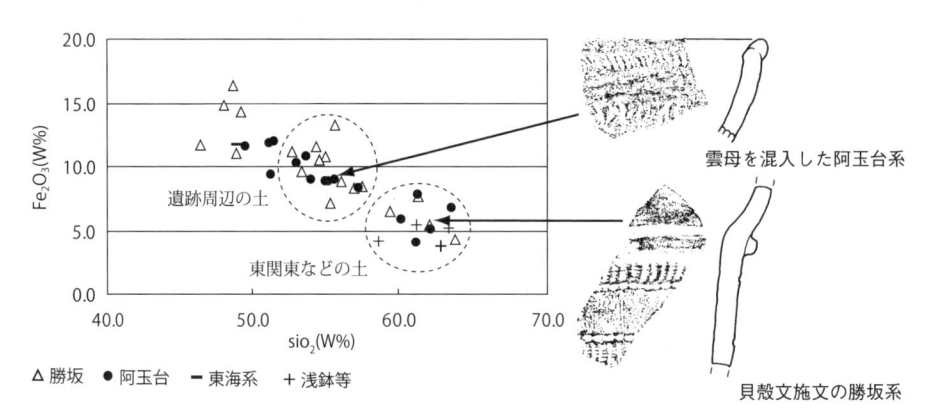

東京と向郷遺跡出土縄紋土器の胎土分析結果（Fi-Fe比）（建石・小林ほか2002に加筆）

図10　胎土分析

としてもたらされた可能性もあるのではないかと考えられる。

　多摩地域における阿玉台系土器の生産は、粘土は多摩地域のものを用いるが、制作者は東関東の阿玉台式プロパーと考えられ、東関東からの婚入者と想定できる。混和材の雲母を移入するなど、バックアップの体制があり、相当数の土器制作者が勝坂系集団内に取り込まれていたのではないだろうか。婚姻という社会的な制度に関連している点で、組織的であるといえる。

４．まとめにかえて―折衷土器のあらわすもの―

　山内清男（山内 1937・1939・1964）らが想定した、行政区画の郡に相当する程度の空間に細分された土器細別型式が「部族」に相当すると考える仮説を、どのように検証すればよいかは、考古学的には容易ではない。一方、民族考古学的検討では、いくつかの反証があげられている。その代表的な説は、ホダー（Hodder 1977）をあげ得よう。もちろん、ディーツ（Deetz 1967）やプログ（Plog 1976）など、土器のタイプと、アイディンティティーが関連すると考える見方もある。他にもカリンガ土器の研究やセピック川流域の土器文化の民族調査など、多くの研究例があるが、社会組織の研究例えば男女の分業について民族例を見ようとするのと同じく、ご都合主義的な引用をするだけでは解決に益しない。土器型式の空間属性については、日本考古学においても山内清男の「日本遠古の文化」や杉原荘介の「原史学序論」などで触れられているほか、多くの研究者が「方言」などの言語学などのアナロジーを含めて、「土器型式」の分布圏について様々に議論してきた（小林正史など）。また折衷土器についても、佐藤達夫（佐藤 1974）が論じた以降も、大塚達朗（大塚 2000）、小杉康（小杉 1984）らによって議論されてきた。考古学的な論議についての研究史的な回顧は、旧稿（小林 2004）でも触れたものの不十分であったが、ここでも紙数の関係から避けるものの、最後に本稿での折衷土器や特殊な分布を示す土器の検討を踏まえて、筆者なりの考えをまとめておきたい。

　一つには、個々の型式を、文様や器形などに代表させて規定していくのではなく、いわゆる「雰囲気」といわれている型式を形作る要素の総合的体系としてモデル化する必要があり、具体的には土器生産システムとして整理する必要があるだろう（小林 1991d）。土器生産は、いくつかのサブシステムに区分されるが、原料（燃料と混和材）の調達、原料の保管や取り扱い、土器成形、1次的な調整、文様装飾、陰干し、焼成の一連の工程がそれぞれサブシステムとなり、行為者が同一のシステムも分業されているシステムもあり得る。ここでは、「折衷土器」を装飾サブシステムの中に含まれる「文様要素・文様帯構成・文様区画」でみるため（器形の場合は成形サブシステムも含まれるが、当該時期については一連の工程と考え）、その部分を主として見ることになる。具体的には、土器の装飾を、どこのだれがどこで行うか（土器制作者の専門性、出自、作業の集中性・季節性、文様装飾上の規制、装飾法の伝達・学習）について、考えていくことになる。

　同時により高次の社会的なシステムに規制されるだろう。例えば土器制作の担い手や、その世代間継承や専門性は婚姻や家族構成、分業システムによるし、土器の機能や流通は生業システムや交換システムに関連する。土器の作り手の性別が規定されるか、集団外の土器制作者がどのように行

動するかは、分業や婚姻システムの問題となる。

　我々が扱う土器型式は、まず考古学研究者が出土した土器について、属性を区分し、任意の属性をある目的（時空間単位の摘出など）にとって鋭感的と経験的に判断する属性で、マニュアルでクラスター分析をした結果のまとまりである。結果として研究者が摘出する分類単位である非本質的型式（Rouse 1972）である土器型式にも様々なレベルがあるが、本質的型式が反映しているところの内実としても多重構造として見る必要があるだろう。集団の指標となっている型式・タイプもあれば、個人的なクセや気まぐれに起因するバリエーションもあるだろうし、社会システムの何かを反映している文様もあれば、そうでない場合もあるだろうし、機能的に器形が定まっている場合も有れば、伝統的に作られている器形もあるだろう。様々なとらえ方が可能なのが土器型式の本質と考える。

　よって、土器型式とは何かを考えるよりも、縄紋社会（または対象としている地域・時期の先史社会、この場合は南関東地方縄紋時代中期前葉社会）のアウトラインを取っていくことが必要である。アウトライン自体が任意ではあるが、考古学的に復元可能と期待できる土器生産、居住、生業を取り上げることとしている。その内容については、1章で概述したように、筆者なりの分析を行っていた。それを加味して云うならば、ここで扱うべき土器生産システムについて、下記のように想定してみたい。

　当該時期の土器の作り手は女性と仮定し、かつ母から娘へ世代間継承されると仮定、土器生産はパートタイムで、秋または冬に個人単位で制作されるが、原料の調達や焼成においては共同作業も行われる。また、女性が婚姻で集団間を移動すると仮定する。基本的に制作した土器は自家消費で、部分的に贈答や物々交換、物資の容器として移動する。特に土器作りが上手と評価される作り手の土器が他の集団へもたらされていくことがあり得る。土器は煮沸用では1年以内、貯蔵用で数年程度の寿命を持つ。集団間の婚姻による女性の交換があり、土器の作り手が他の土器型式圏へと一定の割合（例えば土器組成比で考えるならば勝坂式・阿玉台式土器型式圏間）で移動する。土器文様には、動物装飾、人体装飾、蛇や、波を表すような波状装飾、貝殻を用いた施文など土器型式・地域に特徴的なモチーフが認められ、なんらかの心性に基づく表出があり、かつ変化の方向性があることから、世代間継承を経つつも表現・創造の幅に有る程度の許容度があり、かつ集団全体での方向性の共有が存在する。

　具体的に勝坂式・阿玉台式土器分布圏でのあり方を考えると、真光寺タイプなど局所的な分布を示す土器タイプの存在から、土器の指標の一部を共有する集団の小さな単位は10〜20km程度の範囲での居住群単位での数集団をまとめ、文様要素や地紋、特定のモチーフや全体としての伝統土器群でまとめられる土器型式圏は、数県にまたがる100〜200km程度の範囲に及ぶ。土器型式にまたがるような広域に分布するタイプや、遠隔地に単独で出土する土器の存在など、分布圏としては様々なレベルが重なる。さらに土器分布圏が接触する地域（以下では中間地帯とする）を中心に、土器型式分布圏の相互作用によって生み出された折衷土器の分布状況や内容も、様々なあり方を示す。

　折衷土器においてみられた特徴から、両土器分布圏での違いが認め得る。阿玉台式土器の折衷土器は、松戸市子和清水遺跡など中間地帯の最前線といえる位置の拠点的集落で時期ごとに勝坂式土

器の影響を受けつつ作られ、勝坂式土器分布圏が東進するにつれて折衷土器制作地が移動する（千葉市蕨立遺跡など）。同時に、中間地域内の小規模集落（より勝坂式分布圏に接する・含まれる地域の大宮市下加遺跡など）でもそれぞれ地域的で短期的なタイプが作られる。勝坂式土器分布圏では、八王子盆地付近など中間地帯よりやや中核的な地域の拠点集落（神谷原遺跡など）で継続的に作られる。これらは婚入してきた女性が作り出した土器と考える。一方、より東方の小規模遺跡では、一時的な折衷土器が単発的に作られる。これらは婚入者による折衷土器もあり得るが、阿玉台系集団が勝坂式土器分布圏の中に生業活動のための小集団として移住してきた家族が中間地帯で作り出したと考える。逆に、勝坂式土器分布圏の中心的地域である中部高地の拠点集落には、折衷土器ではなく、単独の阿玉台式土器（多摩地域で作られたと考える）が搬入土器として存在することから、これら阿玉台式土器にとっての遠隔地出土土器は、婚入等のものではなく、土器自体が運ばれたと考えた方がよいだろう。

　以上のように、折衷土器やその他の土器のあり方を検討することで、さまざまな土器型式分布圏（地域文化）間の、さまざまなレベルでの交流のあり方が検討できるだろう。今回は割愛しているが、住居型式・炉型式における折衷（小林1990、小薬1997）、集落形態やセツルメントシステム（小林1988）を加えて考え、勝坂式・阿玉台式分布圏（地域文化）間の相互作用について、さらに検討を重ねていきたい。

〔追記〕
　本稿脱稿後に関連する議論として下記の拙稿を記したので、あわせて参照されたい。
　　小林謙一　2011　「縄紋時代における情報伝達―土器型式・炉型式の分布拡大の速度―」『情報の歴史学』中央大学人文科学研究所、pp.3-37.

参考文献
稲野裕介　1983　『滝ノ沢遺跡』北上市文化財調査報告33集、北上市教育委員会、pp.1-394。
今村啓爾　1985　「五領ケ台式土器の編年―その細分および東北地方との関係を中心に―」『東京大学考古学研究室紀要』4、東京大学文学部考古学研究室、pp.93-157。
大塚達朗　2000　「異系統土論としてのキメラ土器論 滋賀里遺跡出土土器の再吟味」『異貌』18、共同体研究会、pp.2-19。
可児通宏　1991　「縄文人の生活領域を探る―土器による領域論へのアプローチは可能か―」『研究論集』X、東京都埋蔵文化財センター、pp.131-148。
黒尾和久・小林謙一・中山真治　1995　「多摩丘陵・武蔵野台地を中心とした縄文時代中期の時期設定」『シンポジウム縄文中期集落研究の新地平（発表要旨・資料）』縄文中期集落研究グループ・宇津木台地区考古学研究会。
小薬一夫　1995　「住居跡分類コード」『シンポジウム縄文中期集落研究の新地平』（発表要旨・資料）、縄文中期集落研究グループ、pp.22-24。
小薬一夫　1997　「「住居型式」設定のための基礎的作業―多摩丘陵・武蔵野台地の縄文中期炉跡の分析から―」『東京考古』15、東京考古談話会、pp.74-80。
古城　泰　1998a　「勝坂式・阿玉台式土器の分布」『下野谷遺跡』I、早稲田大学校地埋蔵文化財整理室、pp.603

-607。

古城　泰　1998b　「型式学的方法の再検討」『考古学研究』第44巻4号、考古学研究会、pp.34-54。
小杉　康　1984　「物質的事象としての搬出・搬入、模倣製作」『駿台史学』第60号、駿台史学会、pp.160-172。
小林謙一　1984　「中部・関東地方における勝坂・阿玉台式土器成立期の様相」『神奈川考古』19、pp.35-74。
小林謙一　1988　「縄文時代中期勝坂式・阿玉台式土器成立期におけるセツルメント・システムの分析―地域文化成立過程の考古学的研究―」『神奈川考古』24、pp.81-109。
小林謙一　1989a　「縄文時代中期勝坂式・阿玉台式土器成立期における土器群組成比の分析」『考古学の世界』新人物往来社、pp.262-278。
小林謙一　1989b　「縄文時代中期前葉段階の土器片錘にみる生業活動―地域文化成立過程の考古学的研究―」『古代文化』第41巻1号、古代文化協会、pp.24-37。
小林謙一　1989c　「千葉県八日市場市八辺貝塚出土土器について―東関東地方縄文時代中期初頭段階の土器様相―」『史学』第58巻2号、史学会、pp.163-203。
小林謙一　1990　「縄文時代中期勝坂式・阿玉台式土器成立期における竪穴住居の分析―地域文化成立過程の考古学的研究―」『信濃』第42巻第10号、信濃史学会、pp.19-56。
小林謙一　1991a　「東関東地方の縄文時代前期末葉段階の土器様相―側面圧痕土器及び全面縄文施文土器の編年的位置づけ―」『東邦考古』第15号、東邦考古学研究会、pp.80-114。
小林謙一　1991b　「縄文時代前期末葉から中期にかけての三矢田遺跡」『真光寺・広袴遺跡群』Ⅵ　三矢田遺跡―遺物・考察編、鶴川第二地区遺跡調査会、pp.504-548。
小林謙一　1991c　「縄文早期後葉の南関東における居住活動」『縄文時代』2、縄文時代文化研究会、pp.81-118。
小林謙一　1991d　「勝坂式成立期の土器にみる器形と文様帯構成比の関係」『郵政考古紀要』ⅩⅦ、郵政考古学会、pp.1-34。
小林謙一　1993a　「縄文中期分析のための基礎データの整理」『慶応義塾湘南藤沢キャンパス内遺跡』1、総論慶応義塾藤沢校地埋蔵文化財調査室、pp.739-801。
小林謙一　1993b　「多摩における勝坂式成立期の土器様相」、『東京考古』11、東京考古談話会、pp.23-62。
小林謙一　1994a　「甲府盆地周辺における勝坂式成立期の土器様相」『山梨県考古学論集』Ⅲ、pp.73-96。
小林謙一　1994b　「縄文時代中期前葉の南多摩中部域」『東京考古』12、東京考古談話会、pp.1-36。
小林謙一　1994c　「五領ケ台貝塚出土土器について」『民族考古』第2号、pp.1-22。
小林謙一　1994d　「大宮台地周辺における阿玉台式土器成立期の土器様相」、『土曜考古』18、土曜考古学研究会、pp.1-34。
小林謙一　1995　「南関東地方の五領ケ台式土器群」『第8回縄文セミナー　中期初頭の諸様相』縄文セミナーの会、pp.1-94。
小林謙一　1997　「茨城県宮平貝塚出土土器について(1)」『民族考古-大学院論集-』4、慶應義塾大学民族学考古学研究室、pp.1-37。
小林謙一　1999　「関東・中部地方　中期初頭（五領ケ台式）」『縄文時代』10、縄文時代文化研究会、pp.277-288。
小林謙一　2000　「縄紋中期土器の文様割付の研究」『日本考古学』第10号、日本考古学協会、pp.1-24。
小林謙一　2001a　「茨城県宮平貝塚出土土器について(2)―阿玉台Ⅰb・Ⅱ式を中心に―」『民族考古　大学院論集-』5、pp.127-150。
小林謙一　2001b　「北陸地方の縄紋時代前期末葉から中期前葉における土器編年の問題」『金沢大学日本海域研究』第32号、金沢大学、pp.139-156。
小林謙一　2002　「勝沼町宮之上遺跡第6号住居跡出土の中期前葉土器について（その2）」『山梨県考古学協会

誌』第13号、pp.108-119。

小林謙一　2004　「長野県から群馬県にかけての地域の縄紋中期中葉土器の生産と流通についての予察」『国立歴史民俗博物館研究報告』第120集、pp.147-182。

小林謙一・建石徹・閏間俊明　1996　「第Ⅳ章 第2節 1. 土器」『鼻毛石中山遺跡』群馬県勢多郡宮城村教育委員会、pp.26-53。

小林正史　2006　「土器文様はなぜ変わるか」小杉康編『心と形の考古学』同成社、pp.161-190。

小林達雄　1966　「縄文早期前半に関する問題」『多摩ニュータウン遺跡調査報告Ⅱ』多摩ニュータウン遺跡調査会、pp.21-61。

佐藤達夫　1974　「土器型式の実態—五領ケ台式と勝坂式の間—」『日本考古学の現状と課題』吉川弘文館、pp.81-99。

縄文セミナーの会　1995　『第8回 縄文セミナー 中期初頭の諸様相』—記録集—、縄文セミナーの会、pp.1-109。

鈴木公雄　1981　「型式・様式」『縄文土器大成』第4巻 後晩期、講談社、pp.159-164。

建石　徹　2005　「長峯遺跡出土縄文土器の胎土分析」『聖石遺跡・長峯遺跡・（別田沢遺跡）』長野県埋蔵文化財センター発掘調査報告書69。

建石徹・北田正弘・小林謙一・二宮修治　2002　「縄文土器製作における粘土と混和材の選択性に関する基礎的研究—阿玉台式土器の事例を中心に—」『日本文化財科学会第19回大会研究発表要旨』日本文化財科学会、pp.58-59。

建石徹・小林謙一　2002　「宮平遺跡出土縄紋土器の胎土分析—胎土分析からみた縄紋土器の製作と移動のライフサイクルへの予察—」『民族考古』第6号、「民族考古」編集委員会、pp.45-56。

寺内隆夫　1984　「角押文を多用する土器群について」『下総考古』7、下総考古学研究会、pp.1-29。

寺内隆夫　1987a　「五領ケ台式土器から勝坂式土器へ-型式変遷における一視点-」『長野県埋蔵文化財センター紀要』1、長野県埋蔵文化財センター、pp.24-41。

寺内隆夫　1987b　「勝坂式土器成立期に見られる差異の顕在化—隣接型式との関係 阿玉台式その1」『下総考古』9、下総考古学研究会、pp.18-48。

寺内隆夫　2005　「まとめ」『聖石遺跡・長峯遺跡・（別田沢遺跡）』長野県埋蔵文化財センター発掘調査報告書69、pp.195-214。

中山真治　1997　「縄文中期初頭の西関東・中部高地における東海系土器—特に北裏CⅠ式系の搬入土器をめぐって—」『東京考古』15、東京考古談話会、pp.49-98。

西田泰民・佐藤雅一・小熊博史　2003　「縄文土器におけるgrogの混和について」『日本文化財科学会第20回大会研究発表要旨』日本文化財科学会、pp.110-111。

藤森栄一編　1965　『井戸尻』長野県富士見町における中期縄文遺跡群の研究、中央公論美術出版、p.1-162:図版114。

山口逸弘　1999　「土壙出土土器の選択性—中期土壙の2個体の共伴例から—」『縄文土器論集』縄文セミナーの会、pp.237-258。

山内清男　1937　「縄紋土器型式の細別と大別」『先史考古学』第1巻1号、先史考古学会、pp.29-32。

山内清男　1939　『二本遠古之文化』山内清男・先史考古学論文集、先史考古学会、pp.1-48。

山内清男　1964　「縄紋式土器・総論」『日本原始美術』第1巻 縄紋式土器、講談社、pp.148-158。

Deetz, J.　1967　*Invitation to Archaeology*, The Natural Historal Press, New York pp.1-150.

Hodder, Ian　1977　The Distribution of Material Culture Items in the Baringo District, Western Kenya *Man* 12 pp.239-269.

Plog, S. 1976 Measurement of Prehistoric Interaction between Communities In Flannery, M(ed) *The Early Mesoamerican Village* pp.251-272.

Rouse, I. 1972 *Introduction to Prehistory* McGraw-Hill Book Company ,New York. (鈴木公雄訳 1974 『先史学の基礎理論』雄山閣出版、pp.1-268)

図版引用文献

鎌ヶ谷市史編さん委員会 1982 『鎌ヶ谷市史 上巻』

岐阜県宮川村教育委員会 1996 『堂ノ前遺跡発掘調査報告書 国道360号線バイパス改修工事に伴う埋蔵文化財発掘調査報告』

群馬県教育委員会・㈶群馬県埋蔵文化財調査事業団 1989 『房谷戸遺跡Ⅰ―関越自動車道（新潟線）地域埋蔵文化財発掘調査報告書第27集』㈶群馬県埋蔵文化財調査事業団発掘調査報告第95集。

小金井市貫井遺跡調査会 1979 『貫井遺跡』

㈶茨城県教育財団 1985 『水海道都市計画事業・小絹土地区画整理事業地内埋蔵文化財調査報告書3 大谷津A遺跡（下）』茨城県教育財団文化財調査報告第28集。

同 1986 『研究学園都市計画手子生工業団地造成事業地内埋蔵文化財調査報告書 大境遺跡』茨城県教育財団文化財調査報告第34集。

同 1987 『主要地方道取手筑波線道路改良工事地内埋蔵文化財発掘調査報告書 境松遺跡』茨城県教育財団文化財調査報告第41集。

相模原市教育委員会 2002 『当麻亀ノ甲・西原遺跡 相模原市麻溝方面小学校建設に伴う発掘調査』相模原市埋蔵文化財調査報告26。

多摩総合文化財研究所 2002 『向郷遺跡Ⅵ 多摩中央ミサワホーム株式会社宅地造成及び戸建建物建設に伴う埋蔵文化財発掘調査報告書』

千葉県銚子市教育委員会 2000 『栗島台遺跡―銚子市栗島台遺跡1973・75の発掘調査報告書―』

茅野市 1986 『茅野市史 上巻 原始・古代』

鶴川第二地区遺跡調査会 1991 『真光寺・広袴遺跡群Ⅵ 三矢田遺跡－遺物・考察編－』

東京都建設局・羽村町羽ヶ田上・山根坂上遺跡調査会 1981 『羽ヶ田上遺跡（羽村町羽ヶ田上・山根坂上遺跡Ⅱ）』

都市基盤整備公団・財団法人千葉県文化財センター 2003 『千原台ニュータウンⅧ―市原市草刈遺跡（東部地区縄文時代）―』

長野県諏訪地方事務所・長野県諏訪建設事務所・長野県茅野市・長野県埋蔵文化財センター 2005 『担い手育成整備事業（芹ヶ沢地区）国道299号線バイパス建設事業埋蔵文化財発掘調査報告書 聖石遺跡・長峯遺跡・（別田沢遺跡）』長野県埋蔵文化財センター発掘調査報告書69。

奈良地区遺跡調査団・住宅・都市整備公団 1986 『奈良地区遺跡群Ⅰ発掘調査報告（第1分冊） №11地点 受地だいやま遺跡 上巻』

日本道路公団名古屋建設局・長野県教育委員会 1975 『長野県中央道埋蔵文化財包蔵地発掘調査報告書―茅野市・原村その1、富士見町その2―』

日本道路公団東京第一建設局・㈶千葉県埋蔵文化財センター 1982 『常磐自動車道埋蔵文化財調査報告書Ⅳ―館林・水砂・花前Ⅱ-1―』

同 1984 『常磐自動車道埋蔵文化財調査報告書Ⅱ―花前Ⅰ・中山新田Ⅱ・中山新田Ⅲ―』

同1986 『常磐自動車道埋蔵文化財調査報告書Ⅳ―元割・聖人塚・中山新田Ⅰ―』

韮崎市教育委員会・石之坪遺跡発掘調査会・峡北土地改良事務所　2000　『石之坪遺跡（東地区）―県営圃場整備事業に伴う埋蔵文化財発掘調査報告書―』
八王子市椚田遺跡調査会　1982　『神谷原Ⅱ』
町田市教育委員会・木曽中学校用地内遺跡調査会　1983　『町田市木曽中学校遺跡』
松戸市教育委員会　1978　『子和清水貝塚　遺物図版編1』松戸市文化財調査報告第8集。
山梨県教育委員会・日本道路公団　1986　『釈迦堂Ⅰ　山梨県中央自動車道埋蔵文化財包蔵地発掘調査報告書』山梨県埋蔵文化財センター調査報告第17集。
同　1987『釈迦堂Ⅱ―図版編―　山梨県中央自動車道埋蔵文化財包蔵地発掘調査報告書』山梨県埋蔵文化財センター調査報告書第21集。
山梨県考古学協会　2001　『山梨県古学協会誌』第12号。
早稲田大学所沢校地文化財調査室編　1989　『お伊勢山遺跡の調査　第3部　縄文時代』

第6章　弥生・古墳時代の土器移動類型

比田井　克仁

「異系統土器の出会い」とは具体的にはどのようなイメージで考えられるのであろうか。縄文土器については、前期末に北陸の土器が日本海沿いに北上するという、集団移動として捉えるものを代表的なものとして（今村 2006）、一個体の縄文土器の中に異系統の文様が採り入れられそれが変化の一要因となるというとらえ方（鈴木 2006）、勝坂式の隣に阿玉台式集落が共存する、あるいは一つの竪穴住居の中に両者が伴う（小林 2006）といった現象に示されるとするなどが挙げられる。

これらは、広域な人の動きを反映すると解釈するものから、集落レベルでの異系統集団の遭遇もしくはその結果生まれる住居内での異系統土器の同時使用、一個の土器そのものに内在する複数の系統の文様要素に注目する文化伝播論的視点など、その解釈の幅は広く、事例も様々あり一筋縄ではいかないようである。

それに対して本稿で対象とする弥生・古墳時代の場合は、狩猟採集社会から農耕社会への転換による地縁社会を背景とする定住性の獲得という、縄文時代とは根本的に異なる社会基盤を有していることから、その理解は異なるものとなる。以下、その点について述べていくことにしよう。

1．弥生・古墳時代における異系統土器のとらえ方

弥生・古墳時代において異系統土器について考える場合、まず前提として、遺物・遺構を取り扱う基本的な方法である様式論に基づいた、地域把握が必要となろう。

（1）　基本的方法『様式論』

様式論とは、遺物・遺構を分類整理して、縦方向の時間推移と、横方向の同時期性を確認した上で、一つの類似した生活道具の集合体とその継続時期幅が、その文化的時代相を示すものと理解するものである。さらにはそこから社会的背景など、歴史学としてつぎのステップを追究していくわけであるが、その玄関口まで進むための方法論として敷衍しているものである。

具体的に説明すると、たとえばある家庭の夕餉の食卓を想像していただきたい。本稿執筆時が3月であるため、そのころの食材が様々な器に盛られて並んでいるとする。飯は、ご存知飯茶碗、汁は漆仕様のお椀、ふきのとうのおひたしは有田焼の小鉢、メインは子供達のためにトンカツである。キャベツを添えたトンカツはしゃれたフランス風の皿に盛られている。妻はワインが好きでワイングラス、夫は日本酒で萩焼のお猪口、こどもは食後の紅茶といった具合としよう。

さて、ここで飯茶碗・汁椀・小鉢・フランス風の皿・ワイングラス・お猪口・ティーカップとい

った沢山の種類の器が登場している。これらの器は用途が明確で、過去もそれから未来も基本的に継続していくものであろう。このような様々な形が形式（Form）と把握されるものである。現代の器では用途機能が明確であるため器種といってもよいが、弥生・古墳時代では必ずしもその点は明らかではないため形式と呼んでおくのが無難である。

さて、この家庭にはおじいちゃんが使っていた60年前の飯茶碗が残されていたとしよう。

ここで、息子夫婦の使う飯茶碗とは柄も形もまったく違うものであることが認識されるのである。つまり60年間の時間的差を持ち、形も異なる器であるが、明らかに飯茶碗の祖列に連なる古い形のものである。現代のものとの比較がなされ相違が認められることであろう。これを型式（Type）と呼ぶ。

型式は、時間推移を背後に置いた把握の仕方で、この例でいけばさしずめ昭和式飯茶碗・平成式飯茶碗といったところであろうか。もちろん、飯茶碗だけでなくその他の形式も個々に型式変化をしているのはいうまでもない。

この家庭で用いた食器類は古いおじいちゃんのものを除いて、現代のどこの家庭で使われているものと大同小異であろう。すなわち、このような組成が用いられている平面的範囲と時間幅が様式（Style）と把握されるものである。つまり、この場合は平成様式の食器組成ということになる。

おおよそ、様式論とはこういったことで骨格が説明できるわけであるが、ここで追加して留意しなければならないことがある。それは、本書のテーマである系統についてである。さきの現代家庭の例をみると、飯茶碗・漆仕様のお椀・有田焼の小鉢・萩焼のお猪口といったわが国に出自を持つものとフランス風の皿・ワイングラス・コーヒーカップといった欧米に出自を持つもので構成されている。このように異系統の器が現代の食器組成の中には入り込んでいるのである。この場合、こういった異系統の器は明治維新後の欧米化、戦後の国際化といった歴史的展開によって、出自を意識させることがないくらい深く定着しているものであるが、あえて欧米系のものを異系統と認識するためには、比較対象となるべき、日本のものであるという在地の系統が明確に認識されていることが前提になるのである。この点で、弥生・古墳時代では基本的地域像、つまり在地と他の地域の認識が問題とされる所以がある。

（2）　異系統土器をどう認識するか

弥生・古墳時代の地域性は、同じ様式の土器の分布範囲によって把握することができる。弥生時代前期ではいわゆる遠賀川系土器の東への広がりと、亀ヶ岡系土器の変質といった広範囲な現象として見ることができ、まだ細かな地域性は生じていない。しかし、日本各地に農耕集落が展開する中期になると、耕地の開発が促進され、それぞれ地縁原理で結びついた集団が成長して、地域固有の土器様式が明確になってくる。それは、狩猟採集社会である縄文時代と農耕社会における土器圏形成が進んだ弥生時代との根本的な差である。縄文世界の勝坂式を例にした場合、それらを使用する人々の範囲は、長野・静岡・関東一円ととても広い範囲である。しかし、弥生時代の場合は、共通する土器様式の範囲は小さい範囲になる。この要因は、農耕社会の成立に求めることができ、その流れは極めて単純である。食糧生産の安定性は、耕地の獲得という点に保証される。それにより

土地を中心とした生活感覚が生じていくのである。地縁的定住性が成立し、そこに完結社会が形成されて、固有な文化を成長させる場となり、同一土器群の分布圏を形成することになる。そして、地縁的社会である以上、原則としてそれらは相互に侵すことなく共存する基本的な土器分布圏を形成するのである。東日本全体をみると、櫛描文・帯縄文・縄文多用・縄文と磨消縄文多用といった四大分布の中に細かい様式が成立している（図1）。

関東地方を例にとれば、中期では南関東地方に宮ノ台式、北関東地方に竜見町式、東関東地方に足洗式が分布圏を形成しているが、後期にいたると個々の地域の完結的地域圏が小集団の成長により分裂して、南関東地方においては相模様式・朝光寺原式・南武蔵様式・房総様式・臼井南式（図2）、北関東地方では、樽式・吉ヶ谷式・赤井戸式・二軒屋式、東関東地方では上稲吉・十王台式（図3）という小地域圏が分立した。ここにおいて、そのままの範囲で継続する地域社会が成立し、古墳時代へと連動していくのである。これらのおのおの地域社会で用いられている土器群が在地の土器として把握されるものである。このように個性的な土器群で強固な地域性が表出されているがため、その中に他地域の土器があるとすると、それは明瞭に識別でき、弥生・古墳時代においての異系統土器とは、このような形でわれわれの前に姿を見せてくれるのである。

筆者の理解が正しいならば、これに対する縄文土器の異系統とは、一つの土器の中に別々な地域に固有な文様が採用されることによって認識されるものが一つ、まったく同時期に土器が認められない地域に突如出現するといったような様相を呈しているものが今ひとつの場合というふうに理解でき、他の地域の土器が一時的にやってきてお客様となったというものではないのである。

(3) 弥生古墳時代における異系統土器の名称

本書でテーマとしている「異系統土器」という名称であるが、弥生・古墳時代の研究ではこれらの性格の土器を「外来土器」と呼ぶのが一般的である。その中にも二つの形態があり、一つはその土地の土器様式の中に系譜・出自を持たない土器で、短期にわたって認められ定着しないもので、直接持ち込まれた搬入品と、移動先の土地で製作されたものとがある。このような場合の土器を他の地域の系統であるということから「外来系土器」とする（比田井2001）。

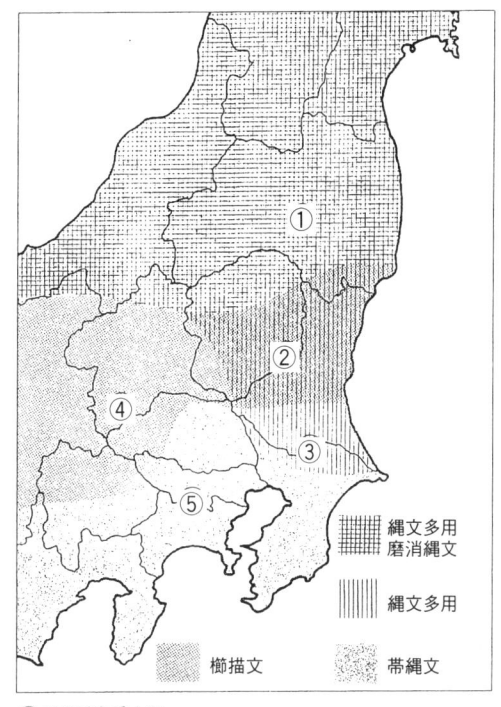

①：天王山系土器
②：東中様式・十王台式
③：上稲吉式・印旛手賀沼系土器様式
④：樽式・岩鼻式・岩清水式
⑤：西相模様式・南武蔵様式・房総様式・登呂式・飯田式

図1　関東・東北南部の紋様分布圏
（比田井2002より）

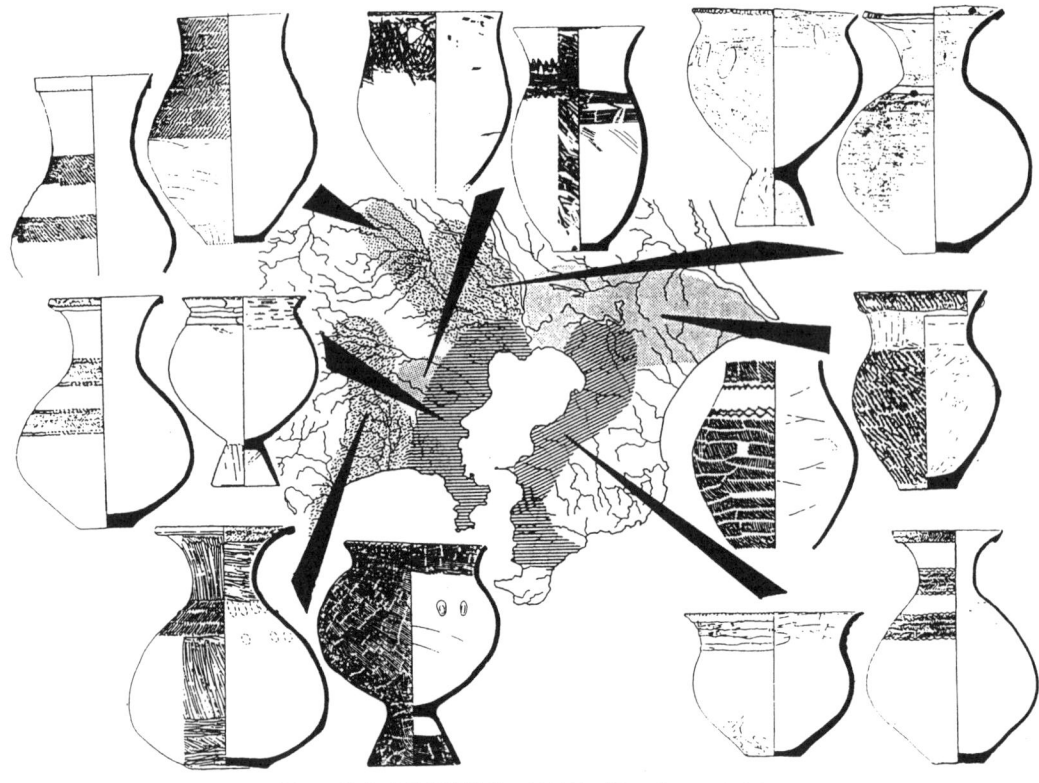

図2　弥生時代後期後半の地域性（比田井1997より）

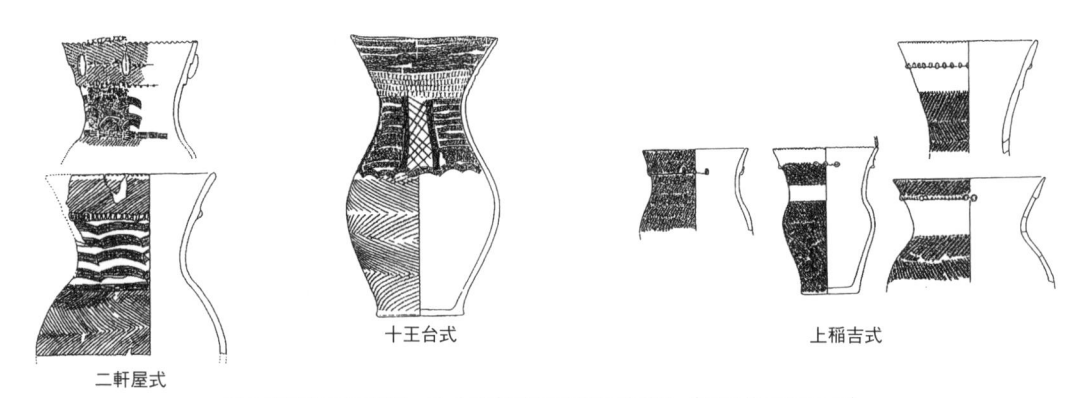

図3　東関東の地域性　弥生時代後期後半の地域性（比田井1997より）
二軒屋式　　十王台式　　上稲吉式

　今一つは、その土地の土器様式の中に系譜・出自を持たない土器であるが、広範囲に定着して、土器様式の組成に新たに加わるなどの性質のものである。これらは、他の地域に出自を持ちながら、定着浸透する性格を帯びた土器と捉え「外来性土器」と呼称する（比田井 2001）。外来性土器としては、小型器台・小型丸底坩・小型高坏・柱状脚部高坏・元屋敷系高坏といった東日本全域の古墳時代前期の土器組成に定着する個々の形式と、様式総体が外からやってきた石田川式や東北地方の弥生〜古墳時代へかけての様式転換もこれらの性質の土器群によるものである。主に、弥生土器から古墳時代前期の土器組成変化に大きな影響を与えている。このようなことから外来性土器は突発的にやってきてしばらくすると消えていくというような性格のものではないことから、異系統土器

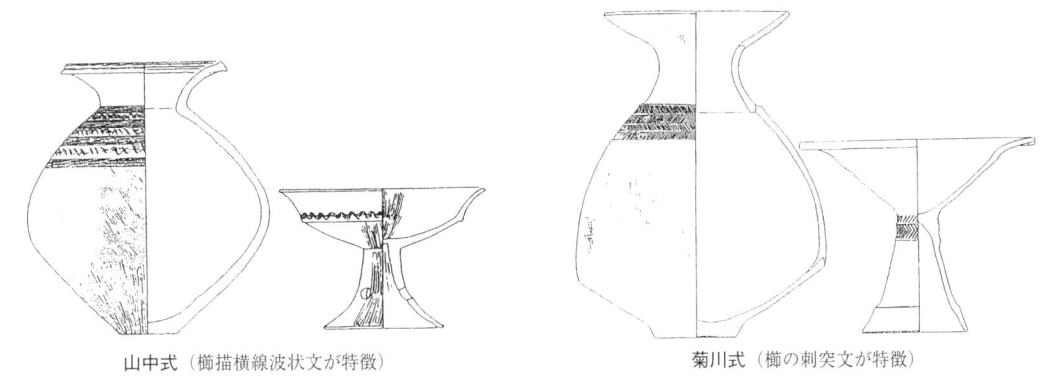

山中式（櫛描横線波状文が特徴）　　　菊川式（櫛の刺突文が特徴）

図4　弥生後期に動く土器（比田井2002より）

の範疇に入れることは不都合と考えられる。

したがって、異系統土器とは、筆者がいう外来系土器に相当する概念ということができるだろう。

2．人の移動としての土器交流

土器交流とは、その土地にはない他の地域の土器がそこに存在することから認識される現象であることは述べてきたが、それすなわち人が移動していることを示すものとしても理解されるものである。その中でも　弥生時代後期から古墳出現期にかけての変革期は最も土器が動く時期である。

弥生後期中頃には三河・西遠江の山中式土器が相模に移動している（図4）。神奈川県綾瀬市神崎遺跡（小滝・村上1992）では、出土土器の90％以上が東三河の山中式で、集団移動してきた人々の集落と考えられている。山中式は相模を中心に南武蔵に出土例を見ることができるが、神埼遺跡以降では東三河山中式にかわって西遠江山中式土器が波及してくる。

類例は、寒川町高田遺跡（押木2003）・寒川町大蔵東原遺跡（小林1993・1997、小林2000）・海老名市本郷遺跡（小出・柳谷1985、合田・大坪1993、合田・及川・池田1995）・厚木市御屋敷添遺跡（西川1998）・厚木市宮の里遺跡（迫・中村2005）・厚木市子ノ神遺跡（望月ほか1978・1983・1990・1998）・秦野市根丸島遺跡（曽根・比田井1987）・平塚市王子ノ台遺跡（東海大学校地内遺跡調査団2000）など主に相模川沿いに拡散して在地の集落の中に客体的に出土するが、やがては消滅していく。

ほぼ、同時期に東遠江の菊川式土器が武蔵野台地を中心に相模にも出土している（図4）。まとまって検出された遺跡としては新宿区下戸塚遺跡（板倉1993、車崎・松本1996）を挙げることができる。菊川式もその後、新宿区落合遺跡（新宿区歴博1997）・中野区新井三丁目遺跡（佐々木1988）・北区御殿前遺跡（陣内1988）・板橋区西台遺跡（渡辺・目賀田1954）・和光市花の木遺跡（西井・新屋1994）など神田川・荒川水系沿いに拡散するが、やがて埋没し消滅する。

古墳時代初頭になると、畿内から叩き甕・布留式甕、伊勢湾からはS字甕、北陸南西部から5の字口縁甕、北陸北東部から面取口縁甕、近江・伊勢湾から受口状口縁平底甕など（図5）、前代の三河よりもより西側各地の土器が認められ、これらの地域の人々が関東に訪れていることが明らか

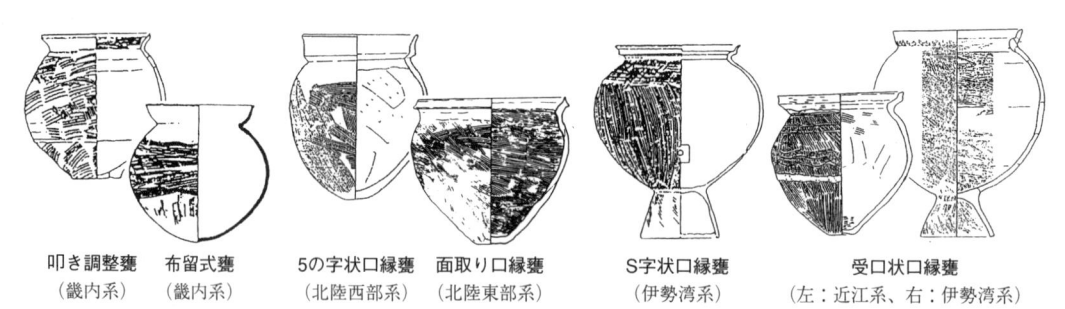

叩き調整甕	布留式甕	5の字状口縁甕	面取り口縁甕	S字状口縁甕	受口状口縁甕
（畿内系）	（畿内系）	（北陸西部系）	（北陸東部系）	（伊勢湾系）	（左：近江系、右：伊勢湾系）

図 5　古墳時代前期に動く各地の甕形土器

にされている。

　この時代の日本全体の土器移動の様相については、大きく見て、畿内の庄内・布留式が西日本全体に濃厚に拡散し、東日本一帯には伊勢湾の土器が多く動くといった二極に集約され、その他の地域の土器の動きは、この両者にまたがって出土するといった状況を見ることができる。

　叩き甕は、一個体程度が在地の土器群の中に客体的に出土する場合と、セットになって出土する例がある。後者は小規模な一時的な移住を想定することができ、柏市戸張一番割遺跡（平岡1985）・佐倉市大崎台遺跡（柿沼ほか 1985）が典型的な例となる。叩き甕の出自については、庄内式の中でも奈良盆地に分布する庄内大和型に求めることができる。関東までの波及経路は、奈良盆地から伊賀・三河経由で東京湾というというルートが想定されるものである。叩き甕は伊賀・伊勢・三河にはよく出土するが、尾張・美濃では類例が極めて少なく、この地域と畿内との関係が反映しているものと考えることができる。
また、彼らの動きは纒向型前方後円墳である千葉県市原市神門古墳群の成立に深くかかわっていることも留意される点である。

　布留式甕は、遺跡全体に1個体程度が出土するものと、東松山市五領遺跡のように1住居跡に複数個体が出土し移住が考えられるものがある。また、これとは異なり、北陸南西部では漆町7群の段階に布留式の土器組成が北陸在来の月影式の系譜に連なる土器組成を凌駕し、在地の土器と化するといった状況をみることができる。

　S字甕は、遺跡全体に1～2個体程度が客体的に出土するものと、伊勢湾の土器組成そのものが広範囲にわたって入り、在来の弥生土器を駆逐するものの二通りがある。後者は北関東地域の樽式を凌駕して交代した石田川式が例となる。

　5の字口縁甕・面取口縁甕・受口状口縁平底甕も叩き甕同様に、一個体程度が在地の土器群の中に客体的に出土する場合と、セットになって出土する例がある。これらの地域の人々も小規模な一時的な移住を想定することができる。

　以上のように見てくると、土器移動に際しては、その地域の土器群の中に一つ二つといった客体的な出土状態と、土器組成全体が移動してくる二つの場合があるのである。後者については、系統が異なる土器群が弥生土器の伝統性を駆逐して、その土地の土器様式として成立し定着するといったかたちをとるもので、北関東の樽式から石田式の転換、北陸南西部の布留式土器の定着、北陸北東部の土器群が流入する会津盆地の様相や4世紀になっておこる東北地方太平洋岸の古墳時代土器

表1　土器交流の概念表

発信地	発信様式	波及地	波及状態	波及作用	時期幅	備考
三河・西遠江	山中式	相模	セット	在地に融合埋没	弥Ⅱ Ⅲ	密度高い
	欠山式	信濃南部	壺・高坏	客体消滅	弥Ⅱ Ⅲ	少量
東遠江	菊川式	武蔵野台地	セット	在地に融合埋没	弥Ⅱ Ⅲ	密度高い
		相模西部	セット	客体消滅	弥Ⅱ Ⅲ	
駿河		相模西部	壺	客体消滅	弥Ⅱ Ⅲ	少量
伊勢・三河	受け口甕	南関東全体	甕	客体消滅	弥Ⅲ古Ⅰ	
南関東		畿内・東北	壺	客体消滅	弥Ⅲ古Ⅰ	少量
東関東	十王台・上稲吉	南武蔵・下総・尾張	甕	客体消滅	弥Ⅲ古Ⅰ	
北関東	樽式	南武蔵	甕・高坏	客体消滅	弥Ⅲ古Ⅰ	
東北	天王山	北陸・北海道		客体消滅	弥Ⅲ古Ⅰ	移住もあり
朝鮮半島	軟質土器	南関東	壺	影響を受けた	弥Ⅲ古Ⅰ	
畿内・伊勢・三河	叩き甕	東北を除く東日本全域	甕	客体消滅	古Ⅰ	
		房総東京湾の一部	セット	客体消滅	古Ⅰ	一次移住
北陸西南部	Sの字状口縁甕	東北を除く東日本全域	甕・セット	客体消滅	古Ⅰ	移住もあり
近江	受け口甕	南関東	セット	客体消滅	古Ⅰ	一次移住
北陸東北部	面取り口縁甕	会津	セット	在地様式として発達	古Ⅰ	集団移住
		信濃	甕	客体消滅	古Ⅰ	
		北関東	甕	客体消滅	古Ⅰ	
		南関東	甕	客体消滅	古Ⅰ	
北海道	後北C²D式	東北・北陸	甕・鉢	客体消滅	古Ⅰ	移住もあり
美濃・尾張	廻間式	東日本全域	S字甕	客体消滅	弥Ⅲ古Ⅰ Ⅱ	
			小型高坏	東日本全域に定着	古Ⅰ Ⅱ	
			高坏・壺	東日本全域に定着	古Ⅰ Ⅱ	
		北関東（上野）	セット	在地様式として発展	古Ⅰ Ⅱ	集団移住
畿内	布留式	東日本全域	甕	客体消滅	古Ⅱ	
		北陸西南部	セット	在地様式として発展	古Ⅱ	集団移住？
南関東	下総甕	東北（太平洋側）	壺・甕	在地様式として発展	古Ⅱ	集団移住？
畿内	布留高坏	日本全域	高坏	斉一様式として発展	古Ⅲ	

群の成立（比田井 2004b）もこういった例と考えられるものである。

　また、集落全体規模での移住形態の例もあれば、1・2軒の住居跡から比較的多くの外来系土器を出土するものも認められる。集落単位の移動としては三河の山中式の人々の移住集落である神奈川県綾瀬市神埼遺跡、後者としては近江の人々の小規模な移住が考えられるのは川崎市野川東耕地遺跡（伊東・合田 1994）・藤沢市若尾山遺跡（桜井・継 1998）、北陸南西部の土器群と北陸特有の住居形態をもつ市原市中台遺跡・市原市南中台遺跡がこれらの例として挙げられる（比田井 1987）。以上のことをまとめると表1のようになる。

3．土器の様式としての定着と変容

つぎに、外来土器の変容現象について触れておきたい。人の移動に伴って、土器が持ち込まれるには二つの場合が考えられる。土器そのものを持ち込む場合（搬入）、人がその土地の粘土を用いて土器を製作する場合である。その後、外来地域出身の人が製作しているときには変化はないが、第二世代あるいは移動先の土地の人が模倣品を作成する段階から変容がはじまる。変容は、外来土器の約束事を継承しない形で進行し、多くの場合は、その進行によって、やがてはその土地に埋没して消滅していくのが一連の流れである。

この中でS字甕についてはこれとは異なる様相を見ることができ、関東に波及した後、A・B類までは出自の伊勢湾と連動した型式変化を示すが、C類の段階以降、伊勢湾地方とは異なる変化をはじめる。このことはこの段階で出自の地との経常的な音信が切れたことを意味している。そして、この変容したS字甕は関東ばかりでなく太平洋沿いに東北地方にも広がりを見せ、東北地方の古墳時代前期土器群の成立に、変容したS字甕が何らか役割をもっていたことが考えられるのである（比田井 2004c）。つまり、伊勢湾から直接、東北地方へ土器移動をしたということではなく、関東で変容した伊勢湾系土器が東北地方に強い影響を与えているのである。

4．四つの移動類型

以上、東日本における土器交流の状況を概観してきたが、その交流のあり方にいくつかの類型を考えることができる。この類例とは、完成された地域社会の中に、別な集団が移動した場合、その地域社会に対して彼らがどのように対応していったのかということを示すものである。

まず、土器組成がそろった状態で一集落を構成する規模で移動するが、最終的には移動先の土地に融合埋没するものがある。これを大規模融合埋没型と呼んでおきたい（図6左）。弥生時代後期中頃の三河・遠江集団の南関東への移動がこの例になる。

つぎに土器組成がそろった状態で波及して、最終的には移動先の土地の様式を駆逐してとり代わってしまう場合があり、これを大規模非融合定着型と呼称する（図6右）。これらは、上野にみる樽式から石田川式への交代、北陸南西部の古府クルビ式から漆町7群への転換、会津盆地と東北一円にみる天王山式から古墳時代前期土器組成へのシフトが該当する。

さらに、土器組成がそろった状態で移動するが小規模で最終的には移動先に埋没していく小規模埋没型が挙げられる。北陸南西部・近江地域の関東地方への移動、北海道後北C2D式の東北地方への移動がこの型に該当する。

そして、甕を代表とする限定形式が客体的に一時的に移動する一時波及型がある。上野地域を除くS字甕と叩き甕・天王山式・樽式・十王台式の動きがこの型である。

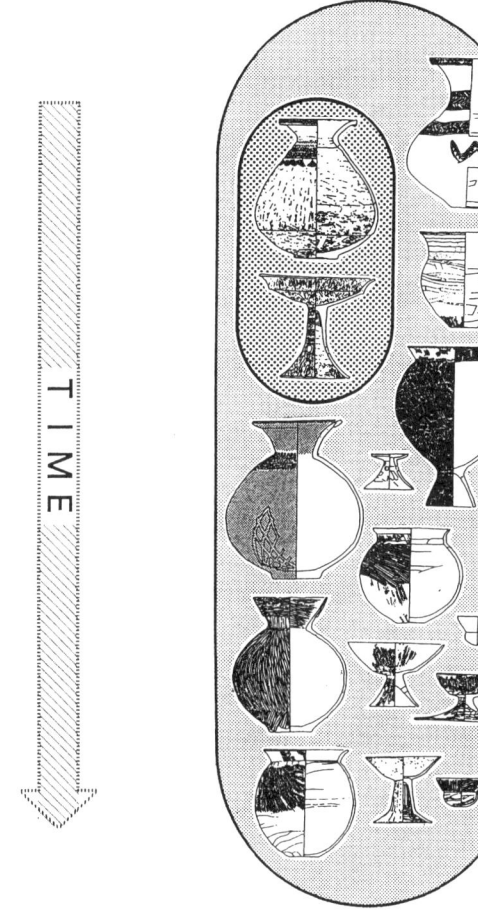

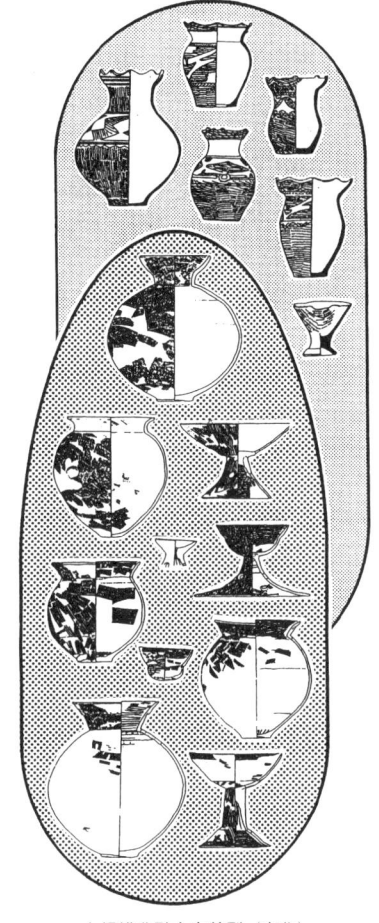

第6章　弥生・古墳時代の土器移動類型　145

大規模融合埋没型（南関東）　　　大規模非融合定着型（東北）
図6　移動類型概念図（比田井 2004より）

5．移動側・移動先の優位性・非優位性

　前項で検討した類型は、外来集団と地域社会の関係にかかわるものであるが、両者には、相互の力関係による在り方によって、類型が異なってくる関係がある。この力関係が生じる要因について述べておきたい。

　土器交流を考えるとき、移動する側・移動先の二つの地域の関係は土器様式の共有性の有無によって異なった結果を導き出せる。畿内以東を対象にして大きく様式の相違点をみると、壺と甕の組み合わせからは、A．壺と叩き甕を使用する畿内、B．壺と5の字状口縁甕を使用する北陸、C．壺と台付甕を用いる伊勢湾から房総までの太平洋岸地域、D．壺と甕の文様が同じ中部高地地域、E．壺と甕の文様と形態がほとんど同じ北関東・東関東地域と五つの大様式圏に分けることができる。

　このような状況の中で、北陸と関東、畿内と関東と比較するとA・BとCの様式圏との関係になり、壺と甕の形態が異なる点ではA・B・Cの範囲は類似様式圏と考えてよく、この場合移動類型は小規模埋没型・一時波及型である。

三河と南関東、遠江と南関東の交流関係は、C様式圏として同一様式内での交流関係であり、移動類型では、大規模融合埋没型となる。

伊勢湾地域と北関東との関係はCとE様式圏の間に認められる異なった大様式間の交流である。これは移動類型でいえば大規模非融合定着型である。

このような実例から、移動する側、受け入れる側二者の地域の土器様式が類似している場合は、その土地へ融合・埋没していくことが指摘でき、移動する側の優位性はなく対等な交流関係を見ることができる。例えば、台付甕を共有し、同種の形状の壺を使う、伊勢湾地方と南関東地方は大局的にみれば地理的に連続する共通した土器様式をもっている。このことは土器ばかりでなく生活様式全体の親縁性が高いことが示唆され、それを基調にした水平な社会体制を共有していたことが考えられるのである。そのため、必ずしも出自の地の土器形式に拘泥しなければ生活しえないというほどのものではなく、最終的にはその土地の土器形式を以ってしても不都合はないという状況の範囲に属しているわけである。この例としては、大規模融合埋没型に属する相模や武蔵野台地に進出した三河や東遠江の集団の移住とその後の状況に見ることができる。

これに対して、共通性がなくまったく異なった土器様式を持つ地域間交流の場合は、移動する側の優位性が指摘でき、このことは移動先で定着するという現象に現れている。すなわち、彼らは移動先の土器形式を受け付けることはなく、出自の地の形式を使用し続ける必然性があったのである。

それは来訪先の生活文化に妥協融合していかないという事実から見ても、集団というまとまり自体がその地に移住・定着するといった確固たる目的をもって、行動していることがうかがえるのである。この背後には、移動する側の事情はもちろん、そればかりではなく、両地域の間に、政治的・社会的な発展過程において大きな格差が生じており、一方的な移動とその定着を容認してしまう在地地域との優劣関係が如実に横たわっていることが指摘できるだろう。

これには、大規模非融合定着型に属する尾張・美濃集団の上野への移動、すなわち樽式から石田川式へのシフト、布留式集団の北陸南西部への定着などが該当している。

6．移動先をどう選択するか

このように移動しようとする集団がなぜその地域を選ぶのかについては、当時の政治的・社会的な要請が大きな要因であると予測されるが、単に両者の優劣関係のみで、それを選択するわけではないだろう。客観的視点からみると、地理的な景観の類似性も選択の大きな要因と考えられる。

例えば、菊川式・山中式が移動する東遠江・東三河と相模の場合は、河川の流れ方や微高地への集落立地などに類似性が認められるし（西川1998）、伊勢湾集団の出発地とその移動先である尾張・美濃と上野の両地域は、面積の差こそあれ、東西北側を山に囲まれた沖積地という地理的類似性がある。このような例からは、本来的には集落地・水田経営を含めた自然的な居住条件すべての類似性が移動先を決定するための選択要因として優先されていたことが類推される。

これに対してあまり地理的に似ていない場所についての状況を見てみると、例えば、東京湾岸のS字甕の分布では、西岸の武蔵野台地の類例は少なくきわめて散漫である。この武蔵野台地を代表

表2 土器移動の原理と類型の関係

	後期Ⅱ	後期Ⅲ	古墳前期Ⅰ	古墳前期Ⅱ	古墳前期Ⅲ
原理1		大規模融合埋没型 (三河・遠江→関東)	小規模埋没型 　(北海道→東北) 　(近江→関東) 　(北陸西南→関東) 　(叩き甕→関東) 一時波及型 　(S字甕・叩き甕・上稲吉式・ 　十王台式・天王山式・樽式)		
原理2			大規模非融合定着型 　(尾張・美濃→北関東) 　(北陸北東→会津)	(布留式→北陸西南) (関東→東北)	
原理3		大規模融合埋没型 (三河・遠江→関東)	大規模鵜非融合定着型 　(尾張・美濃→北関東) 　(北陸北東→会津)	(布留式→北陸西南)	
原理4			小規模埋没型 　(近江→関東) 　(北陸西南→関東) 　(叩き甕→関東) 一時波及型 　(S字甕・叩き甕・上稲吉式. 　十王台式・天王山式・樽式)	大規模非融合定着型 　(関東→東北)	

とする南関東地方の台地という地形は、広く平坦な土地に、中小河川によって開析された幅が狭く、急な崖線の谷あいを形成することが特徴であり、濃尾平野では認められない地形である。しかし、東京湾北岸の東京北東低地や木更津・君津といった沖積地は、濃尾平野と類似する地形と景観を擁しており、S字甕の出土も多く、伊勢湾集団は、武蔵野台地より故郷の濃尾平野に近いい景観の地に多くの足跡を残していることが如実に示されているのである。

このことから、移動する側がその出自の地と近い景観の地を積極的に選択していることが明らかなのである。このような移動先の意識的ともいえる選択は、先の類型でいえば大規模融合埋没型・大規模非融合定着型に認められる現象である。

7. まとめ—土器移動の原理

本稿では、弥生・古墳時代の土器交流とそれに伴う人の移動について類型化を図り、そこから、移動する側・受容する側の両者の関係、移動先を選択する際の傾向などについて検討してきた。これらを総合すると次の四つについて導き出すことができる。これを原理として評価し、以下、提示することでまとめとしたい（表2）。

原理1：壺と甕の形態の類似性に示される、同一カテゴリー内に入る土器様式の地域同士の移動の場合、両者には優劣の関係はない。移動類型、大規模融合埋没型・小規模埋没型・一次波及型がこれに該当する。

原理2：壺と甕の形態がまったく異なる、別な土器様式同士の地域間については移動する側に優位性があり、移動先に彼らの土器群を定着させる。大規模非融合定着型がこれに該当する。

原理3：長期にわたる移動（移民・入植）の場合、地理的景観の類似地域を移動先として選択する。大規模融合埋没型・大規模非融合定着型がこれに相当する。

原理4：地理的景観が異なる土地への移動は、小規模の場合は一時的、大規模の場合は政治的などの外的要因が契機となる。前者には小規模埋没型・一時波及型、後者は大規模非融合定着型が該当する。

　以上のような内容でまとめることができるが、最後に筆者のイメージするところを補説しておきたい。原理1の場合、類似する土器様式同士というイメージは現代流に例えると、同じ国内同士の人々の行動範囲の中で共通認識が得られるエリアといったイメージであり、原理2のまったく異なる土器様式の地域間というのは、今まで交流のなかった人々が、つまり外国人が、突然やってきて、勝手に自分たちを支配したというイメージを想定してよいものと思う。

参考文献

板倉歓之　1993　『下戸塚遺跡』新宿区西早稲田地区遺跡調査会。

伊東秀吉・合田芳正　1994　『野川南耕地遺跡』野川南耕地遺跡調査団。

今村啓爾　2006　「縄文前期末における北陸集団の北上と土器系統の動き（上）（下）」『考古学雑誌』第90巻第3・4号、日本考古学会。

押木弘己　2003　『神奈川県高座郡寒川町高田遺跡発掘調査報告書—第3次調査ほか—』高田遺跡発掘調査団。

柿沼修平ほか　1985　『大崎台遺跡発掘調査報告』Ⅰ、佐倉市大崎台B地区遺跡調査会。

車崎正彦・松本完　1996　『下戸塚遺跡の調査』第2部、早稲田大学校地埋蔵文化財調査室。

小出義治・柳谷博　1985　『海老名本郷』（Ⅰ）、富士ゼロックス株式会社・本郷遺跡調査団。

合田芳正・大坪宣雄ほか　1993　『海老名本郷』（Ⅸ）、富士ゼロックス株式会社・本郷遺跡調査団。

合田芳正・及川良彦・池田治　1995　『海老名本郷』（Ⅹ）、富士ゼロックス株式会社・本郷遺跡調査団。

小滝勉・村上吉正　1992　『神崎遺跡発掘調査報告書』綾瀬市教育委員会。

小林謙一　2006　「勝坂式土器文化と阿玉台式土器文化の接触」『異系統土器の出会い—土器研究の新しい可能性を求めて—』科学研究費補助金（基盤B）課題研究班。

小林秀満　2000　『大蔵東原遺跡第9次発掘調査報告書』大蔵東原遺跡発掘調査団。

小林義典　1993　『大蔵東原遺跡発掘調査報告書』大蔵東原遺跡発掘調査団。

小林義典　1997　『大蔵東原遺跡第7・8次発掘調査報告書』大蔵東原遺跡発掘調査団。

桜井準也・継実　1998　『若尾山遺跡—藤沢市立大道小学校内地点—』藤沢市立大道小学校内遺跡埋蔵文化財発掘調査団。

迫和幸・中村哲也　2005　『神奈川県厚木市宮の里遺跡発掘調査報告書』厚木市教育委員会。

佐々木藤雄　1988　『新井三丁目遺跡』中野区新井三丁目遺跡調査会。

新宿区歴史博物館　1997　『展示図録　落合遺跡展』

陣内康光　1988　『御殿前遺跡』東京都北区教育委員会。
鈴木徳雄　2006　「縄文後期称名寺式の成立と変化」『異系統土器の出会い―土器研究の新しい可能性を求めて―』科学研究費補助金（基盤B）課題研究班。
曽根博明・比田井克仁　1987　「根丸島遺跡」『西相模の土器―弥生時代から古墳時代前期―』西相模考古学会。
東海大学校地内遺跡調査団　2000　『王子ノ台遺跡　第Ⅲ巻 弥生・古墳時代編』
東北・関東前方後円墳研究会　2005　『考古学リーダー4　東日本における古墳の出現』六一書房。
西井幸雄・新屋雅明　1994　『花ノ木・向原・柿ノ木坂・水久保・丸山台』㈶埼玉県埋蔵文化財発掘事業団。
西川修一　1998　「弥生時代」『御屋敷添遺跡　高森・一ノ崎遺跡　高森・窪谷遺跡』かながわ考古学財団。
西川修一　1998　「東三河と相模雑感」『西相模考古』第7号、西相模考古学研究会。
西相模考古学研究会　2002　『考古学リーダー1　弥生時代の人の移動』六一書房。
比田井克仁　1987　「南関東出土の北陸系土器について」『古代』第83号、早稲田大学考古学会。
比田井克仁ほか　1997　『土器がかたる―関東古墳時代の黎明―』第一法規。
比田井克仁　2001　『関東における古墳出現期の変革』雄山閣出版。
比田井克仁　2002　「関東・東北南部の土器」『考古資料大観』2、小学館。
比田井克仁　2004a　『古墳出現期の土器交流とその原理』雄山閣。
比田井克仁　2004b　「古墳時代前期における関東土器圏の北上」『史館』第33号、史館同人。
比田井克仁　2004c　「地域政権と土器移動―古墳時代前期における関東土器圏の北上に関連して」『古代』第116号、早稲田大学考古学会。
平岡和夫　1985　『戸張一番割遺跡』山武考古学研究所。
望月幹夫ほか　1978　『子ノ神』厚木市教育委員会。
望月幹夫ほか　1983　『子ノ神』（Ⅱ）、厚木市教育委員会。
望月幹夫ほか　1990　『子ノ神』（Ⅲ）、厚木市教育委員会。
望月幹夫ほか　1998　『子ノ神』（Ⅳ）、厚木市教育委員会。
若狭　徹　1998　『人が動く・土器も動く―古墳が成立する頃の土器の交流』かみつけの里博物館。
渡辺文吉・目賀田嘉夫　1954　「板橋区志村西台住居址発掘報告」『富士かね』東京都立北野高等学校。

第 7 章　古墳出現前後の北部九州における畿内型甕形土器と在地型長胴甕形土器との出会い

佐々木　憲一

1．異系甕形土器の出会い

　定型化した前方後円墳出現前後の 3 世紀、大和・河内、吉備、山陰、東海地方に地域独特の形態の甕形土器（以下、単に甕）が出現・使用された。これら甕は表面に煤が付着していることから、煮炊きに使われた可能性が極めて高い。これら地域色豊かな甕がこの時期、同時に西日本各地へ長距離移動することが知られている。搬出された先では、当然のことながら非在地・在地異系統の土器が出会い、その双方に変化が生じることが多い。本稿では、この時期に、後に畿内と呼ばれる近畿地方中部（以下、単に「畿内」）で生産された甕が北部九州の一部集落へ搬出され、搬出先でいかに模倣製作されたかを探る。大和や河内など畿内で製作された甕とそれらを北部九州で在地模倣製作された甕は北部九州各地で発見され、資料も膨大であるため、特に福岡市比恵・那珂遺跡群での事例を中心に検討する。というのは、比恵・那珂遺跡群は古墳出現前後の時期に福岡平野の一大拠点集落であり、そこにおける畿内型と在地型土器の出会いの結果、どのようなことが起こったかを知ることは、筆者の最終目的である北部九州在地社会の当時の動態に迫ることの一助になると考えるからである。

　この時期、甕のほかに、壺形土器、鉢形土器、高坏形土器（以下、単に壺、鉢、高杯）が機能的に使い分けられていた。本研究で、甕のみを取り上げるのは次の理由による。壺と鉢が他地域へ運ばれるとき、問題とされるのは運ばれた内容物であろう。そして、壺や鉢のみが運ばれた先に残されたとしても、その土器の故地から人が移住してきた可能性は低いと想定できる。それに対して、甕、特に 3 世紀の畿内を特徴付ける型式の甕の移動については、田中琢（1991；p.250）のように人の移動の反映と言い切るほどの自信はないが、甕外面の煤の付き方の差異に注意することで、使用した人々の集団の差異に迫れるのではないかと推測する。例えば、同じ型式の甕でも、底部全体を含めた胴部下半が真黒に煤に覆われる場合と、胴部下半は煤に覆われるのに底部の直径 2 〜 3 cm だけ煤が付着しない場合がある。これは煮沸方法の違いから生じるものであろう。そしてその型式の甕が他地域に運ばれ、運ばれた先でも同じ集団がそれを使っていれば、同じ煮沸の方法を習慣として維持するであろうし、結果、同じ煤の付き方を甕は示すのではないかと考える。したがって、北部九州では個々の畿内由来の甕の煤の付き方の違いに留意する。

2．対象とする甕形土器

　まず、本稿で対象とする甕の分類に触れておきたい。北部九州に古墳出現前後の時期に流入し、在地で模倣された畿内型（図1）は伝統的V様式甕（図1-1）、庄内甕（図1-2・3）、布留式傾向甕（図1-4）、布留甕（図1-5）に大きく区別されており、奈良県桜井市纒向遺跡［R-1］ではこの順に出現したことがわかっている。ただ、布留甕出現以降も、伝統的V様式甕、庄内甕も使われ続けた。時間が下がるにつれ、伝統的V様式甕、庄内甕も、胴部最大径に達する位置が土器の上半から下半部に降りてきて、球形胴を指向する。平底と尖り底の底部を隠してシルエットだけ見ると、伝統的V様式甕も庄内甕も布留甕も区別がつかない。

　伝統的V様式甕は、大阪府和泉市豊中古池遺跡の調査報告書で酒井龍一（1976）が定義した、弥生時代後期（第V様式）の甕と極めて類似した形態の甕である。一般的に右上がりの荒いタタキを施し、厚手（厚さ約4㎜）の器壁を有し、底部はドーナツ状に突出するか平底である。また製作技法も、体部外面に対するタタキ調整後に粘土紐1帯を貼り足して口縁部を成形する。この製作技法は、底部・体部の2大別工程によって成形し、その後に体部上端を折り曲げて口縁部を作りだした、以下の庄内甕・甕Cと根本的に区別される（豊岡1999）。

　庄内甕は、田中琢（1964）が設定した庄内式を特徴づける甕で、河内型（図1-2）と大和型（図1-3）に細分できる。両者に共通する、つまり庄内甕を定義する特徴として、土器内面をケズリ調整によって器壁を2㎜程度にまで薄く仕上げることと、尖り気味の丸底を有することである。河内型と大和型は外面のタタキの差異による。前者は右上がりの細く鋭いタタキが施されるのに対し、後者は左上がりの比較的細いタタキが施される。また河内型の方が器壁は若干薄いようである。

　布留式傾向甕も布留甕も『纒向』［R-1］では甕Cに一括されている（豊岡1999）。布留式傾向甕は豊中古池遺跡の調査報告書で酒井龍一（1976）が定義した甕で、口縁端部の形状や、尖り底を有することによって以下の布留甕と区別されてきた。布留式傾向甕も布留甕も、胴部外面にタタキのあとハケを、内面はヘラケズリが施され、器壁は2㎜程度と非常に薄い。過去、小山田宏一（1982）は甕Cをa類とb類に細分した。①a類は頸部内面が鋭い稜を成すほどヘラケズリされているが、b類はヘラケズリの稜はないこと、②a類の胴部外面刷毛目調整の方向は縦か放射状であるのに対し、b類は横方向であり、刷毛目調整に当たっては回転台の使用が想定できること、が根拠である。小山田はa類を庄内甕製作技術の伝統を残す、b類は「新たな技法との複合化によりそれより系統樹的に分かれ新たな型式組列の起点となる」と解釈した。この細分を寺沢（1986）はさらに強調し、a類を庄内甕の範疇に入れ、「布留式影響の庄内形甕」とまで呼称した。しかし、口縁端部の内傾・肥厚に差異はありながらも、それを作りだしている調整法は同じであること、肩部にみる回転運動を用いたハケ調整を欠く布留甕が存在することなどから、甕Cを明確に区分する技術的画期はないという（豊岡1999）。

　布留甕（末永・小林・中村1938）は、球形の体部を有し、外面は刷毛目調整が、内面はヘラケズリが施され、球形胴であるから、底部は丸底である。この丸底球形胴を達成するため、タタキに

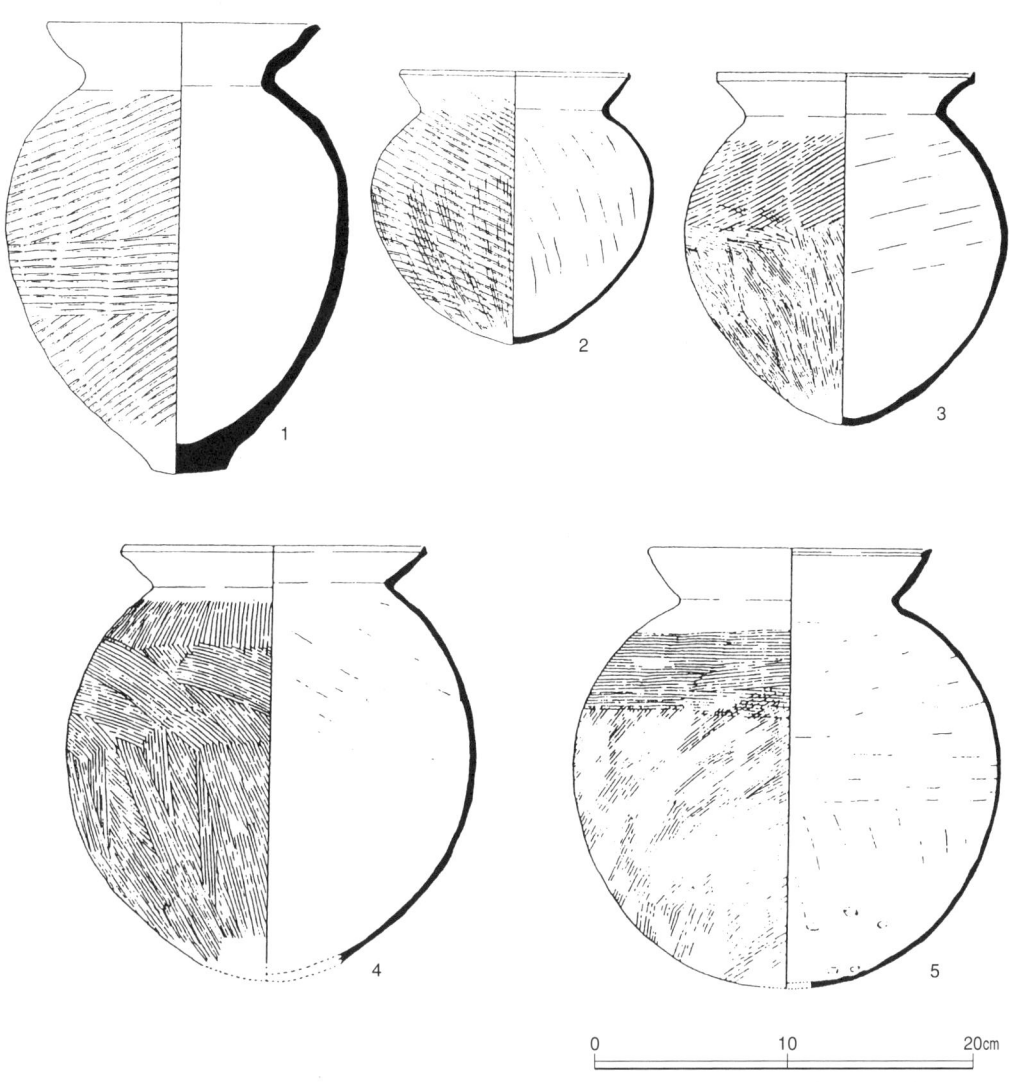

図1　伝統的V様式甕(1)・庄内大和型甕(2)・庄内河内型甕(3)・布留傾向甕(4)・布留甕(5)

よる押し出し丸底技法（西 1979、米田 1982、置田 1988；pp. 164-165）と型作り（田中 1967、井上 1983、柳本 1983、小山田 1985）の２つの方法が過去、提唱された。そして、型作り技法の採用が布留甕と庄内甕・布留式傾向甕とを区別する根拠とする意見もあった（柳本 1983、小山田 1985）。しかしながら、型作りによって土器の底部を製作すると、粘土に十分な層状構造をあたえることができず、透水性が高くなり、煮沸具としては不向きという。したがって、甕Cの型作りは考えにくい（豊岡 1999）。つまり型作りの採用は考えにくいため、布留式傾向甕と球形胴・丸底の狭義の布留甕の区別もしない。以下本稿では、布留式傾向甕と布留甕の区別は特に行わず、布留甕と一括する。

　本来これらの型式は「異系統」の甕であるが、本稿でこれらを「畿内型」として一度に扱うのは、北部九州では、伝統的V様式甕、庄内甕、布留甕を手にとった在地の土器製作者が、例えば形態は布留甕を模倣するが、製作技術は伝統的V様式甕の分割成形技法を取り入れ、内面ヘラケズリを行わないケースなどがあるからである。

これらに対して、北部九州におけるこの時期の在地の甕は、長胴で、器壁は厚く、そして頸部があまりくびれないという特徴を有する（図2の右列）。北部九州では、弥生時代中期に祭祀用の器台のなかで、器壁が薄いものが作られたので、薄手の土器を製作する技術がなかったわけではない。甕としては厚手のものが好まれたのかもしれない。逆に、伝統的V様式甕、庄内甕、布留甕と共通する現象として、弥生時代末は小さな平底を残していたのが、古墳時代に突入すると、近畿地方中部における庄内期から布留期への甕の器形の時間的変遷と同じく、尖り底から丸底に変化を遂げる。ただ、これは山陰と吉備のこの時期の甕も同様の変化を遂げるので、畿内地方の影響ではなく、地域を越えて西日本で共通した現象である。双方向の頻繁な交流の所産であろうか。

畿内以外の土地で発見された伝統的V様式甕、庄内甕、布留甕については、「模倣」の見地から形態的に3つのカテゴリーに区別する。まず、故地から搬入された甕そのもの。生駒西麓産の特殊な胎土を使った河内の甕は胎土分析で同定できる。次に搬入先の胎土を使った甕のなかで、故地の技術で製作、あるいは故地の技術を正確にマスターした上で模倣製作したものと、在地の土器製作者が故地の製作技術を十分マスターすることなく、見よう見まねで模倣したものに区別する。前者は、畿内地

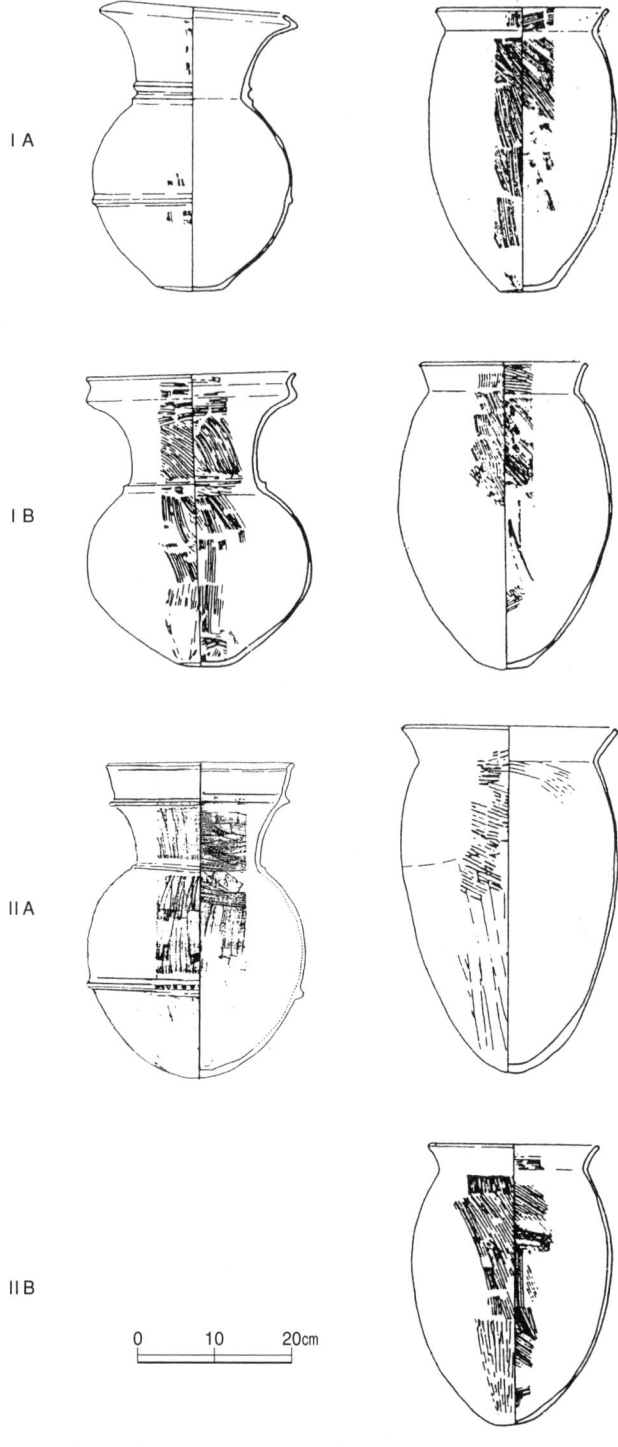

図2　久住（1999a）による筑前在地の壺と甕の編年

域からの人の移住を示すかも知れないが、後者の場合、その可能性は低くなる。特に後者については、伝統的V様式系甕・庄内系甕・布留系甕、あるいは畿内系甕というように、「系」という表現を使って区別する。

3．古墳出現前後の土器の移動に関する研究史

　古墳出現前後の土器の移動現象に関する研究は、1980年代以来大きな蓄積がある（例えば米田1997・2008）。近年は古墳出現前後の土器の長距離移動と、搬入された土器の在地での模倣に関する研究が大変活発である（西日本を対象とした研究の総論として森岡1985・1991、東日本については加納1985、比田井1991など）。

　この研究の大きな出発点は奈良県桜井市纒向遺跡の調査［R-1］である。纒向遺跡出土土器の15％近くは関東から北部九州に至る他地域からの搬入かそれを在地で模倣した土器であり、非在地系土器に限ると、その45％が東海系であることがわかった。その結果、他地域の古墳出現前後の土器編年との並行関係を知る手がかりを提供したばかりでなく、当該期の土器の移動現象に関する議論を活発化させた。

　纒向遺跡と同様、八尾南遺跡［R-4］など大阪府八尾市内（中河内地域）の遺跡の調査成果に基づき、米田敏幸（1981）が庄内甕を5期に細分し、庄内1を弥生V様式末、庄内5を布留式初頭に比定した。さらに八尾南遺跡を始めとする中河内地域の遺跡の遺構から、庄内甕、布留甕と吉備、山陰の土器との共伴関係が多数確認され、米田（1985）は、庄内の5期の各々の段階で共伴する吉備、山陰の土器型式を明らかにした。その結果、この時期、中河内、吉備、山陰において、甕形土器が小さな平底から尖り底の段階を経て、丸底に、ほぼ同じスピードで変化することを突き止めた。

　1986年、奈良県奈良盆地中部に位置する、田原本町矢部遺跡の報告書［R-2］が寺沢薫編集で刊行された。ここでは、纒向遺跡と並行する時期でありながら、鈍重な印象を与える伝統的V様式甕が甕形土器組成の中心を成し、纒向編年では甕形土器の編年が説明困難となってきた。つまり、奈良盆地の中でも、纒向遺跡を中心とする南東部地域と、それ以外の地域では、古墳出現前後の時期は土器の型式変化のスピードが違うのではないかという認識が生まれた。それに対応する形で、纒向編年以上に土器の組み合わせを重視した、まったく新しい編年の枠組みを寺沢（1986）は発表する。その中で、概ね庄内式後半段階、纒向Ⅲ式の新段階を布留0式と定義・提唱した。翌年、寺沢（1987）は「布留0式土器拡散論」と題した短い論文を発表し、彼が布留0式甕とした、いわゆる布留式傾向甕が西日本各地、特に北部九州に搬入、在地で模倣されている事実を明らかにした。

　寺沢（1987）は、布留0式期の甕形土器の西日本各地への移動と移動先での受容の在り方を次の3パターンに区別した。「北九州型」：布留0式甕を主体として、布留0式期以降の畿内系土器群を顕著に含む遺跡を広範囲かつ高い密度でもつ地域、「北陸・山陰型」：分布は緩慢だが、点的に顕在化する遺跡をもち、布留1式期には普遍的な拡散をみせる地域、「瀬戸内型」：布留0式甕は希薄だが、布留式傾向庄内形甕や布留式影響庄内形甕、布留式影響弥生形甕を主体とする畿内系土器群が目立つ一方で、布留式1段階でも布留甕の存在はさほど顕著ではない。さらにこの時期に布

留0式土器があまり移動しないケースを「東方型」（布留０式甕はもとより、布留０式土器の様式的受容がみられず、伊勢湾系土器が卓越する）と「辺境型」（布留甕が顕在化するのが布留３式期以降。南九州や東北）に区別した。

　寺沢論文に若干遡るが、田崎博之（1983）は外来系土器の筑前地域への流入過程は、経済基盤の異なる海岸部の集落と内陸部の集落で大きく異なることを指摘し、氏の設定する「有田式土器古相段階」（概ね布留０から布留１の段階）に外来系土器の流入量の増加と流入される遺跡の増加という「画期」を迎え、その画期の背景として、海岸部の集落では近畿地方の勢力が海上交易圏を掌握する過程、内陸部の集落では限られた一部（首長層？）が近畿地方を中心とする外来の祭祀権と結び付く過程と結論付けた。そして内陸部の集落での場合は、祭祀様式の統一体への帰着として意義づけ、それを定形化した古墳の成立の「統一的な首長霊祭祀型式の創出」と整合すると主張した。岩永省三（1989；p.92）は、古墳出現前後の時期に畿内など外来系の土器が福岡・早良・糸島平野で爆発的に増加することに関して、次のように述べた。「外来系器種の増加とともに在地系器種の消滅ないし個体数減少が起こっている。転入者がF地区［福岡・早良・糸島平野（引用者注、以下同じ）］在来の集団中で土器製作に従事していることはⅡb～Ⅲa期［この議論の対象のⅢb期の前、Ⅱb期は以下に筆者が依拠する久住猛雄（1999a）編年のⅠb期、岩永Ⅲa期は久住Ⅱa期に概ね相当する］と変わらないが、さらに進んで、その転入者に伴って持ち込まれた土器作りに関するもろもろの情報が、在来の集団中の土器製作者に既に広く共有され、<u>在来の人間も外来系の土器を確実に製作し始めている</u>と考えられる（下線は引用者による）。」つまり、古墳出現期には福岡・早良・糸島平野で外来（この場合は畿内）の土器が在地で大々的に模倣製作されている現象を既に看破しているのである。

　さらに福岡・早良・糸島平野と畿内・山陽・山陰地域との土器から窺われる交渉の深化について、「畿内地域諸集団の側にF地区との交渉を強化すべき必要性があったはずである。それが、どの程度『政治的』なものであるかの評価は難しいが、首長間の政治的同盟関係が成立する以前に、<u>より下位の集団成員間レベルでの交渉関係が成立していた</u>ことは認めてよかろう（下線は引用者による）。」（岩永 1989；p.93）と指摘した。これも、本稿で筆者が主張する、集落同士のネットワークが前方後円墳で象徴される首長間のネットワークとは別に存在したことを既に示唆しており、その先見性に敬服する。ただ岩永（1989；p.93）は甕棺葬の消滅などをあげ、「在来文化の活力の衰微」を畿内系土器の筑前地域への導入・模倣製作の背景に考える点については、在地集団の主体的意思で畿内地域諸集団との交渉を強化したかったと考える筆者とは若干立場を異にする。

　井上裕弘（1991）も田崎（1983）、岩永（1989）と同様、筑前地域における外来系土器の流入過程を検討した。井上論文の編年にやや無理なところもあるが、外来系土器群の流入過程と４本柱住居の導入を絡めて考察した点は前進である。また筑前地域における布留式土器の主体的な製作を想定し、また布留式土器製作者に山陰系土器製作者集団が関与していた可能性まで示唆した。さらに畿内系土器や畿内系集団の北部九州流入が、豊前地域を拠点に進められたと想定した。最後の点は、以下の次山淳（1997）が、松山平野を介して布留系土器が北部九州に達した可能性を指摘しているのと考え合わせると、大変興味深い。ただ、井上が伝統的Ⅴ様式系、庄内系、布留系の流入を一括

して考えている点は、議論の余地がある。

　山田隆一（1994）は中河内への外来系土器の流入を分析し、庄内大和型甕が河内にはほとんど発見されないのに対し、庄内河内型甕は纒向遺跡で多数発見されることを指摘する。そして米田敏幸（1985）が外来系土器の構成比率の差を地域差として捉えたのに対し、当時の纒向遺跡を中心とする大和盆地南東部地域への一方通行的な流通の実態と解釈する。つまり、中河内地域の諸遺跡は西日本各地の「物」の纒向遺跡への流通経路上の「港湾的機能」有する拠点集落群であり、東海を含めた東日本諸地域から纒向遺跡にもたらされた「物」は基本的に中河内をはじめとする西日本の諸地域には流出しなかった社会的状況であったと、大胆な提言を行う。

　次山淳（1995）はまず布留形甕肩部に施された波状文と列点文に注目し、前者が山陰に、後者が吉備に出自をもつ文様であることを確認する。そして布留甕出現期には両者がみられ、両者の間には近畿地方のなかで地理的な分布に偏りがあることを見出し、それを各々の出自集団の畿内の中での棲み分けの反映と解釈する。次いで次山（1997）は、各地の布留系甕製作者の出自・系譜を考慮に入れながら、定形化した布留１式直前、布留０式段階の最新型式の土器群が、畿内と北部九州の中間地域である中国・四国地方にどのような経路で伝播したのかを探った。その結果、この地域における初期布留式土器群の分布には特定の方向性があり、面的というよりはむしろ伝播経路に沿った線的なものであることを明らかにした。特に、その「線」が従来想定されていた中国地方の瀬戸内海沿岸に沿ったものではなく、むしろ松山平野を経由して北部九州地域へ到達した可能性を強く示唆する。またこの初期布留式土器群の西方展開を担ったのは、その肩部施文率の高さから、山陰系（肩部波状文）、吉備系（肩部列点文）畿内集団であること、布留甕口縁部形態の分析から、大和外縁地域と結び付く可能性が高いことを指摘し、さらに多量の畿内系土器が出土するその松山平野の土器製作者は山陰系畿内集団と想定する。

　続いて次山（2000）は、布留甕成立には吉備南部と山陰系土器との関係が認められるのに、布留式土器の定形化の過程に伴って、吉備系土器の見かけの移動量は低下することや、東海系土器は纒向遺跡の外来系土器の主体を占めるのに、東海系土器の要素が布留式土器に受け入れられないことに注目し、「土器の移動量と要素の授受は必ずしも対応しない」（p.245）と指摘する。

　角南聡一郎（1997）は、庄内甕を近畿地方中心部（中河内）タイプと周辺部（大和・西播磨）タイプとに分類し、それらの備中、筑前、肥前における受容の在り方を探った。その結果、備中へは中心部タイプの甕そのものが複数搬入され、それに関する情報が多くもたらされたのに対し、北部九州へは中心部タイプの甕の搬入は極めて稀で、主に周辺部タイプに関する情報がもたらされたという。実際、中河内には多数の「ぼうふら」と呼ばれる吉備の在地の精製甕が多数搬入され、中河内と吉備の間ではこの時期、頻繁な相互交流があったのに対し、北部九州と中河内相互の土器の移動は極めて稀であったことがわかっている。

４．編年について

　この時期の編年が日本考古学で大きな課題となってきたのは、庄内式期を古墳時代の始まりとす

るのか（石野 1976、置田 1982、寺沢 1986など）、あるいは庄内式期を弥生時代末とし、布留式期から古墳時代とするのか（都出 1974、西 1979、小山田 1982、関川 1988、柳本 1983など）、あるいはまた庄内式期の前半を弥生時代末とし、庄内式期後半から古墳時代とするのか（白石 1979）で、1990年代まで長い議論が続けられたからである。纒向遺跡では弥生時代後期（V様式期）末から庄内式期を経て布留式期初頭までを、纒向1類〜纒向5類の5段階の編年に成功し（豊岡1999）、本稿の対象とする甕形土器に限っても、弥生V様式甕、庄内甕、布留式傾向甕、布留甕が順次出現することが明らかになった。弥生時代第V様式終末にあたる纒向1類、小型丸底鉢・小型器台が登場し発展する纒向2〜4類、それらが定式化する纒向5類つまり布留式初頭、である。纒向2〜4類が従来の庄内式に相当するが、豊岡（1999；p. 107）は田中琢（1964）の庄内式の設定を問題視しており、纒向2〜4類を庄内式の概念で捉えてはおらず、纒向式と捉える。報告書『纒向』出版直後から議論となった、辻土壙4下層資料を石野・関川［R-1］が判断したように庄内後半に併行する纒向III式（その終焉）に含めるのか（石野1979）、次の布留式の段階に含めるのか（木下1978）、あるいは布留0式（寺沢1986）とするのかについては、従来通り、石野・関川の指摘するように布留式を象徴する小型精製土器がないことを重視し（甕Cや布留式影響庄内大和型甕が増加しているが、土器の組成を重視し）、布留式の直前段階とする。また定型化した最古の前方後円墳と評価できる箸墓［R-3］築造時の土器は纒向4類という。

　ただ、この豊岡（1999）による編年案がいかに妥当であれ、それは本人が「纒向式」というようにこれは奈良盆地南東部を対象とした編年である。このように、編年は地域による細分化が進み、北部九州と近畿など遠隔地同士での編年の細かい併行関係が把握しにくくなっている。したがって、地域によって古墳時代の始まりを時間的に統一することは簡単ではない。即ち、「庄内式末」あるいは「布留式初頭」と言及した際、そのおおよその西暦年代が地域によって若干異なるという問題がないわけではない。一応、近畿地方では庄内、布留式土器の時代を対象とし、それ以上細分はしない。この種の研究の編年の基準を提供した纒向遺跡に関しては、纒向式と、布留式が成立した纒向5類は区別する。北部九州（筑前）では、久住猛雄（1999a）による最新の編年により、I、II、III期を対象にする。ちなみにIA期が弥生V様式末（纒向1類、河内の庄内I式）に、IB期は纒向2・3類、河内の庄内II〜III式に、IIA期が纒向3・4類、庄内III〜IV に、IIB期が纒向4・5類、庄内IV〜V に、IIC期が布留1式におおむね併行する（久住2005；pp.155-156）。

5．筑前への畿内型甕形土器の流入

　この地域では大量の布留系土器が流入していることが早くから注意されており（例えば寺沢1987）、したがって研究史で触れた田崎博之（1983）や井上裕弘（1991）のほか、数多くの研究者が古墳出現期の編年と当時の社会動態について優れた論考を発表してきた。単純化を恐れずに紹介すると、土器の型式学に重きを置いた柳田康雄（1982）と田崎（1983）、型式変化だけでなく土器組成の変化を重視した武末純一（1977）、岩永省三（1989）、久住猛雄（1999a）、日本では珍しい統計学的な分析を行った溝口孝司（1988）などである。本稿ではこのなかで、最新の成果を取り入れ、

他地域も視野に入れ汎用性の高い久住（1999a）の枠組みを採用する（図2）。

　久住（1999a）は古墳出現前後の時期をおおきく3期に分け、Ⅰ期をA、B期に、Ⅱ期をA、B、C期にさらに細分した。畿内の土器が数多く搬入され、また近畿地方でも北部九州の土器が若干発見されているので、クロスデーティングにより、近畿地方の古墳出現前後の編年との対応も可能である。前述の通り、ⅠA期が弥生Ⅴ様式末（纒向1類、河内の庄内Ⅰ式）に、ⅠB期は纒向2・3類、河内の庄内Ⅱ～Ⅲ式に、ⅡA期が纒向3・4類、庄内Ⅲ～Ⅳに、ⅡB期が纒向4・5類、庄内Ⅳ～Ⅴに、ⅡC期が布留1式におおむね併行する（久住 2005；pp.155-156）。箸墓の出現を久住はⅡA期と捉える。編年の基本は在地系、伝統的Ⅴ様式系、庄内系、布留系の各々の土器群の型式変化を追究し、そして相互の相関関係をみるという方法である。というのは、器種により、地域により、土器の型式変化のスピードが異なるからである。ただ、本稿では福岡平野以外の、型式変化のスピードが遅い地域も扱うので、このレヴェルでの細分は不可能で、複数の細分時期を適宜まとめることとする。以下、各時期の様相を簡単にまとめる。

- ⅠA期：在来系土器が主体（在来系長胴甕の底部はレンズ底～尖り底が主体）で、点的に少量の伝統的Ⅴ様式土器が伝播・受容される時期。庄内甕は受容されない段階。
- ⅠB期：在来系土器が主体（在来系壺・甕の底部は丸底化していない）で、庄内甕が布留式受容以前に出現する。庄内甕はこの時期、比恵・那珂遺跡群周辺のみで受容、生産された。
- ⅡA期：在来系土器が根強く存在しながら（在来系壺・甕の底部の多くは丸底）も衰退する（特に比恵・那珂遺跡群、博多遺跡群では在地系土器群が急激に衰退）一方で、庄内式系土器群から北部九州型ともいうべき布留式類似土器群が成立する。在来の甕と庄内系の甕はかなり残る。伝統的Ⅴ様式甕も多く、レンズ底状、丸底が多く、球胴化し、タタキ後ハケメ仕上げのものが半数以上を占める。在来系土器については、この段階でも周辺遺跡ではレンズ底が根強く残る。
- ⅡB期：布留式類土器群が面的に波及し、多くの集落でも外来系土器群が在来系土器群に対して優勢になる段階である。在来系土器群は胴部が下膨れのものが多くなり、製作規範が緩み、粗雑なものが多くなる。庄内系甕の量が少なくなり、口縁部が布留系と共通するものが多くなる。
- ⅡC期：布留系土器群がほとんどの集落で優勢になる段階である。伝統的Ⅴ様式土器群は変容・衰退して、布留系に埋没する（ただし、形態的には布留系でも、粗雑な作りのものが周辺遺跡で多くなる）。庄内系はほぼ消滅する。布留系は球胴化傾向が進み、やや下膨れのものが出現するが、特に比恵・那珂遺跡群でなで肩気味は相変わらず主流である。口縁部は上方に延びるものが多くなる。
- ⅢA期：布留式高坏、布留式系X形小型器台が出現する段階である。甕の大部分は布留系で、球胴下膨れ気味のものが多く、口縁部は直線的に長く伸びるか、内湾するものの2種あり、その立ち上がり角度は上方を向くものが大部分である。「く」字口縁で球胴（または卵形胴）丸底、内面ケズリだがやや器壁が厚く、口縁部から肩部にかけての回転的なヨコナデ・横ハケが施されない甕があり、これらは技法上からは在来系長胴甕の変容である。

　すでに森岡秀人（1991）が示唆していたが、布留甕が搬入された北部九州の一部地域において、

それを形態的に模倣した甕が独自に生産され、拡散していたことを久住（1999a）が追認し、本研究でも、壱岐や朝鮮半島南部での調査で確認できた。これに関連して、久住（1999a；pp.113-116・2005；pp.150-152）が庄内筑前型甕・北部九州型布留系甕（図3）を提唱、区別しているのは妥当である。庄内筑前型は、庄内大和型甕の系譜を引くもので、口縁部は外反するものが多く、タタキは左上がりが大多数で、水平は少ない（一部右上がり）。頸部内面（図4 ［久住 1999a；図21］）は、屈曲部に指押さえの痕跡があり、屈曲部よりやや下がったところからヘラケズリが施されるといった特徴があるものが多い（図4のD、E類）。屈曲部直下よりヘラケズリが施されるB類はごく少数で、ⅠB期ではC類が多く、ⅡA期遺構はD類が主体で、E類も少なくない。胴部形態は肩部が直線的な「なで肩」を呈するものが比較的多く、また球胴というよりは倒卵形をなすものが多い。久住は、これが比恵・那珂遺跡群周辺において成立・生産されたとする。もともとは、比恵・那珂遺跡群に搬入された庄内大和型甕の模倣から生まれたものであろう。

　北部九州型布留系甕はⅡA期に成立し、庄内筑前型甕と同様なで肩を有し、肩部の波状文・沈線

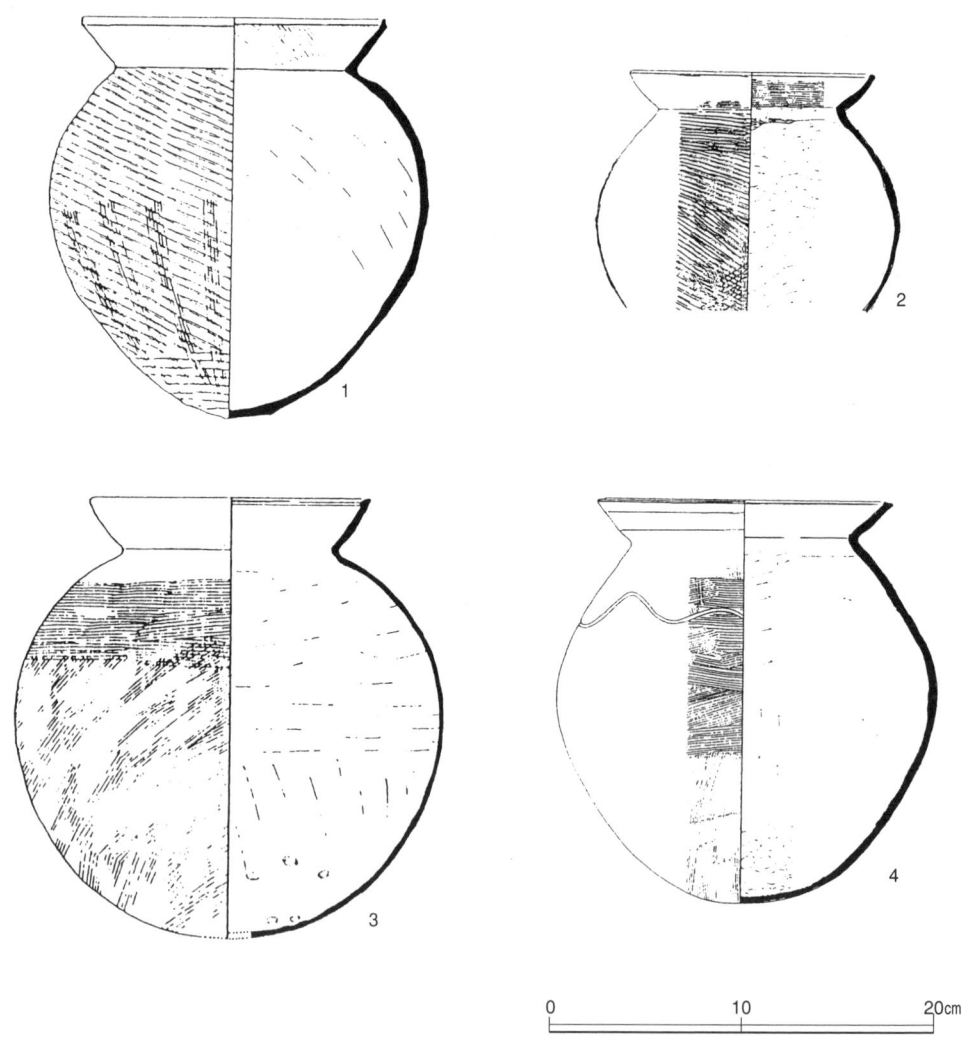

図3　庄内大和型甕(1)と庄内筑前型甕(2)および布留甕(3)と北部九州型布留系甕(4)

図4　頸部内面ヘラケズリの地域差（久住1999a；第21図）

文が普遍的である。ⅡB期になると整美な倒卵形、また肩がやや張った球胴傾向のものが現れ、頸部のしまりが狭くなり、口縁部は長くなり、上方に立ち上がる傾向が現れる。この時期、北部九州型布留系甕にも比恵・那珂遺跡群と西新町遺跡・三雲遺跡とで微妙な地域的差異が生まれる。特に西新町遺跡（博多遺跡の一部）の布留系甕は胴部形態になで肩が少なく、肩がやや張っており、口縁部の技法や断面形態など同遺跡出土の山陰系甕との関係が濃厚という（久住1999a；pp.74-75）。

ここでは、畿内型甕の受容と在地での模倣生産の実例として福岡市博多区比恵・那珂遺跡群をあげ、そして、同じ筑前の拠点集落でも様相の違う前原市三雲遺跡を紹介する。

比恵・那珂遺跡群　[R-5～17]

比恵・那珂遺跡群は福岡平野のほぼ中央に位置し、那珂川と御笠川・諸岡川に挟まれた段丘上に立地、南北約2.3km、東西0.5～0.8kmの範囲に縄文時代晩期末、弥生時代全期間、古墳時代前期までの遺構が分布する。この段丘は、弥生時代中期の奴国の王墓と解釈される須玖・岡本遺跡群のある春日丘陵から舌状に連なるもので、時代は違うが、その王墓から比恵・那珂遺跡群中心部との距離は約4.5kmである。ⅠA期の段階は、須玖・岡本遺跡群がまだ福岡平野の中心集落として機能している（久住2000a）。

比恵遺跡群と那珂遺跡群の間には浅い谷が入るが、本稿の対象とする古墳出現前後の時期には遺構は切れ目なく分布し、この時期は同一の集落となり、その総面積は100haを超える（久住2000a）。古墳出現前後の時期には、遺跡の西縁に延長2.0kmに及ぶ「道路」を備え（久住1999b）、その「道路」は同時期の集落や墓地の方位・配置に強い規制を与えている。比恵遺跡群北端では「運河」が掘削され、比恵遺跡群中央北部には倉庫群が存在する（久住2000a）。この時期の鞴の羽口や坩堝も出土する［R-10］ことから、金属器も生産されていた可能性があり、その極めて複雑な内部構造は、奈良県桜井市纒向遺跡にも相通ずるもので、都市とも評価できる（佐々木2007、久住2008）。

遺跡内には九州最古の前方後円墳と久住（2002）が解釈する那珂八幡古墳［R-14］が築造され、纒向遺跡・箸墓の関係と共通する。那珂八幡古墳の第2主体部からは三角縁画文帯五神四獣鏡が出土している。ただし、那珂八幡古墳は周りに一辺20m前後の大型のものを含む方形周溝墓群に囲まれている点が箸墓の立地と異なる。外来系土器の搬入は多く、山陰系の甕・壺・注口壺、吉備系の甕・高坏、北四国系の壺、防長系の壺、東海系の壺、庄内大和型甕などがある。朝鮮半島系土器も多く、瓦質・陶質土器が出土している（久住2004）。ただ搬入品となると、庄内甕・布留甕は少ない。在地で大量に模倣生産するからであろう。以下、時期別に畿内型・系甕の導入のあり方を記述する（図5）。

ⅠA期の資料として、伝統的Ⅴ様式甕が那珂16次調査SD37溝［R-11、吉留による第6章］で2点

出土している。この段階では、庄内甕は導入されていないようである。

ⅠB期に、筑前の他の地域に先駆けて庄内甕が受容され、在地模倣生産が直ちに開始される。この段階で庄内甕と共伴する在地の長胴甕は、底部が丸底化していない。該当する資料は比恵36次調査SD01溝下層［R-9］、比恵7次調査SE16井戸［R-5］、那珂12次調査第1号井戸［R-11］、那珂20次SE37井戸［R-12］、那珂21次SC71住居［R-11］で出土している。比恵7次SE16井戸では、庄内甕と吉備の下田所式の甕が共伴している。那珂12次調査第1号井戸では、報告された甕7点の内、2点が庄内大和型甕、3点はそれを在地で模倣した上、胴部外面にハケメ調整を施したものである。那珂20次SE37井戸では、報告の4点の甕の内1点が庄内大和型甕であった。

ⅡA期は、庄内甕も残るものの、布留甕が出現する段階である。比恵6次調査SE46井戸［R-6］、比恵50次調査SE52井戸［R-10］、比恵53次調査SE27井戸中層［R-10］、那珂21次調査SC60住居［R-11］出土資料が該当する。比恵50次SE52井戸では、搬入品の庄内大和型甕1点、布留系甕口縁部破片1点が報告されている。その他の器種もすべて畿内系で、在地の土器を一切含まない、比恵・那珂遺跡群に特徴的な特殊な遺構である。比恵53次SE27井戸中層では在地の長胴甕1点、布留系甕1点、伝統的Ⅴ様式系・庄内系折衷甕1点、内面ヘラケズリが施された伝統的Ⅴ様式系甕1点、庄内甕2点が出土した。布留系甕はなで肩を呈し、在地での製

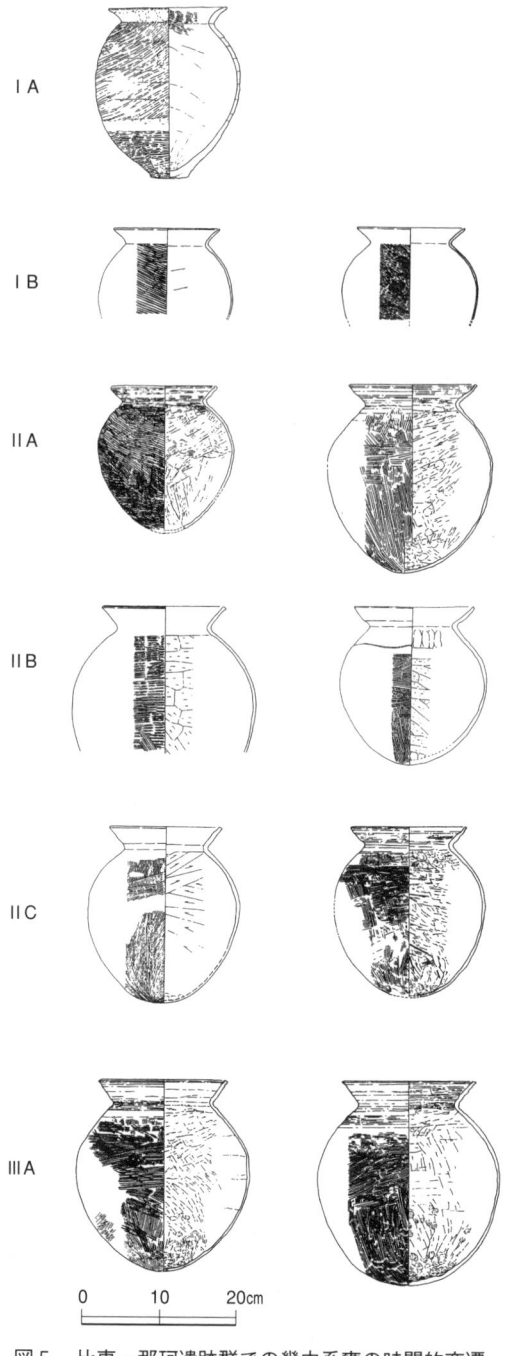

図5　比恵・那珂遺跡群での畿内系甕の時間的変遷

作と考えられる。庄内甕2点は技術的には庄内大和型甕であるが、胎土は在地と報告者はいう。

ⅡB期は、比恵・那珂遺跡群の甕に関しては畿内系が他を圧倒する段階である。ただ、庄内系の割合が減少し、代わりに布留系甕の割合が増加する。この段階に該当する資料は比恵9次調査SE15井戸［R-7］と比恵7次調査SE08井戸［R-5］で検出されている。比恵9次SE15井戸では、報告の9点の甕すべてが庄内系・布留系である。組成にはその他小型精製器種や畿内系高坏を含み、

在地の土器が含まれず、久住（1999a；p.64）に言わせると、「そのままでは周縁遺跡には存在しない」組成と型式である。

ⅡC期もⅡB期の傾向が続く段階である。この段階に該当する資料は比恵11次調査SE04井戸［R-8］、比恵9次調査SD17溝下層［R-7］、比恵50次調査SE136井戸［R-10］、比恵50次調査SE105井戸下層［R-10］で検出されている。比恵11次SE04では報告された甕11点すべてが北部九州型布留系甕である。比恵50次SE136でも報告された甕9点すべてが北部九州型布留系甕である。ただし、報告者の久住［R-10；pp.49-52］は胎土の観察に基づき、このうち7点を比恵・那珂遺跡群以外から搬入されたものと推定する。特に内面ヘラケズリなどの技術が稚拙なものは、比恵・那珂遺跡群以外の製作であることの根拠という。比恵50次調査SE105井戸下層からは布留系甕と小型丸底壺のみの出土である。

比恵・那珂遺跡群ではⅢA期になると遺構が減少する。この段階に該当する資料は比恵50次調査SE105井戸中層［R-10］、那珂50次調査SD04溝上層［R-13］（A・C群はⅢA期、B群はⅡC期、他はⅡB～ⅢAの混在資料）、那珂21次調査SC64住居［R-11］で検出されている。比恵50次調査SE105井戸中層から出土の甕4点すべてが北部九州型布留系甕である。なお、ⅢB期になると、消滅に近い状況で遺構が激減する。

以上、比恵・那珂遺跡群における畿内型・系甕の導入に関してまとめると、まず庄内大和型甕が他の同時期の集落に先駆けて導入されたようである。布留甕についても、導入の先駆けとしての役割を果たしている。さらに、この遺跡群を特徴づけるのは、導入よりも在地模倣生産・搬出センターとしての役割であろう。この点は、後述する壱岐原の辻遺跡や朝鮮半島南部における「畿内系」甕の導入を検討するときに、より明らかとなる。

三雲遺跡　［R-15～39］

三雲遺跡（図6）は、東側の川原川、西側の瑞梅寺川に挟まれて、北側に開けた沖積微高地上に立地する。『魏志』「倭人伝」に言及される伊都国の王都と解釈され、当該期でも面積50ha以上を誇った。漢鏡が30面以上出土し弥生時代中期の「王墓」と解釈される三雲南小路遺跡が南西部にあり、また古墳出現直前、久住ⅠA期には倣製鏡が40面出土した平原墳丘墓遺跡が隣接する（平原出土土器も破片資料で年代比定が非常に難しい。吉留［2000；p.82］と久住［2000b；p.3］の考え方を尊重した）。集落の中央、塚廻り地区には、桜井茶臼山古墳に類似した柄鏡形の墳丘を有する前期古墳（久住のⅡC期）の端山古墳が築かれる。つまり、箸墓と纒向遺跡、那珂八幡古墳と比恵・那珂遺跡群の関係と比較できるのかもしれない。

久住（1999a）によると、三雲サキゾノⅠ-1区SC02住居（塚廻り地区の東隣）、三雲番上Ⅱ-5区土器溜め3層（遺跡の北部）［R-16］出土資料がⅠA期に位置づけられるという。すべて在地型式の土器ばかりで、外来系要素は見られない段階といえる。

ⅠB期の標識資料としてあげられるのが三雲サキゾノⅠ-1区1号住居床面出土資料である［R-16；pp.17-31］。重要な遺構であるため、やや詳しく記述すると、広口大型壺、頸部に刻み目突帯を有する直口壺、在地の中型甕、山陰系二重口縁甕、庄内大和型甕、直口壺4点、在地の小型甕11

IA

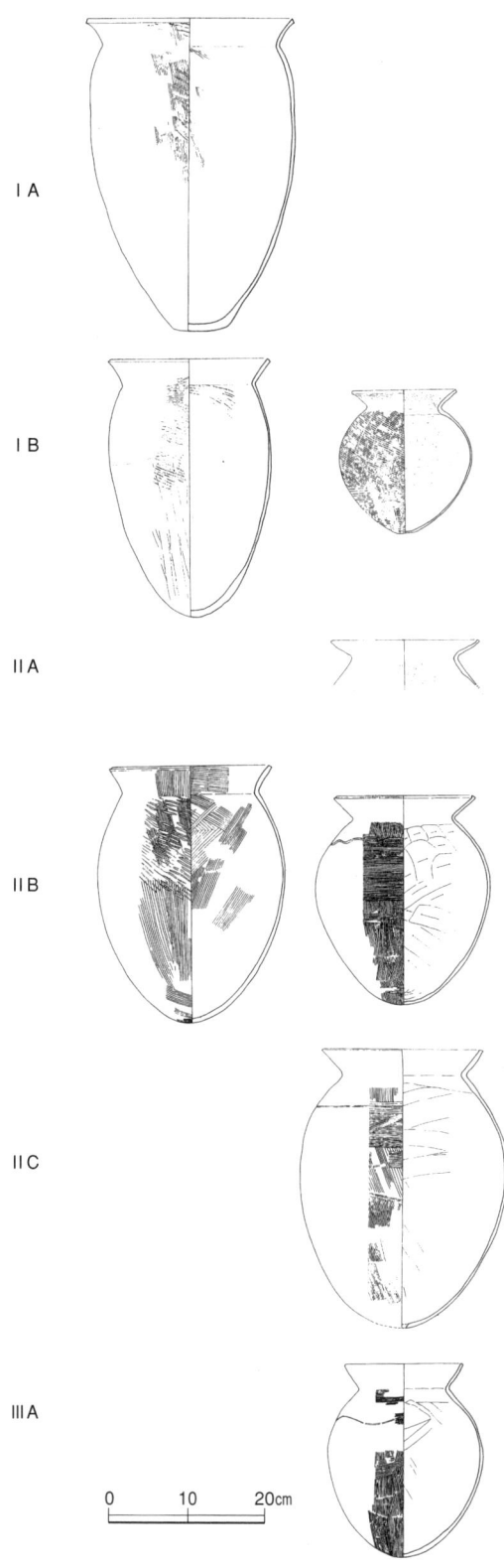

IB

IIA

IIB

IIC

IIIA

0　10　20cm

図6　三雲遺跡での甕の時間的変遷

点、鉢9点、厚手の小型丸底坩（5号住居の可能性も）、椀形手捏土器3点、高坏13点、在地の器台2点、朝鮮半島からの陶質土器片2点、小型手捏勾玉形土製品、小型手捏甕形土製品、小型手捏壺形土製品2点が出土した（上層の資料は省いている）。手捏土器・手捏土製品が存在することから、生活のための住居ではなく、祭祀遺構と考えられる。実際、庄内甕も煤が一切付いておらず、煮沸に使用された痕跡はないので、この点からも「祭祀遺構」という解釈を補強できる。

また久住（1999a；p.114）は、上記の庄内甕を「比恵遺跡周辺から運ばれた可能性の高い筑前型庄内甕」として、上層出土の布留系甕（ⅡA段階）とともにあげる。技術的には庄内大和型甕としてもよいものなので、久住の解釈については、現在のところ保留しておきたい。ちなみに共伴している山陰系二重口縁甕は搬入品と久住（1999a；p.91）は判断する。このIB段階は外来系と在地系土器の共伴するケースが少ない段階であるが、この住居状遺構では庄内甕、山陰系甕、在地の甕が共伴しており、在来の甕の底部が丸底化していないときに庄内甕が導入されたことを物語る資料である。この在来系甕の段階の遺構で、畿内系土器が共伴する例は三雲遺跡にはほかにない。つまり、この段階で畿内系土器が導入されたのは、祭祀といった特別の目的のみであったことが窺える。

ⅡA段階に位置づけられる資料は、前述の三雲サキゾノⅠ-1区1号住居上層出土資料である[R-16；pp.17-31]。もちろん在地系甕のこの段階の資料は数多いが、とにかくこの段階の畿内系甕はこの1点のみであり、博多遺跡、比恵・那珂遺跡群、西新町遺跡に比べ、畿内系土器に関する情報を積極的に受容していない。

ⅡB段階に位置づけられるのは中川屋敷地区

Ⅰ-12区SC06住居床面資料のみである［R-17；pp.173-176］。在地系長胴甕1点と庄内甕の様相を残す北部九州型布留系甕が2点出土した。この段階でも博多遺跡、比恵・那珂遺跡群、西新町遺跡に比べ、畿内系土器の出土は非常に少ない。

ⅡC段階になると、畿内系甕の出土例がようやく増加する。中川屋敷地区Ⅰ-12区SC04住居下層［R-17；pp.168-173］からは在地の甕1点に対して、ややなで肩・やや長胴の北部九州型布留系甕が9点も出土した。同区SC06住居上層の北部九州型布留系甕2点もこの段階であろう。同区SC02住居［R-17；pp.165-167］出土の4点の北部九州型布留系甕は、調査担当者小池史哲は「やや古式の様相がみられる［R-17；p.176］」と言い、賛成するが、同じ範疇に含めても問題はないだろう。寺口地区Ⅱ-17区SC01住居からは長胴あるいはなで肩の北部九州型布留系甕9点が出土［R-17；pp.34-36］。八龍地区Ⅰ-18区SC04下層［R-16；pp.108-111］からは北部九州型布留系甕が4点出土。すべて底部全面に煤が付着している。

ⅢA段階に位置づけられる資料は、八龍地区Ⅰ-18区SC04住居上層の北部九州型布留系甕1点［R-17；pp.108-111］がある。八龍地区Ⅰ-18区SC02住居下層［R-17；pp.103-108］の北部九州型布留系甕5点はⅡC期からⅢA期にかけての資料である。

その他、八龍地区大溝上層［R-17；pp.59-77］からはⅡC期を中心に、ⅡB期からⅢA期にわたる北部九州型布留系甕が25点出土している。その他の型式の甕は24点であり、過半数が布留系甕ということになる。

以上、三雲遺跡の畿内系土器の流入のあり方をまとめると、ⅡB期までは在地系土器群が主体であり、博多遺跡、比恵・那珂遺跡群、あるいは西新町遺跡に比べ、外来系土器の導入が遅れる。ⅠB期のサキゾノⅠ-1区1号住居遺構は突出しており、祭祀のために特に外来系土器を使用した、例外と考えてよい。ⅡA期までの庄内甕・布留系甕は福岡平野産（比恵・那珂遺跡群周辺）の搬入と久住（2004）は主張するが、ⅠB期のサキゾノⅠ-1区1号住居遺構の庄内甕については、立場を保留したい。ⅡC期になってようやく布留系甕が目立つようになり、その製作も在地で行われたようであるが、在地系土器群も残り、博多遺跡、比恵・那珂遺跡群、あるいは西新町遺跡に比べ、外来系土器の受容と再生産に「消極的」という印象を受ける。

筑前地域のまとめ

以上、古墳出現前後の時期の北部九州筑前における、畿内系甕と在地型長胴甕の出会いについて述べてきた。ⅠA期に伝統的V様式甕、ⅠB期に庄内甕、ⅡA期に布留甕が、大和で出現したのと同じ順序で筑前に導入される。大和で庄内甕が出現する以前に伝統的V様式甕が、大和で布留甕が出現する以前に庄内甕が比恵・那珂遺跡群に導入されたのであろう。

形態的には、庄内・布留甕の口縁部と頸部がまず模倣され、畿内的な口縁部・頸部を有する長胴甕も若干製作される。とはいえ、球形胴を指向する甕が大多数を占めるようになる。球形胴といっても、久住（1999a）が「倒卵形」というように、若干長胴気味なのは、在地の甕の伝統と言える。とにかく、形態的には畿内色の方が在地色より圧倒的に強い。数量的にも、在地型長胴甕が畿内系甕に時間とともに置き換えられてゆくという変化をたどる。その点では、北部九州の「文化の活力

の衰微」（岩永1989）のように見える。ただ、器壁が厚いものが多いことは無視できない。北部九州でも筑後や豊前・豊後では器壁を薄くする技術が十分ではなかったのかも知れないが、器壁を薄くする技術は存在しなかったわけではない。厚手の甕が北部九州で好まれたのかもしれない。

6．壱岐　原の辻遺跡への畿内型甕形土器の流入

　壱岐は、福岡県博多から約67kmの玄界灘に浮かぶ面積138km²の島である。100haに及ぶ巨大環濠集落である原の辻遺跡は壱岐最大の集落遺跡であり、『魏志』「倭人伝」で言及される一支国の王都と考えられ、国の特別史跡に指定された。集落の形成は弥生時代前期末に始まり、中期前半には多重環濠を掘削し整備され、後期に環濠が再整備される。対馬と並んで、朝鮮半島と九州の中継地点であることを反映し、貨泉・五銖銭・大泉五十といった中国貨幣、無文土器、楽浪系土器、三韓系瓦質土器、陶質土器といった朝鮮半島系土器が数多く出土する［R-21；pp.1-4］。同時に日本列島本土からも土器などが人の移動とともに搬入されたようで、布留系甕もそのひとつである。

　原の辻遺跡は4世紀中ごろには解体する。これを宮崎貴夫（2002）は、高句麗が313年、314年に楽浪郡と帯方郡を滅ぼし、魏の後身である西晋が316年に滅んだことの影響とみる。いずれにせよ、「原の辻遺跡は交易の中継地点として成立し、国際的な交易センターとして巨大集落に発展したが、対外交渉と交易システムの崩壊によって、クニとしての成立基盤と大集落としての存立意義を失って解体したことが推測される」（宮崎2002；p.164）。

　原の辻遺跡で布留系甕の出土が2004年以前に報告されているのは、1993年度調査の5号溝［R-18］、1998年度調査の2号濠［R-19］、2001年度調査のSD-2のII層［R-20］、2002年度調査の高元地区のSB-1、SB-2、SB-5［R-21］である。このうち1993、1998、2001年度調査資料を実見した。1993年度調査の5号溝では14点（口縁部のカウント）の在来の甕、1点の山陰系甕に対し、7点の畿内系甕が報告されている。畿内系甕のうち1点［R-18；第27図の36］は胴部外面にタタキ目を残し、庄内甕の模倣と言えるのかも知れないが、肩が張らず、筑前の在地の長胴甕のようなプロポーションで、内面もヘラケズリではなく、ハケのようであり、技術的には壱岐か北部九州の土器である。その他の布留系甕は内面ヘラケズリを施すものの、ケズリ方はむしろ筑前で通有の方法で、器壁も3.5mm～4mmもあり、近畿地方中心部の技術で製作されたものではなかった。破片資料ばかりであるが、胴のプロポーションも長胴を指向する。第28図の40の例のように、肩部に波状文を施すのも、北部九州に多い。なお、底部を残す破片資料がなく、煤の付着状況はわからなかった。

　1998年度調査の2号濠［R-19］では、報告された17点の甕の内、在来のものは1点、故地不明のものが1点のほかは、すべて布留系である。そのうち1点［R-19；図34の6］が球形胴であるほかは、すべてなで肩、長胴の北部九州に特徴的な甕である（図7-1・2）。球形胴の甕も内面ヘラケズリは大和・河内といった近畿地方中央部ではなく、むしろ筑前に通有の方法である。つまり、すべての布留系甕が筑前の技術（あるいはそれに極めて近い技術）で製作されたと判断できる。

　またこの資料には底部を残す完形に近いものもあり、煤が胴部・底部全体に付着している。つまり、底を地面から浮かせて煮沸した可能性が高い。これは筑前の西新町遺跡の一部の、底部を地面

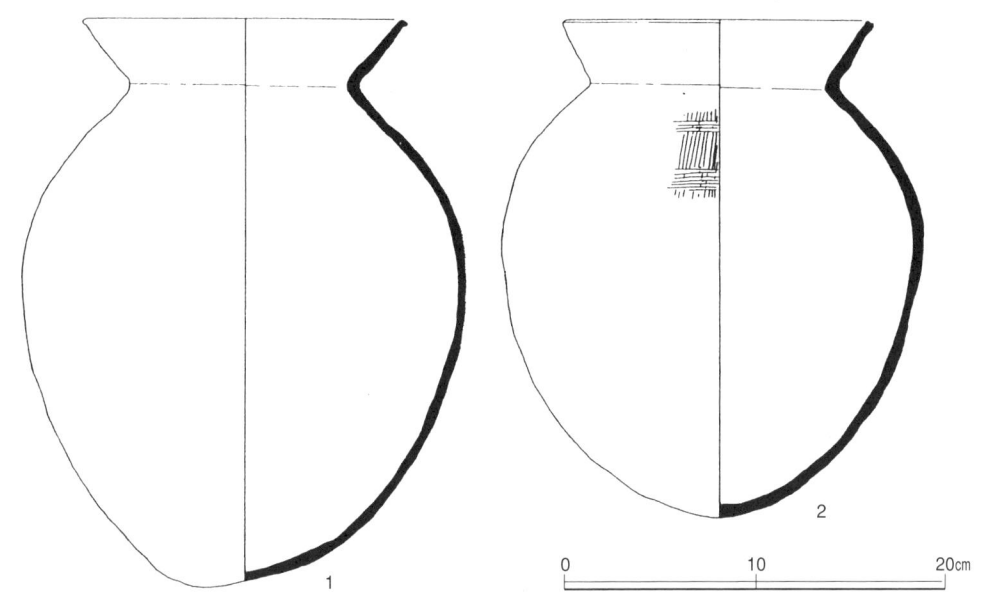

図7　原の辻遺跡出土の北部九州製布留系甕（佐々木実測）

につけるか竈においた例とは明確に区別でき、原の辻遺跡で筑前製作の布留系甕を使用した人々は壱岐の在地の人々であった可能性が高い。壱岐では、「クド石」と呼ばれる地元の流紋岩の石を3個集めて一時的な炉を作り、その3個に甕を乗せて煮沸するので、煤の付着状況はその反映といえる。2001年度調査のSD-2のⅡ層［R-20］では31点の甕が報告されており、そのうち10点が畿内系の範疇で捉えられる。球形胴を指向する1点［R-20；図30の46］もなで肩で、肩に波状文を施し筑前に通有のもの。その他もすべて長胴で、内面ヘラケズリも近畿地方中央部ではみられない方法で器壁も3.5mm以上あり、すべて筑前の技術で製作されたと考えたい。

　壱岐で出土する畿内系甕をすべて実見したわけではないが、おおよその傾向は掴めたと考える。つまり、壱岐の布留系甕は近畿地方ではなく筑前の技術で製作された可能性が極めて高い。ただ、それらを使用した人々は壱岐在来の方法で煮沸したようで、恐らく地元の人々であろう。また、球形胴より、長胴の畿内系甕の方が目立つ。長胴指向は、この地域の「好み」と言えるのかもしれない。

7．朝鮮半島南東部への畿内型甕形土器の流入

　朝鮮半島南部において、畿内型甕形土器の存在は1980年代前半には認識されていた。申敬澈（シン・ギョンチョル 1983）が、金海禮安里、釜山華明洞、東莱福泉洞古墳群で出土した内湾口縁壺を「韓国土器化」（申の表現）した古式土師器と見做したのに始まり、武末純一（1983）が「半島の布留式系甕」として紹介した。安在晧（アン・ジェホ 1993）は釜山廣域市東莱福泉洞古墳群出土の倭系資料を紹介、釜山・金海地域で出土した「土師器系軟質土器」のすべての器種を考慮に入れたうえで5段階に編年し、それらが米田敏幸（1991）の古墳時代前期土師器編年の第Ⅰ段階から

第Ⅴ段階に相当するとした。本稿のテーマである土師器系軟質甕が朝鮮半島南部在地のものか、あるいは日本列島から搬入されたものか、後者の場合日本列島のどこから搬入されたのか、以下に確認した。

釜山廣域市東莱貝塚［R-22］（洪 2004）

東莱（トンネ）貝塚の周辺には、その出土土器の90％が弥生土器であった莱城（ネソン）遺跡もあり、弥生時代以来、日本列島との交流が密であった地域に立地している。この貝塚は加耶地域に属するが、西海の錦江水系、南西海の榮山江水系の馬韓土器、慶州を中心とした辰韓土器（新羅）など様々な地域の土器が搬入され（洪 2004；p.281）、纒向遺跡のような様相を呈している（朴天秀慶北大学校考古・人類学科教授2003年6月13日ご教示）。これら外来系土器のなかで、土師器系土器は30余点に達し、この遺跡出土外来系土器の80％以上を占める。また30余点という数は、朝鮮半島南岸の同時期の遺跡の中で、単一の遺跡としては最多の出土である。土師器系甕形土器は、すべて口縁部片であった。年代的には、後述する福泉洞古墳群、禮安里古墳群出土の布留系甕よりやや古く、久住（1999a）ⅡB段階に位置づけてもよい。

これら甕形土器について、洪潽植（ホン・ポシク 2004；p.275）は布留式系と山陰系に分け、布留式系を内湾口縁甕形土器と九州系甕形土器に区別する。申敬澈（2001、p.33）は東莱貝塚を始めとする洛東江下流域のこの時期の遺跡出土の土師器系土器は山陰系と北部九州系の土器と判断し、「意外に近畿系土器の無いことが明らかになってきた」と言う。

例えば、洪（2004；p.274）が図面3-14で示す甕形土器は、頚部下の内面ヘラケズリは大和・河内といった近畿地方中央部ではありえず、むしろ筑前に通有のものであることを筆者も確認した（図5のD）。つまり、筑前の人が製作した可能性が極めて高い土器である。しかしながら、内面ヘラケズリと頚部の屈曲の度合いからみて、筑前の在地の長胴甕ではなく、明らかに布留甕を模倣したものである。そういう意味では、土器製作のアイディアは近畿地方に由来すると考えるので、申（2001）、洪（2004）共に、極言のきらいがないわけではない。ただし、言語表現は日本と韓国の文化の違いに起因するものかも知れず、両名の「北部九州系」という解釈を否定しているわけではない。北部九州の技術で製作されたという点では、申（2001）、洪（2004）と同じ立場である。

釜山廣域市福泉洞古墳群［R-23］

東莱貝塚の付近に位置する福泉洞（ポクチョンドン）古墳群からも、少数であるが倭系の壺、高坏、小型器台など多様な器種とともに布留系の甕が出土している。54號墳（図版37）、71號墳、93號墳出土の甕を実測した。まず、54號墳出土の甕の器壁は厚手で、やや下膨れ気味の球形胴を有するが、それはタタキ成形ではなく、輾轤の回転力で達成されたもので、朝鮮半島南部の在地の（当時日本列島には存在しなかった）技術で製作されたことがわかった。ただ、球形胴のアイディアは北部九州を介して伝わったものと考えられる。口縁部の立ち上がり角度は上方を向く。71號墳出土の甕も器壁は厚手で、やや下膨れ気味の球形胴を有する（図8-2）。形態的には、久住（1999a）ⅡC段階あるいはⅢ段階まで下がるかとも考えられる。93號墳出土の甕も厚手で下膨れ気味の球形胴を

有するが、表面のタタキめが朝鮮半島南部に通有の格子めであり、在地産であろう（図8-1）。口縁部の立ち上がり角度は上方を向く。形態的には、布留式の第2段階、久住（1999a）のⅢ段階まで下がるであろう。

金海禮安里古墳群［R-24・25］

釜山の西となり、金海の禮安里（イェアンニ）古墳群からも少数の布留系甕が出土している。安（1993；図3）が編年表で取り上げた禮安里31號墳出土の甕（図8-3）は、球形胴を有するもの轆轤成形であり、朝鮮半島南部の在地の人の製作によることは明らかである。器壁も厚く、重い。口縁部は直線的に長く伸び、その立ち上がり角度は上方を向き、口縁端部は水平に近い面を有する。その形態から、布留甕製作に関する情報が受容されたのは、久住（1999a）Ⅲ段階になってからと思われる。

朝鮮半島南部のまとめ

実見した布留系甕には、筑前の技術で製作されたものが少数あるほかは、朝鮮半島南部の在来の技術で製作されてものが目立つ。轆轤成形の採用、格子状タタキの採用、内面ヘラケズリの省略（厚手で重い）がその在地の特徴と言える。ただ、報告書掲載の他の布留系甕も考慮に入れても、すべてにおいて球形胴を指向することは、長胴を好む壱岐とは大きな違いである。布留系甕の情報を受容し、模倣製作する側の主体性を強く示唆する。つまり、布留甕のどの属性を採用するかは、地元の土器製作者が自由に決定できるということである。そのような、朝鮮半島南部の人々の主体性を示すその他の根拠として、胴部・口縁部の形態は布留甕を指向しているようなのに、半環形把手がつく壺が存在することである。半環形把手も朝鮮半島南部の土器の特徴であり、これも地元の土器製作者が、色々独創性を試した結果のようにみえる。甕を使用した人々に関しては、胴部下半の煤の付着状況がわかる資料が、福泉洞古墳群・禮安里古墳群と墓の出土なので、煤が付着しておらず（使用痕跡があまりなく）、解釈ができない。

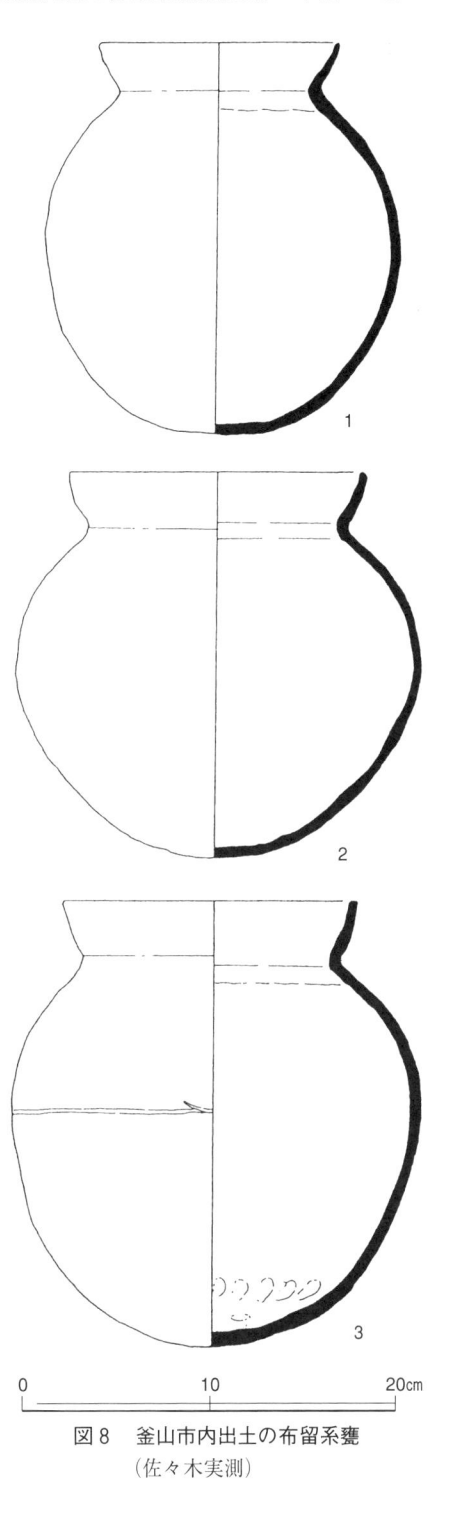

図8　釜山市内出土の布留系甕
（佐々木実測）

7．まとめ

　古墳出現直後の時期は、前方後円墳が西日本各地で築造され、それに呼応して布留甕が各地に移動するような印象を与える。しかしながら、異系統土器の出会いという観点からは、布留甕も含めた畿内産土器の模倣製作は在地の主体的意図の所産の可能性を強く示唆する。畿内型・筑前型の出会いの結果としての筑前における甕の形態・数量的変化はすでに述べたところで、畿内の土器の伝統が在地の土器の伝統を圧倒するように見える。

　とはいえ、筑前、特に福岡平野では、畿内型甕を導入直後、それらを畿内地方とは独立して、主体的に模倣製作を開始するのである。そればかりではない、それらを近隣諸地域ばかりか、壱岐、朝鮮半島南部にまで搬出を始める。つまり、畿内系甕の再分配センターの役割を果たすのである。そういった在地の土器製作・使用の主体性を強く示唆するのが、壱岐と朝鮮半島南部における畿内系甕のあり方である。筑前製作の畿内系甕も多様であるなか、壱岐では長胴甕が好まれたようであるし、朝鮮半島南部では球形胴への執着が強かった。さらに、壱岐では筑前からの搬入が目立つのに対し、朝鮮半島南部では、在地での模倣製作の方が圧倒的に多かった。また朝鮮半島南部では、把手をつけるなど、この地域独自の改変も行っている。換言すると、畿内の土器の伝統を表面的には受容していても、それは地元の伝統や「好み」のようなものが強くものを言っていたのである。

　古墳の出現は、畿内という中心地・核地が明瞭になったと言う意味で、日本列島の歴史のなかで大きな画期であった。しかしながら、異系統土器の出会いという観点からは、この時期はまだまだ在地の意思・主体性が強かったことがわかるのである[1]。

註

1) この時期の土器の移動に関して、政治的背景を完全に否定する立場ではない。纒向遺跡の様相は政治的である。しかし、本稿で扱った事例に関しては、政治性は想定しにくい。

引用文献

〈論文〉

安在晧　1993　「土師器系軟質土器考」『伽耶と古代東アジア』pp.163-184、新人物往来社。

石野博信　1976　「総括」R-1、pp.580-594。

石野博信　1979　「奈良県纒向石塚古墳と纒向式土器の評価」『考古学雑誌』第64巻、pp.365-371.

井上和人　1985　「『布留式』土器の再検討」『文化財論叢』（奈良国立文化財研究所創立30周年記念論文集）、pp.63-82、同朋社。

井上裕弘　1991　「北部九州における古墳出現前後の土器群とその背景」『古文化論叢』児嶋隆人先生喜寿記念論集、pp.315-372、飯塚市、児島隆人先生喜寿記念事業会。

岩永省三　1989　「土器から見た弥生時代社会の動態」『生産と流通の考古学』横山浩一先生退官記念論文集Ⅰ、pp.43-105、福岡、凸版印刷。

置田雅昭　1982　「古墳出現期の土器」『えとのす』19、pp.109-121、新日本教育図書。

置田雅昭　1988　「古式土師器研究」『天理大学学報』157号、pp.161-194。

加納俊介　1985　「土器の交流―東日本」『考古学ジャーナル』252号、pp.11-15。

木下正史　1978　「書評『纒向』」『考古学雑誌』第64巻、pp.83-87。

久住猛雄　1999a　「北部九州における庄内式併行期の土器様相」『庄内式土器研究』ⅩⅨ、pp.62-143。

久住猛雄　1999b　「弥生時代終末期『道路』の検出」『九州考古学』第74号、pp.18-53。

久住猛雄　2000a　「奴国の遺跡―比恵・那珂遺蹟と須玖・岡本遺蹟群」『考古學から見た弁・辰韓と倭』pp.143-176、九州考古学会・嶺南考古学会第4回合同考古学大会。

久住猛雄　2000b　「古墳成立前後の『奴国』とその周辺の様相」『国指定遺跡　光正寺古墳展　不彌国と倭人伝の国々』pp.1-8、宇美町歴史民俗資料館開館。

久住猛雄　2002　「九州における前期古墳の成立」『日本考古学協会2002年度橿原大会研究発表資料集』pp.295-310、日本考古学協会2002年度橿原大会実行委員会

久住猛雄　2004　「古墳時代初頭前後の博多湾岸遺跡群の歴史的意義」『ヤマト王権と渡来人』pp.54-61、大阪府立弥生文化博物館図録30。

久住猛雄　2005　「3世紀の筑紫―北部九州・特に博多湾岸周辺における外来系土器の受容と展開」『邪馬台国時代の筑紫と大和』（ふたかみ邪馬台国シンポジウム5）、pp.149-188、奈良県香芝市二上山博物館・香芝市教育委員会。

久住猛雄　2008　「福岡平野　比恵・那珂遺跡群―列島における最古の『都市』―」設楽博己・藤尾慎一郎・松木武彦共編『弥生時代の考古学』8（集落から読む弥生社会）、pp.240-263、同成社。

小山田宏一　1982　「布留式成立に関する覚書」『考古学と古代史』同志社大学考古学シリーズⅠ、pp.177-189。

小山田宏一　1985　「布留式における『型』の採用」『考古学と移住・移動』同志社大学考古学シリーズⅡ、pp.265-269。

酒井龍一　1976　「和泉における『伝統的第Ⅴ様式』に関する覚え書」『豊中・古池遺跡発掘調査概報』そのⅢ、pp.49-70、豊中・古池遺跡調査会。

佐々木憲一　2007　「国家形成と都市」吉村武彦・山路直充共編『都城：古代日本のシンボリズム―飛鳥から平安京へ』pp.317-338、青木書店。

白石太一郎　1979　「近畿における古墳の年代」『考古学ジャーナル』164号、pp.21-26。

申敬澈　1983　「伽耶地域における4世紀代の陶質土器と墓制」『古代を考える』第34号。

申敬澈　2001　「嶺南出土の土師器系土器」『3・4世紀日韓土器の諸問題』pp.1-39、釜山考古學研究會・庄内式土器研究会・古代学研究会。

末永雅雄・小林行雄・中村春寿　1938　「大和における土師器住居址の新例」『考古学』第9巻、pp.481-489。

角南聡一郎　1997　「西日本における畿内系甕製作技術の展開」『奈良大学大学院研究年報』第2号、pp.111-142。

関川尚功　1988　「弥生土器から土師器へ」『季刊考古学』24、pp.18-23。

武末純一　1978　「福岡県早良平野の古式土師器」『古文化談叢』第5集、pp.37-62。

武末純一　1983　「朝鮮半島の布留式系甕」『日本民族・文化の生成』Ⅰ（永井昌文教授退官記念論文集）、pp.827-843、六興出版。

田崎博之　1983　「古墳時代初頭前後の筑前地方」『史淵』120集、pp.219-261、九州大学文学部。

田中　琢　1964　「布留式以前」『考古学研究』第12巻第2号、pp.10-17。

田中　琢　1967　「畿内と東国―古代土器生産の観点から」『日本史研究』第90巻、pp.76-88。

田中　琢　1991　『倭人争乱』集英社版日本の歴史②。

都出比呂志　1974　「古墳出現前夜の集団関係」『考古学研究』第20巻第4号、pp.20-47。

寺沢　薫　1986　「畿内古式土師器の編年と2，3の問題」R-2、pp.327-397。
寺沢　薫　1987　「布留0式土器拡散論」『考古学と地域文化』同志社大学考古学シリーズⅢ、pp.179-200。
次山　淳　1995　「波状文と列点文―布留形甕にみられる肩部文様の分類・系譜・分布」『文化財論叢Ⅱ』（奈良国立文化財研究所創立40周年記念論文集）、pp.19-39、同朋社。
次山　淳　1997　「初期布留式土器群の西方展開」『古代』第103号、pp.135-156。
次山　淳　2000　「纒向から佐紀へ―外来系土器組成の時系列的な比較」『一所懸命』（佐藤広史君追悼論文集）、pp.237-249、佐藤広史君を偲ぶ会。
豊岡卓之　1999　「『纒向』土器資料の基礎的研究」石野博信・豊岡卓之共編『纒向』第5版補遺編、pp.71-127、奈良県立橿原考古学研究所。
西　弘海　1979　「西日本の土師器」楢崎昌一編『世界陶磁全集』第2巻（日本古代）pp.155-173、平凡社。
比田井克仁　1991　「土師器の移動：東日本」岩崎卓也編『古墳時代の研究』第6巻（土器）、pp.238-244、雄山閣。
洪潽植　2004　「釜山　東莱貝塚出土の土師器系土器」『福岡大学考古学論集―小田富士雄先生退職記念―』pp.271-282、福岡大学考古学研究室・小田富士雄先生退職記念事業会。
溝口孝司　1988　「古墳出現前後の土器相」『考古学研究』第35巻第2号、pp.90-117。
宮崎貴夫　2002　「長崎県原の辻遺跡」『日本考古学協会2002年度橿原大会研究発表資料集』pp.163-172、日本考古学協会2002年度橿原大会実行委員会。
森岡秀人　1985　「土器の交流―西日本」『考古学ジャーナル』252号、pp.16-22。
森岡秀人　1991　「土師器の移動―西日本」岩崎卓也編『古墳時代の研究』第6巻（土器と須恵器）、pp.229-237、雄山閣。
柳田康雄　1982　「三・四世紀の土器と鏡」『森貞次郎博士古稀記念古文化論集』下巻、pp.869-922、同論文集刊行会。
柳本照男　1983　「布留式土器に関する一試考」『ヒストリア』101、pp.1-16。
山田隆一　1994　「古墳時代初頭前後の中河内地域」『弥生文化博物館研究報告』第3集、pp.119-146。
吉留秀敏　2000　「筑前地域の古墳の出現」『古墳発生期前後の社会像』（古文化研究会第100回例会記念シンポジウム）、pp.79-102、九州古文化研究会。
米田文孝　1982　「弥生後期型甕から布留型甕へ」『ヒストリア』97、pp.1-19。
米田敏幸　1981　「古墳時代前期の土器について」R-4、pp.180-188。
米田敏幸　1985　「中河内の庄内式と搬入土器について」『考古学論集』第1集、pp.87-105、考古学を学ぶ会。
米田敏幸　1997　「庄内式土器研究の課題と展望」『庄内式土器研究』ⅩⅥ、pp.1-48。
米田敏幸　1998　「近畿」岩崎卓也（編）『古墳時代の研究』6（土師器と須恵器）、pp.19-33、雄山閣。
米田敏幸　2008　「畿内における古式土師器研究の展望と課題―主に庄内式土器を中心にして」『古代学研究』第180号、pp.104-116。

〈発掘調査報告書〉
・近畿
[R-1]　石野博信・関川尚功　1977　『纒向遺跡』奈良県立橿原考古学研究所。
[R-2]　寺沢薫編　1986　『矢部遺跡』（奈良県史跡名勝天然記念物調査報告 No.49）、奈良県立橿原考古学研究所。
[R-3]　寺沢薫・佐々木好直編　2002　『箸墓古墳周辺の調査』（奈良県文化財調査報告書　第89集）、奈良県立橿原考古学研究所。
[R-4]　山本昭・米田敏幸・原田昌則　1981　『八尾南遺跡』八尾南遺跡調査会。
・福岡市比恵・那珂遺跡群

［R-5］小林義彦　1985　『比恵遺跡―第7次調査―』福岡市埋蔵文化財調査報告書第117集、福岡市教育委員会。
［R-6］横山那継編　1986　『比恵遺跡―第6次調査・遺物編―』福岡市埋蔵文化財調査報告書第130集、福岡市教育委員会。
［R-7］杉山富雄・吉留秀敏　1986　『比恵遺跡（第9・10次調査報告）』福岡市埋蔵文化財発掘調査報告書第145集、福岡市教育委員会。
［R-8］山崎龍雄・米倉秀紀編　1987　『中部地区埋蔵文化財調査報告Ⅱ』福岡市埋蔵文化財発掘調査報告書第146集、福岡市教育委員会。
［R-9］菅波正人編　1992　『比恵遺跡群（11）』福岡市埋蔵文化財発掘調査報告書第289集、福岡市教育委員会。
［R-10］下村智編　1994　『比恵遺跡群（20）』福岡市埋蔵文化財発掘調査報告書第451集、福岡市教育委員会。
［R-11］池崎譲二編　1992　『那珂5―第10～12・14・16・17・21次調査報告―』福岡市埋蔵文化財発掘調査報告書第291集、福岡市教育委員会。
［R-12］下村智編　1993　『那珂遺跡8―那珂遺跡群第20次調査の報告―』福岡市埋蔵文化財発掘調査報告書第324集、福岡市教育委員会。
［R-13］下村智編　1997　『那珂18―那珂遺跡群第50次調査の報告―』福岡市埋蔵文化財調査報告書第518集、福岡市教育委員会。
［R-14］井沢洋一編　1986　『那珂八幡古墳』福岡市埋蔵文化財調査報告書第141集、福岡市教育委員会。

・前原市

［R-15］柳田康雄・小池史哲編　1981　『三雲遺跡』Ⅱ　福岡県文化財調査報告書第60集、福岡県教育委員会。
［R-16］柳田康雄・小池史哲編　1982　『三雲遺跡』Ⅲ　福岡県文化財調査報告書第63集、福岡県教育委員会。
［R-17］柳田康雄・小池史哲編　1983　『三雲遺跡』Ⅳ　福岡県文化財調査報告書第65集、福岡県教育委員会。

・壱岐

［R-18］山下英明編　1995　『原の辻遺跡』長崎県文化財調査報告書第124集。
［R-19］杉原敦史編　1999　『原の辻遺跡』原の辻遺跡調査事務所調査報告書第16集。
［R-20］町田利幸編　2002　『原の辻遺跡』原の辻遺跡調査事務所調査報告書第24集。
［R-21］中尾篤志編　2003　『原の辻遺跡』原の辻遺跡調査事務所調査報告書第26集。

・韓国

［R-22］洪潽植　1997　『釜山の三韓時代遺蹟と遺物I―東莱貝塚―』釜山廣域市立博物館福泉分館　研究叢書第2冊。
［R-23］釜山廣域市立博物館福泉分館　1997　『東莱泉洞93・95號墳』釜山廣域市立博物館福泉分館。
［R-24］釜山大學校博物館　1985『金海禮安里古墳群』Ⅰ、釜山大學校博物館調査報告、第8輯。
［R-25］釜山大學校博物館　1993　『金海禮安里古墳群』Ⅱ、釜山大學校博物館調査報告、第15輯。

第8章　オホーツク土器と擦文土器の出会い

熊木　俊朗

1．「異系統の出会い」の典型例

　オホーツク文化（5〜13世紀（北海道では5〜9世紀））と擦文文化（7〜13世紀）は、北海道において分布の中心を異にしつつ、300年間ほど併存した考古学的文化である。オホーツク文化がアムール下流域からの影響を強く受けた文化である一方、擦文文化は北海道在地の続縄文文化に東北北部の土師器文化の影響が及んで成立した文化であり、文化の担い手であるヒトの形質を含め、両者の系統は全く異なっていた。また両文化の違いは単に考古遺物の型式差・系統差という部分に止まらず、生業・社会組織・信仰儀礼など多くの側面に及んでいた。全く異系統かつ異質の文化が、棲み分けに近いかたちで北海道の中に併存していたわけである。

　これら二つの異文化間の交流は、オホーツク文化が成立した当初から、擦文文化に先立つ続縄文文化との間でも行われていた。しかし擦文文化の成立後、次第にその勢力が強まってゆくなかでオホーツク文化は変容し、ついには両者が融合したような文化が生まれることになる。なかでも北海道東部に展開した「トビニタイ文化」（藤本1979a、大西2001）は、全く異なる二つの文化が接触し融合してゆく過程を具体的に示す好例として、以前から注目を集めてきた。

　本論の目的は、このような「異系統の出会い」の典型例とでも言うべきオホーツク文化と擦文文化の接触・融合過程を概観することにより、「異なる系統が出会った際に生じる動き」という問題を考える上での比較材料を提供することにある。既存の研究の紹介が主であるが、論点を整理することで新たな展望が開ければと考えている。

　本論の構成であるが、まず、北海道におけるオホーツク文化と擦文文化について、両者の分布の変遷などを再確認する。続いて両文化が融合した事例として、北海道北端部の「元地式土器」と、北海道東部の「トビニタイ文化」の二者について紹介する。元地式と「トビニタイ文化」は、どちらもオホーツク文化と擦文文化の接触・融合によって生じたものといえるが、考古学的文化の内容や融合の過程については異なる点も認められる。北海道北端部と東部で「融合」のあり方に違いが生じた背景に注目することで、オホーツク文化と擦文文化の接触・融合過程についての議論に新たな方向性を見出すことを期待している。

　なお、「トビニタイ文化」に関しては、近年、大西秀之や榊田朋広をはじめとする各氏が多くの論文を発表しており、議論が活発化している（大西1996a・1996b・2001・2003・2004・2007、榊田2006・2007、澤井2003、瀬川2007）。研究史についてはそれらの諸論文を参照いただきたい。また、本論はそれらの諸論文に依拠している部分が多いことも明記しておく。

2．オホーツク文化と擦文文化

(1) オホーツク文化・擦文文化の時空間的関係

まずはオホーツク文化と擦文文化（続縄文文化の一部を含む）の時間的関係について略述しておこう（図1）[1]。北海道のオホーツク文化は、宇田川編年擦文前期頃（宇田川1980）には変容ないし消滅し、そのオホーツク文化に後続する「トビニタイ文化」は宇田川編年擦文晩期頃まで擦文文化と併存する、というのが大まかな流れである。この流れを念頭においた上で両文化の空間的関係（塚本2003、澤井2007）をみてみよう。塚本編年3期（オホーツク貼付文期併行）までは、両文化は基本的に石狩低地帯以西とオホーツク海沿岸部とに別れて分布しており（図2左上）、互いの領域を越えて土器などの遺物も出土はするが散発的である。宇田川編年擦文前期（塚本編年4期・5期）になると、擦文文化の集落が日本海沿岸北部にも形成されはじめ、道東部にまで拡がる一方、道東部のより内陸部を含めた地域では「トビニタイ文化」が成立する（図2右上）。その後、宇田川編年擦文中期から後期にかけて道東部で擦文文化の遺跡が増加するが、「トビニタイ文化」も併存し（図2下）、この併存が擦文晩期まで続く。

以上の動きをまとめると、北海道内には「棲み分け」に近い形でオホーツク文化／擦文文化の二系統が併存していたが、擦文文化の分布拡大にあわせてオホーツク文化は変容・衰退し、ついには道北端部と道東部で融合・同化されてゆく、という流れとなろう。これは大局的にみればオホーツク文化の後退／擦文文化の進出という動きとして捉えることが可能である。この動きの背景としては、後者（擦文文化の進出）が原因となって前者が生じたとする解釈が一般的であるが（大井

暦年代	続縄文・擦文	時期区分		アムール河口	サハリン北部	サハリン南部	北海道北部	北海道東部
								オホーツク
5世紀	北大I式	I	十和田式期前半	（未詳）			十和田式前半	北大I式
6世紀	北大II式		十和田式期後半				十和田式後半	（十和田式後半）
7世紀前葉～中葉	塚本編年1期	II	刻文期前半	テバフ式c類	江の浦式1類≒刻文I群≒モヨロ群1a類			
			刻文期後半		江の浦式2類		刻文II群	モヨロ群b1類・b2類・III群a類
7世紀後葉～8世紀前葉	塚本編年2期	III	沈線文期前半	テバフ式b類	江の浦式サハリン3類		沈線文群前半	モヨロ群c類・II群a類・III群b1類
			沈線文期後半				沈線文群後半	モヨロ群d類・II群b類・III群b2類
8世紀中葉～後葉	塚本編年3期	IV	貼付文期前半		江の浦式河口部3類		藤本d群併行	モヨロIV群a類
9世紀前葉～10世紀前葉	宇田川編年前期		貼付文期後半				（藤本e群）	モヨロIV群b類
10世紀中葉～11世紀前半	宇田川編年中期		トビニタイ期前半	テバフ式a類	（南貝塚式？）	南貝塚式（・東多来加式？）	元地式	カリカリウストビニタイII
11世紀後半～12世紀前半	宇田川編年後期		トビニタイ期後半					擦文 トビニタイIII・I（古）I（新）
12世紀中葉～13世紀代	宇田川編年晩期							

図1　続縄文・擦文・オホーツク土器編年表[1]

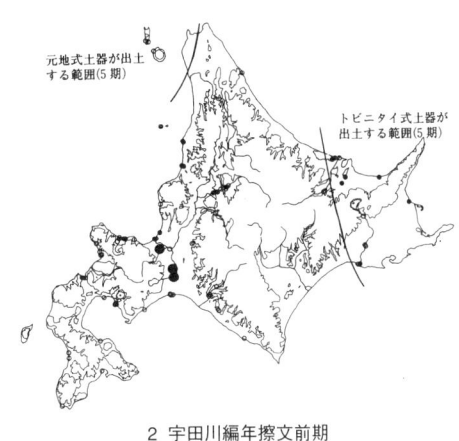

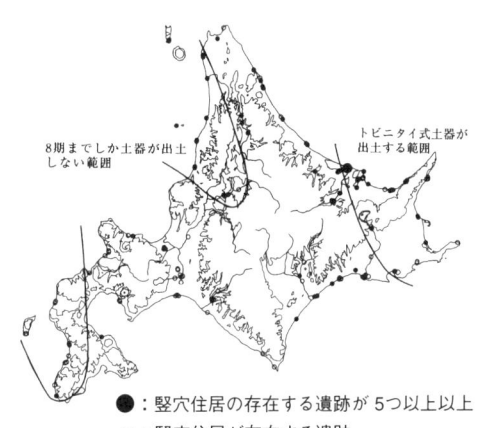

図2 オホーツク文化・擦文文化・「トビニタイ文化」の遺跡分布とその変遷（塚本 2002・2003）

1970、山浦 1983など）、オホーツク文化の内部にも衰退要因があったとする考え方などもあり（藤本 1979b、金盛・椙田 1984）、衰退／進出の因果関係や具体的なプロセスについては検討すべき点が残されている。さらに、オホーツク文化の側が押しやられて一方的に衰退してゆく、という解釈のみでは「トビニタイ文化」にみられる「融合」的な様相を十分には説明できないことなどから、特にトビニタイ期については近年、トビニタイ側の「主体性」や両系統の「相互交渉」に着目した分析や解釈が提起されてきている（大西 2003・榊田 2007など）。

(2) オホーツク期の交流

トビニタイ期の様相について紹介する前に、まずは「棲み分け」がなされていたオホーツク期の交流（臼杵 2005）について再確認し、トビニタイ期との差を確認しておこう。

オホーツク文化と擦文文化ないし続縄文文化との交流は、オホーツク文化の初期である十和田式

期からすでに認められる。オホーツク期前半（十和田式期～刻文期）として一括し、交流を示す代表的な資料について紹介しておこう。オホーツク文化の遺跡から続縄文文化・擦文文化系統、もしくは本州系統の遺物が出土した例としては、礼文町香深井1（旧称香深井A）遺跡から出土した北大式土器（図3-1）や擦文土器、利尻町亦稚貝塚から出土した土師器坏（図3-2）などがあげられる。また最近ではヒグマ遺存体のミトコンドリアDNA分析によって、香深井1遺跡から出土した1才未満の仔グマの中に道南型のミトコンドリアDNAを有するものがあることが明らかになった。これは道南の続縄文集団からオホーツク集団へ「仔グマのギフト」が行われていたことを示すと解釈され、この時期からすでに両集団の間には従来考えられていたよりも強い紐帯があったとして注目された（増田ほか2002、天野2003）。逆に続縄文文化・擦文文化の領域から刻文期以前のオホーツク系遺物が出土した例としては、石狩市岡島洞窟（図3-6）や松前町小島館浜（図3-9）から出土した十和田式土器、恵庭市茂漁8遺跡から出土したオホーツク刻文系土器を模したとみられる土器（図3-7）などがある。さらに最近では奥尻町青苗遺跡で多くのオホーツク文化遺物とともに竪穴や墓も発見され、注目を集めた。また、積丹半島周辺から出土する7世紀前後とみられる大陸系遺物（錫製環・軟玉製環など）（小嶋1996）も、オホーツク文化を介してもたらされたものと考えられている。

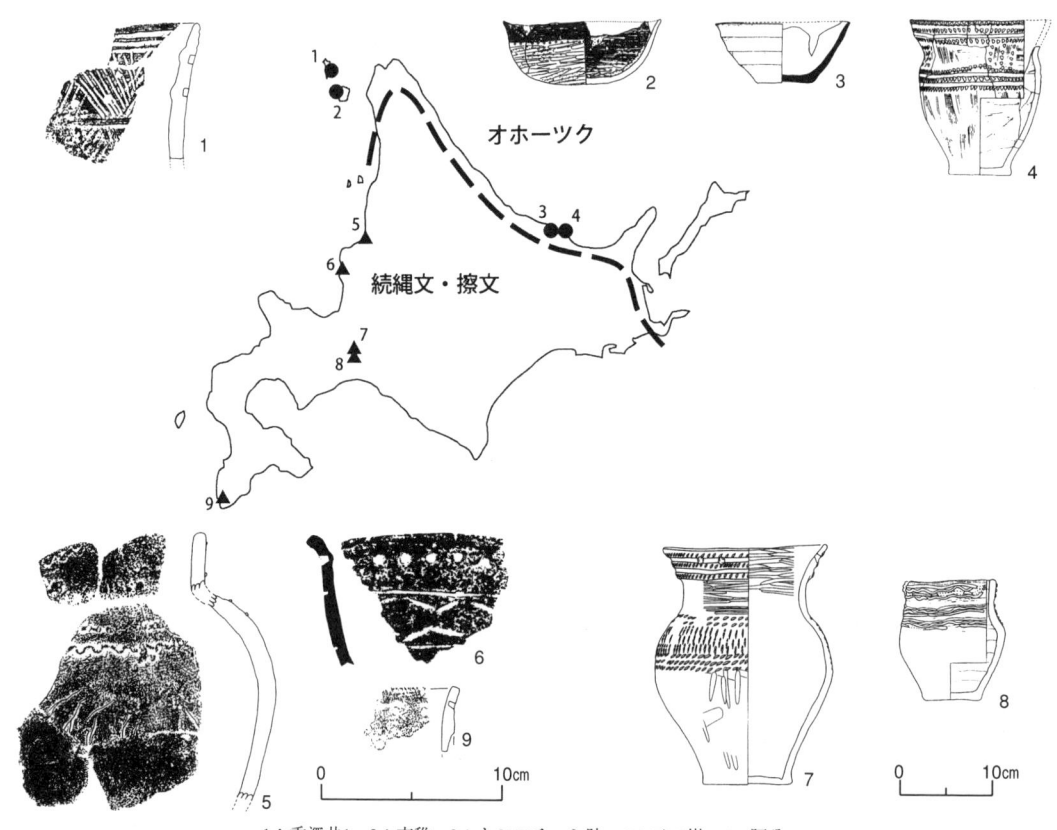

1：香深井1　2：亦稚　3：トコロチャシ跡　4：二ツ岩　5：阿分3
6：岡島洞窟　7：茂漁　8：ウサクマイN　9：小島館浜

図3　互いの領域を越えて出土した土器

第8章 オホーツク土器と擦文土器の出会い　179

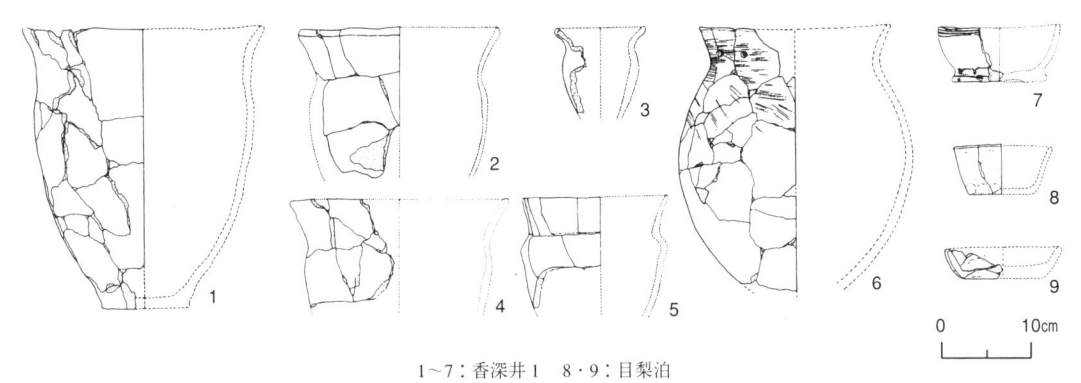

1～7：香深井1　8・9：目梨泊
図4　擦文土器の器形を模したオホーツク土器

　オホーツク期後半（沈線文期～貼付文期）になると、擦文・本州系統の遺物、特に蕨手刀などの鉄製武具類がオホーツク文化の中で目立つようになる（高畠 2005）。代表例は枝幸町目梨泊遺跡や網走市モヨロ貝塚で、墓の副葬品として出土する。ちなみにこのような擦文・本州系統の武具類は、北方の大陸系威信材の移入減少と反比例するように増加してゆくことが指摘されている（高畠 2005）。擦文・本州系統の遺物としては、武具類のほかにも、土師器や擦文土器の出土例が北見市トコロチャシ跡遺跡（図3-3）や網走市二ツ岩遺跡（図3-4）などにある。一方、擦文文化の領域では逆にオホーツク系遺物の出土はやや減少するようである。例えば貼付文系土器の出土例は増毛町阿分3遺跡（図3-5）や千歳市ウサクマイN遺跡（図3-8）にみられるが、渡島半島周辺での出土は確認されていない。

　以上の資料から交流の流れをまとめると以下のようになる。①サハリン南部～道北端部を中心に成立したオホーツク集団は、その成立期から、日本海側、すなわち続縄文集団・擦文集団に対しても積極的に交流を図ろうとしていた。②オホーツク期後半になると、オホーツク集団と大陸との北回りの交流は徐々に衰退する一方、擦文集団の勢力拡大に伴って擦文側からオホーツク側へのモノの移入が増加した。

　もっとも、この時期の交流はモノの移出入を示してはいるが、後のトビニタイ期に認められるような、長期にわたる個人ないし集団間の接触や同化（同居や婚入など）を示しているとまではいえない。この点を再確認するため、本書のテーマでもある「土器型式の影響関係」という側面から今一度考えてみよう。

(3)　オホーツク土器と擦文土器との間に型式交渉はあるか？

　道北部のオホーツク土器の中には、擦文土器ないし土師器の器形を模したと見られる例が確認されている（大井 1981、佐藤編 1994）（図4）。ただし模倣のあり方は器形を不完全に模したというレベルに止まっており、製作技法上の共通性など、深いレベルでの影響・模倣は確認できない。また出土量もきわめて少ないため、これらについては「偶然に近い状況で製作された例外」と評価しておくのが妥当である。ただし後述するように、これらの土器の出土が道北部に多い点には注意しておこう。

ほかに、オホーツク土器と擦文土器の型式学的影響関係を示唆した見解としては、十和田式土器の円形刺突文と北大式土器のそれ（松下1965、大井1981）や、オホーツク沈線文系土器の沈線文と擦文土器のそれ（藤本1966、中田2004）の共通性を指摘する意見がある。まず前者の円形刺突文に関してだが、筆者自身は、以下の三点に矛盾があると考えているため、未だ定見を持つに至っていない。①十和田式から北大式側に影響が及んだとすれば、両系統の併行関係は、（器面外側からの刺突文が盛行する）十和田式後半＝（円形刺突文が出現する）後北C2・D式期の末期となってしまい、筆者の編年案（図1）とはずれが生じる。また、道北端部に偏って分布する十和田式から、全道の後北C2・D式に対し「一様に」影響が及んだという仮説にはかなりの無理がある。②北大式側から十和田式側に影響が及んだとすれば、道北部にすら分布が稀な北大式がサハリン南部にまで一様に影響を及ぼした、という少々無理な想定をせねばならなくなる。③しかし、両型式の円形刺突文には全く関係がない、と断じるには「他人の空似」が過ぎる。

一方、後者の沈線文に関しては、単なる文様要素の類似のみではなく、図5に示したように施文位置の共通性を指摘することも不可能ではない。この場合、影響は擦文土器からオホーツク土器側に及んだと考えるのが状況から見て妥当となろう。ただしこの「類似」は「他人の空似」である可能性も否定しきれない。というのも、図5-1～4のようなオホーツク沈線文系土器の文様構成は、先立つ刻文系土器の文様構成から系統的に変化したものとみることも不可能ではないし、全ての沈線文系土器が図5-1～4のような文様構成を有するわけでもないからである。しかしながら、この時期に擦文土器からオホーツク沈線文系土器に型式学的影響が及んでいたと仮定すると、いくつかの事象を合理的に解釈できることもまた事実である。事象の一つはオホーツク沈線文系土器の器形変化で、沈線文系土器における肥厚帯の消滅や、頸部／胴部間の屈曲点の明瞭化は擦文土器の影響と考えると理解しやすく

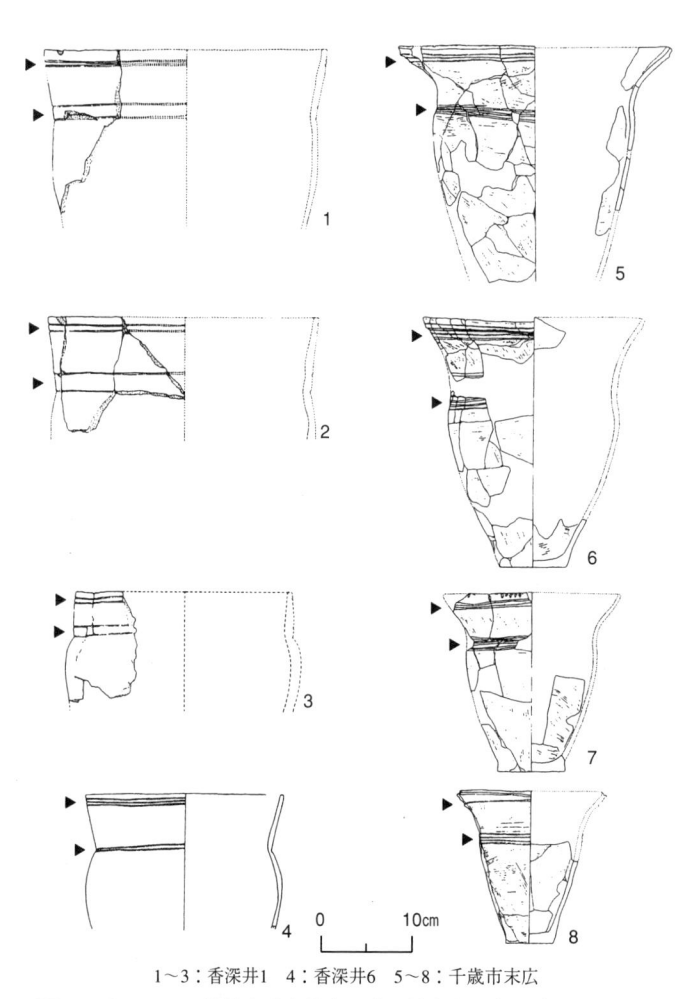

1～3：香深井1　4：香深井6　5～8：千歳市末広
図5　オホーツク沈線文系土器(1～4)と擦文土器(5～8)の文様構成

なる。もう一つはオホーツク土器の地域差拡大である。オホーツク文化後半期に土器型式の地域差がサハリン／道北部／道東部間で拡大する背景として、擦文土器の影響が道北部に及ぶことによる南北の「分断」という図式を描くと、地域差拡大のメカニズムをより理解しやすくなる。前述の「擦文土器の器形を模倣した土器」の分布が道北部に偏っている点も、この仮説と矛盾しない。

「オホーツク土器と擦文土器との間に型式交渉はあるか？」について再検討を試みた。筆者は、特に道北部のオホーツク土器と擦文土器との間において、従来の評価よりも強い型式交渉が生じていた可能性を認める。しかし、それを認めたとしてもなお、トビニタイ期と比較すると型式学的な影響関係は一部の例に止まるし、土器の搬入や模倣もトビニタイ期よりは少ない。それは以下に記すトビニタイ期の様相と比較すれば明らかであろう。

3．元地式土器にみるオホーツク文化と擦文文化の融合

(1) もう一つの「融合型式」

冒頭に述べたように、オホーツク文化と擦文文化が接触・融合した例としては道東部の「トビニタイ文化」の例が有名であるが、それとは少し異なる「融合」の過程が、礼文島・利尻島・稚内市周辺を中心とする北海道北端部でも確認されている。ここではその「もう一つの融合」のあり方を、この地域の融合型式である元地式土器の様相を通じて概観してみたい[2]。

(2) 元地式土器の特徴

型式学的特徴

礼文町香深井5遺跡では、宇田川編年前期後半～中期後半の擦文土器（図6-12～18）と共伴して、まとまった量の元地式土器が出土している（図6-1～11）。この資料を中心として、まずは「道北端部の融合型式」である元地式土器の型式学的特徴についてまとめてみよう。

元地式土器はオホーツク土器・擦文土器双方の要素を併せ持つものの、「厚手式」の異名のとおり独自の要素もあり、どちらの系統からもスムーズな型式変遷を辿れないという特徴を持つ。細かくみると、まずオホーツク土器との対比では、外傾接合や外面上半部のヨコナデ調整などの成形・器面調整の特徴や、深鉢主体の器種組成など、基本的な部分で元地式はオホーツク土器をその土台としている。しかし器形・文様など、先立つ時期の道北部のオホーツク土器とは連続しない特徴もあり、またその一方で、口唇部の突帯や文様意匠など、サハリンのオホーツク土器と共通する部分もある（図7-5～8）。擦文土器との対比では、器形や文様意匠などに共通点が認められるが、いずれも不完全な模倣である（図7-1～4）。このように、元地式土器は道北部のオホーツク土器・サハリンのオホーツク土器・擦文土器の三者の要素を併せ持つ一方で、どのグループからも漸進的・系統的変遷を辿ることが困難な、いわば「どっちつかず」の土器型式といえる。この点に関しては、あくまでもオホーツク土器の系統に連なって成立するトビニタイ土器とは成立の背景を異にしていると評価できよう。

香深井5遺跡で出土した元地式：擦文土器の割合をみると、約7：3となっている。ここで元地

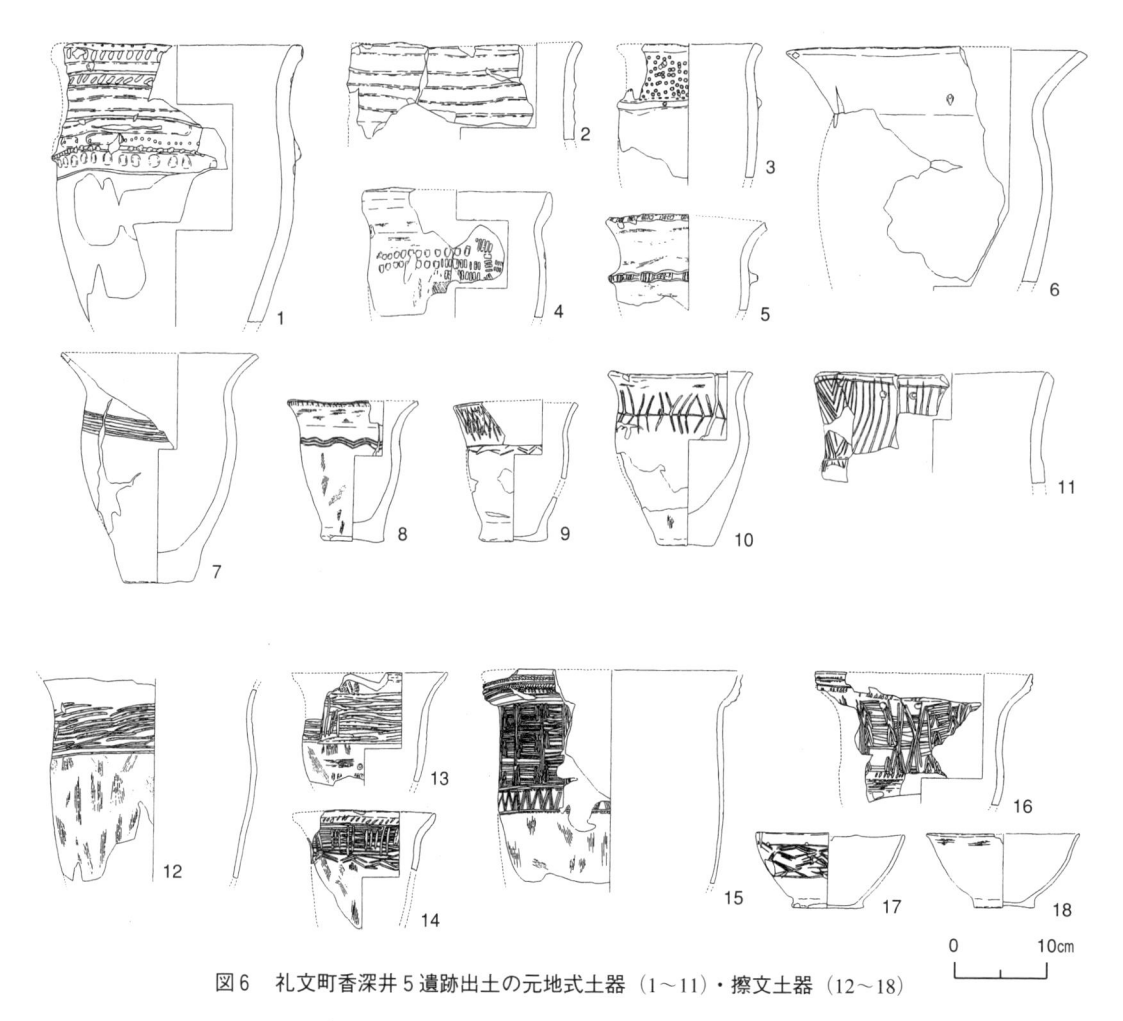

図6　礼文町香深井5遺跡出土の元地式土器（1〜11）・擦文土器（12〜18）

式と共伴した擦文土器は礼文島外からの搬入品（大西 2004）で、元地式土器を使用した集団が同時に擦文土器も使用していたと筆者は考えている。かなりの量が搬入されているという評価も可能であるが、同時期の「トビニタイ文化」、特にトビニタイ期前半の斜里平野周辺との比較（大西 2003）でいえば、むしろそれより搬入品の量は少ないともいえる。

分布と編年

　元地式土器の分布範囲は、これまで報告された例では礼文島・利尻島・稚内市にほぼ限られており、これを超える範囲では浜頓別町豊牛と天売島相影・和浦で断片的な出土が報告されているのみである。サハリンでは、東多来加式（伊東 1942）や落帆式（新岡 1970・1977）など、元地式と類似する特徴を持つ土器群も存在するようであるが（小野 2007）、管見では元地式土器そのものといえる型式は確認できていない。

　元地式土器の編年であるが、オホーツク沈線文系土器と元地式土器の関係については、礼文町元地遺跡で以下のような層位的所見が報告されている（大井 1972）。すなわち、魚骨層Ⅰ″（オホーツク沈線文期前半[3]・藤本c群）→魚骨層Ⅰ（オホーツク沈線文期後半・藤本d群、擦文東大編年第2前半［宇田川編年前期に対応、筆者注］）→黒土層（元地式、擦文東大編年第2後半［宇田川編年中

天地式土器　　　　　　　　　擦文土器

天地式土器　　　　　　江の浦式3類土器

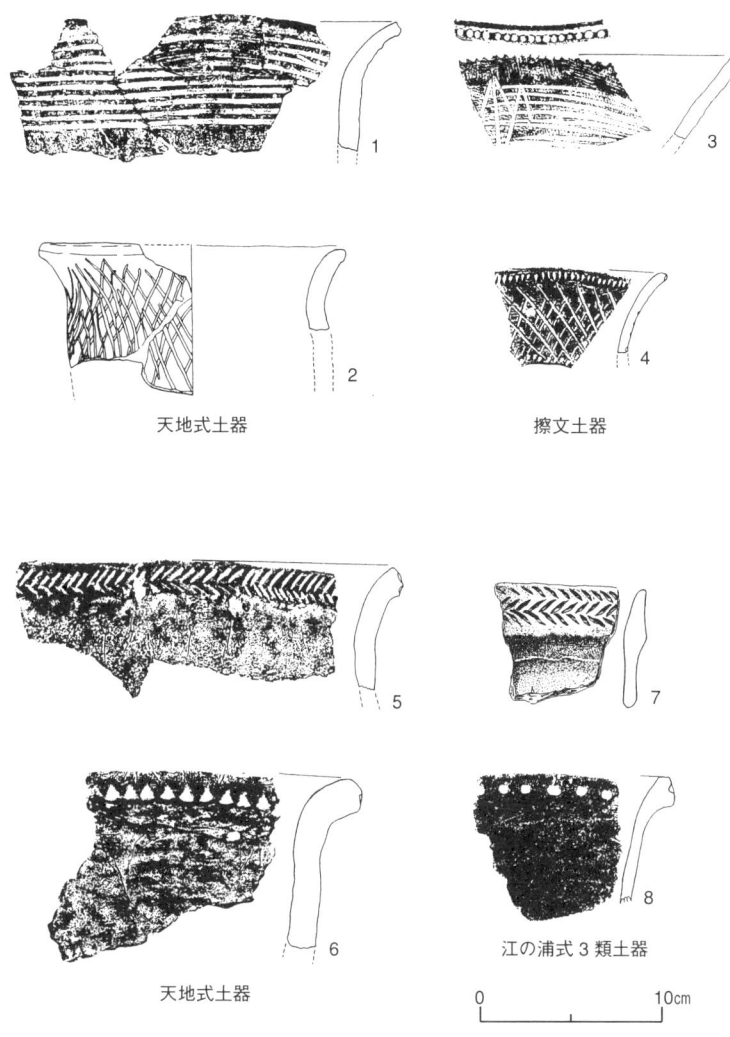

1～6：香深井5　7：鈴谷貝塚　8：クシュンコタン
図7　元地式土器における模倣・類似

期に対応、筆者注]）である。一方、香深井5遺跡における2軒の竪穴住居址と包含層での出土状況からは、元地式土器は擦文宇田川中期前半を中心として宇田川前期後半～中期後半までの間に併行する一方、オホーツク沈線文期後半や貼付文期の土器とは共伴しないことが確認され、元地遺跡の層位関係が追認されることになった。

　サハリンのオホーツク土器との比較では、型式学的対比からすると、元地式は筆者の言う江の浦式3類土器（熊木2005、熊木2007）と併行する可能性が高い。南貝塚式まで下る可能性も否定できないが、南貝塚式の下限が擦文宇田川晩期まで下るという編年対比（佐藤1972、平川1995）からすると、南貝塚式期まで元地式が存続したと考えるのはやや困難であろう。

　以上の編年をトビニタイ土器のそれと対比すると、図1の編年表に示したように、トビニタイ土器よりわずかに古い時期ないしほぼ同時に成立し、トビニタイ土器よりも早く消滅したことになる。

(3) 元地式土器以後の道北端部

　従来の見解では、元地式土器以後、すなわち宇田川編年擦文後期以後の道北端部では、香深井1遺跡3号・4号竪穴のような擦文文化そのものの集落が展開すると考えられてきた。しかし最近、筆者が稚内市シュプントー（旧称声間大沼）遺跡出土資料を再検討したところ、「擦文文化そのもの」とは異なる土器群の様相が確認された。以下にその内容を紹介しよう。

　シュプントー遺跡では、平面形が隅丸方形でカマドを有する竪穴住居跡が1軒調査され、「擦文式とオホーツク式との接触様式」（大場・菅1972）とされる土器群が出土した。図8が出土土器群の一部である[4]。これらの土器群は、おおよそ以下の4種類に分類できよう。①文様や器面調整などに「融合」的な特徴を持つ擦文土器（1）、②元地式に類似したミニチュア土器（2）、③オホーツク土器に類似したミニチュア土器（3・4）、④南貝塚式とみられるオホーツク土器（5〜7）。なお報告では上記以外に⑤宇田川編年後期とみられる典型的な擦文土器片が7点ほど図示されているほか、南貝塚式とみられるオホーツク土器などが掲載されている。問題はこれら①〜⑤の全てを共伴と見なしてよいかであるが、②を元地式そのものと見なさないのであれば、とりあえず他の遺跡例（氏江1995）や従来の編年対比（平川1995、熊木2007）との間に大きな矛盾はないので、ここでは全てをほぼ同時期のものとして扱っておく。

　このシュプントー遺跡出土土器群に関しては大井晴男の分類が注目されよう（大井1973）。大井は稚内市オンコロマナイ貝塚出土土器の分類のなかで、「オホーツク式土器第1群」がこのシュプントー遺跡例に類似すると指摘する一方、それらとは別に「オホーツク式土器第2群」を設定し、それらが礼文町上泊遺跡例や元地遺跡黒土層出土例と類似することを指摘した。すなわち大井は、シュプントー遺跡例と本論で言う元地式との間に型式差を認める一方で、共伴もしくは混在する擦文土器に時期差があることにも注目し、「第1群」と「第2群」を時期差として位置づけたのである。この論文で用いられた方法論は後に大井自身によって否定されることになったが（大井1982）、筆者はこの分類に関しては先見の明があったとみている。すなわち大井が注目したように、シュプントー遺跡における前述の①〜④の土器と、上泊遺跡等の元地式との間には土器そのものの相違が

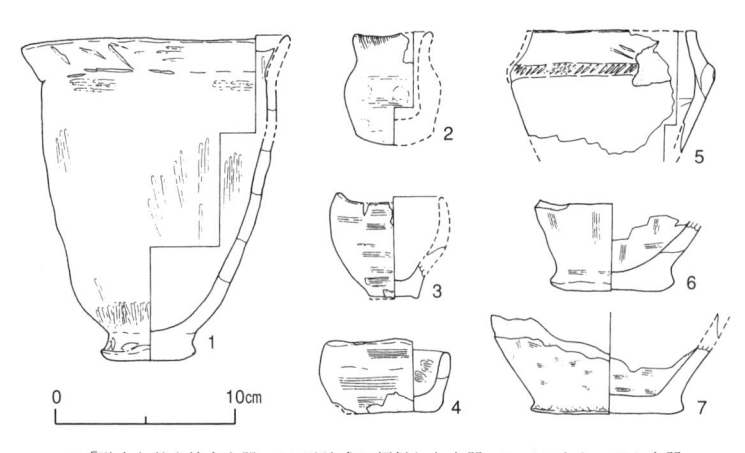

1：「融合」的な擦文土器　2：元地式に類似した土器　3・4：オホーツク土器に類似した土器　5〜7：南貝塚式とみられるオホーツク土器

図8　稚内市シュプントー遺跡第1号竪穴出土土器

あり、さらにそれぞれに伴出する擦文土器の間には時期差が認められるのである。もっとも大井はシュプントー遺跡例の中に南貝塚式類似の土器が含まれるとはみていなかったようであり、その点は筆者と理解が異なる。ちなみに南貝塚式土器についてはこれまでにも北海道内で散点的に出土が確認されており（氏江

1995、平川 1995)、本例はその追加例となる。

シュプントー遺跡例の再検討によって、道北端部では元地式期以後もサハリンとの関係がやや強まるかたちで融合的な要素が残存することがあらためて確認された。

(4) 道北端部における接触・融合の過程

シュプントー遺跡の土器群を上記のように評価した場合、道北端部におけるオホーツク文化最終末期以後の土器型式は、以下のような変遷過程を辿ったと理解されよう。

まずは元地式期（擦文宇田川前期後半〜中期併行）である。この時期には融合的な特徴の元地式土器が成立し土器組成の主体となる一方、搬入された擦文土器も組成の一部を占めるようになる。ただし深鉢主体の器種組成など、土器の使用形態はオホーツク文化の伝統上にあるとみられる。

これに続くのが宇田川編年擦文後期に相当する時期である。この時期には、香深井1遺跡3号・4号竪穴のような典型的な擦文土器のセットで構成される住居と、シュプントー遺跡の例のような、典型的な擦文後期の擦文土器に加えて融合的な擦文土器・元地式的な土器・南貝塚式とみられる土器が併存する住居の、両者が存在するようである。シュプントー遺跡のような例がこの時期の道北端部においてどの程度の割合を占めるのかは不明確であるが、これまで出土量がごく限られていることからすると少数にとどまるとみられる。しかしそうであっても、この時期まで道北部オホーツク土器の系統が残存していた、かつ／または新たにサハリンのオホーツク土器からの影響が陥入してきていたことは確実である。

以上の土器型式の変遷過程をもとに、背後にある人間集団の動きを解釈してみよう。元地式期においては、擦文土器の大量搬入やサハリンの土器型式からの影響増大といった点にみられるように、在地のオホーツク集団とサハリンの集団、道北部の擦文集団の交渉が急激に活発化したのは疑いのないところであろう。ここで注目されるのは、元地式土器が「どっちつかず」の土器である点である。「どっちつかず」というのはすなわち、サハリンのオホーツク土器・道北部のオホーツク土器・擦文土器のいずれの技術伝統も正確には保持されていない、どの系統からみても「見よう見まね」的な土器であることを意味する。山浦清が指摘したように（山浦 1983）、おそらくこの時期、サハリン・道北端部在地系・道北部擦文の各集団の出入りが急激に活発化した結果、「ある種の社会的混乱」が生じて土器製作技術伝統の継承が困難になったのであろう。その中でいわば「妥協」の産物として生じた型式が元地式土器なのではないだろうか。ただし、ごく限られた地域内ではあるが元地式土器としての統一性は保たれている点には注意しておきたい。人の動きが流動化する中でも地域集団としてのまとまりを維持するシステムはある程度機能し続けていたのであろう。深鉢主体の器種組成、住居におけるカマドの欠如と石組み炉の維持、網漁の存続（天野 2003）などのオホーツク文化的要素はそのような枠組で考えることができよう。さらには、道東部のオホーツク土器やトビニタイ土器の要素（貼付文など）が全く認められない点にも注意が必要である。日本海沿岸を舞台とした交流が、道東部よりもむしろサハリンを指向していたことが反映されていると考えられる。

宇田川編年擦文後期になると、擦文文化そのものの集落が増加する一方、シュプントー遺跡など

土器に融合的な様相が残る例でも、住居はカマドを有する方形竪穴になるなどオホーツク文化の要素はさらに衰退するようである。典型的な擦文文化の集落の中に融合的な住居が陥入する例は、最近では道東部の北見市常呂川河口遺跡168号竪穴や網走市嘉多山3遺跡例で認められているが、シュプントー遺跡の例も、状況としてはこれら道東部の例によく似ている。道北端部ではサハリンの要素が、道東部では「トビニタイ文化」の要素がそれぞれ陥入している、という点は異なっているものの、どちらも同じような社会状況を背景としていると想定される。「オホーツク文化側の系統が逆に陥入してくる」ことの背景には何があるのか、その解明が今後の課題といえよう。

4．トビニタイ土器にみるオホーツク文化と擦文文化の融合

(1) トビニタイ土器の編年

型式細別

　トビニタイ土器は古くから研究者の注目を集めてきたこともあり、型式の細別と編年に関しては比較的多くの研究の蓄積がある。研究の現状については榊田（榊田2006・2007）がまとめているが、各氏の細別編年は概ね以下の研究成果を基礎としている。すなわち、菊池徹夫（菊池1972）による型式分類（トビニタイ土器群Ⅰ・トビニタイ土器群Ⅱ・中間的な土器群）を基礎として、火山灰などの層位的所見をもとに菊池編年を逆転させる（トビニタイ土器群Ⅱ→Ⅰおよび中間的な土器群）編年（金盛1976）である[5]。しかしながら現在、特に以下の二点について研究者間で意見の相違が認められる。それは①標津町伊茶仁カリカリウス遺跡出土土器群の位置づけ、②トビニタイ土器群Ⅰの位置づけと中間的な土器群との関係、の二点であるが、以下に筆者の見解を述べておこう。

　①の問題は、具体的にいえばオホーツク貼付文系土器・伊茶仁カリカリウス遺跡出土土器群・トビニタイ土器群Ⅱの三者の関係をどう見るか、である。これについては「トビニタイ型文様構成」という特徴に着目した榊田の編年案（榊田2006）が注目される。この文様構成がオホーツク貼付文系土器最終末である「藤本e群2類」で出現した後に、伊茶仁カリカリウス遺跡出土土器群からトビニタイ土器群Ⅱへと漸移的に変化しながら受け継がれていく、という榊田の型式変遷案には説得力があるので[6]、ここでは伊茶仁カリカリウス遺跡出土土器群の一部、すなわち榊田の言う「トビニタイ式古式1類」（図9-1～5）を、オホーツク貼付文系土器以後・トビニタイ土器群Ⅱ以前と考えておく。

　②の問題についてはまず、「中間的な土器群」（図9-13～18）の内容を整理し細別することが必要であろう。筆者は、「中間的な土器群」のうち、口縁部肥厚帯を有し、かつ胎土や貼付文の施文法などの特徴がトビニタイ土器群Ⅱに近い例（第9図9-13・14）については、トビニタイ土器群Ⅱに含めるのが適当だと考える[7]。そして、口縁部が肥厚せず貼付文の特徴もトビニタイ土器群Ⅱとは異なるなど、型式学的特徴がトビニタイ土器群Ⅰに近いタイプの『中間的な土器群』（図9-15～18）（以下、山浦清（山浦1983）の用語を借用し「トビニタイ土器群Ⅲ」と仮称）は、トビニタイ土器群Ⅱより新しいとみる。ちなみに前者の「中間的な土器群」についてはトビニタイ土器群Ⅱと共伴

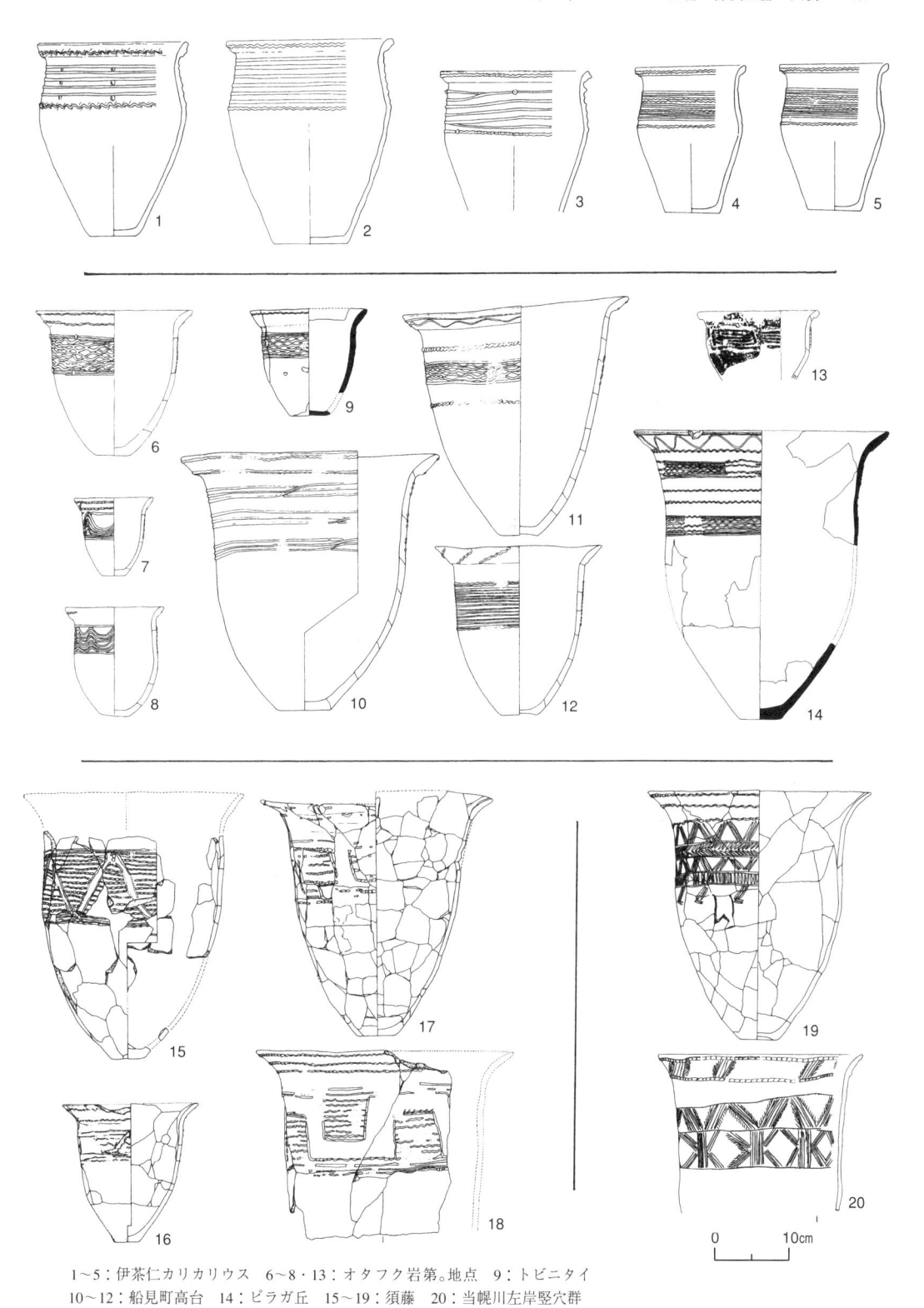

1〜5：伊茶仁カリカリウス　6〜8・13：オタフク岩第。地点　9：トビニタイ
10〜12：船見町高台　14：ピラガ丘　15〜19：須藤　20：当幌川左岸竪穴群

図9　トビニタイ土器（1〜5：伊茶仁カリカリウスタイプ　6〜14：トビニタイ土器群Ⅱ　15〜18：トビニタイ土器群Ⅲ　19：トビニタイ土器群Ⅰ古段階　20：トビニタイ土器群Ⅰ新段階）

する例が確認されている一方[8]で、後者の「トビニタイ土器群Ⅲ」は宇田川編年擦文後期の土器と共伴する例が多く、この点も筆者の細別案を補強している。次にトビニタイ土器群Ⅰ（図9-19・20）であるが、これについてはトビニタイ土器群Ⅱと共伴したとされる例（羅臼町トビニタイ遺跡2号竪穴・羅臼町船見町高台遺跡住居址）がある一方で、宇田川編年擦文晩期との共伴を思わせる例（標津町当幌川左岸竪穴群遺跡試掘住居址）もあり、両者の間で編年上の整合性がとれない点が問題となっていた。大西はこの問題に対し、トビニタイ遺跡や船見町高台遺跡などの知床半島南西岸ではトビニタイ土器群Ⅱが遅くまで残る、という地域差（傾斜編年）を想定して解決を図ろうとした（大西1996b）。しかし、「同一の型式学的特徴を持つ土器は同一時期」と考えるのが土器型式編年の基本原則であり、知床半島南西岸と他の地域とでトビニタイ土器群Ⅱの土器そのものの特徴に差がない以上、下限に傾斜編年を想定するのは無理がある。逆にトビニタイ土器群Ⅰの始まりの方を古く考える見解（榊田2007）にも、同様の問題がある。だとすれば、トビニタイ遺跡や船見町高台遺跡のトビニタイ土器群Ⅰの例は、同Ⅱとの共伴ではないと考えなければならないが、共伴を否定できる根拠を筆者が持ち合わせているわけでもない。よってトビニタイ土器群Ⅰの上限は不明とせざるを得ないが、ここでは型式編年の基本原則に基づいてトビニタイ土器群Ⅱとは併行しないとする立場をとっておく。ではトビニタイ土器群Ⅰの下限はどのように捉えられるであろうか。編年の手がかりとなるのは、擦文土器から借用された文様意匠である。それらをみると、宇田川編年擦文後期の模倣とみられる例（図9-19）に加えて、当幌川左岸竪穴群遺跡例のように宇田川編年擦文晩期前半（塚本編年10期）の模倣とみられる例（図9-20）も含まれている。その点を根拠として、ここでは擦文後期併行となる資料をトビニタイ土器群Ⅰ古段階、晩期前半併行を同新段階として仮設しておこう。前述のように「トビニタイ土器群Ⅲ」は擦文後期併行であるから、トビニタイ土器群Ⅰ古段階とも併行することとなり、また「トビニタイ土器群Ⅲ」には擦文晩期まで下ることを確実に示す例はないので、トビニタイ土器群Ⅰ新段階のみが擦文晩期前半と併行することになろう。

　以上、煩瑣な説明を続けたわりには確実な結論には到達できず遺憾だが、筆者の細別案を示すならば、伊茶仁カリカリウス遺跡出土のタイプ（図9-1～5）→トビニタイ土器群Ⅱ（6～14）→「トビニタイ土器群Ⅲ」（15～18）・同Ⅰ古段階（19）→トビニタイ土器群Ⅰ新段階（20）、となる[9]。火山灰などで確実に区分できる画期を重視し、前二者をトビニタイ期前半、後二者をトビニタイ期後半とまとめておく。

擦文土器との関係

　擦文土器編年と上記の筆者細別案との対比については、詳細は省略するが図1に示したとおり、トビニタイ期前半が宇田川編年擦文前期後半～中期、トビニタイ期後半が宇田川編年擦文後期～晩期前半に併行すると筆者は考えている。このようにトビニタイ土器と擦文土器の併行期間は長期に及び、「トビニタイ文化」の住居などでは両者が共伴して出土する。しかしトビニタイ土器と擦文土器との勢力関係は、時期と地域によって変化する。

　この地域差と時期差については大西が詳細に分析している。大西はまず、トビニタイ土器に共伴して出土する擦文土器には「典型的な」擦文土器と「模倣品」の両者が認められることを指摘し、さらに後者の模倣品については、模倣のレベルが高い「PR型」と模倣のレベルが低い「OT型」の

二者が認められるとした（大西 1996a）。その上で、トビニタイ土器と模倣品を含む擦文土器からなる「トビニタイ文化」の土器群のセット内容には、以下のような時期差・地域差があることを指摘した（大西2003）[10]。まずトビニタイ期前半では、斜里平野周辺では「典型的な擦文式土器」「PR型模倣品」の合計がトビニタイ土器を上回る構成となり、器種組成でも坏が一定量認められて擦文土器の組成に近くなっているのに対し、根釧地方ではトビニタイ土器が大多数で擦文土器や模倣品は少なく、結果として器種組成も深鉢主体となっているとした。続いてトビニタイ期後半になると、斜里平野ではトビニタイ土器の割合がさらに減少して「副次的な存在」になり、模倣品も認められなくなる一方で、根釧地方でも「典型的な」擦文土器の割合は増加し、器種組成でも坏の割合が増え、全体として前半期の斜里平野周辺の状況に近くなる（ただし模倣品は「OT型」）とした。以上の変化をまとめるならば、擦文土器側からの影響はまず斜里平野周辺に及び、その影響は次第に強化されて斜里平野周辺経由で根釧地方にも及ぶようになった、となろう。

　この分析結果を受けて議論になったのが、「トビニタイ期後半の土器群は誰によって製作されたのか」という問題である。特に斜里平野周辺の様相をみると、トビニタイ期後半の土器群の主体は「典型的な」擦文土器であり、トビニタイ土器の占める割合は大西によれば全体の2割程度となっている。土器だけを見ると擦文の系統が多数派になっているこの状況に対して、大西は、土器製作・使用の主体はあくまでも「トビニタイ土器製作集団」であると解釈している。それに対し榊田は、「トビニタイ新式の影響を受けた擦文土器」や「擦文土器製作者によって製作されたトビニタイⅠ群土器」と見なしうる例も存在することを指摘し、トビニタイ期後半においては両系統の影響関係が双方向的であって、「トビニタイ文化」においては擦文土器製作者の側がトビニタイ土器を模倣する可能性もあったとしている（榊田2007）。

　大西説では、トビニタイ文化集団の成員構成という、どちらかといえばマクロな問題が重視されているのに対し、榊田説では、個々の土器の製作の実態という、よりミクロなスケールの様態が問題になっているように筆者には思われる。だとすれば両者の説は矛盾するものではなく、互いに補完する関係となってもおかしくはないし、実際、筆者は両説をそのような関係としてどちらも肯定的に捉えている。ただし、いずれの説にも若干の問題点が残されていることは、本論の本文や注で指摘したとおりである。

　なお、大西説では土器そのものの特徴に加えて、後述する住居などの特徴からも「トビニタイ土器製作集団」が主体となる、という判断がなされている。以下では住居の特徴とその変遷についてもまとめてみよう。

（2）　住居からみた融合の過程

　トビニタイ期における融合の過程を反映する資料としては、上述の土器群のほかに、竪穴住居にみられる変化も注目を集めてきた（菊池 1978，澤井 1992，大西 2003，瀬川 2007）。ここでは大西の分析結果に従いながら、トビニタイ期における住居の変遷過程をまとめてみよう。

　まずはトビニタイ期前半である（図10）。前述のとおり、土器群ではこの時期からすでに斜里平野周辺と根釧地方とで地域差が認められるが、住居の様相にも同様の地域差が存在する。すなわち

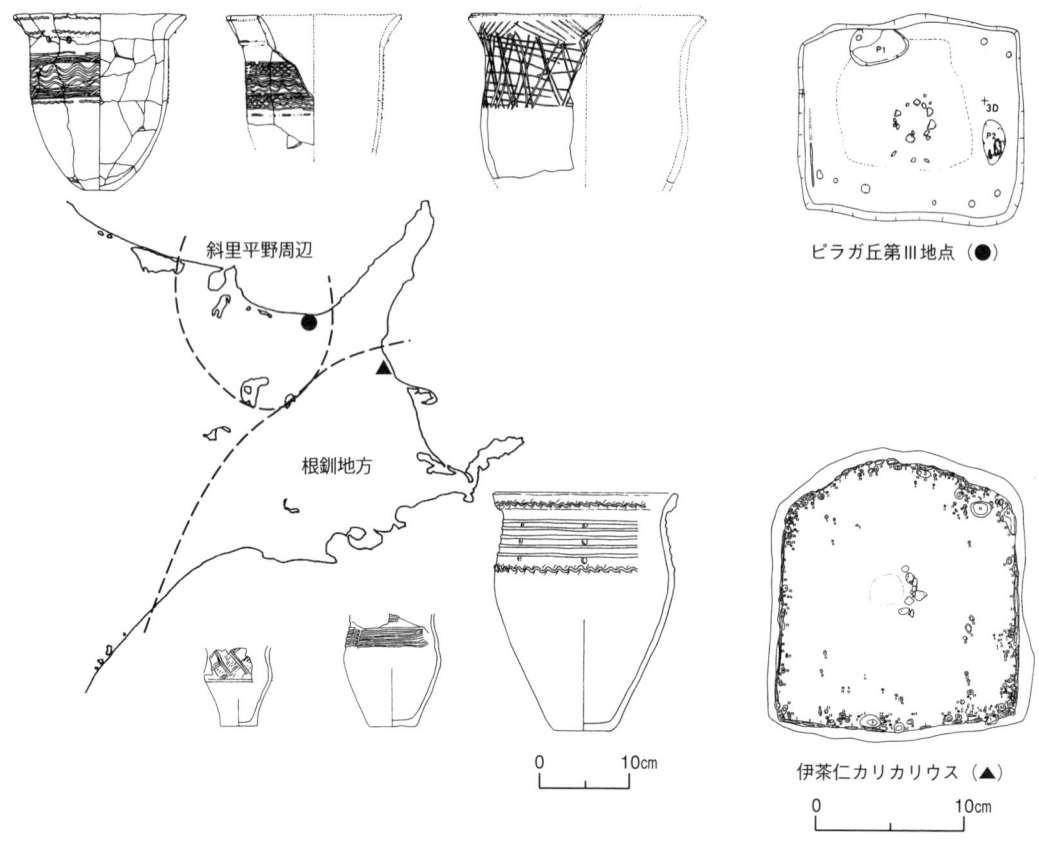

図10　トビニタイ期前半における地域差

　斜里平野周辺ではオホーツクの系統に連なる五角形や六角形の平面プランを持つ住居は存在せず、方形プランのものが多いのに対し、根釧地方では逆に方形プランよりも五角形・六角形のプランを持つ例の方が多い[11]。オホーツク文化の系譜に連なる石囲炉は両方の地域で認められる一方、擦文文化に特徴的なカマドはどちらの地域にも認められない。斜里平野周辺には擦文文化の影響が明確に見てとれる一方、根釧地方ではオホーツク文化の伝統がより強く保持されている。

　トビニタイ期後半になると地域差の構造はそのままに、どちらの地域でも擦文文化の影響がより強く認められるようになる（図11）。すなわち、斜里平野周辺ではカマド付きの住居が出現して擦文的な様相が強まる一方、根釧地方でもカマドこそ出現しないものの方形の平面プランが卓越するようになり、やはり擦文的な特徴が目立つようになる。

　住居に関する以上の変遷をまとめると、擦文側からの影響はまず斜里平野周辺に及び、その影響は次第に強化されて根釧地方にも及ぶようになった、となるが、これは前述した土器群の変遷過程と全く軌を一にしている。すなわち土器群と住居の様相から見る限り、トビニタイ期における異系統の融合は擦文文化との接触が頻繁になされた地域（道東部の北西側）からはじまり、そこを経由して徐々に道東部全体へと波及する、という過程を経たことがわかる。このように「トビニタイ文化」においては、擦文文化の影響が徐々に浸透してゆく一方で、オホーツク文化の要素もトビニタイ期の最後まで残存している。大西が、トビニタイ期の集団の主体が「トビニタイ土器製作集団」

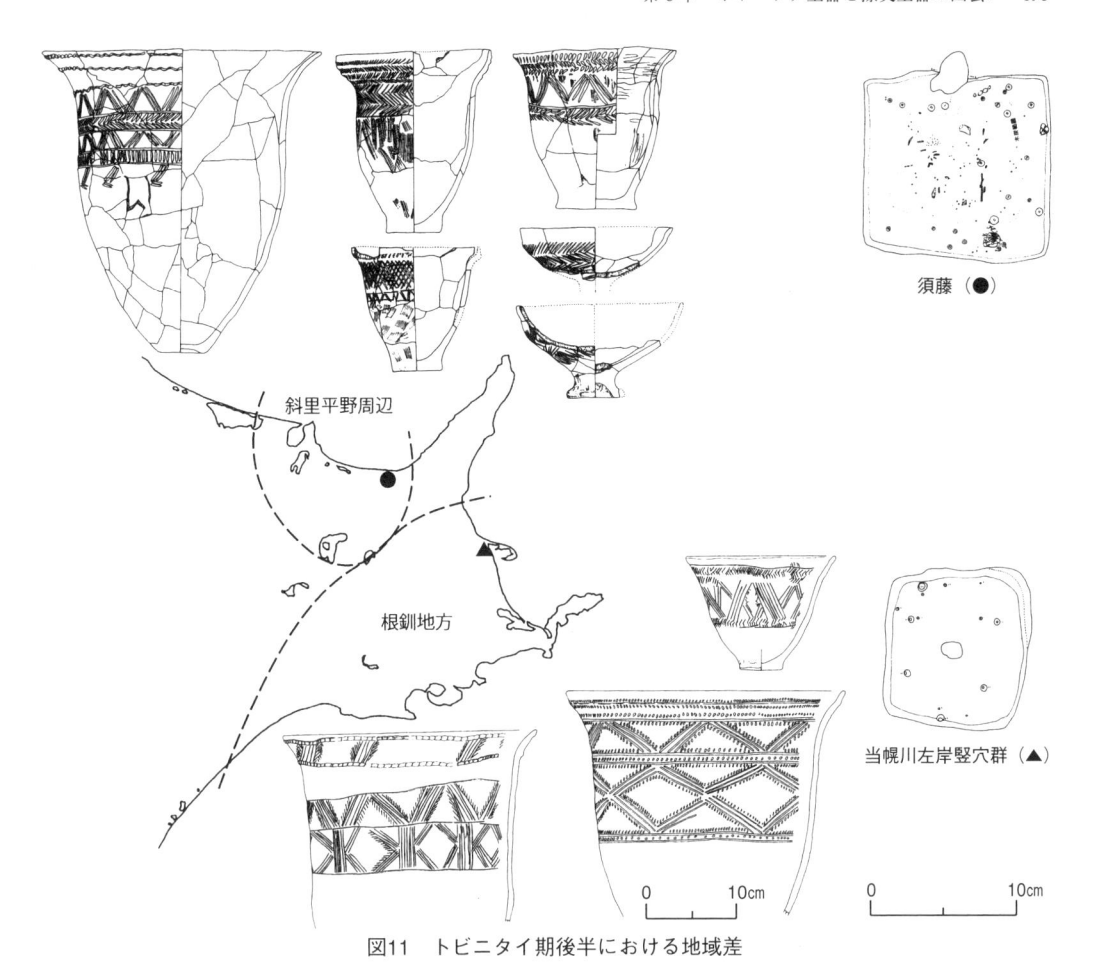

図11 トビニタイ期後半における地域差

にある、と判断した理由もまさにこの点にある。

　一方、このような「段階的な融合」というありかたに注目した瀬川は、その背景にあるヒトの動きを具体的に復元しようとする（瀬川 2007）。まず瀬川は、根室市穂香遺跡にみられるような、トビニタイ土器こそ出土しないが長方形プランでカマドのない擦文晩期の住居を「トビニタイ文化」の系統上にあると位置づける（鈴木 2004）。その上で「トビニタイ文化」の「擦文化」が、「土器に比べて住居では遅く進行している」とみなして、その背景として以下のようなプロセスを想定する。すなわち、擦文土器を製作する「擦文人」の女性が「トビニタイの村」に先に婚入し、それに遅れてカマド付きの住居をつくる「擦文人」の男性が婚入した、という過程である。この瀬川説に対する筆者の見解を述べるならば、「長方形プランでカマドのない住居」をトビニタイの系統とする解釈に対しては慎重な立場をとりたいし[12]、カマドの導入を担ったのは「擦文人」の男性とは限らない[13]、となる。しかし、民族学的な知見を応用してこの時期の融合過程を具体的に復元しようと試みた瀬川の仮説はきわめて画期的であり、注目されよう。

　トビニタイ期における異系統の融合に関する議論を紹介してきたが、実はこの問題で忘れられがちなのは千島列島の存在である。南千島ではトビニタイ土器に加えて擦文土器とみられる例も出土しているので、「擦文文化の影響がどこまで・どの程度及んだのか」という問題は千島列島を含め

た範囲で考える必要がある。千島列島の資料はまだ少ないため具体的な検討は難しいが、北海道内だけをみて接触・融合のプロセスを議論しても不十分である、という点は自覚しておきたい。

5．接触・融合の過程と各地域間の関係

　本論ではオホーツク文化と擦文文化の接触・融合について、主に土器群に関する問題を中心に整理してみた。考古資料にあらわれた物質文化の様相から接触・融合の過程をトレースするならば、両文化は交流を次第に強めた後に、擦文文化の影響を受けてオホーツク文化が変容し、最終的には「擦文化」してゆく、という流れとしてまとめられる。このような理解はすでに周知のものであるが、ここであらためて時期・地域毎の様相を再確認してみると、特に地域間の交流に関して注意すべき点がいくつかあることに気づく。それらを以下に記し、本論のまとめとしたい。

　第一点は、オホーツク期前半からみられるオホーツク文化の側の「積極性」である。オホーツク文化の集団が、その成立期から日本海側の続縄文集団や擦文集団に対して積極的に交流を図ろうとしていたことについてはすでに触れた。そのように理解するならば、オホーツク期後半以後に増大してゆく擦文文化からの影響というのは、「擦文文化からの圧迫」と評価されるものなのか否か、再検討の余地が生じてくるであろう。少なくとも交流を開始する動機はオホーツク文化の側にも強くあったと理解されよう。

　第二点はトビニタイ期における道北部／道東部間の地域差である。オホーツク土器と擦文土器の型式交渉についてみると、道北部ではオホーツク文化後半期から交渉が始まり、トビニタイ期前半併行の元地式期では擦文・道北部の在地オホーツク・サハリンのオホーツクの三系統が入りまじる混乱した状況が出現する。一方の道東部ではトビニタイ期前半においてもオホーツク貼付文系土器の系統は明確に残り、擦文化は相対的にはゆっくりと段階的に進行してゆく。このような地域差は、擦文文化の展開過程、すなわち北海道北部への展開が道東部よりもやや早く進行するという過程を反映していると考えられる。

　さらに第三点として、上記の道北部／道東部間の地域差に関連して、両地域間の交流という側面にも注意しておきたい。道北部でもオホーツク貼付文系土器が出土するといったように、オホーツク期後半にはオホーツク文化内部において道北部－道東部間の土器型式交渉が存在していた。しかしトビニタイ期にはそれがほぼ皆無[14]になってしまう。この変化の背景としては、以下のような事態が想定できる。擦文集団が道北部の元地式集団を介してサハリンのオホーツク集団との交渉を開始した後は、道東部のトビニタイ集団はサハリンとの交渉に主体的に関わることが困難になった、という変化である。すなわち、オホーツク系集団と擦文集団との交流は強化される一方で、サハリン－道北部－道東部をつなぐオホーツク文化内部の地域間交渉はそれ以前にも増して分断されていったのである。

〔追記〕
　本稿の脱稿は2008年6月であったため、それ以後の研究を反映していないことをお断りしておく。

特にトビニタイ文化に関しては、榊田が大西論文への批判を中心とした詳細かつ重要な論考を発表しており（榊田朋広　2010「トビニタイ文化研究の現状と課題」『異貌』28、pp.56-107）、大西論文を参照しながら論じた本稿も榊田の批判を踏まえた再検証が必要であるが、これについては別の機会に譲りたい。

ちなみに、本稿脱稿後の研究成果を反映している唯一の例外が図1の編年表である。これについては註1）に記したとおり、2009年に発表した筆者論文に基づいている。

註

1）　図1については、擦文土器の編年、および対応する暦年代は塚本浩司の編年（塚本2002）を参照し、筆者によるオホーツク土器・元地式土器・トビニタイ土器の編年をそれに対応させた。引用や編年対比に誤りがあるとすれば全て筆者の責任である。なお、「モヨロⅠ群〜Ⅳ群」については熊木（2009）を参照されたい。

2）　本論の元地式土器に関する記述は、筆者論文（熊木2010）の内容を抜粋し再構成したものである。元地式土器に関する研究史や、土器型式の詳しい分析に関しては上記論文を参照されたい。

3）　ここで言う「沈線文期前半」「同後半」という区分は、引用元である大井論文（大井1972）で主張されている「型式論」とは相容れないものであるため、引用としては適切ではないが、理解しやすくするためこのような表記とした。

4）　シュプントー遺跡の報告（大場・菅1972）では、図8のほかに擦文土器（宇田川編年擦文後期か？）やオホーツク土器など合計で55点の土器が出土したという記録があり、第8図以外にも14点ほどが図示されているが、資料が現存しておらず実見できなかった。

5）　近年、柳澤清一がオホーツク土器・擦文土器・トビニタイ土器の編年対比について独自の説を多数発表しているが（柳澤2008など）、筆者には氏の論理や根拠が全く理解不能であるため、ここでは取り上げない。

6）　ただし、榊田編年案については気になる部分もある。それは、榊田の言う「藤本e群2類」と「トビニタイ式1段階」の出土分布が、道東部でも根室市や標津町など東側に偏る傾向がみられる点である。すなわち、「トビニタイ型文様構成」は南千島を含めた地域差として解釈できる可能性（大西1996b）が無いとはいえないので、その点の検証を今後の課題としておく。

7）　本文では「トビニタイ土器群Ⅱに含める」としたが、これらの土器がトビニタイ土器群Ⅱの中で型式学的に新しい位置を占めることは確かであろう。また、本文に述べたのと同じ理由で、従来は「トビニタイ土器群Ⅰ」に分類されていた土器群の中にも、トビニタイ土器群Ⅱのバリエーションとして捉えるべき資料が含まれていると筆者は考えている（例えば大西1996b：第3図）。

8）　トビニタイ土器群Ⅱに共伴する「中間的な土器群」の例としては、羅臼町オタフク岩遺跡2号址・3号址、トビニタイ遺跡2号竪穴の出土例がある。

9）　榊田編年（榊田2007）に従うのであれば、筆者がトビニタイ土器群Ⅱとした部分は、「トビニタイ式2段階前半」「同後半」の二段階に細別可能である。

10）　本文で述べたように大西はトビニタイ土器群Ⅱの傾斜編年を想定しているため、知床半島部（大西論文の「エリアⅡ」）に対する評価は大西と筆者の間では異なってくる。よって本文における大西論文の引用・要約においては、「知床半島部」に関する記述を除外してある。

11）　ただし、ここで取り上げられている「トビニタイ期前半の根釧地方の住居」というのは伊茶仁カリカリウス遺跡のデータのみである。よって同遺跡の住居の様相がよりオホーツク文化のそれに近いという点は、本文に述べた土器編年に従うなら、地域差ではなく時期差として解釈される可能性もある。なお、住居の平面

形については、斜里平野周辺・根釧地方ともに、本文に記したもののほかに「胴張り方形のプラン」（大西のいう「プランb」）という、方形と六角形の中間型のような例が存在する。

12) 穂香遺跡においては、「長方形プランでカマドのない住居」では大型土器の出土がみられない一方で、カマド付の住居では大型の土器が出土している。前者の住居が生じた理由を単純にトビニタイの伝統とみなすならば、カマドの有無で土器群の様相に差は生じないはずであるし、トビニタイ期前半に長方形プランがもう少し普遍的に認められてもよいであろう。穂香遺跡などにおける件の住居をトビニタイの伝統とする見方を完全に否定するものではないが、これら二種類の住居をめぐる解釈としては、機能差や、土器の廃用へ向けての流れなど、様々な可能性が考えられよう。

13) 瀬川自身が注目したように、「トビニタイ文化」のカマド付き住居のなかには「斜めカマド」という規格外のものを構築するものが認められるようである（瀬川 2007）。この例については、「トビニタイ人」がカマドを模倣製作したものと理解することも不可能ではないだろう。また、カマドは「女性原理が具体的にあらわれる場」（狩野 2004）であり、管理や使用に際しては女性の果たす役割が大きかったと考えられる点にも注意が必要である。

14) 日本海側の、蘭越町尻別川口右岸砂丘や留萌市高台市街地で出土したとされるトビニタイ土器群Ⅱ（越田編 2003）の存在は、この時期においても道北部―道東部間の交流が継続していた可能性を示している。ただしこれらの資料は戦前の採集資料で出土状況等に不明な点が多いため、評価は類例の増加を待ってから行いたい。

参考文献（遺跡発掘報告書は紙幅の都合で省略した）

天野哲也　2003　『クマ祭りの起源』雄山閣。
伊東信雄　1942　「樺太先史時代土器編年試論」『喜田貞吉博士追悼記念国史論集』東京大東書館、pp.19-44。
氏江敏文　1995　「「南貝塚式土器」に関するメモ」『北海道考古学』第31輯、pp.229-240。
臼杵　勲　2005　「北方社会と交易」『考古学研究』第52巻第 2 号、pp.42-52。
宇田川洋　1980　「7 擦文文化」『北海道考古学講座』みやま書房、pp.151-182。
大井晴男　1970　「擦文文化とオホーツク文化の関係について」『北方文化研究』第 4 号、pp.21-70。
大井晴男　1972　「礼文島元地遺跡のオホーツク式土器について」『北方文化研究』第 6 号、pp.1-36。
大井晴男　1973　「附　オホーツク土器について」『オンコロマナイ貝塚』東京大学出版会、pp.253-273。
大井晴男　1981　「第2章第5節Ⅲ　香深井A遺跡の考古学的位置」『香深井遺跡　下』東京大学出版会、pp.530-566。
大井晴男　1982　「土器群の型式論的変遷について」『考古学雑誌』第67巻第 3 号・第 4 号、pp.22-46, 28-47。
大西秀之　1996a　「トビニタイ土器分布圏における"擦文式土器"の製作者」『古代文化』第48巻第 5 号、pp.48-62。
大西秀之　1996b　「トビニタイ土器分布圏の諸相」『北海道考古学』第32輯、pp.87-100。
大西秀之　2001　「"トビニタイ文化"なる現象の追求」『物質文化』71、pp.22-56。
大西秀之　2003　「境界の村の居住者」『日本考古学』第16号、pp.157-177。
大西秀之　2004　「擦文文化の展開と"トビニタイ文化"の成立」『古代』第115号、pp.125-156。
大西秀之　2007　「北海道東部における「中世アイヌ」社会形成前夜の動向」『アイヌ文化の成立と変容』法政大学国際日本学研究所、pp.211-234。
小野裕子　2007　「「サハリンの様相」熊木俊朗氏報告に対するコメント」『北東アジア交流史研究』塙書房、pp.201-209。
大場利夫・菅正敏　1972　『稚内・宗谷の遺跡（続）』稚内市教育委員会。

金盛典夫　1976　『ピラガ丘遺跡―第Ⅲ地点発掘調査報告―』斜里町教育委員会。
金盛典夫・椙田光明　1984　「オホーツク文化の終末　擦文文化との関係」『考古学ジャーナル』No.235、pp.25-29。
狩野敏次　2004　『かまど』法政大学出版局。
菊池徹夫　1972　「第七章第三節　トビニタイ土器群について」『常呂』東京大学文学部、pp.447-461。
菊池徹夫　1978　「オホーツク文化の住居について」『北方文化研究』第12号、pp.139-170
熊木俊朗　2005　「江の浦式土器編年の再検討」『間宮海峡先史文化の復元と日本列島への文化的影響』東京大学常呂実習施設・ハバロフスク州郷土誌博物館、pp.185-211。
熊木俊朗　2007　「サハリン出土オホーツク土器の編年」『北東アジア交流史研究』塙書房、pp.173-199。
熊木俊朗　2009　「第6章第1節　1　オホーツク土器の編年と各遺構の時期について」『史跡最寄貝塚』網走市教育委員会、pp.303-319。
熊木俊朗　2010　「元地式土器にみる文化の接触・融合」『北東アジアの歴史と文化』北海道大学出版会、pp.297-313。
越田賢一郎編　2003　『奥尻町青苗砂丘遺跡2』北海道立埋蔵文化財センター。
小嶋芳孝　1996　「蝦夷とユーラシア大陸の交流」『古代蝦夷の世界と交流』名著出版、pp.399-437。
榊田朋広　2006　「トビニタイ式土器における文様構成の系統と変遷」『物質文化』81、pp.51-72。
榊田朋広　2007　「異系統土器論からみたトビニタイ式土器と擦文土器の型式間交渉と動態」『物質文化』84、pp.43-69。
佐藤隆広編　1994　『目梨泊遺跡』枝幸町教育委員会。
佐藤達夫　1972　「第七章第四節　擦紋土器の変遷について」『常呂』東京大学文学部、pp.462-488。
澤井　玄　1992　「「トビニタイ土器群」の分布とその意義」『古代』第93号、pp.128-151。
澤井　玄　2003　「トビニタイ文化」『新北海道の古代2　続縄文・オホーツク文化』北海道新聞社、pp.206-209。
澤井　玄　2007　「十一～十二世紀の擦文人は何をめざしたか」『アイヌ文化の成立と変容』法政大学国際日本学研究所、pp.241-269。
鈴木　信　2004　「第Ⅱ部会E検討：「アイヌ化の開始と東北北部地域」に対する見解」『シンポジウム蝦夷からアイヌへ』北海道大学総合博物館、pp.73-74。
瀬川拓郎　2007　『アイヌの歴史』講談社選書メチエ。
高畠孝宗　2005　「オホーツク文化における威信材の分布について」『海と考古学』六一書房、pp.23-44。
塚本浩司　2002　「擦文土器の編年と地域差について」『東京大学考古学研究室研究紀要』第17号、pp.145-184。
塚本浩司　2003　「擦文時代の遺跡分布の変遷について」『東京大学考古学研究室研究紀要』第18号、pp.1-34。
中田裕香　2004　「オホーツク・擦文文化の土器」『考古資料大観11　続縄文・オホーツク・擦文文化』小学館、pp.165-179。
新岡武彦　1970　「旧邦領樺太先史土器論考」『北海道考古学』第6輯、pp.1-14。
新岡武彦　1977　「樺太における口縁肥厚土器群の研究」『樺太・北海道の古文化2』北海道出版企画センター、pp.215-226。
平川善祥　1995　「サハリン・オホーツク文化末期の様相」『「北の歴史・文化交流研究事業」研究報告』pp.135-156。
藤本　強　1966　「オホーツク土器について」『考古学雑誌』第51巻第4号、pp.28-44。
藤本　強　1979a　「トビニタイ文化の遺跡立地」『北海道考古学』第15輯、pp.23-34。
藤本　強　1979b　『北辺の遺跡』教育社歴史新書。

増田隆一・天野哲也・小野裕子　2002　「古代DNA分析による礼文島香深井A遺跡出土ヒグマ遺存体の起源」『動物考古学』第19号、pp.1-13。

松下　亘　1965　「北海道の土器にみられる突瘤文について」『物質文化』5、pp.14-28。

柳澤清一　2008　「トビニタイ土器群Ⅱの小細別編年について」『千葉大学人文研究』第37号、pp.1-60。

山浦　清　1983　「オホーツク文化の終焉と擦文文化」『東京大学文学部考古学研究室紀要』第2号、pp.157-179。

第9章 異系統土器が共存する遺跡
―土器胎土分析で製作地が区別できるか―

河西　学

1．異系統土器研究と胎土分析

　異系統土器は、型式学的には従来の伝統的な土器とは異なる系統の土器である。しかし、異系統土器の存在は、その土器が他所で作られて持ち込まれたものなのか、あるいは出土遺跡周辺で作られたものなのかによって、解釈の上で大きな違いがある。前者の場合、土器は他所で作られて人に運搬されて出土遺跡にたどり着いたと考えられる。後者は異系統土器のつくり手が遺跡周辺に来て土器を製作したことになる。今までの考古学的研究において異系統土器研究によって、ダイナミックな集団の移動、あるいはその後の新天地における多様な展開が明らかになっている[1]。これら土器の移動に関するの研究の多くは、土器の外面的な形態から得られる型式学的情報に多くの根拠を得ていた。土器の製作地を推定する場合、考古学的研究による土器の型式学的情報が有効であるが、他方、土器内部の物質的性質から得られる情報も極めて有効である。土器を構成する物質を胎土と呼ぶ。これら土器の物質的特徴を研究する分野を胎土分析と称する。

　異系統土器は、集落遺跡などから出土する場合、数量的には少数派で、製作技法などは従来の伝統的技法の土器とは明らかに異なっていて、考古学的外面的形態情報から見ると区別しやすい傾向がある。そのような異系統土器の製作地は、異系統土器の本場における土器型式分布地域がもっとも可能性のある製作地として推定される場合と、本場の人々が移動してきて土器を新たに製作した場合とがありうるが、両者の考古学的外面的形態情報からだけでは土器の製作地について判断するのは困難であるといえる。実際に土器を胎土分析して、様々な特徴を明らかにし、その中で地域的特徴を把握し、地質分布と比較し、型式学的地域性を踏まえるなどのプロセスを経て、製作地を推定していくことになる。

　土器の胎土分析から得られる産地情報は、原料の分布している産地であって、原料産地といい、地質的特徴に関係する。地質の基本単位である地層や岩体は、地質図上に表現可能な広がりをもつ。したがって原料産地は、ある広がりをもった地域として認識される。土器を作った場所が製作地である。土器の製作地は、原料産地と一致しているとは限らない。土器の製作地は、須恵器・陶磁器の窯跡のように製作地点を明示する遺構が存在する場合は、きわめて限定した地点として識別される。しかし、縄文土器・弥生土器などの素焼きの土器の場合には、焼成遺構が確認される例がほとんどなく、地点として製作地を推定することはきわめて困難である。胎土分析によって推定される製作地は、後述のように、地元原料を用いて地域ごとに製作される土器について原料産地を製作地とみなせる場合に広がりをもった地域として認識される。土器の胎土分析は、まだ解決しなければ

ならない問題も少なくないが、胎土分析によって土器の製作地推定に関しての手がかりが得られることが重要である。ここでは、従来の研究で明らかになったいくつかの事例を紹介することで、異系統土器について考えてみたい。

2．遺跡から出土した土器

　ある地域で製作された土器は、多様な特徴をもっている。それらの特徴は、作り手である個人が有する技術的な癖を反映し、あるいは作り手の属する地域社会の特徴を反映していると考えられる。胎土は、原料の特徴を強く反映していることになる。土器胎土は、主として粘土や砂などの堆積物からなる。胎土中の砂の含有率は、土器型式によってばらつきはあるものの一定の範囲を示すことから、土器製作時における原料の混和などを含めた何らかの調整がなされていたと考えられている。複数原料を混合した胎土の場合、それぞれの原料産地の特徴を混合した複雑なものになる。そのような土器は、製作後、容器・煮炊きの道具・食器・貯蔵具などとしてそれぞれの目的によって使用され、使用に際して人間の移動に伴って、程度の差こそあれ移動する。壊れたり何らかの理由で廃棄された土器は、土層中に埋没される。したがって多くの場合土器の出土地点は、土器の製作地とは異なる。ただし例外的に、製作地で発見された未使用の土器の場合は出土地点と製作地が一致することになる。

3．産地推定に有効な土器の特徴

　出土地点と製作地とが異なる土器の産地を推定するには、土器分布を利用する方法と地質分布を利用する方法とがある。

　土器分布を利用する方法は、考古学において一般的な方法である。ある時期のある地域に分布する類似性の高い土器のまとまりは、土器型式として認識される。土器型式は、多様な系の集合としてとらえられる[2]。ある土器型式に属する土器はその土器型式分布圏内に製作地があると考える。またある土器型式の分布域に異系統土器が存在する場合には、異系統土器の土器細部の形態的・技術的特徴の地域性によって製作地を推定する。異系統土器の本場の土器の特徴と同一であるならば、分布の中心地域で作られたものが運び込まれたと推定し、出土地域の特徴を示しているならば集団が移動後にその地域で製作したと考えられる。

　地質分布を利用する方法は、胎土分析の手法である。胎土原料の大部分は地質に由来する堆積物（粘土・砂など）から構成される。地質の分布は、地層や岩石などの特徴的な単位によって把握されている。地質単位の空間情報は、土器分布を利用した産地情報とは独立したものであり、別の視点での土器の産地情報を提供することができる。

　胎土原料は、火熱を受けて焼成される過程で、土器原料中の一部の物質は化学変化が生じて別の物質に変化する。粘土のもつ可塑性が焼成によって失われて、やきものが完成する。したがって原料中に含まれるすべての特徴が、焼成後の土器胎土中に残存しているわけではない。残存する割合

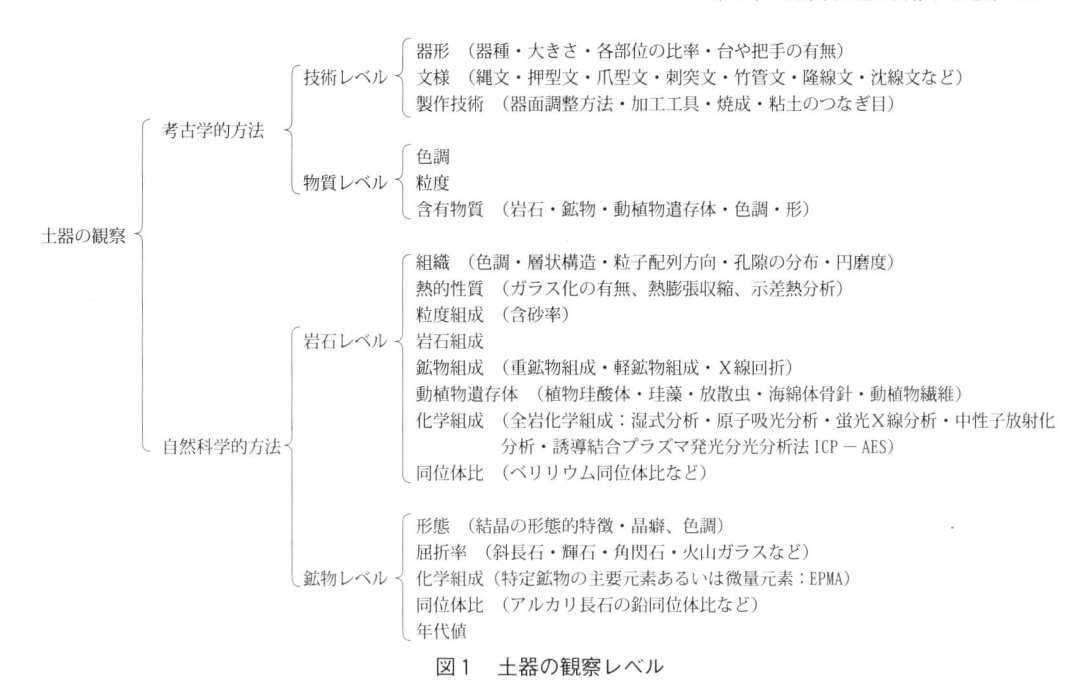

```
                    ┌ 技術レベル ┬ 器形 (器種・大きさ・各部位の比率・台や把手の有無)
                    │            ├ 文様 (縄文・押型文・爪型文・刺突文・竹管文・隆線文・沈線文など)
       ┌ 考古学的方法┤            └ 製作技術 (器面調整方法・加工工具・焼成・粘土のつなぎ目)
       │            │
       │            │ 物質レベル ┬ 色調
       │            └           ├ 粒度
       │                        └ 含有物質 (岩石・鉱物・動植物遺存体・色調・形)
土器の観察┤
       │            ┌ 岩石レベル ┬ 組織 (色調・層状構造・粒子配列方向・孔隙の分布・円磨度)
       │            │            ├ 熱的性質 (ガラス化の有無、熱膨張収縮、示差熱分析)
       │            │            ├ 粒度組成 (含砂率)
       │            │            ├ 岩石組成
       │            │            ├ 鉱物組成 (重鉱物組成・軽鉱物組成・X線回折)
       │            │            ├ 動植物遺存体 (植物珪酸体・珪藻・放散虫・海綿体骨針・動植物繊維)
       └ 自然科学的方法┤            ├ 化学組成 (全岩化学組成:湿式分析・原子吸光分析・蛍光X線分析・中性子放射化
                    │            │           分析・誘導結合プラズマ発光分光分析法 ICP-AES)
                    │            └ 同位体比 (ベリリウム同位体比など)
                    │
                    │ 鉱物レベル ┬ 形態 (結晶の形態的特徴・晶癖・色調)
                    │            ├ 屈折率 (斜長石・輝石・角閃石・火山ガラスなど)
                    └            ├ 化学組成 (特定鉱物の主要元素あるいは微量元素:EPMA)
                                 ├ 同位体比 (アルカリ長石の鉛同位体比など)
                                 └ 年代値
```

図1 土器の観察レベル

は、焼成温度が高いほど低くなる。縄文土器・弥生土器・土師器などの素焼きの土器では、粘土鉱物を除く多くの岩石鉱物はほとんど変化なく残存する。須恵器・陶磁器などでは、石英・ジルコンなど限られた鉱物のみが残存し、多くの岩石鉱物は元の性質をとどめず溶けてガラス化したり、ムライトなど高温で生じる鉱物が新たに生成する。ただしその場合でも元素組成は大きく変化しない。

土器から得られる情報を図1に示す。土器からの多様な胎土情報を得ることで土器の区別が可能となり、産地推定が可能となる。分析手法によって得られる土器情報は異なる。すべての情報をひとつの分析手段で得られるわけではない。多様な情報を得るためには、それぞれの分析方法を組み合わせて実施する必要がある。

原料産地の推定は、胎土分析で得られた分析結果と地質との対応関係をつけることでなされる。なお窯跡などの生産遺跡が明らかな場合には、土器の分析結果と生産遺跡内土器の分析結果との比較により製作地を推定できる。

4．胎土分析方法

産地推定目的に行なわれる胎土分析は、①岩石鉱物組成を主とする方法、②重鉱物組成を主とする方法、③特定鉱物の元素組成を主とする方法、④胎土全体の元素組成を主とする方法、などに大別できる。

岩石鉱物組成情報は、素焼き土器において、分析結果が地質との密接に関連しており、原料産地である地質単位を推定しやすい。地質の単位である地層や岩体は、岩石学的特徴（岩相）を基本に識別されている。土器中に含まれる砂粒の示す岩石的特徴は、砂粒が本来属していた地質である地層や岩体の特徴（岩相）と一致するので、原料産地を大まかな地域として全体的に把握するのに適

する。原料産地推定に際しては、地質図との比較、あるいは堆積物試料などと土器胎土との比較によってなされる。また、動植物化石などによって胎土原料の堆積環境から原料産地を推定する場合も含まれる。地域内をさらに細分しようとすると②・③などの手法を併用すると効果的である。ただし、胎土中の岩石鉱物が溶融してガラス化するような高温焼成の須恵器・陶磁器などに対しての産地推定を目的とした用途には、この方法は適さない。

　重鉱物組成は、素焼き土器において、広範な類似した地質の中で、限定した地点あるいは限定した層位を原料産地として識別するのに有効になる。重鉱物とは、比重2.85以上での鉱物のことであり、比重2.85未満の軽鉱物と区別される。重鉱物は、岩石種の特徴を軽鉱物よりもよく示す。そのため堆積物中の重鉱物組成は、供給源の岩石種の推定に利用されている。重鉱物組成の胎土分析としては、矢作健二氏らによる濃尾平野におけるS字状口縁台付甕の産地研究などがよく知られている[3]。それぞれの重鉱物種は、含まれる岩石が複数にわたる場合が多い。例えば角閃石・輝石・雲母類などは火成岩・変成岩・堆積岩から産出する。したがって重鉱物組成が同様でも背景となる地質が異なる場合もありうる。重鉱物粒子の形状などの情報から原岩が推定される場合も少なくないが、胎土中に含まれる岩石的情報もあわせて原料産地を推定するとより効果的である。

　鉱物の元素組成による産地推定は、テフラ同定に用いられる方法であり、原料がテフラなどの特定層位の堆積物を胎土原料に利用している場合に有効である。特定鉱物の微小部の化学組成をX線マイクロアナライザー（EPMAなど）やレーザーアブレーション誘導プラズマ質量分析（LA/ICP-MS）などで得ることによって、テフラの同定が可能で、原料産地の限定ができる[4]。個々の土器の原料産地が地層ごとに区別されることは画期的なことであり、今後発展が期待される分野である。

　土器胎土全体の元素組成を用いた胎土分析は、須恵器や陶磁器などの産地推定に用いられてきた。高温焼成されるやきものは窯で生産される場合が多く、生産窯出土品の元素組成との比較によって消費地出土品の製作地を推定する三辻利一氏の方法が一般的である[5]。素焼き土器では、土器胎土と粘土などの地質試料の元素組成との比較から原料産地を推定する方法が松本建速氏によってなされている[6]。地質との比較においては、様々な元素比の組み合わせによって特徴を見出すことができる。主要元素ばかりでなく微量元素組成などを用いることによって分類精度は向上する。ただし、地質との対応関係が直感的には理解しにくい部分がある。元素組成は、全国規模で組成値が集成・整備されてきていることから、今後地域の限定がより簡便になることが期待される。

5．土器の原料産地と製作地

　胎土分析では、土器胎土の特徴を把握し、地質との比較によって土器胎土の原料産地がまず推定される。原料産地は、胎土原料の採取された地域を示すが、それらが必ずしも土器の製作地と一致しているとは限らない。なぜなら、胎土原料が運搬されて、原料産地とは異なる地域で土器製作が行われていることも考えられるからである。土器の原料産地と土器の製作地を区別しておくことが重要である。土器胎土分析による製作地推定のプロセスを示す。

　①　土器胎土に基づき地質との比較で原料産地を推定する。

② 型式・系統ごとに胎土の地域差、型式的特徴の地域差の有無を確認する。
③ 胎土と型式学的特徴の地域差に基づき、型式・系統ごとの土器製作のあり方を推定する。
④ 土器製作のあり方と原料産地との関係から土器の製作地を推定する。

表1　型式・系統ごとの土器製作のあり方

		型式学的特徴	
		地域差あり	地域差なし
土器胎土	地域差あり	各地域で作る	各地域で作る （工人の移動） （統一的規範の存在）
土器胎土	地域差なし	限定された原料を使用して各地域で作る	・限定された地域で地元原料で製作 ・限定された原料を使用して限定された地域で製作 ・統一的規範により限定された原料を使用して各地域で製作

　①では、遺跡周辺地質に原料産地が推定される在地的な土器か、他所に原料産地が推定される土器かが明らかになる。②では、地元の地質原料を用いた土器の分布は、地域性を示すものである。また、複数原料の混和がある場合には、他所に原料産地が推定されるもので広域的に共通して用いられる原料と、地域性を示す地元の原料との混合の有無を検討する必要がある。③では、土器胎土の地域性と土器の型式学的な地域性との組み合わせから土器製作のあり方を推定する。土器製作のあり方とは、各地域で器製作が行われていたのか、ある特定の地域で土器を製作して広域に流通していたのか、地域の原料を使用して土器製作が行われていたのか、特定の原料が流通していたのか、など土器製作の体系ににかかわる基本的な部分である（表1）。広域に流通するやきものと地域に根ざした土器とが同時に存在し、重層的な土器生産システムが存在する中世社会のような場合もありうる。そのような場合にも、土器型式や土器系統ごとあるいは器種ごとに土器製作のあり方は、ほぼ一定していたと考えられる。④では、土器のあり方が各地域で土器製作が行われている場合には、型式学的特徴にも土器胎土にも地域差が認められるときには、原料産地が示す範囲と型式学的地域差を示す範囲とのどちらの条件にも該当する地域に製作地が推定され、型式学的特徴には地域差がなく土器胎土のみに地域差が認められるときには、原料産地が土器の製作地と一致することになる。縄文土器などでは、各地域で製作された場合が多い傾向があるかもしれない。窯生産された須恵器などの場合、消費遺跡での胎土組成も型式的な特徴もどこでも一定で地域差はなく、限定された窯地点で窯周辺の地元の原料を利用して生産されている。現在の自動化された工業製品のような場合には、統一された規範によって限定された原料さえあれば、どこで作っても土器胎土も型式学的特徴も地域性をもたない画一的製品が製作可能である。いずれにしろこのプロセスで土器の製作地を推定する場合、推定の精度は、識別可能な地質単位に従う。ある広がりをもって識別される地質単位は、基本的に同質ととらえられる。同一の地質単位内に土器製作地が複数あったとしても、胎土分析では個々を識別できない。土器の移動に関しても同様に、同一の地質単位内に製作地が推定される土器は、その地質単位内でどのように移動したかを識別できない。したがって遺跡出土土器が胎土分析によって在地的土器と推定されたからといって、その遺跡で製作されたとは限らない。さらに細分化した土器の製作地を求めるには、土器製作を示すその他の考古学事実から検討するこ

とが重要であろう[7]。

　個々の土器の原料産地のデータの蓄積から土器の製作地を推定することによって、型式や系統などの土器製作システムや移動の解明につながるものと考えられる。

6．胎土分析による土器の産地推定の例

　ここでは、主として土器の薄片を用いた岩石学的手法での胎土分析事例によって、異系統土器を考えてみたい。

（1）縄文中期後半の曽利式土器の事例

　土器の胎土は、地域地質をどの程度反映しているものなのかを知ることが重要である。

　甲府盆地には、各地に特徴的な地層が分布している。甲府盆地北西部に位置する八ヶ岳南麓は、安山岩を主体とする火山岩とその砕屑物から構成される。八ヶ岳南麓の西側には、富士川上流部釜無川を隔てて、甲斐駒ケ岳を中心に花崗岩類、それ以南では緑色変質火山岩類と堆積岩からなる新第三系が分布する。八ヶ岳南麓の東側には、富士川支流の塩川を隔てて、デイサイト・安山岩などからなる黒富士火山が分布する。以上の地域を、八ヶ岳南麓周辺地域と呼ぶ。甲府盆地北部から東部にかけて富士川支流の笛吹川流域には、甲府深成岩体と呼ばれる花崗岩類が広く分布する。甲府盆地西部から南部にかけては、緑色変質火山岩類と堆積岩からなる新第三系が分布する。

　甲府盆地の縄文中期後半に分布する曽利式土器は、八ヶ岳南麓周辺地域を含む盆地北側と釈迦堂遺跡を含む盆地東側とでは土器の型式学的な特徴が異なるとされる[8]。ただし、八ヶ岳南麓周辺地域での曽利式は、型式学的特徴での差はほとんどないとされる。これらの地域から出土する土器の薄片を作製し、岩石学的手法により胎土分析をした[9]（図2）。

　土器の分析方法の実際は、次のように行なった。土器試料は、切断機で3×2.5cm程度の大きさに切断した。切断した土器片は、エポキシ樹脂を含浸させて補強した。土器片の片面を研磨し、鉱物用スライドグラスに接着し、再度スライドグラスに向かって土器が薄くなるように研磨して厚さ0.02～0.03mmの薄片を作製した。さらに薄片表面をフッ化水素酸蒸気でエッチングし、コバルチ亜硝酸ナトリウム飽和溶液に浸してカリ長石を黄色に染色し、カバーグラスを接着剤で貼り付けプレパラートとした（図3）。偏光顕微鏡を用いてプレパラート中の岩石鉱物を計数した。計数には自動ポイントカウンタを用いた。顕微鏡視野中央部の十字線交点下に存在する対象物を同定し計数すると、ステージが薄片長辺方向に0.3mm移動する。次の列との間隔は短辺方向に0.4mmとし、各試料で2,000ポイントを計測した。計数対象は、粒径0.05mm以上の岩石鉱物粒子、およびこれより細粒のマトリクス部分とした。このようなポイントカウント法で得られた組成は、容積比組成に相当する。

　各遺跡の分析結果のうち南アルプス市曽根遺跡の例を示す[10]（表2）。

　試料全体の砂粒子・赤褐色粒子・マトリクスの割合（粒子構成）、および砂粒子中の岩石鉱物組成および重鉱物組成を作成し、図4に示す。岩石組成折れ線グラフを図5に示す。この図は、10種の各岩石のポイント総数を基数とし、各岩石の構成比を示したもので、視覚的に類似性を認識する

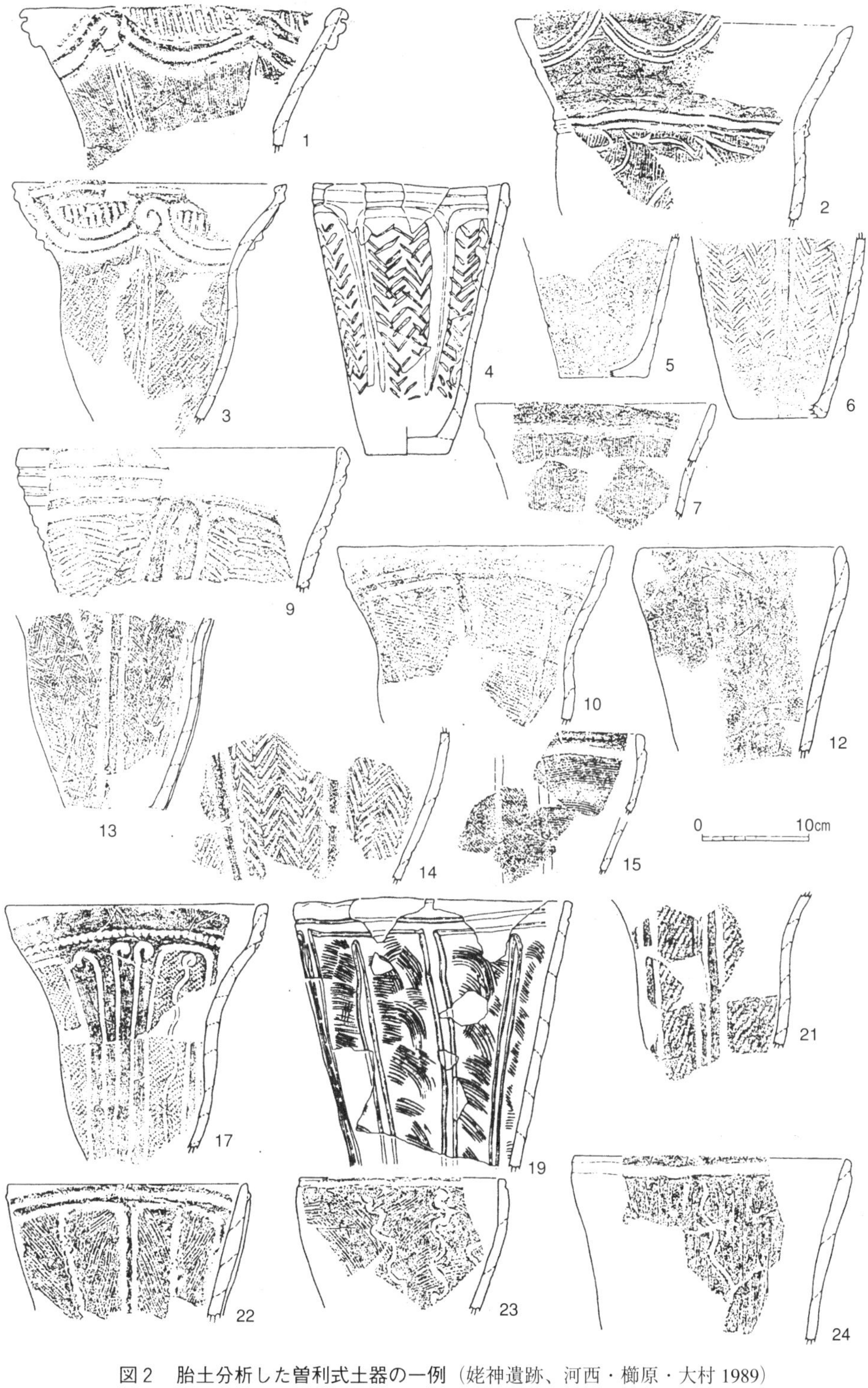

第 9 章　異系統土器が共存する遺跡　203

図 2　胎土分析した曽利式土器の一例（姥神遺跡、河西・櫛原・大村 1989）

An：安山岩　D：デイサイト　Sst：砂岩　pl：斜長石　cpx：単斜輝石
図3　土器胎土の顕微鏡写真（釈迦堂遺跡No.4下方ボーラのみ）

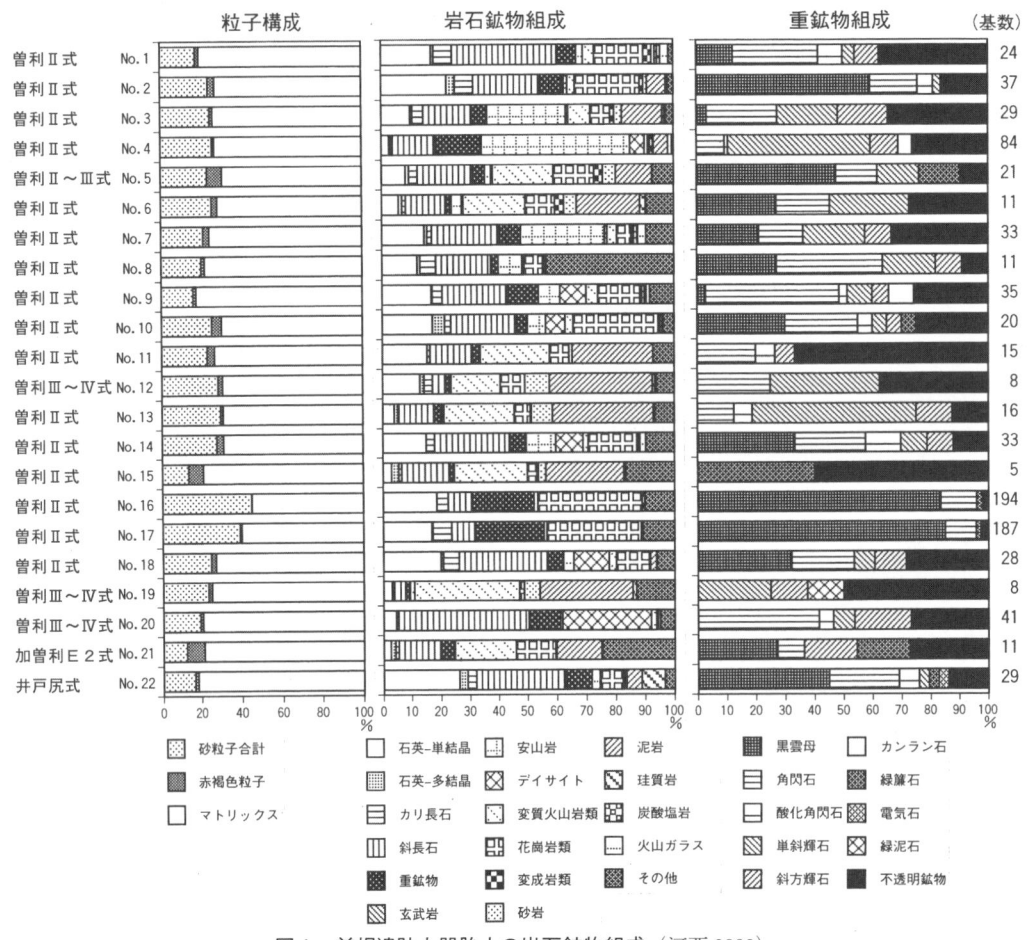

図4　曽根遺跡土器胎土の岩石鉱物組成（河西 2000）

表2 曽根遺跡土器胎土中の岩石鉱物（数字はポイント数を、+は計数以外の検出を示す）（河西 2000）

試料番号	No.1	No.2	No.3	No.4	No.5	No.6	No.7	No.8	No.9	No.10	No.11	No.12	No.13	No.14	No.15	No.16	No.17	No.18	No.19	No.20	No.21	No.22
石英-単結晶	63	110	51	14	40	31	64	51	56	90	73	75	24	85	8	166	132	99	14	15	6	86
石英-β型																				2		
石英-多結晶	3	14	4	4	6	6	4	4	1	21		8	8		7		3	4	3		4	9
カリ長石	23	31	19	3	14	7	7	22	11	11	5	17	2	16	3	35	50	27	1	3	3	10
斜長石	131	112	82	77	89	70	100	78	74	117	66	24	72	145	44	71	62	151	18	174	35	101
黒雲母	3	22	1		10		3	7	3	1	6			11		162	159	9			3	13
角閃石	7	6	7	8	3	2	5	4	16	5	3	2	2	8		24	20	6		17	1	7
酸化角閃石	2	2		1					1	1	1		1	4						2		
単斜輝石	1	1	6	41	3	3	7	2	3	1		3	9	3				2		3		
斜方輝石	2		5	8		3	1	2	1	1			2			3	1	8	2			
カンラン石				4					3													
緑簾石					3					1		+			2	4	3			2		1
ジルコン									+							+						
電気石																						1
緑泥石																	1					
不透明鉱物	9	6	10	22	2	3	11	1	9	5	10	3	2	4	3	4	5	8	4	11	3	4
玄武岩																						
安山岩	8	3	136	267	10	18	123	34	24	32		4	4	56				17	7	3	1	9
デイサイト		6	4	26	3	3		4	29	34			1	52				60		116		
変質火山岩類	11	12	21	6	82	42	14	3	13	14	35	52	70		46	12	8	12	59	7	27	
緑色変質火山岩類	3		17		17	70					77	46	76		23				111		25	
花崗岩類	61	108	34	3	66	52	21	26	47	149	31	49	33	93	9	316	251	56	8	2	33	25
ホルンフェルス	10	6	7	6	14	15	2	1	1	1		2	1	1	5	1	1			1	1	2
片岩						1																
他の変成岩類																3	1					
砂岩	4	6	13	1	21	22	2		1	2	5	48	43	1	7			1	25			2
泥岩	3	31	70	26	59	112	5		3	4	129	201	205	4	72	1	2	10	148		37	17
珪質岩	4	2	4			10	1	1	2	2		5	2		2				6		1	26
炭酸塩岩																						
火山ガラス-無色	10	2		2	6		1	12	3		4		3	1	11			1		3		+
火山ガラス-褐色					1																	
変質岩石	1	3	4	3	4		1		1		3	10	24	2	21	6	18	8	33	3	30	2
変質鉱物	3	4	8		10	15	8	17	13	7	16	8	8		23	84	66	1	28	5	22	7
その他（泥質ブロック）	2	2	1		21	34	32	162	13	12	15	17	7	47		1	21		11	6	1	
その他（緑簾石岩）															1					2	1	
その他（不明鉱物）													1									
赤褐色粒子	36	65	28	22	147	56	61	35	32	95	73	43	25	63	152	4	17	50	36	28	182	34
マトリックス	1600	1446	1466	1451	1376	1424	1506	1552	1640	1389	1457	1382	1376	1375	1576	1103	1201	1453	1495	1587	1574	1638
合計	2000	2000	2000	2000	2000	2000	2000	2000	2000	2000	2000	2000	2000	2000	2000	2000	2000	2000	2000	2000	2000	2000
石英波動消光	+	+	+	+	+	+	+	+	+	+	+	+	+	+	+	+	+	+		+	+	+
石英清澄								+		+									+			
パーサイト	+	+	+		+		+	+	+	+		+	+	+		+	+	+		+	+	+
マイクロクリン		+									+			+								
マイクロクリンパーサイト								+						+								
花崗岩類含有鉱物	B	B	B		B·H	B	B	H	B·H	B·M·H		B	B·M		B·M·H	B·H	B·H		B	B	B·H	
マイクログラフィック組織				+	+															+		
変質火山岩類岩質*	AD·D	AD·D	AD	AD	AD·D	AD·D	AD·D	AD	AD·D	AD·D	AD	AD·D	AD	AD	AD	AD	AD	AD	AD	AD	AD	AD
植物珪酸体	+	+	+	+	+	+	+	+	+	+	+	+	+	+	+	+	+	+	+	+	+	+
植物繊維	+		+		+				+		+									+		

花崗岩類含有鉱物=B：黒雲母、M：無色雲母、H：角閃石
*緑色変質火山岩類を除く変質火山岩類=AD：安山岩質～デイサイト質、D：デイサイト質

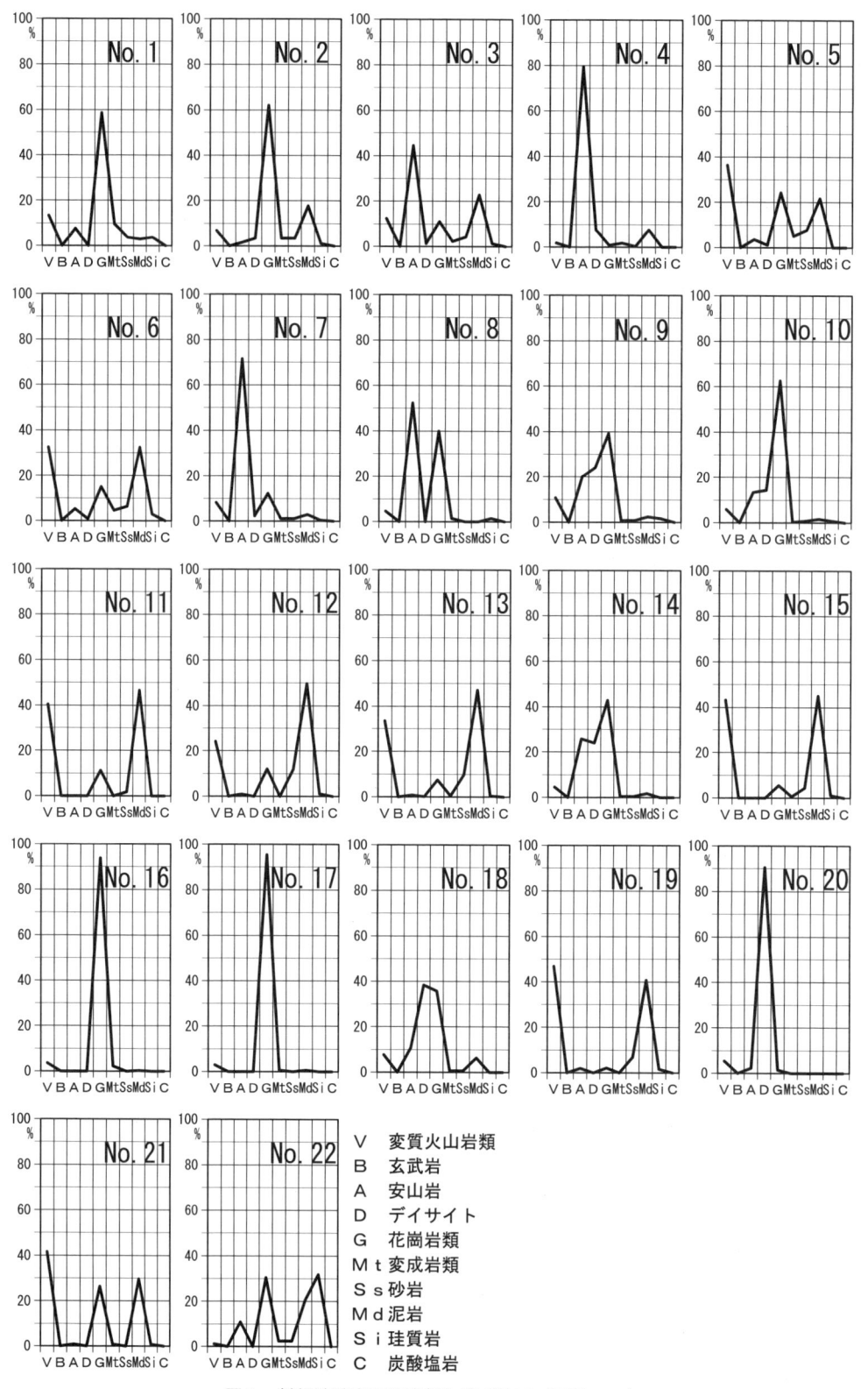

V 変質火山岩類
B 玄武岩
A 安山岩
D デイサイト
G 花崗岩類
Mt 変成岩類
Ss 砂岩
Md 泥岩
Si 珪質岩
C 炭酸塩岩

図5 曽根遺跡岩石組成折れ線グラフ（河西 2000）

ことができる。類似した折れ線グラフのパターンを示す土器は、類似した原料産地に由来すると推定される。クラスター分析の樹形図を図6に示す。クラスター分析とは、対象とした試料間の類似関係を示すもので、非類似度の低い値で結合した試料間は類似性が高いことを示す。クラスター分析は、折れ線グラフと同様の10種の岩石データを用いて行なった。クラスター分析での非類似度は、ユークリッド平方距離を用い、最短距離法によって算出した。図6では、土器試料と、甲府盆地内の河川砂[11]とを比較し、ぶどうの房状にまとまった集合（クラスター）に便宜的に1～16を付した。

河川砂は、それ自体が土器原料として利用される場合もあったかもしれないが、必ずしも全ての土器で利用されているとは限らない。河川砂は、上流域の地質を反映した岩石鉱物組成を示しているため流域地質を代表させることができる[12]。精度の向上を目指すには多量の地質試料との比較が必要であろうが、限られた時間と労力の中で土器の原料産地を推定するためには、河川砂と土器の比較は、有効な手段であると考える。土器と河川砂が同一のクラスターに分類される場合、土器の原料産地は河川砂の分布地域と関連性が高いと考えることができる。岩石組成折れ線グラフとクラスター分析樹形図は、原料産地推定のための判断材料のひとつである。

地質図に示される各地質単位と遺跡出土土器胎土組成がほぼ一致し、土器の原料産地が出土遺跡の立地する地質単位に推定される土器を、在地的土器[13]とした。原料産地が出土遺跡の立地する地質単位と異なる地域に推定される場合を搬入土器とした。出土遺跡周辺の地質的特徴をもちつつ、隣接地域の地質的特徴をも示す中間的な土器を中間的組成土器として区別した。曽根遺跡の場合、No6, 11, 12, 13, 15, 19を在地的土器に、No5, 21を中間的組成土器に、それ以外を搬入土器に分類した。搬入土器では、花崗岩類主体の土器、安山岩主体の土器、デイサイト主体の土器、花崗岩類・デイサイトを伴う土器、花崗岩類・堆積岩を伴う土器など多様な組成が認められる。

甲府盆地周辺遺跡で同様な分析を行ない、結果をまとめたのが図7である[14]。遺跡ごとに在地的土器・中間的組成土器・搬入土器の組成を示し、搬入土器については、どの地域に原料産地が推定されるかを示した。これらによって以下のことが明らかになった。

図7から、地域（地質単位）ごとに、ほとんどの遺跡で在地的土器が存在し、中間的土器も存在すること、各遺跡の搬入土器の推定される原料産地は、遺跡の立地する地質に隣接した地質の場合が多いこと、などがわかる。この現象は、土器が作られた後、当時の人間活動によっていろいろな動きをした後に、最終的に土の中に埋まって残った結果と考えられる。盆地東部の釈迦堂遺跡と八ヶ岳南麓周辺地域の諸遺跡とでは、土器型式的特徴は若干地域差が認められ、地質が異なり、土器胎土組成の地域差も認められた。実際には、釈迦堂遺跡周辺では花崗岩類、堆積岩、接触変成によるホルンフェルスなどが分布し、花崗岩類を主体とする土器が在地的土器として認められる。これに対し姥神遺跡・柳坪遺跡・頭無遺跡など八ヶ岳南麓の諸遺跡では安山岩主体の土器が在地的土器として認められる。このように距離の離れた遺跡間の胎土を比較すると地域差が顕著にとらえられる。

型式学的特徴の地域差が認められない八ヶ岳南麓周辺地域においては、甲斐駒岩体を流域にもつ根古屋遺跡では花崗岩類を主体にした在地的土器が、黒富士火山地域の清水端遺跡ではデイサイトと花崗岩類を伴う在地的土器が、塩川上流地域の郷蔵地遺跡では花崗岩類・デイサイト・安山岩・

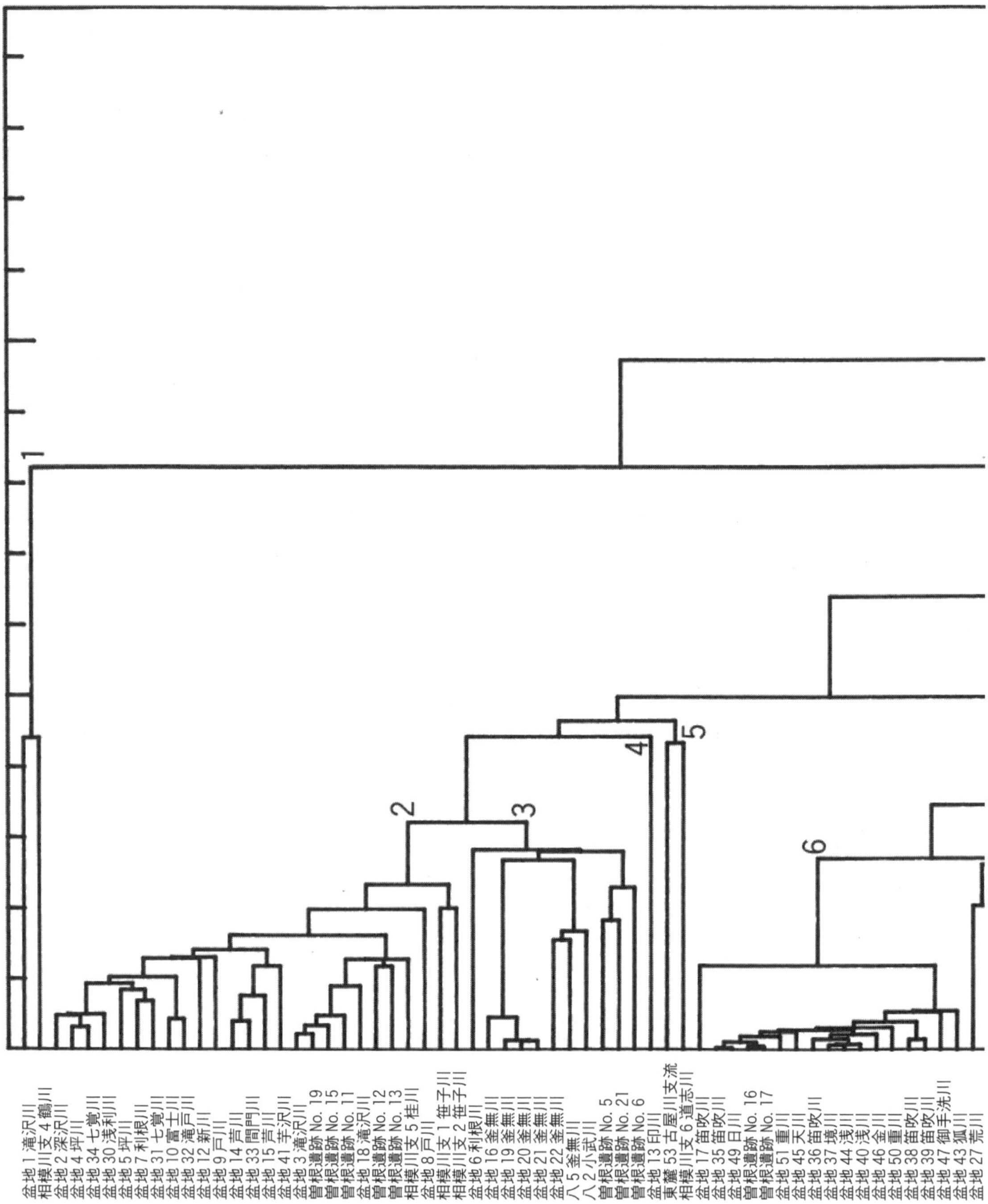
1
2
3
4
5
6
盆地１滝沢川
相模川支４鶴川
盆地２深沢川
盆地４坪川
盆地34七覚川
盆地30浅利川
盆地５坪川
盆地７利根川
盆地31七覚川
盆地10富士川
盆地32滝戸川
盆地12新川
盆地９戸川
盆地14芦川
盆地33間門川
盆地15芦川
盆地41芋沢川
盆地３滝沢川
曽根遺跡No. 19　曽利III?IV式
曽根遺跡No. 15　曽利II式
曽根遺跡No. 11　曽利II式
盆地18滝沢川
曽根遺跡No. 12　曽利III?IV式
曽根遺跡No. 13　曽利II式
相模川支５桂川
盆地８戸川
相模川支１笹子川
相模川支２笹子川
盆地６利根川
盆地16釜無川
盆地19釜無川
盆地20釜無川
盆地21釜無川
盆地22釜無川
八５釜無川
八２小武川
曽根遺跡No. 5　曽利II?III式
曽根遺跡No. 21　加曽利Ｅ２式
曽根遺跡No. 6　曽利II式
盆地13印川
東麓53古屋川支流
相模川支６道志川
盆地17笛吹川
盆地35笛吹川
盆地49日川
曽根遺跡No. 16　曽利II式
曽根遺跡No. 17　曽利II式
盆地51重川
盆地45天川
盆地36笛吹川
盆地37境川
盆地44浅川
盆地40浅川
盆地46金川
盆地50重川
盆地38笛吹川
盆地39笛吹川
盆地47御手洗川
盆地43狐川
盆地27荒川

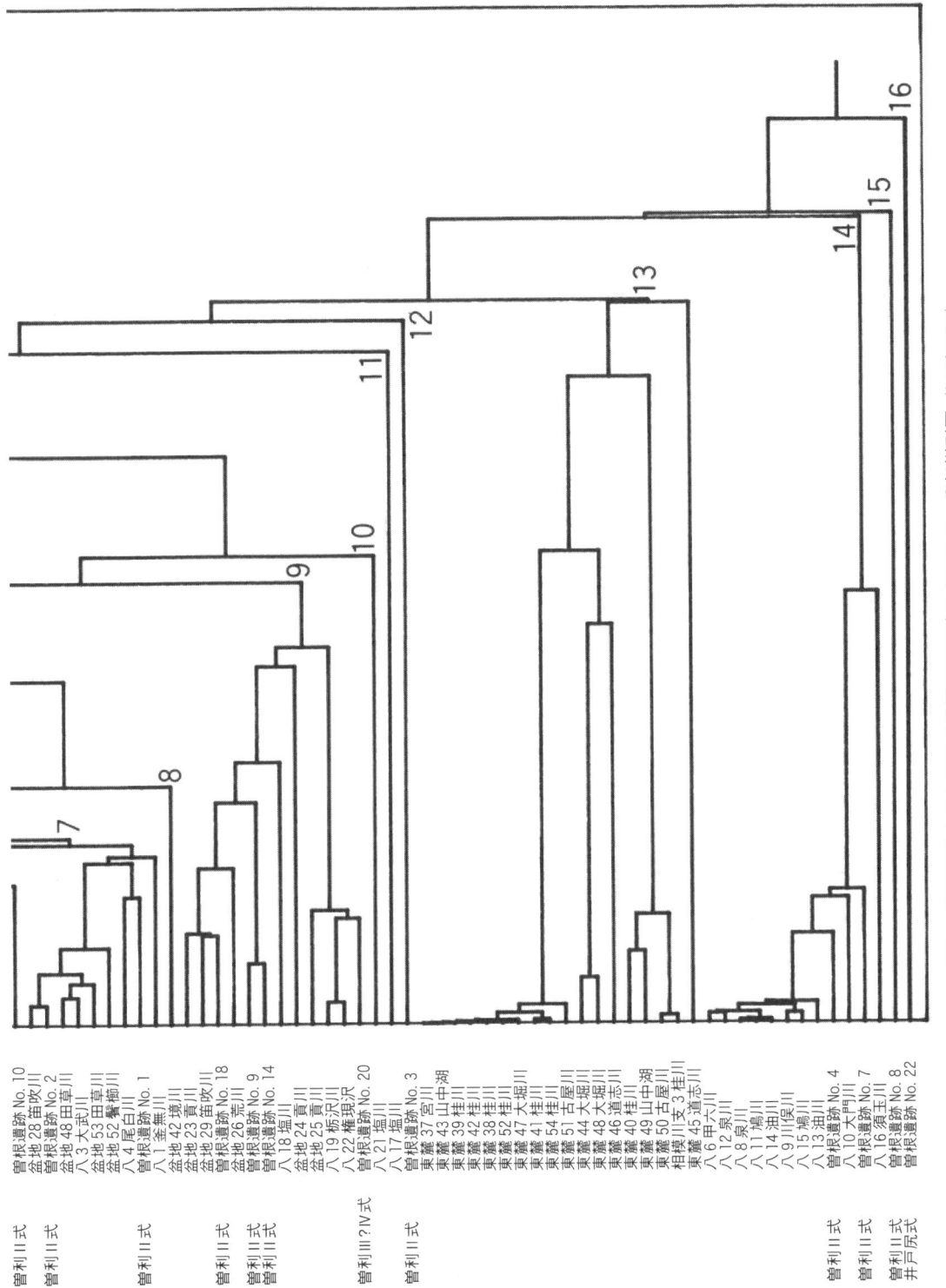

第 9 章　異系統土器が共存する遺跡　209

図 6　曽根遺跡土器と甲府盆地周辺河川砂のクラスター分析樹形図（河西 2000）

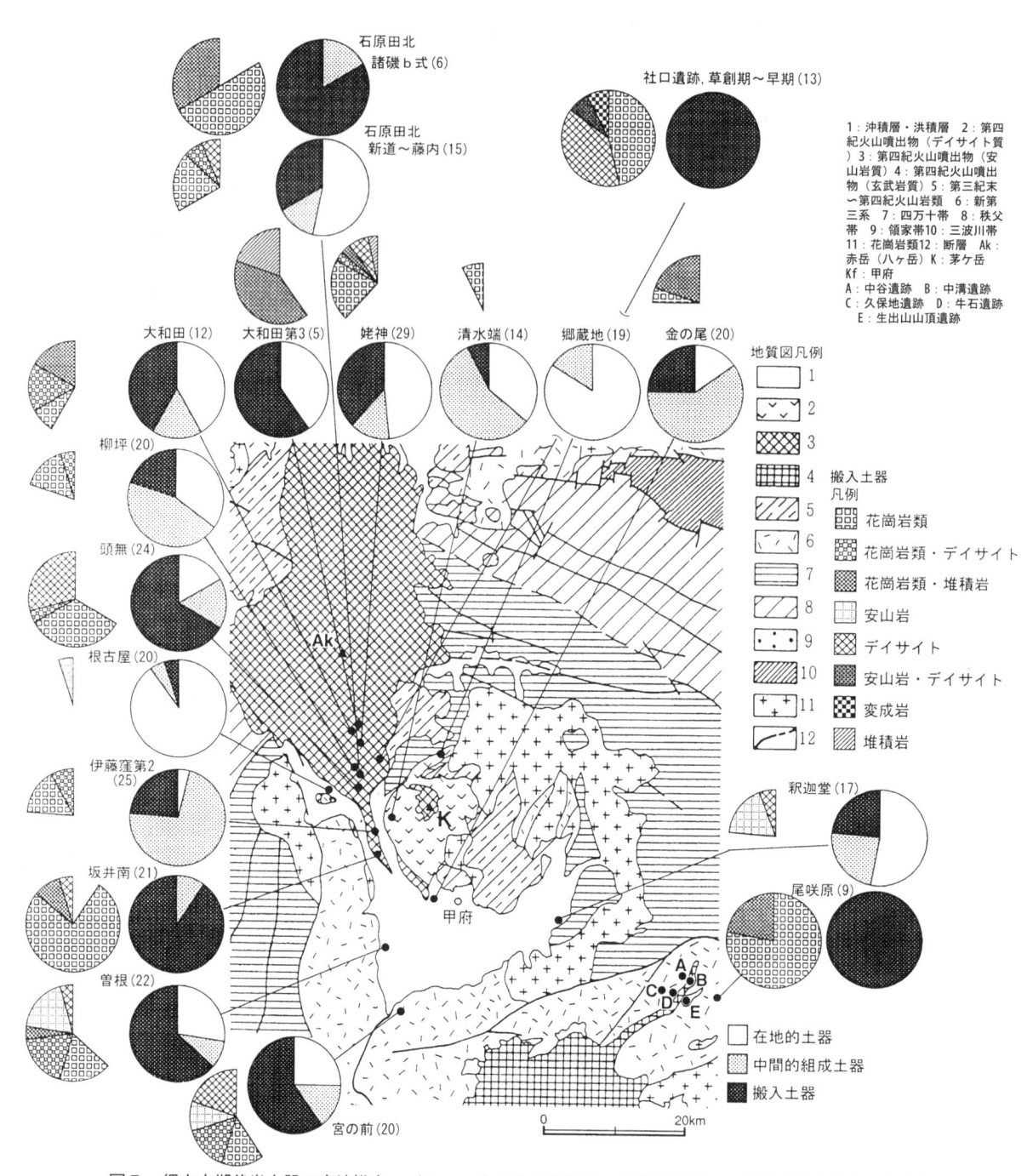

図7 縄文中期後半土器の産地推定 （カッコ内は分析試料数、各遺跡円グラフ左側は搬入土器の内容を主な構成岩石ごとに表示、社口遺跡・石原田北遺跡以外は主として曽利式期）（河西2000）

堆積岩からなる在地的土器がそれぞれ認められる。このように土器胎土における顕著な地域差が認められ、地質単位ごとに在地的土器が存在することなどから、地域ごとに地元の堆積物を利用して土器製作が行われていたことが考えられる。

したがって、土器の製作地は、型式学的特徴が示す地域性の範囲よりも、原料産地が示す範囲の

ほうが狭いことから、原料産地にほぼ一致すると推定できる。さらにこの分析結果から、当時の土器の移動は、あまり長距離を移動せず、近隣の地域間で移動していた傾向がとらえられる。

さて各地域で土器作りがなされていた曽利式期において、緑色変質火山岩類から主としてなる新第三系分布地域に立地する都留市尾咲原遺跡の曽利式土器は、甲府盆地のものと型式学的特徴は地域差が認められず、在地的土器の存在が認められず、花崗岩類地域に原料産地が推定される土器から主として構成される[15]。一般的には、土器が持ち込まれたか、胎土原料が持ち込まれて現地で製作されたかどちらかが考えられる。花崗岩類質の原料がはるばる運ばれて土器が作られているとすると、尾咲原遺跡と同じ地質の曽根遺跡・宮の前遺跡では、変質火山岩類や堆積岩を含む在地的土器が存在することと異なる。相模川上流の桂川流域の他遺跡では、変質火山岩類で特徴づけられる在地的土器が存在がすることなどから、尾咲原遺跡の曽利式土器は、花崗岩類地域で製作された土器が持ち込まれたと解釈される。この尾咲原遺跡の曽利式の事例は異系統土器ではないが、異系統土器が少数遺跡から検出される場合も同様に、異系統土器の分布の中心においてどのように土器が作られているかを把握してから解釈することが重要である。

土器作りのあり方は、時期によって変遷する可能性がある。甲府盆地の曽利式期に認められた土器のあり方が過去においても同様であった保証はない。八ヶ岳南麓地域の北杜市石原田北遺跡の場合、曽利式期よりも少し前の縄文中期中葉の新道式～藤内式土器では安山岩を主体とする在地的土器が主体を占め、曽利式と同様に地元の材料を利用して各地域ごとに土器製作が行われていたと考えられる。これに対し、縄文前期後半の諸磯b式の土器では、石原田北遺跡や北杜市酒呑場遺跡において安山岩を主体とする土器がほとんど認められず、花崗岩類を主とする土器が多く、デイサイトを主とする土器がそれに続いて出土する傾向がある。八ヶ岳南麓周辺地域の諸磯b式期の土器作りのあり方は、曽利式土器で代表される縄文中期以降の状況とは異なると考えられる。型式・系統が異なる場合の土器作りのあり方については、個別に確認する必要があろう。

（2）　弥生後期の山中式土器の移動

弥生時代後期の南関東地域には、東海系の土器を携えた集団が移動してきたと考えられる。相模野地域には山中式・欠山式が、武蔵野地域には菊川式が流入している。山中式土器は、西遠江・三河・尾張・伊勢という区分で地域色があるばかりでなく、天竜川右岸、豊川流域、矢作川流域、庄内川流域、木曽三川流域の下流部と上流部などというレベルで地域性が認められている[16]。

綾瀬市神崎遺跡は、三河・西遠江の山中式・欠山式の西相模への初期の波及の典型例である。神崎遺跡出土土器の90％以上が山中式である[17]。その土器の種類は、壺・甕・高坏など全器種にわたっている。神崎遺跡出土の山中式と三河・遠江の山中式を比較すると、両者の類似性がきわめて高い[18]（図8）。三河・西遠江の地域から直接人の来訪を想定するに何ら支障のない状況とされている。しかし山中式は、その後相模野地域の土器に影響を与えた状況は認められていない。このような山中式土器の移動現象は、土器組成がそろった状態で集落構成員規模の移動が想定され、その後、最終的には地域の人々の中に融合埋没するかたちの大規模融合埋没型の土器移動類型に分類されている[19]。

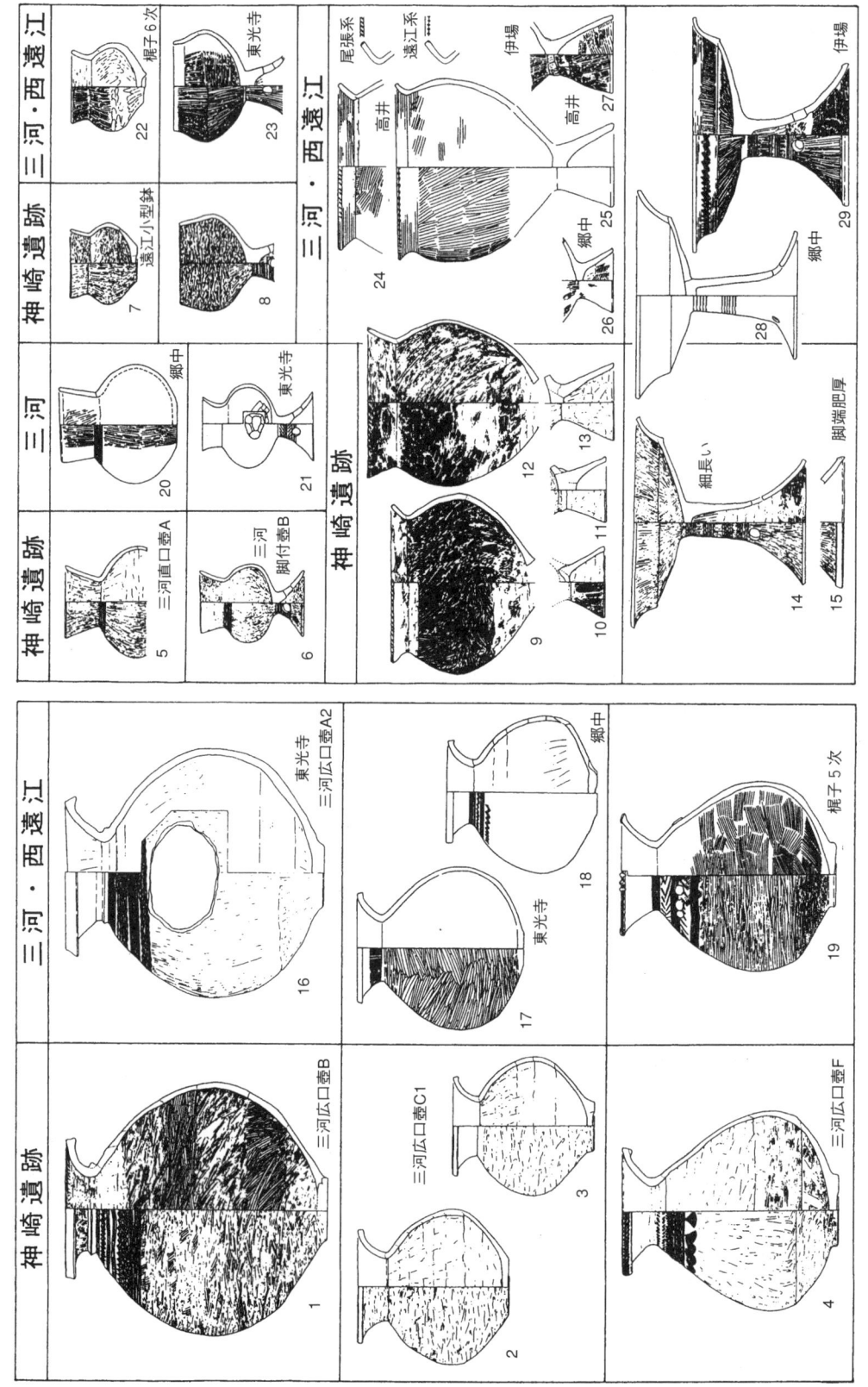

図 8　神崎遺跡出土土器と東三河・西遠江の土器（鈴木 2001）

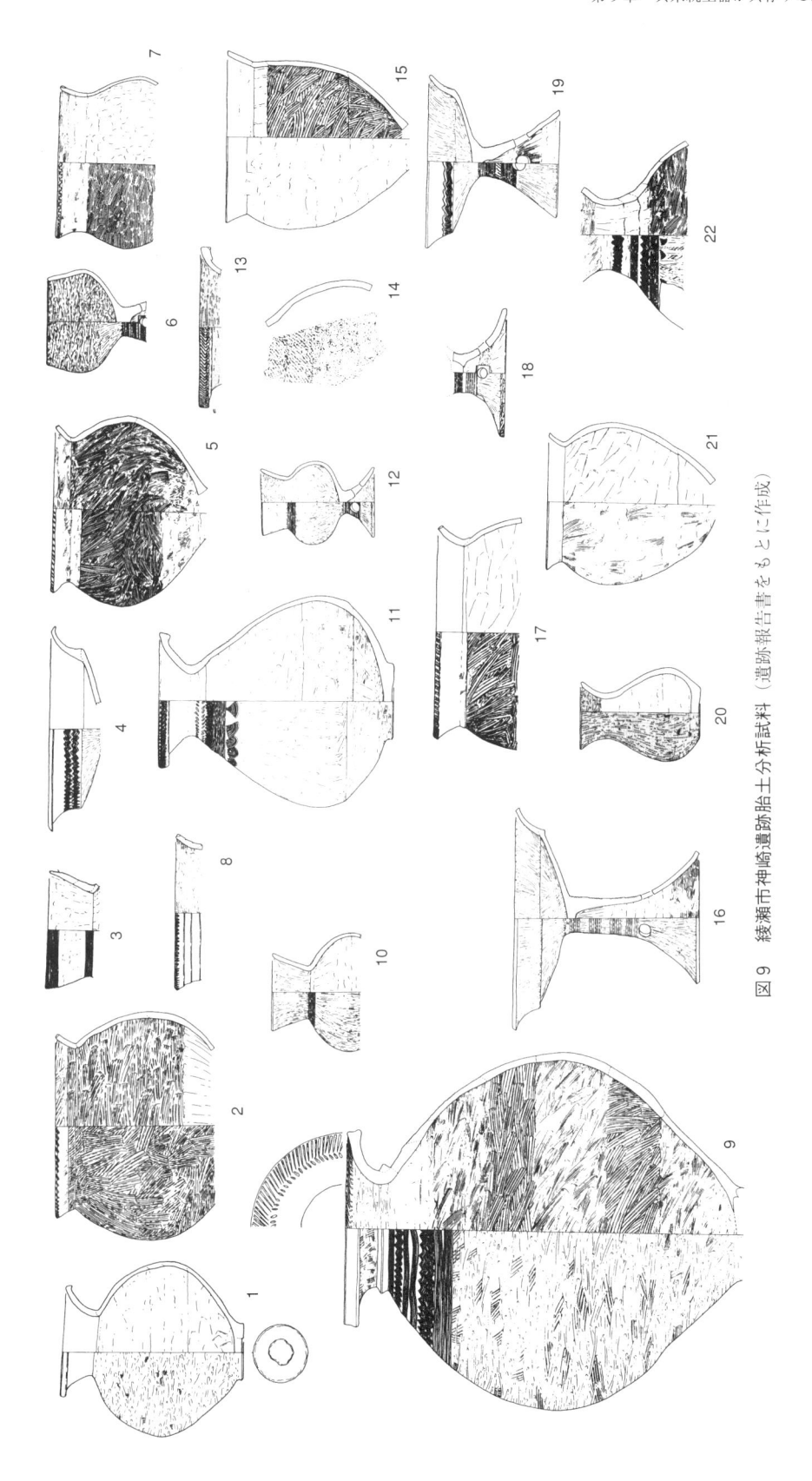

第 9 章 異系統土器が共存する遺跡　213

図 9　綾瀬市神崎遺跡胎土分析試料（遺跡報告書をもとに作成）

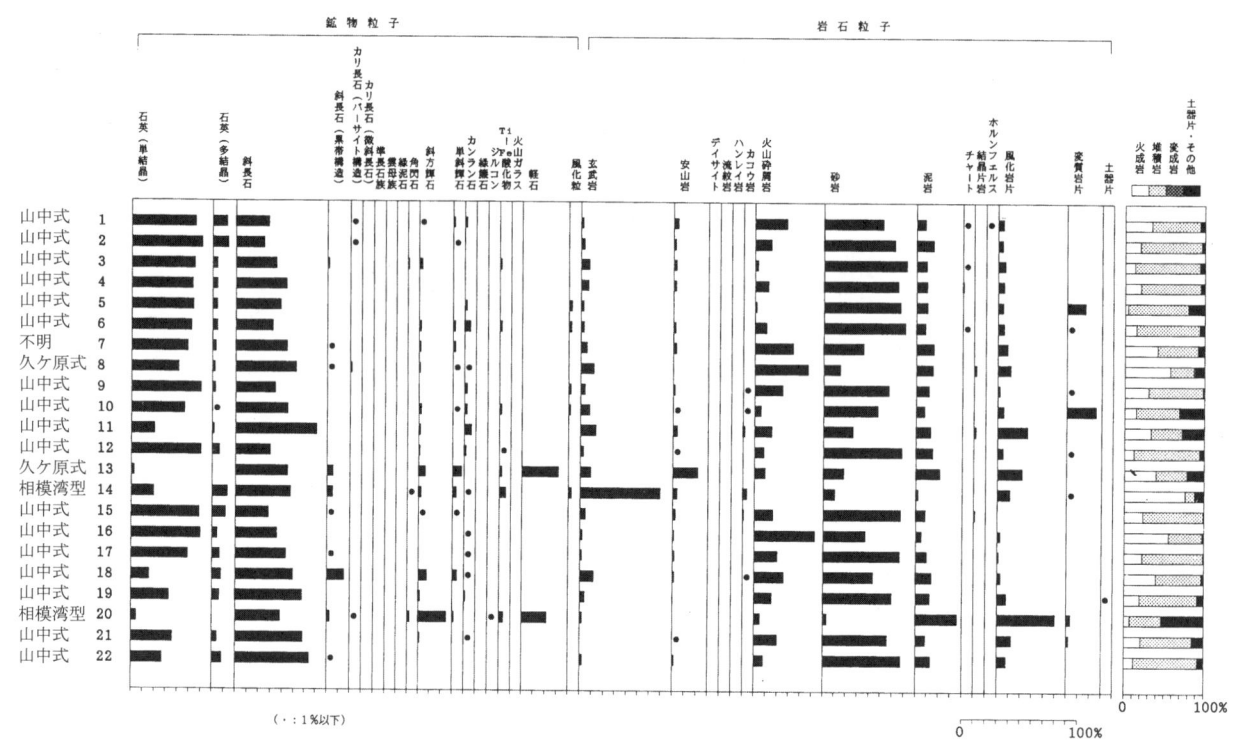

図10　神崎遺跡出土土器の鉱物・岩石組成（菱田・谷口 1992）

　神崎遺跡の山中式土器の胎土分析が、薄片を用いた岩石学的手法でなされている[20]。分析試料のほとんどは典型的な山中式土器である（図9）。土器の分析結果では、全般的に鉱物では斜長石・石英が多く、岩石では砂岩・泥岩・火山砕屑岩などが多い（図10）。ほとんどの土器試料に、岩石では玄武岩・玄武岩質安山岩、鉱物ではカンラン石を伴う点が特徴である。さらに産地推定のために周辺地域の目久尻川・相模川・酒匂川・早川・黄瀬川などの岩石鉱物を明らかにして、土器の組成と比較している（図11）。神崎遺跡の多くの土器が、これら地元の河川堆積物とくに相模川・目久尻川などと岩石鉱物組成において類似性があることが明らかになり、周辺地域の堆積物が用いられた可能性が示された。また、№13（久ヶ原式）と№20（相模湾型）は、火山噴出物起源の比較的発泡のよい軽石が多く含まれるのが特徴で、他の土器と異なる組成をすることからやや別の場所で作られた可能性も示された。

　以上の神崎遺跡の山中式土器の胎土分析結果は、相模野地域の地域性を示しているものである。カンラン石・玄武岩・玄武岩質安山岩などは南関東を含む富士山周辺地域に特徴的な岩石鉱物である。富士火山は噴火により、多くの火山噴出物を放出した。上空に放出された火山噴出物（テフラ）は、偏西風の影響により富士火山東側の主として関東地域に「関東ローム層」として厚く堆積した。富士火山のマグマの多くは玄武岩質であるため、富士火山起源テフラは、玄武岩、玄武岩質スコリア、およびそれらを構成する斜長石・カンラン石・斜方輝石・単斜輝石などの斑晶鉱物などからなる。神奈川県内の河川堆積物の他の分析例でも、岩石鉱物組成における玄武岩・安山岩・カンラン石などの含有率が高い。さらに相模川から多摩川にかけての河川砂では、砂岩・泥岩などの堆積岩

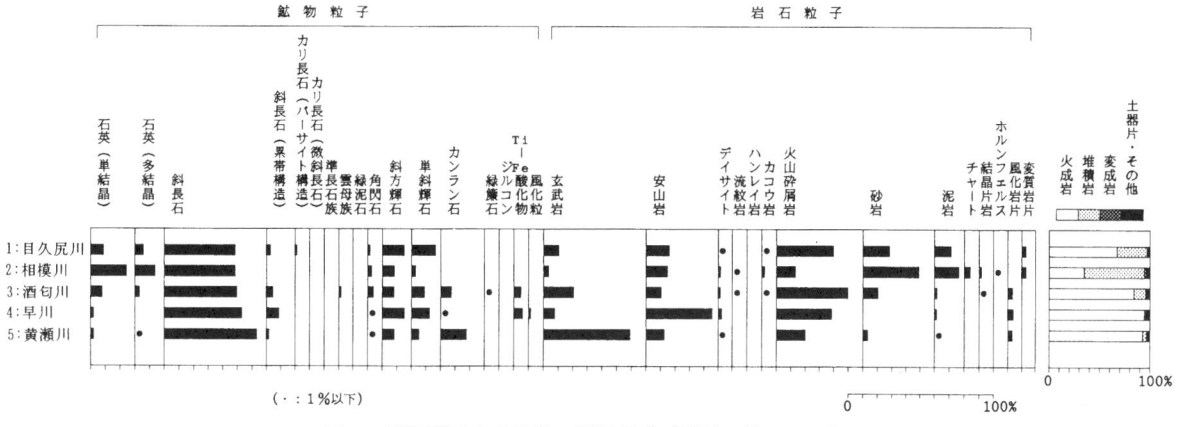

図11 現河川砂中の鉱物・岩石組成（菱田・谷口 1992）

が多いことが特徴である[21]。神崎遺跡での分析結果は、相模野地域周辺において山中式土器が製作された可能性が高いことを示している。

次に、山中式土器の分布の中心地である三河・遠江地域での土器胎土について概観してみる。三河・遠江地域の地質は、領家帯・三波川帯・秩父帯・四万十帯などが分布するため、河川砂は花崗岩類・変成岩・堆積岩などから構成される。

弥生後期に東海地域から武蔵への菊川式土器の移動が認められた下戸塚遺跡の胎土分析の中で、東海地域に分布する愛知県清洲町朝日遺跡・廻間遺跡、静岡県浜松市椿野遺跡・市野田見合遺跡・伊場遺跡の山中式土器が、薄片を用いた岩石学的手法で藤根久氏らによって分析されている[22]（図12）。その結果、カンラン石は、東海地域ではほとんど検出されていない。玄武岩・安山岩を含むと思われる斑晶質の岩石は極めて少ない。堆積岩はわずかしか検出されない。以上の特徴は、濃尾平野でも浜名湖周辺地域でも共通し、相模野地域とは異なる。片岩に相当する片理複合石英類は、椿野・市野田見合・伊場遺跡などでわずかながら多くの試料で特徴的に検出される。浜名湖周辺地域においては三波川帯の変成岩類の分布が知られており、地質的特徴が胎土の地域性として認められる。名古屋周辺と浜名湖周辺地域での山中式土器の胎土の地域差が認められる。

岐阜県の山中式では、美濃加茂市野笹遺跡、関市砂行遺跡において同様に藤根久氏らにより分析された[23]（図13・14）。カンラン石は両遺跡試料からは検出されていない。砂岩・泥岩は朝日遺跡・廻間遺跡よりも多く含まれていて、深成岩類や凝灰岩・テフラ粒子などを伴う点で共通する。岐阜県には、美濃丹波帯の堆積岩が広く分布していることから地質的特徴と調和的な胎土組成といえる。岐阜県の山中式胎土は、愛知や静岡の組成とは異なる傾向が認められた。

以上のように東海地域における山中式土器胎土には、明瞭に地域差が認められる（図15）。型式学的特徴においても地域差が認められることから、地域ごとに地元の原料を用いて山中式土器が製作されていたと考えられる。相模野の神崎遺跡における胎土分析だけでも地元での土器製作が推定されるが、土器型式あるいは土器系統全体の中で、土器の分布の中心地から遠方の地に移動した集団の土器製作のあり方が、中心地域のそれと同様なのかあるいは例外的なのかを検証するためには、両地域の状況を比較する必要がある。神崎遺跡の山中式土器は、東海地域から移住してきた人々に

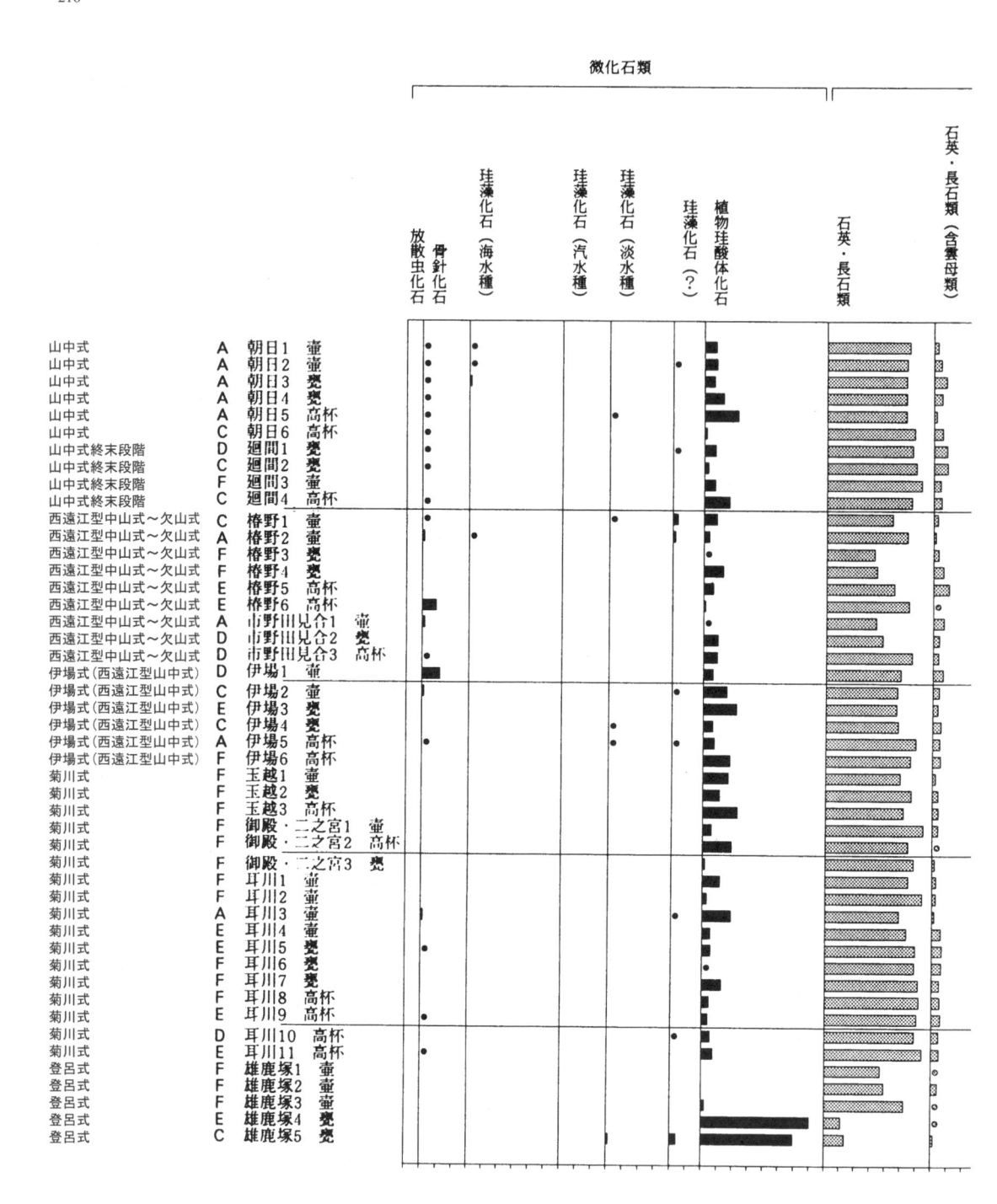

図12 東海地方および南関東地方遺跡出土土器の粒子組成ダ

イアグラム（藤根・菱田・車崎 1996を一部変更）

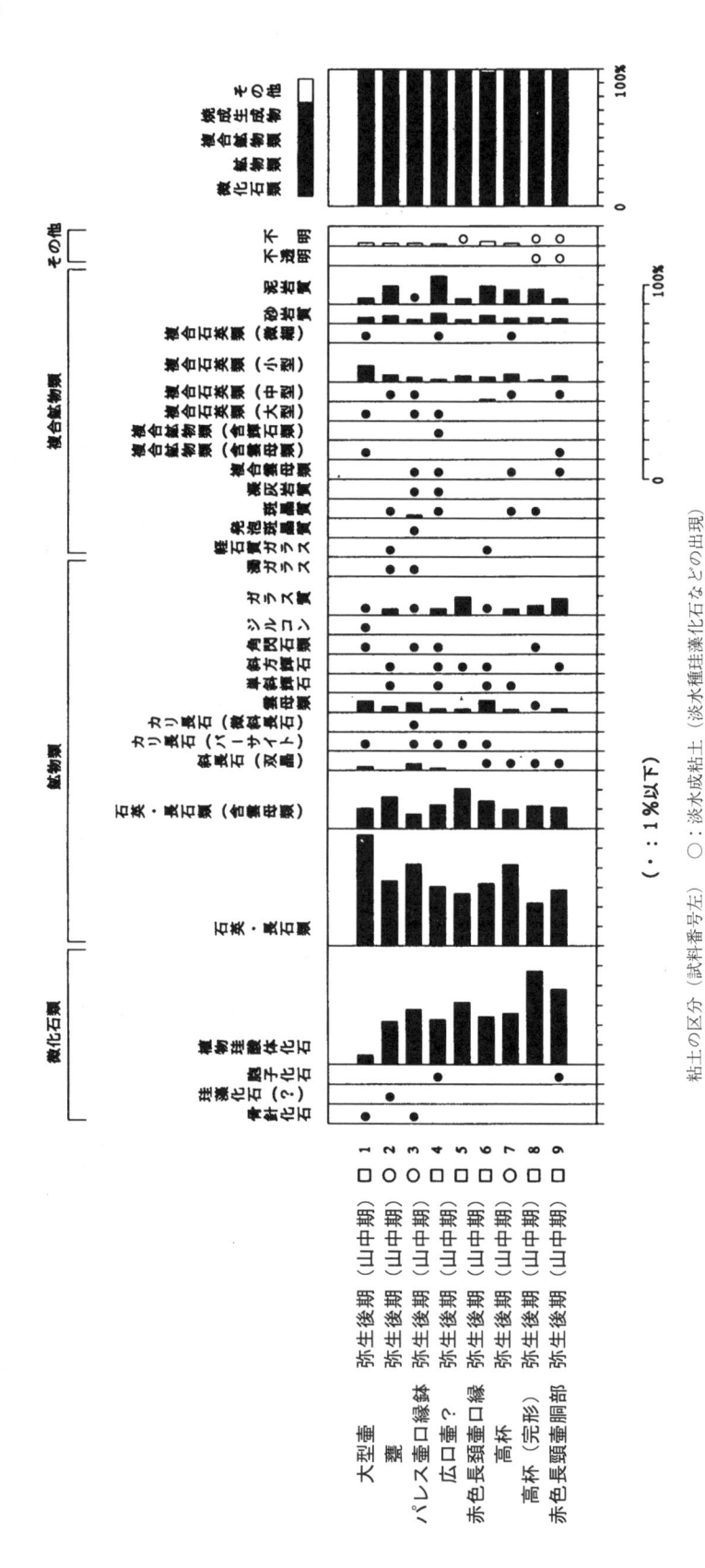

図13 美濃加茂市野笹遺跡出土土器胎土の粒子組成（藤根・今村 2000）

よって、東海地域と同様の土器製作のやり方で地元の原料を用いて、南関東で製作された土器であると考えられる。

(3) 縄文前期初頭木島式土器の移動

木島式は、縄文早期末～前期初頭に東海地域から中部地域に分布する土器型式である。

山梨県北杜市酒呑場遺跡は、縄文前期後半諸磯b式期の集落、縄文中期に五領ヶ台式～井戸尻式期まで継続される集落、縄文中期後葉曽利式期の集落が分布する。また、前期前葉の木島式、中越式、前期前半の関山式・黒浜式、前期後半の北白川下層式などの異系統土器がこの遺跡から出土している[24]（図16）。このうち木島式土器は、小破片がB区の包含層中に点在していたもので、木島式期の遺構は確認されていない。

酒呑場遺跡での異系統土器の胎土組成を図17に示す[25]。木島式土器（No.1～3）は、細粒であり、石英・斜長石・花崗岩類などを主体とし、重鉱物は含有率は高くないが、重鉱物組成では角閃石・白雲母・黒雲母が主体をなし、ザクロ石・ジルコン・不透明鉱物などをわずかに伴う。これらの特徴から、これらの木島式土器は領家帯などの花崗岩類分布地域に原料産地が推定された。

図19は、水沢教子氏による長野県御代田町塚田遺跡での分析例である[26]。木島式土器は、No.8～9である（図18）。岩石鉱物組成では、石英・斜長石・重鉱物が多く、花崗岩類あるいは変成岩類を伴う。重鉱物組成では、黒雲母・白雲母が主体で、普通輝石・紫蘇輝石・不透明鉱物などを伴う。塚田遺跡の木島式は、領家帯の花崗岩分布地域に原料産地が推定されている。

長野県木曽町川合遺跡では、薄手の木島式土器と厚手の木島式土器とが出土し、中越式土器とともにパリノ・サーヴェイによって分析されている[27]（表3・図20）。薄手の木島式土器は、花崗岩類・白雲母・黒雲母・角閃石などが含まれ、領家帯武節花崗岩分布地域周辺が原料産地と推定された。厚手の木島式土器は、型式学的に在地的要素を示すとされ、花崗岩類・堆積岩・凝灰岩などを含むことから地元の木曽川流域に原料産地が推定されている。川合遺跡の場合、土器型式学的特徴と土器胎土の両者の地域性が確認された。

東海東部には、沼津市平沼吹上遺跡をはじめ木島式期の集落が分布している。池谷信之・増島淳氏は、東海東部の木島式土器と、分布の中心とされる東海西部の木島式土器との関係を明らかにするため、型式学的検討と胎土分析を行なった[28]。東海地域東部の木島式土器は、重鉱物組成の角閃石—斜方輝石—単斜輝石三角ダイヤグラムにおいて、角閃石の卓越する組成を示すことから、富士・箱根・伊豆以外の地域に原料産地が推定された（図21）。さらに東海地域の木島式土器は、蛍光X線分析によるZr×100−Si×10/Fe分布図において、大阪～千葉の古窯跡出土土器のデータと比較してフォッサマグナ以西の領域に含まれる場合が東海西部・東海東部出土土器とも多いことが示され、両者の類似性が示された（図22・23）。東海西部と東海東部との型式学的地域差も認められない。これらの結果から、東海西部で製作された土器が東海東部へ運び込まれた可能性が高いと推定された。

東海西部における愛知県名古屋市大曲輪貝塚、豊橋市石塚貝塚、および長野県上伊那郡宮田村中越遺跡出土の清水ノ上Ⅰ・Ⅱ式土器の胎土分析結果が、服部俊之氏によって報告されている[29]（図

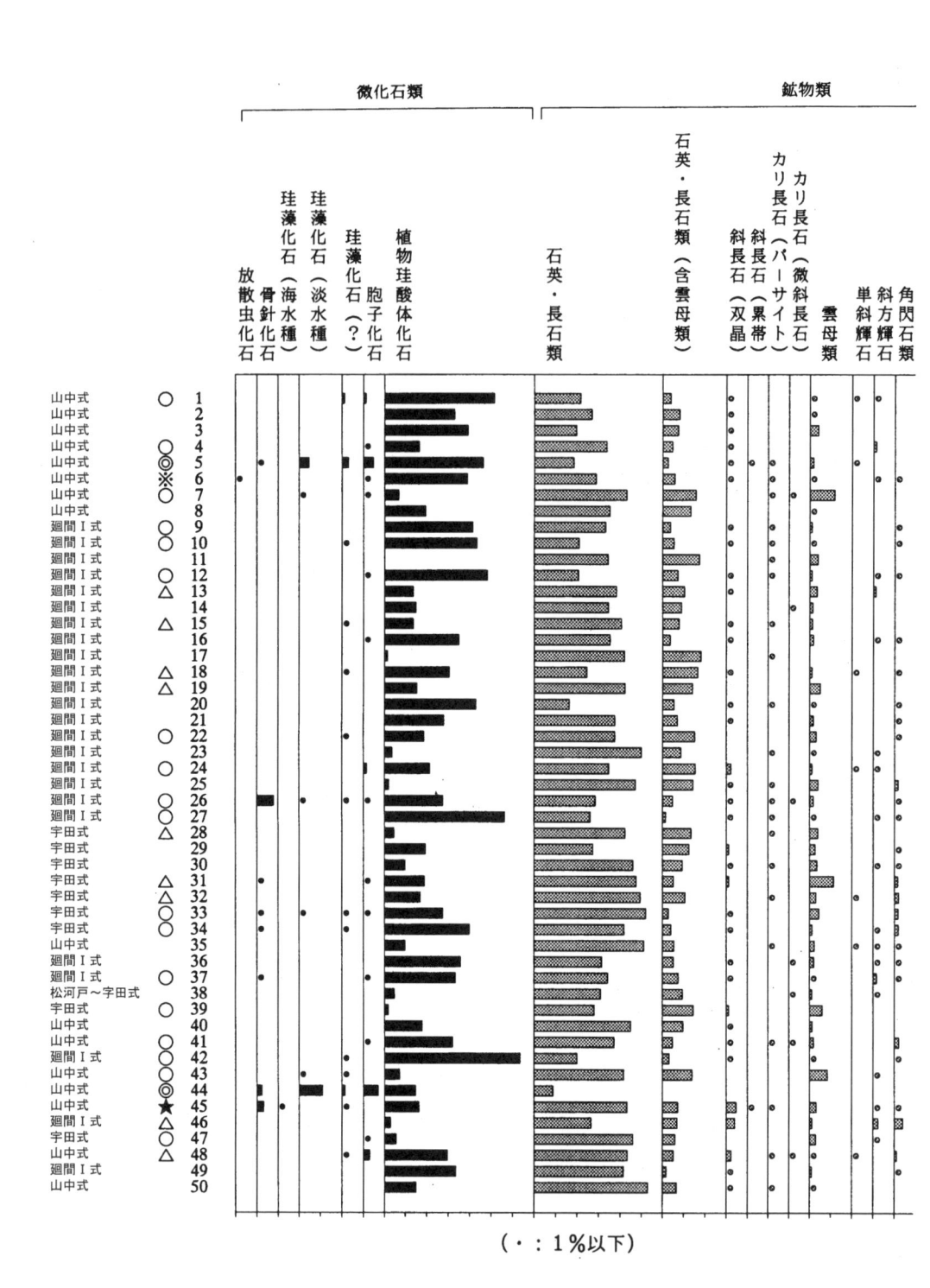

図14 関市砂行遺跡出土土器胎

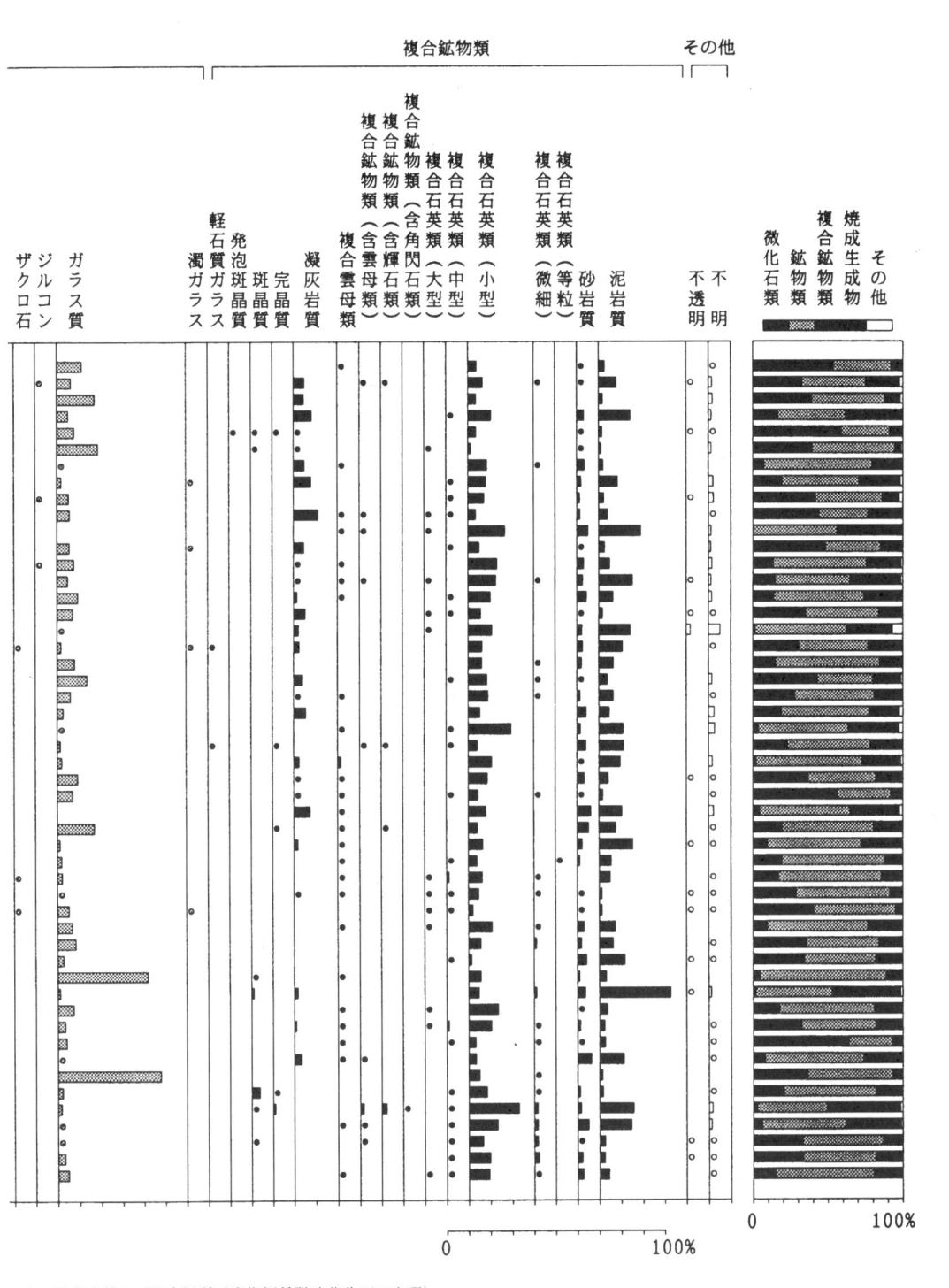

第 9 章 異系統土器が共存する遺跡　221

	複合鉱物類	その他

縦書き列見出し（左から右）：
ザクロ石／ジルコン／ガラス質／／軽石質ガラス／発泡斑晶質ガラス／斑晶質／完晶質／凝灰岩質／複合雲母類／複合鉱物類（含雲母類）／複合鉱物類（含輝石類）／複合鉱物類（含角閃石類）／複合石英類（大型）／複合石英類（中型）／複合石英類（小型）／複合石英類（等粒）／複合石英類（微細）／砂岩質／泥岩質／／不透明／不明／／微化石類／複合鉱物類／焼成生成物／その他

0 〜 100%

0 〜 100%

★：干潟成粘土（海水泥質干潟指標種群珪藻化石の出現）
○：淡水成粘土（淡水種珪藻化石などの出現）
無：その他粘土（微化石類を含まない）

土の粒子組成（藤根・今村 2000）

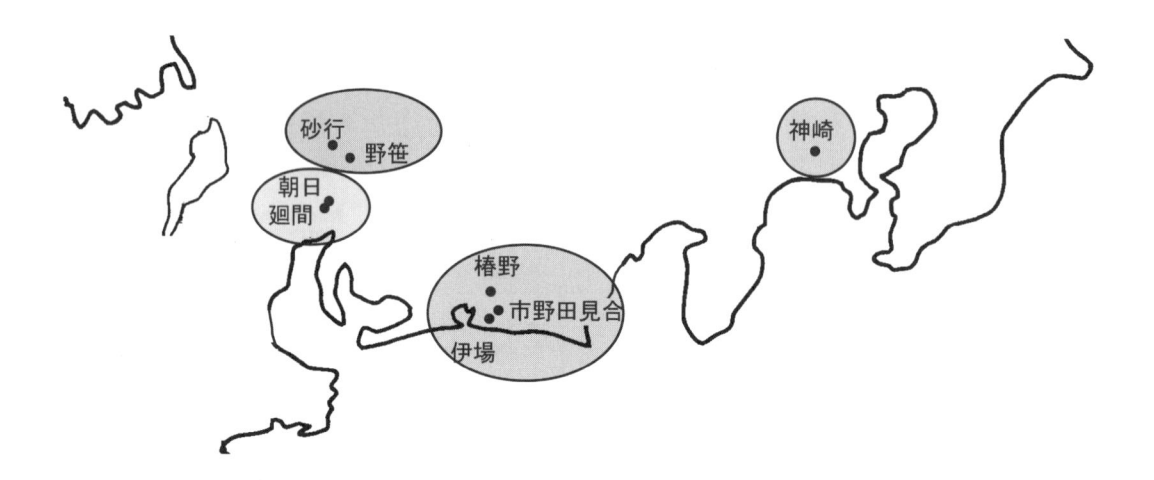

図15　胎土分析した遺跡位置と胎土の地域差

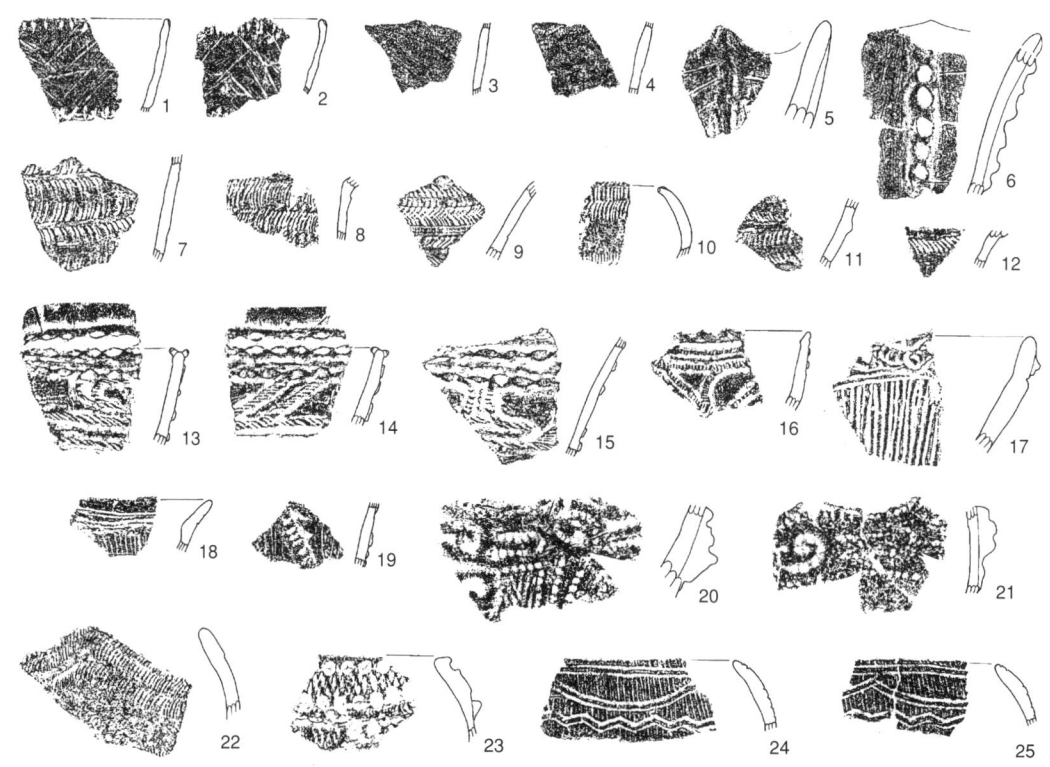

1～4：木島式　5～6：中越式　7～12：北白川下層Ⅱa式　13～16：北白川下層Ⅱb式
17～19：平出3類A　20～21：唐草文系　22～23：船元Ⅰ式　24～25：里木Ⅱ式

図16　酒呑場遺跡出土の異系統土器（河西 2005）

第 9 章　異系統土器が共存する遺跡　223

図17　酒呑場遺跡出土異系統土器の岩石鉱物組成（河西 2005）

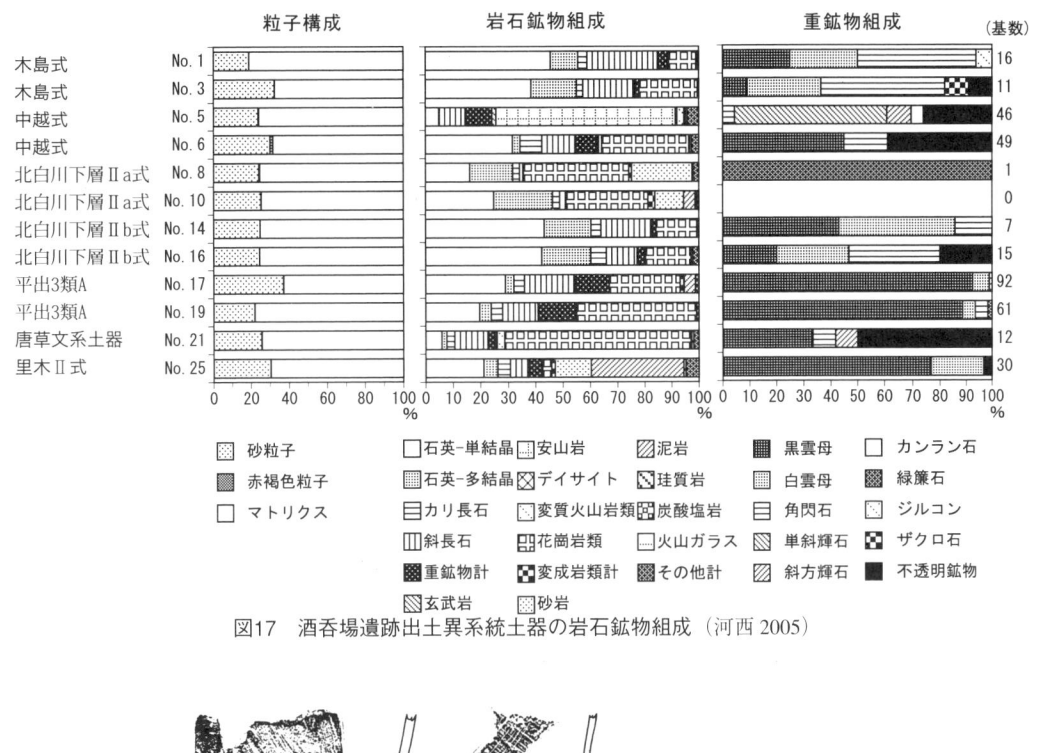

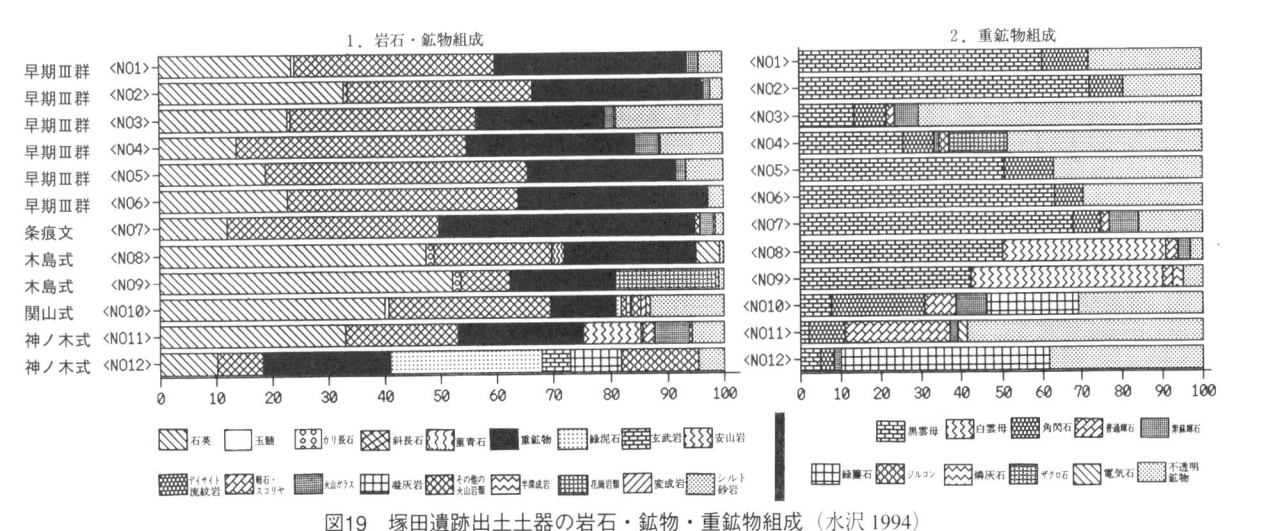

図18　塚田遺跡出土木島式土器（水沢 1994）

図19　塚田遺跡出土土器の岩石・鉱物・重鉱物組成（水沢 1994）

表3　川合遺跡出土土器胎土薄片観察結果（パリノ・サーヴェイ 2002）

図版No.	試料No.	型式	器壁	砂粒全体量	淘汰度	最大径	石英	カリ長石	斜長石	斜方輝石	角閃石	黒雲母	白雲母	緑レン石	チャート	砂岩	凝灰岩	安山岩	流紋岩	花崗岩類	軽石	火山ガラス	緑色岩	石英片岩	孔隙度	方向性	粘土残存量	含鉄量	胎土
1	1	木島式	薄手	○	△	0.7	△	△	+			(+)	(+)	+	(+)					(+)					△	△	△	○	
2	2		薄手	◎	×	1.1	○	○	△				(+)	+			(+)			(+)			(+)		△	△	○	△	a
3	3		薄手	◎	×	1.1	○	○	△	(+)		+								+					△	△	○	△	
4	4		やや厚手	○	×	1.6	△	+	(+)	(+)	+	○			(+)	(+)				+		△	(+)		×	△	△	△	b
	5		やや厚手	○	×	2.6		+	(+)	(+)	+				+	(+)	(+)			+		△			×	△	△	△	
5	6		やや厚手	○	△	1.1	△	△	(+)	(+)	+	△				(+)				+			+		×	△	△	○	c
6	7	中越式	中厚手	◎	×	1.5	△	○	△	+		△								+					×	△	△	○	d
7	8		中厚手	○	×	1.6	○	○	△	△	+	△								+					×	△	△	○	
8	9		厚手	○	△	0.8	△		△	+	△				+		△		(+)						×	△	△	○	
9	10		厚手	○	△	0.7	△	(+)		(+)	△				+		△	(+)		(+)					×	△	◎	○	e
10	11		厚手	○	△	1.1	△		△	(+)	+	△			+		△	(+)		(+)					×	△	△	○	

凡例　量比 ◎：多量　○：中量　△：少量　+：微量　(+)：きわめて微量　　　　　砂粒の最大径の単位はmm
　　　淘汰度 ○：良好　△：中程度　×：不良　　孔隙度 ○：多い　△：中程度　×：少ない　　方向性 ○：強い　△：中程度　×：弱い

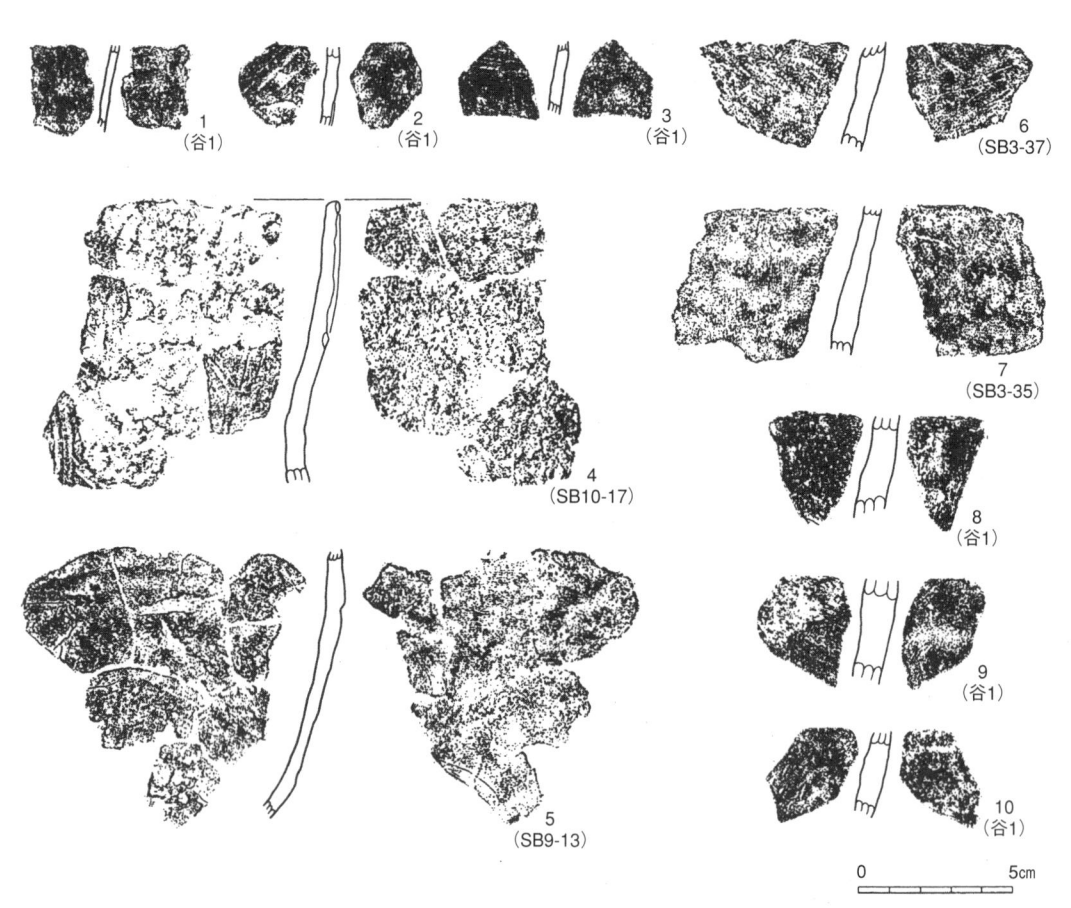

図20　川合遺跡出土木島式・中越式土器（パリノ・サーヴェイ 2002）

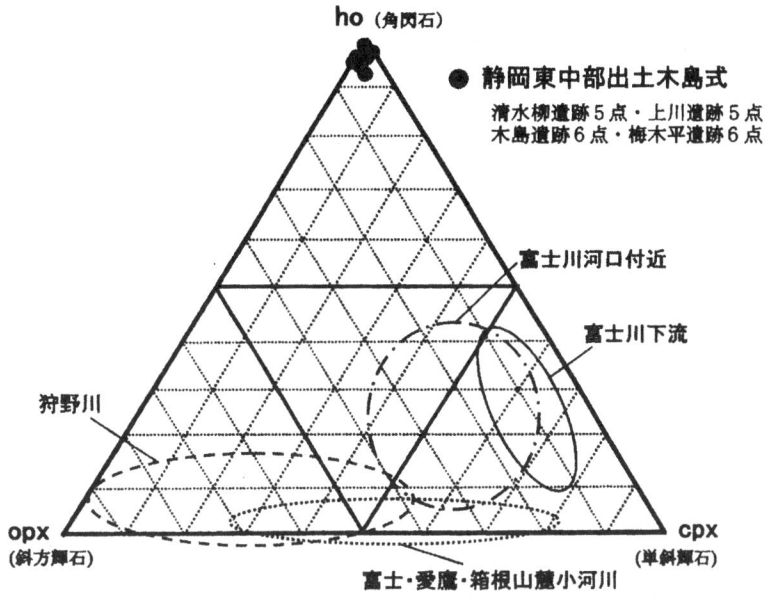

図21　静岡東中部出土木島式土器の鉱物組成（池谷・増島 2006）

24）。石塚貝塚では、清水ノ上Ⅰ・Ⅱ式並行の石塚式で、角閃石が多く、ザクロ石・黒雲母・ジルコンを伴う均質な重鉱物組成を示す。中越遺跡において、東海系とされる清水ノ上Ⅰ・Ⅱ式並行土器は、角閃石が多く黒雲母・ザクロ石・ジルコンなどを伴う安定した組成を示し、石塚貝塚試料と類似する。在地系とされる清水ノ上Ⅰ・Ⅱ式並行土器は、角閃石を主体とするが、輝石を伴うことで特徴づけられ、雲母・ザクロ石などの割合は個体ごとに一定しない。大曲輪貝塚では、清水ノ上Ⅱ式を分析しており、重鉱物量が少なく、重鉱物組成が多様で一定していない。ザクロ石と黒雲母の出現率が少なく、斜方輝石を含むものがいくつか認められ、不透明鉱物は多い傾向がある。大曲輪貝塚と石塚貝塚の組成は異なる。

　上述した分析は、分析者によってそれぞれ分析方法や分析結果の表現が異なる。これらの結果から、共通する特徴をまとめてみた（図25）。異なる分析によっても共通性を見出すことができ、互いに相補的関係であることがわかる。東海東部地域と山梨・長野地域との比較は、分析方法に違いや分析結果の表現の違いあるいは土器の時期の違いなどの分析のために充分でない部分も存在したが、今後のデータの蓄積によって補充されていくだろう。図25では、東海西部および長野県西部の木島式においては胎土に地域性が認められる。したがって型式学的特徴では地域性が顕著でないものの、木島式土器は地域ごとに地元原料を用いて製作されていたと考えられる。同様の土器作りが東海東部地域・酒呑場遺跡・塚田遺跡においてなされていたならば、地元の地質に由来した胎土を示す土器が出土するはずである。しかし地元の地質的特徴を示さない各地域の木島式は、愛知・長野西部などの領家帯花崗岩類分布地域で作られた土器が酒呑場遺跡・塚田遺跡などに持ち込まれたと考えられる。

　東海東部の木島式は、住居跡が多数検出され、地元の土器との共存関係も知られている。東海東部の木島式は、故地である東海西部との往還的な移動を繰り返していたとされる[30]。中部山岳地域

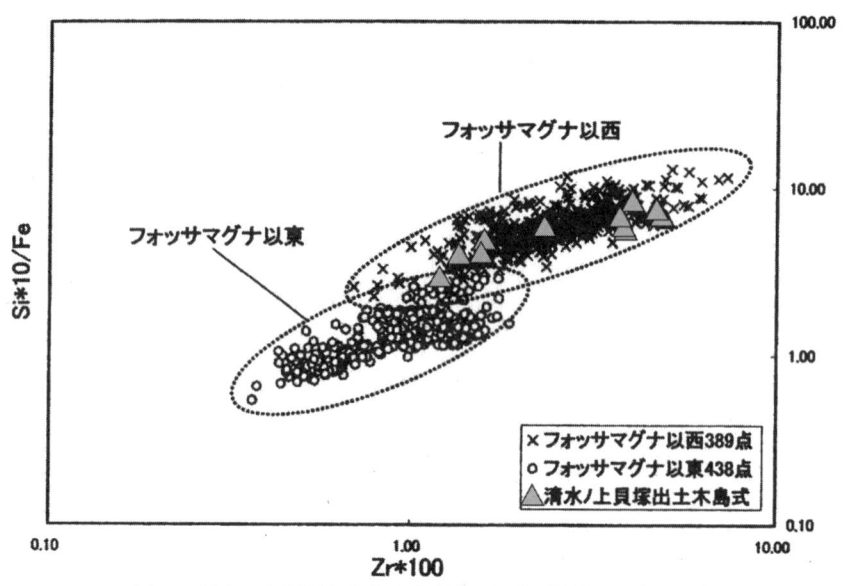

図22 清水ノ上貝塚出土木島式土器の組成（池谷・増島 2006）

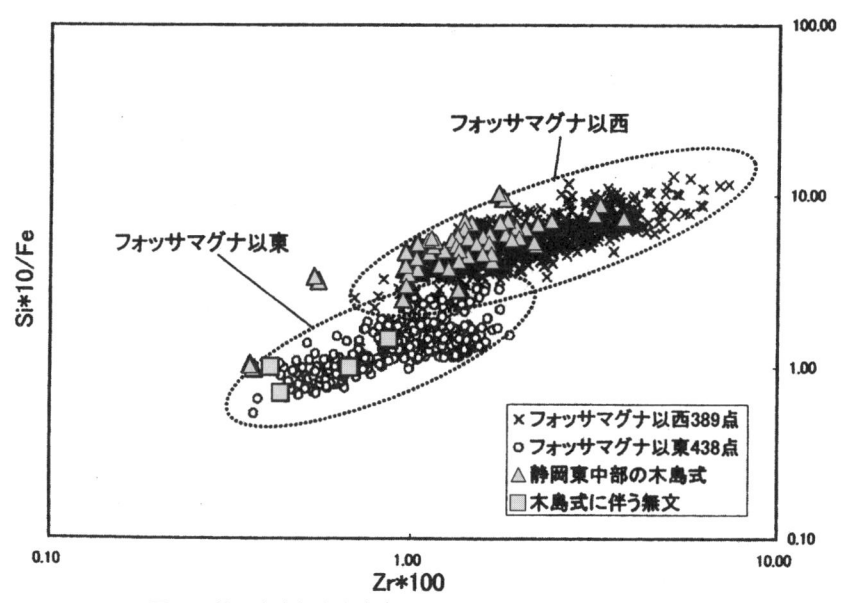

図23 静岡東中部出土木島式土器の組成（池谷・増島 2006）

の塚田遺跡や酒呑場遺跡では、住居跡に伴う産状ではなく、出土量も限定されたものであることから、東海東部と産出状況は異なるものの、異系統土器として東海西部地域周辺から土器が移動してきた点では共通する。

7．おわりに

これまで、いくつかの事例を示し土器の原料産地と製作地についてみてきた。土器の型式学的特徴と土器胎土の両者の地域性をとらえることで土器の製作地を推定することができた。胎土分析方

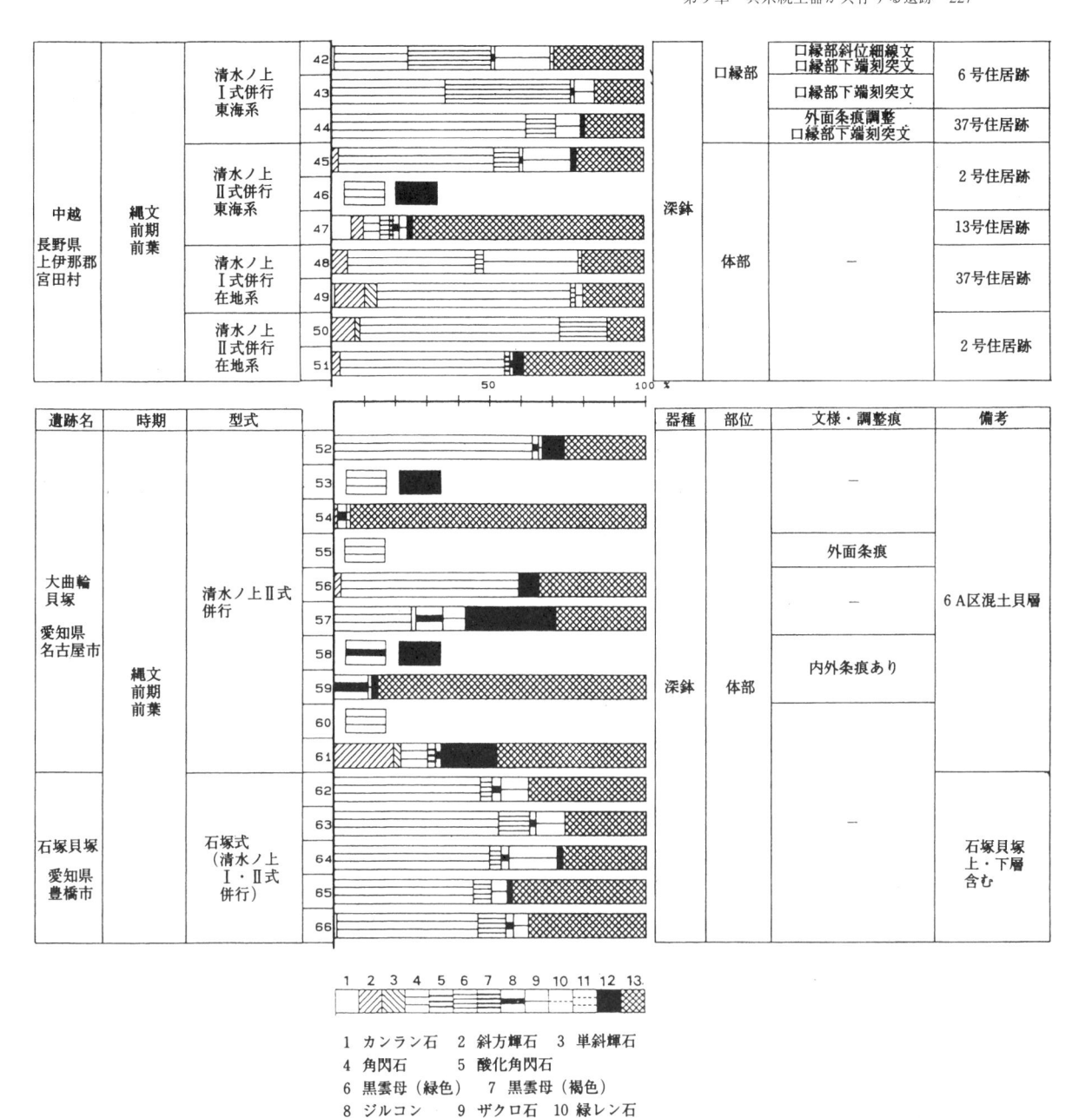

遺跡名	時期	型式			器種	部位	文様・調整痕	備考
中越 長野県 上伊那郡 宮田村	縄文 前期 前葉	清水ノ上 Ⅰ式併行 東海系	42 43 44		深鉢	口縁部	口縁部斜位細線文 口縁部下端刻突文 口縁部下端刻突文	6号住居跡
							外面条痕調整 口縁部下端刻突文	37号住居跡
		清水ノ上 Ⅱ式併行 東海系	45 46 47			体部	—	2号住居跡
								13号住居跡
		清水ノ上 Ⅰ式併行 在地系	48 49					37号住居跡
		清水ノ上 Ⅱ式併行 在地系	50 51					2号住居跡

遺跡名	時期	型式			器種	部位	文様・調整痕	備考
大曲輪 貝塚 愛知県 名古屋市	縄文 前期 前葉	清水ノ上Ⅱ式 併行	52 53 54 55 56 57 58 59 60 61		深鉢	体部	外面条痕 — 内外条痕あり	6A区混土貝層
石塚貝塚 愛知県 豊橋市		石塚式 (清水ノ上 Ⅰ・Ⅱ式 併行)	62 63 64 65 66				—	石塚貝塚 上・下層 含む

凡例
1 カンラン石 2 斜方輝石 3 単斜輝石
4 角閃石 5 酸化角閃石
6 黒雲母(緑色) 7 黒雲母(褐色)
8 ジルコン 9 ザクロ石 10 緑レン石
11 電気石 12 不透明鉱物 13 その他

図24 中越遺跡、大曲輪貝塚、石塚貝塚出土清水ノ上Ⅰ・Ⅱ式土器胎土の重鉱物組成 (服部1993)

法は、研究者ごとに一様ではない。しかし、分析結果や表現方法が異なるために直接的な比較ができない場合でも、内容を定性的に相補的に比較することで、土器製作のあり方や考古学的解釈において、かなり有効であることがわかる。胎土分析の事例は、まだ蓄積が少なく、解明されていない部分が多く残されている。土器型式内の時期ごとの議論は、分析例が少ないため不充分であった。土器の個体には複数の系統の要素が形態的技術的な特徴として内在する可能性がある。胎土分析後に考古学的再検討をする場合に、胎土分析データとともに考古学的データがセットとなっていることが

図25　木島式土器胎土の地域差

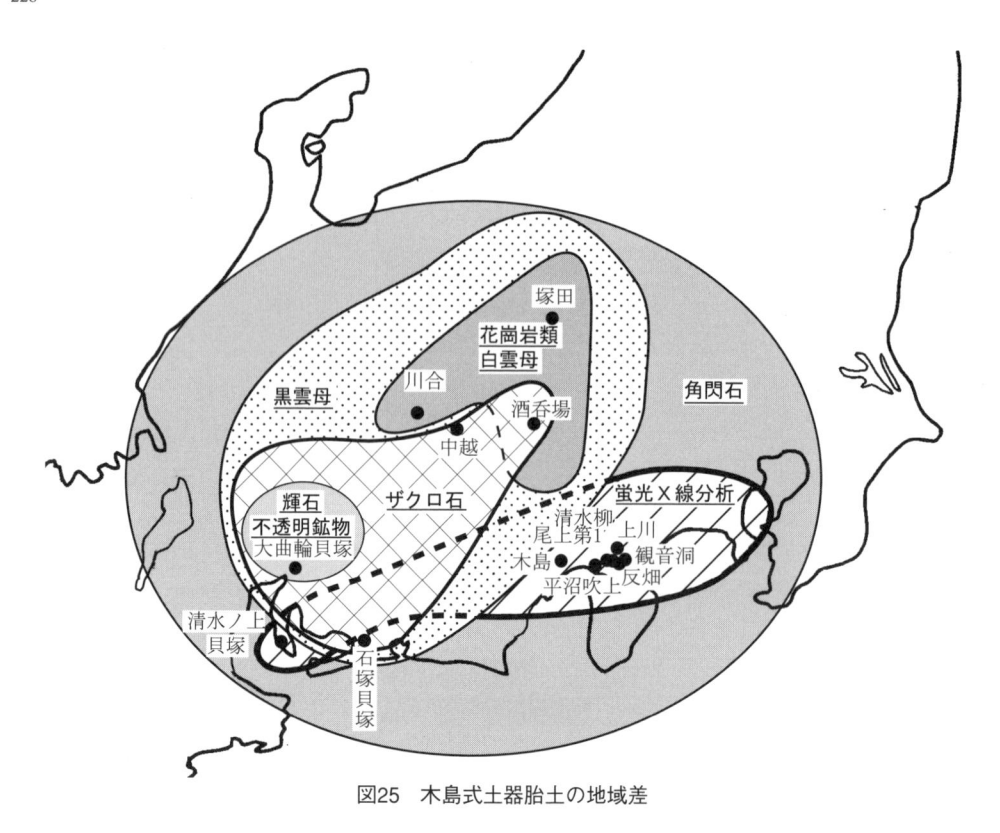

とが重要であろう。また製作地推定の精度を上げるには、胎土分析においては地質に関連した地域差をいかに識別するかである。今後も分析の蓄積が必要である。

註

1) 比田井克仁　2001　『関東における古墳出現期の変革』雄山閣出版。
　　比田井克仁　2004　『古墳出現期の土器交流とその原理』雄山閣。
　　今村啓爾　2006　「縄文前期末における北陸集団の北上と土器系統の動き（上・下）」『考古学雑誌』90-(3)、pp.1-43、90-(4)、pp.36-53。
2) 今村啓爾　2006　「松原式土器の位置と踊場系土器の成立」『長野県考古学誌』112、pp.1-32。
3) 矢作健二・服部俊之・赤塚次郎　1997　「東海地域におけるS字状口縁台付甕の産地について―胎土分析による予察―」『日本文化財科学会第14回大会研究発表要旨』pp.126-127。
4) 藤根久・新藤智子・福岡孝昭　2007　「土器の胎土材料と製作地推定法の新たな試み」『日本文化財科学会第24回大会研究発表要旨集』pp.88-89。
5) 三辻利一　1983　『古代土器の産地推定法』ニュー・サイエンス社。
6) 松本建速　2006　『蝦夷の考古学』同成社。
7) 例えば、山梨県考古学協会　2002　『土器から探る縄文社会－2002年度研究集会資料集』
8) 今福利恵　1999　「中部地方中期（曽利式）」『縄文時代』10（2）、pp.47-58。
　　櫛原功一　1993　「曽利Ⅰ式土器の再検討―山梨県大泉村姥神遺跡の資料をもとに―」『縄文時代』4、pp.1-19。

山形真理子　1996　「曽利式土器の研究―内的展開と外的交渉の歴史―(上)」『東京大学文学部考古学研究室研究紀要』14、pp.75-129。

山形真理子　1997　「曽利式土器の研究―内的展開と外的交渉の歴史―(下)」『東京大学文学部考古学研究室研究紀要』15、pp.81-135。

9) 河西学・櫛原功一・大村昭三　1989　「八ヶ岳南麓地域とその周辺地域の縄文時代中期末土器群の胎土分析」『帝京大学山梨文化財研究所研究報告』第1集、pp.1-64。

河西　学　1990　「大和田第3遺跡出土縄文土器の胎土分析」『大和田第3遺跡』大泉村埋蔵文化財調査報告書、8、pp.19-29。

河西　学　1991　「伊藤窪第2遺跡出土土器の胎土分析」『伊藤窪第2遺跡―埋蔵文化財発掘調査報告書―』韮崎市教育委員会、pp.22-35。

河西　学　1992　「岩石鉱物組成からみた縄文土器の産地推定―山梨県釈迦堂遺跡・郷蔵地遺跡・柳坪遺跡の場合―」『帝京大学山梨文化財研究所研究報告』4、pp.61-90。

河西　学　1997　「社口遺跡出土土器の胎土分析」『社口遺跡第3次調査報告書』pp.201-207。

河西　学　2001a　「山梨のグリーンタフ地域における縄文中期曽利式土器の産地」『山梨県史研究』9、pp.1-21。

河西　学　2001b　「石原田北遺跡出土縄文土器の胎土分析」『石原田北遺跡Jマート地点』石原田北遺跡発掘調査団、pp.302-311。

10) 河西　学　2000　「櫛形町曽根遺跡出土縄文中期土器の胎土分析」『山梨県考古学協会誌』11、pp.59-68。

11) 河西　学　1989　「甲府盆地における河川堆積物の岩石鉱物組成―土器胎土分析のための基礎データ―」『山梨考古学論集Ⅱ』pp.505-523。

12) 11) に同じ。

13) 河西　学　1999　「土器産地推定における在地―岩石学的胎土分析から推定する土器の移動―」『帝京大学山梨文化財研究所研究報告』9、pp.285-302。

14) 河西　学　2002　「胎土分析から見た土器の生産と移動」『土器から探る縄文社会―2002年度研究集会資料集』山梨県考古学協会、pp.26-38。

15) 9) の河西学 (2001a) に同じ。

16) 鈴木敏則　2001　「三河・遠江系土器の移動とその背景」『シンポジウム弥生後期のヒトの移動～相模湾から広がる世界～資料集』

17) 1) 比田井克仁 (2001) に同じ。

18) 16) に同じ。

19) 1) 比田井克仁 (2004) に同じ。

20) 菱田量・谷口英嗣　1992　「神崎遺跡出土土器の岩石学的方法による胎土分析」『神崎遺跡発掘調査報告書』綾瀬市埋蔵文化財調査報告書、2、pp.86-94。

21) 阿部芳郎・河西学　1994　「綾瀬市上土棚遺跡出土の縄文後期土器の胎土分析」『綾瀬市史研究』創刊号、pp.21-52。

河西　学　1995　「市兵衛谷遺跡第Ⅱ群土器の胎土分析」『市兵衛谷遺跡・新道遺跡』綾瀬市埋蔵文化財調査報告、4、pp.89-108。

22) 藤根久・菱田量・車崎正彦　1996　「弥生土器の胎土分析」『下戸塚遺跡の調査―第2部 弥生時代から古墳時代前期』早稲田大学校地埋蔵文化財調査室編、pp.648-692。

23) 藤根久・今村美智子　2000a　「弥生後期～古墳前期土器の胎土材料」『砂行遺跡 (第2分冊)』岐阜県文

　　　　財保護センター調査報告書、第65集、pp.25-42。

　　　藤根久・今村美智子　2000b　「弥生土器の胎土材料」『野笹遺跡Ⅰ』岐阜県文化財保護センター調査報告書、第66集、pp.212-220。

24)　山梨県教育委員会　2005　『酒呑場遺跡（第1～3次）（遺物編—本文編）』山梨県埋蔵文化財センター調査報告書、第216集。

25)　河西　学　2005　「酒呑場遺跡出土の異系統縄文土器の胎土分析」『酒呑場遺跡（第1～3次）（遺物編—本文編）』山梨県埋蔵文化財センター調査報告書、第216集、pp.80-86。

26)　水沢教子　1994　「塚田遺跡出土土器の胎土分析について」『塚田遺跡』御代田町教育委員会、pp.292-310。

27)　パリノ・サーヴェイ　2002　「分析の結果」『川合遺跡』木曽福島町教育委員会、pp.55-59。

28)　池谷信之・増島淳　2006　「アカホヤ火山灰下の共生と相克」『伊勢湾考古』20、pp.77-104。

29)　服部俊之　1993　「縄文土器の胎土分析」『東光寺遺跡』、愛知県埋蔵文化財センター調査報告書、第42集、pp.69-77（分析はパリノ・サーヴェイによる）。註28)の池谷・増島（2006）は、清水ノ上Ⅰ式が木島Ⅲに並行するとしている。

30)　28)に同じ。

執筆者一覧（五十音順　◎は編者）

◎今村　啓爾（いまむら　けいじ）
1946年東京都生まれ。東京大学大学院人文科学研究科考古学専門課程博士課程中途退学。現在、東京大学名誉教授。【主要著作論文】『土器から見る縄文人の生態』同成社。

河西　学（かさい　まなぶ）
1956年山梨県生まれ。東北大学理学部地学科地質学古生物学教室卒業。現在、帝京大学山梨文化財研究所地質研究室長。【主要著作論文】「胎土分析と産地推定」『縄文時代の考古学7　土器を読み取る―縄文土器の情報―』同成社、「胎土分析からみた土器の産地と移動」『移動と流通の縄文社会史』雄山閣。

熊木　俊朗（くまき　としあき）
1967年東京都生まれ。東京大学大学院人文社会系研究科修士課程修了、博士（文学）。現在、東京大学大学院人文社会系研究科准教授（附属常呂実習施設勤務）。【主要著作論文】「元地式土器に見る文化の接触・融合」『北東アジアの歴史と文化』北海道大学出版会、「オホーツク土器の編年と地域間交渉に関する一考察」『比較考古学の新地平』同成社。

後藤　直（ごとう　ただし）
1944年釜山生まれ。東京大学大学院人文科学研究科博士課程中退。博士（文学）。現在、早稲田大学文学研究科客員教授。【主要著作論文】『朝鮮半島初期農耕社会の研究』同成社。

小林　謙一（こばやし　けんいち）
1960年神奈川県生まれ。慶應義塾大学卒業、総合研究大学院大学博士課程修了、博士（文学）（総合研究大学院大学2003年）。現在中央大学文学部准教授。【主要著作論文】『縄紋社会研究の新視点』六一書房、『縄紋文化のはじまり　愛媛県上黒岩岩陰遺跡』新泉社、『発掘で探る縄文の暮らし　中央大学の考古学』中央大学出版部、「縄文時代前半期の実年代」『国立歴史民俗博物館研究報告』137集など。

佐々木　憲一（ささき　けんいち）
1962年東京都生まれ京都育ち。ハーヴァード大学人類学科大学院博士課程修了(Ph.D.)。現在、明治大学文学部教授。【主要著作論文】「古墳出現前後の墓と集落―西日本の事例から」『弥生の「ムラ」から古墳の「くに」へ』学生社、「弥生から古墳へ―世界史の中で」『古墳時代の日本列島』青木書店、『関東の後期古墳群』（共編著）六一書房。

鈴木　徳雄（すずき　のりお）
1954年千葉県生まれ。東海大学文学部卒。現在、本庄市教育委員会文化財保護課副参事。【主要著作論文】「型式学的方法③」『縄文時代の考古学 2』同成社、「称名寺式関沢類型の後裔」『縄文土器論集』六一書房、「縄紋後期浅鉢形土器の意義」『縄文時代』第11号、「諸磯b式期における型式間関係と構造」『日々の考古学』東海大学考古学教室記念論文集。

比田井　克仁（ひだい　かつひと）
1957年東京都生まれ。早稲田大学文学部卒業。法政大学大学院人文科学研究科日本史専攻博士後期課程満期退学。博士（文学）。現在、中野区立歴史民俗資料館館長、中野区学習スポーツ分野文化財担当係長兼務。【主要著作論文】『関東における古墳出現期の変革』雄山閣出版、『古墳出現期の土器交流とその原理』雄山閣出版、『伝説と史実のはざま―郷土史と考古学―』雄山閣出版、「土師器の移動―東日本―」『古墳時代の研究 6』雄山閣出版、「関東・東北の土器」『考古学資料大観 2』小学館。

山崎　真治（やまさき　しんじ）
1977年高知県生まれ。東京大学大学院人文社会系研究科博士課程修了。博士（文学）。現在、沖縄県立博物館・美術館主任。【主要著作論文】『An Archaeological Study of the Jomon Shellmound at Hikosaki』 The University Museum, The University of Tokyo, Bulletin No. 43（共著）、「佐賀平野の縄文遺跡」『古文化談叢』第62集。

異系統土器の出会い

2011年11月15日発行

編 者　今 村 啓 爾
発行者　山 脇 洋 亮
印　刷　モリモト印刷㈱

発行所　東京都千代田区飯田橋　㈱同 成 社
　　　　4-4-8 東京中央ビル内
　　　　TEL 03-3239-1467　振替 00140-0-20618

Ⓒ Imamura Keiji 2011. Printed in Japan
ISBN978-4-88621-580-2 C3021